U0948654

杨武能

四川外国语大学原副校长，四川大学文学院兼外语学院教授、文学与比较文学博士点博士导师，西南交通大学特聘教授暨国家社科基金重大研究项目“歌德及其汉译研究”首席专家。

曾获联邦德国总统颁授的“国家功勋奖章”、联邦德国终身成就奖性质的学术大奖“洪堡奖金”以及世界歌德研究领域最高奖“歌德金质奖章”。中国译协“翻译文化终身成就奖”获得者。

毕生从事德语文学翻译，广受好评的译著有《浮士德》《少年维特的烦恼》《歌德诗选》《歌德谈话录》《海涅诗选》《茵梦湖》《格林童话全集》《豪夫童话全集》《特雷庇姑娘》《魔山》《纳尔齐斯与歌尔德蒙》《永远讲不完的故事》《嫫嫫（毛毛）》等数十种，《走近歌德》是杨武能教授关于歌德研究和德语文学研究的经典之作。

走近歌德

杨武能 著

四川人民出版社

图书在版编目（CIP）数据

走近歌德 / 杨武能著. —成都 ：四川人民出版社，2022.7
ISBN 978-7-220-12169-2

Ⅰ. ①走… Ⅱ. ①杨… Ⅲ. ①歌德（Goethe，Johann Wolfgang Von 1749-1832）-人物研究②歌德（Goethe，Johann Wolfgang Von 1749-1832）-文学研究
Ⅳ. ①K835.165.6②I516.064

中国版本图书馆 CIP 数据核字（2022）第 080632 号

ZOUJIN GEDE
走近歌德
杨武能　著

出 版 人	黄立新
责任编辑	谢　寒
责任校对	林　泉
版式设计	戴雨虹
封面设计	张迪茗
责任印制	李　剑
出版发行	四川人民出版社（成都三色路 238 号）
网　　址	http://www.scpph.com
E-mail	scrmcbs@sina.com
新浪微博	@四川人民出版社
微信公众号	四川人民出版社
发行部业务电话	(028) 86361653　86361656
防盗版举报电话	(028) 86361653
照　　排	四川胜翔数码印务设计有限公司
印　　刷	成都东江印务有限公司
成品尺寸	146mm×208mm
印　　张	15.75
字　　数	360 千
版　　次	2022 年 7 月第 1 版
印　　次	2022 年 7 月第 1 次印刷
书　　号	ISBN 978-7-220-12169-2
定　　价	59.80 元

歌德与我同在

自　序

六十多年前，在那个充满理想、人们还不在乎成名成家的年代，因为受陶行知老夫子培育青年及早成才、服务社会的教育思想影响，同时又坚信革命导师列宁“苏维埃政权加电气化等于共产主义”的论断，尚在重庆育才学校念初中的我便下定决心做一名水电工程师，为的是将来参加举世无双的三峡水电站的建设。我还天真地幻想工作之余坐在大坝顶上吹起自己心爱的竹笛，让悠扬的笛声飘荡在夜色迷人的峡江的上空。

谁知初中毕业的一纸体检结果，粉碎了我美丽、幼稚的梦想；几经周折和痛苦彷徨，我终于改学文科，决心做一名被誉为“人类灵魂工程师”的作家。我为自己设计了一条先学好外语当翻译家，然后再成为作家的人生之路。在我看来，这条路虽迂回曲折，却实际而保险，要知道自己好歹还有精通外语的一技之长嘛。

可是，学外语当翻译家的路于我同样也不平坦。由于兄弟般的、牢不可破的中苏友谊不幸破裂，搞俄语的人在1957年突然多了，我不得不放弃俄语改学德语。于是离开故乡的俄文专科学校，从山城重庆顺江而下，千里迢迢地到了虎踞龙盘的石头城中，就读于南京大学的德国语言文学专业。为此却因祸得福：南大德语专业不仅素有做文学翻译和研究的传统，而且教我们的是商承祖、张威廉、叶逢植等一些当时在全国出类拔萃的学者、专家。从二年级开始，老师已陆续在课堂上教我们一些文学名著，其中给我留下最深刻印象的，正是大诗人歌德的一些代表作。

是啊，我永远忘不了在老师带领下读歌德的情景：《浮士德》和《少年维特的烦恼》，尽管在课堂上只能学几个片段，但却读了《五月歌》《漫游者的野歌》《普罗米修斯》和《神性》等为数不少的抒情诗，而且读得来十分地专注、痴迷。跟敢于用自己的灵魂和魔鬼打赌的老博士浮士德一样，跟多愁善感、狂放不羁的维特一样，英雄的普罗米修斯也深深打动了我——

我坐在这儿塑造人，
按照我的模样，
塑造一个像我的族类：
去受苦，去哭泣，
去享受，去欢乐，
可是不尊敬你（指宙斯）——
和我一样！

——《普罗米修斯》

还有——
愿人类高贵、善良，
乐于助人！

因为只有这
使他区别于
我们知道的
所有生灵!

——《神性》

诸如此类既铿锵有力而又洋溢着人道精神的诗句，都难以磨灭地铭刻在我心中，鼓舞着我在困顿重重的人生之路上前行，潜移默化地影响了我正在形成的世界观和人生观。

由于自己的奋发努力和师友们的鼓励、帮助，加之南大外文系有一个藏书丰富且对学生也开架借阅的图书室——其时管理德文图书的乃是大名鼎鼎的作家和学者陈铨，尽管他被视为不可接近的“大右派”，但学生有问题还是向他请教——，从20世纪50年代末60年代初，我便以数个笔名和本名，在当时全国唯一的外国文学刊物《世界文学》上连连发表作品，从此开始了研究和译介德语文学的生涯。不过那时候，我还没能力也没胆量去碰被尊为“欧洲诗坛的君王”和“奥林匹斯山上的宙斯”的歌德。

谁知好景不长！1962年我大学毕业后回到重庆四川外语学院当教师，“文革”十年哪儿还能搞什么外国文学的研究和翻译！面对着如嘉陵江水一般流逝的青春，蹉跎的岁月，我，一个已届而立之年的男儿，夜里躺在床上也不止一次哽咽失声、泪流满面。头上罩着“臭老九”和“出身不好”的双重阴影，真不敢想象啥时候还有实现理想抱负之日。

难忘的1978年，北方遥远的天际升起了美丽迷人的希望之星！在一片“提高全民族的科学文化水平”和“人才难得”的呼唤声中，中国社会科学院新组建的研究生院招生了。加之德语文学专业的导师又是我景仰已久的冯至教授，我便迫不及待地报了名，参加了考试。后来听说，老人家硬是排除种种异议，才收下了我这个外地户口的大龄考生。而我，在接获录取通知后，更是怀着破釜沉舟的悲壮决心，置已经取得的讲师头衔于不顾，放弃相对安定和舒适的生活，抛下即将分娩的弱妻和尚在念小学的幼女，带着简单的衣物和沉重的书箱，挤在硬座车里颠簸两天两夜，向着遥远的北京，向着自己的希望和理想奔去。

那时候，中国社会科学院研究生院这所全国文科最高学府虽说连自己的校舍也没有，却仍被大伙儿戏称为“翰林院”，因为它不仅有中共中央宣传部副部长周扬同志出任院长，而且主要的导师几乎个个都是闻名遐迩的大学者。我的导师冯至教授不只诗名卓著，而且堪称外国文学界的泰斗，于歌德研究方面更是享誉海内外。那些年，我国文坛正在开创一个崭新的局面，特别是外国文学的研究领域更是五光十色、异彩纷呈，然而我身处学术氛围最活跃的北京和社科院却未受诱惑，仍旧坚持专攻已被视为老古董的歌德。因为我知道，研究歌德不但是我导师本人的长项，而且严格说来中国对这个课题的研究还很不够。其后的二十年间，在变换的环境中虽也不免东张西望，我的心思却始终系挂在两个世纪之前的老歌德身上。

继 2017 年在四川人民出版社出版《歌德与中国》（新版插图增订本）之后，我再拿出这部论文集《走近歌德》，让我有机会总结本人一生的学习、工作和奋斗所得，真叫感慨良多！

我首先想到的，是要衷心感激培养我的国家，感激开创和造就改革开放新局面的国家领导人，感激我各个时期的师长，感激几十年来帮助和鼓励过我的出版界的朋友和其他方面的友好，也感激始终任劳任怨地支持我学习和工作的家人亲属。回顾此生，我这个人算是不幸又有幸，于四十岁时终于在历尽磨难之后否极泰来。而我之有幸，在很大程度上也多亏自己阴差阳错地与之结下了不解之缘的歌德，多亏我从他老人家那儿有意无意地受到的启迪、影响和鼓舞。因此，我不后悔为研究和译介歌德而耗费了数十年的时间，大半生的心血。

无疑，我是十分珍视自己这部论文集的，虽说它还有许多不尽人意之处。歌德和歌德的作品与精神实在太丰富、太博大了。著名诗人和歌德研究家绿原曾将歌德比作一棵“参天的大树”，而称自己只是“一个酷爱诗与真的侏儒”，说他“尽管摇不动它的躯干/只能在它的浓荫之下/侥幸拾到一枚两枚熟透的浆果/尝它一口两口，也算满足对它的渴望”①。

我当然更是一个“侏儒”，只不过是站在了前辈的肩上，才得以采摘来这一筐子的“浆果”。如果说它们的颜色和味道还比较新鲜，那都是因为我没有仅仅满足于从地上捡拾，而是还努力亲手从树上摘取之故。须知，集子里论及的几乎所有作品，我自己都翻译了，出版了，而翻译时必须字斟句酌，细细咀嚼，心得、体会应该说胜过多少遍的研读。需要说明的是，在世界范围内，歌德研究的成果早就汗牛充栋；我所谓的“新鲜”自然只是于我国的研究状况而言。再者，课题本身已如此古老，研究所得似乎也不可能多么的新，不可能多么的现代。特别是我本人写这些文章的目的，仍主要在于引导人们走近歌德，弥补我国广大读者对歌德认识、理解和接受的缺乏，除此并无更高的要求和奢望。

① 见绿原：《歌德二三事》，载《诗刊》1982年3月号。

由于这种种主客观的原因，肤浅、谬误和贻笑大方之处在所难免。虽自知不尽人意，然而此生有限，进一步的深入研究只好寄望于高明的同行，寄望于也许还有的后继者了。

2019 年 8 月 28 日是大文豪和大思想家歌德的 270 周年诞辰；对于全世界的文化界和思想界，特别是对于歌德的研究者、译介者、出版家以及所有景仰他的人们来说，这也是一个值得纪念的日子。而我能为之所做的，便是将《走近歌德》修订后再版。

抚今思昔，在作了回顾、发了感慨之后，不禁还想表示几点心愿：一愿这部拙作能尽早再版推出，为歌德这位大文豪和大思想家重新走近年青一代读者的视野中起到一定的作用；二愿歌德研究和译介能在我国引起人们更大的重视，要知道歌德的创作和思想对于德国乃至欧洲的影响至今犹存，实在忽视不得，而我们的研究和译介水平虽有所提高，但仍有很大的进步空间；三愿我国的歌德译介和研究的后辈能青出于蓝。

至于我本人，在完成这部论文集的修订和《歌德精品集》之后，希望有时间随心所欲地进行写作。我还想从 2019 年 81 岁开始，用数年时间完成两部小说的创作，试着实现自己年轻时当作家的梦想。只不过，歌德和歌德的精神，永远与我同在。

第一辑 走近歌德

人类光明未来的卓越歌者

——歌德的生平、思想和创作

在人类思想文化史的天幕上，约翰·沃尔夫冈·歌德（Johann Wolfgang von Goethe，1749—1832）无疑是一颗灿烂明亮的巨星。2019年8月28日，已是他的二百七十周年诞辰。歌德虽然生活在两个多世纪前的德意志大地上，他的精神、思想的光辉却穿越浩瀚时空，照耀着生活于今天的我们，照耀着21世纪的整个人类。对人类思想文化史作一番客观的检视、分析，像歌德一样的大哲人和大思想家实在不多；他所倡导的“浮士德精神”，可谓浓缩了肇始于16世纪的欧美资本主义的时代精神，影响不但至今犹在，而且遍及整个世界。在德国和德语国家，歌德更是像我们的孔夫子似的被看作民族精神的代表，被看作圣人。他长期生活和工作的小小魏玛城，一个多世纪以来不仅一直享有德国民族文化圣地的光荣，而且在1999年歌德诞辰二百五十周年时被欧盟正式确定为“欧洲文化之都”。

歌德一生辛勤写作，为后世留下了卷帙浩繁的作品，搜集最广的魏玛版《歌德全集》多达 143 卷，西方的文学史家惯于把他和荷马、但丁、莎士比亚相提并论。但是，歌德不仅仅是杰出的诗人和文学家，还是伟大的思想家和哲人；尽管他没有像同时代的德国杰出哲学家那样创建庞大而完整的哲学体系，但他高瞻远瞩的思想，却不只影响了一个时代和一个民族。甚至在自然科学方面，歌德也有许多在当时堪称具有深远意义的发现和创见。

在意大利的文艺复兴时期，曾出现一批既思想敏锐、性格坚毅又学识渊博、多才多艺的艺术家和学者；兼为画家、诗人和数学家的达·芬奇是其中的杰出代表。恩格斯在《自然辩证法》一书中高度评价他们，称他们为“巨人”①。两百多年后诞生在德意志土地上的歌德，同样是这样一位“巨人”，与达·芬奇相比毫不逊色。而且，在既高瞻远瞩又博学多才、多产而且影响深远这一点上，通观整个人类文化思想史，几乎找不到什么人可以与歌德相比。

然而，歌德并不是神，并不是无因和偶然地产生的天才，而是他所处的时代和社会的产儿。在《诗与真》的序言里，歌德自己就说过：“个人不管愿意与否，都为其时代所裹挟、所定性、所造就，可以讲，一个人只要早生或者晚生十年，从他的教养和对外影响看，都可能成为完全另一个人……”

在他逝世前一个多月的 1832 年 2 月 17 日，歌德还告诉艾克曼：“归根结底，我们都是集体性的人物，不管我们处在什么样的地位……我绝不把我的作品仅仅归功于自己的智慧，而是还归功于除我以外向我提供素材的千千万万的事件和人物。”

---

① 参见《马克思恩格斯选集》第 3 卷，第 445 页。

故而，在阅读歌德的一部部代表作之前，在深入他的思想和精神世界之前，我们有必要先叙述他的生平，概括地谈谈他生活的时代和社会，介绍一下那些在不同时期对他产生过影响的事件和人物。

一、 市民之子

1749 年 8 月 28 日，歌德出生在德国美因河畔的法兰克福。其时，德国和整个欧洲都已经受过文艺复兴和宗教改革的洗礼，只是在为祸惨烈的三十年战争（1618—1648）之后，它不幸分裂成为三百多个小邦，与意大利、英国、法国相比，在各方面都显得十分落后。在这个处于封建割据状态下名存实亡的“德意志民族的神圣罗马帝国”中，法兰克福是一座商业发达和享有一定自治权利的“帝国自由市”。

歌德的父亲约翰·卡斯帕·歌德是该市一位非常富裕的市民，学问也很好，只是由于出身微贱 —— 歌德的祖父是一名裁缝 ——受到贵族社会的歧视，终生未获公职，只能花钱从帝国皇帝处买了个皇家顾问的空头衔。在不满和愤懑之余怀着望子成龙的强烈愿望，他十分重视对儿子沃尔夫冈的教育和培养。他内心充满对子女的慈爱和温情，外表却显出“铁一般的严峻”。

父亲的诱导和严格要求，不但使歌德在家庭教师带领下完成了一般学业，掌握了法、英、意大利语言以及拉丁文、希腊文和希伯来文等语种，而且还让歌德养成阅读的爱好。歌德十岁时已开始读伊索、荷马、维吉尔和奥维德等的作品，他更是十分喜欢阅读《一千零一夜》《鲁滨孙漂流记》以及德国的民间故事书《浮士德博士》等。这为他日后的文学创作打下了良好的基础。

另一方面，父亲郁郁寡欢的处境，也很早便引起歌德的注意，使他对世道的不公进行思考，养成了观察生活和遇事问一个为什么的习惯。1755 年 11 月，传来里斯本大地震的消息，还不到七岁的歌德便对容许这一惨剧发生的上帝是否真如教会讲的那样仁慈、公正，产生了疑问。

歌德的母亲是该市市长的女儿，由于家境清寒而下嫁有钱的市民约翰·卡斯帕·歌德。她比丈夫年轻整整二十一岁，性格刚好与他相反，活泼开朗，善讲故事，早早地启发了歌德的想象力，使他对文学产生了兴趣。1757 年新年，歌德才八岁，就写了一首贺年诗，献给自己的外祖父母。他十五岁时写的一首题为《耶稣基督的地狱之行》的诗长达一百六十行，登载在了故乡的一家刊物上，虽然他自己当时并不知情。这首诗，极有可能就是歌德最早发表的作品。

歌德还有一位非常慈祥的祖母。歌德四岁那年过圣诞节，她专门请人来给孙儿孙女演了一场木偶戏，在孩子们眼前展现出一个奇异的童话世界，使小歌德对戏剧产生了喜好，此后便尝试着自己演戏、编戏。

1756 年，在德国版图上爆发了英国支持的普鲁士和俄国、法国支持的奥地利之间的七年战争。战争中法兰克福被法国军队占领，歌德的家里遂住进来一位法军少尉多兰伯爵。在近两年的时间里，通过伯爵和伯爵带到家里来的艺术家，小歌德不仅接触了绘画艺术，而且常获得赠券去看法国剧团的演出，欣赏到了狄德罗、莫里哀等的名剧。他因此对戏剧艺术更加痴迷，十一岁时已自己根据神话编写成一个剧本。

总之，从自己的家庭中，歌德获益甚多，这对他后来的成长和发展有所助益。他下面的诗句可以看作是对此作的一个总结：

父亲给我强健的体魄，
还有立身行事的谨严；
母亲给我快活的天性，
外加喜欢把故事杜撰。
曾祖父生来爱好美色，
他的幽灵也忽隐忽现；
曾祖母喜欢金银首饰，
这同样流贯我的血管。
所有因素形成
不可分割的整体，
你能说什么是
此人禀性使然。

歌德的这一节诗不无调侃意味，但却坦率而符合实际。

二、放浪在“小巴黎”

1765年，十六岁的歌德离开家乡，遵从父亲的意愿去莱比锡大学接受正规教育，学习法学，然而他自己却对文学和造型艺术更感兴趣。在当时盛行的绮靡轻佻的洛可可文风影响下，他写了一些没有多少价值的抒情诗和剧本。在号称“小巴黎”的莱比锡，年轻的歌德像出笼的小鸟似的无拘无束地生活了三年，颇过了些放浪形骸的日子，法律没学好，对该校名重一时的一批文学教授，如德国启蒙运动早期的权威理论家高特舍特和寓言作家格勒特等，也深感失望。不过，收获仍然有，那就是结识了他青年时代的第一位挚友恩斯特・沃尔夫冈・伯里施。

伯里施年轻而富有才华，却不得不以作贵族的家庭教师糊口，因而变得愤世嫉俗，脾气古怪，性格乖僻，以致最后丢掉了差事。他十分器重歌德，不仅用自己优美、工整的书法把歌德的诗汇抄成册，成为歌德流传下来的第一个诗集《安内特之歌》，还认真告诫他："写诗这件事不意味着用鹅毛笔和墨水在荷兰纸上信手涂抹，时间、才华以及精力都很珍贵，绝不可以虚掷。"伯里施还教歌德对事、对人更多地持批判态度，同时也严格要求自己。后来歌德在《诗与真》中回忆起这位朋友时满怀感激，认为他身上有着靡非斯托的某些气质，既机智聪明，又玩世不恭和尖酸刻薄，是自己的诤友和老师。

除去伯里施这位挚友和诤友，歌德在莱比锡还结交了美术家约翰・米歇尔・施托克和亚当・弗里德利希・奥塞尔。他向施托克学铜版雕刻和蚀刻，向奥塞尔学绘画。特别是身为莱比锡画院院长的奥塞尔，更成为他艺术道路上的第一位导师，带领他接近以温克尔曼为代表的古典主义文艺美学，从而厌弃了轻佻雕琢的洛可可风格。

随后，年轻的歌德还专程去参观著名的曼海姆博物馆，见识了德国启蒙运动的理论家和旗手莱辛在其理论名著《拉奥孔》中谈及的古典雕塑杰作；去造访闻名遐迩的德累斯顿画廊，目睹了伦勃朗等尼德兰现实主义大画家的风采。同时，在莱比锡的剧院里，他还观赏到莱辛的著名喜剧《明娜・封・巴尔恩海姆》，以及法国喜剧大师莫里哀的代表作《伪君子》的演出，大大地开阔了眼界。

另一方面，同当时一些放荡不羁的年轻大学生一样，歌德在莱比锡也没少干"傻事"。多年以后，他的同学回忆起这位发式独特、穿着怪异的"天才诗人"时，总忘不了讲两件事：一是他在酒馆的墙上题诗嘲笑权威教授，受到校方申斥；一是他在大庭广众之下宣扬“耶稣并非基督教的创立者”，差点引起轩然大波。

当然还少不了谈情说爱：从1766年开始，年轻的歌德经常光顾一家酒店，很快就迷上了店主薛恩科普夫的漂亮女儿安娜·卡特琳娜。他昵称她凯特馨，为她写了不少情诗，可后来却发现她对自己并不理解，在他与她的心理和精神之间似乎横亘着一条难以逾越的鸿沟。这可以说是十七岁的歌德第一次倾心热恋，然而从中尝到的主要是痛苦。收获也不会没有：由此产生了他第一部完整的剧作《恋人的乖僻》。这个作品虽然从形式到内容还纯粹是一部洛可可风的歌剧，却起到了使歌德恢复内心宁静的作用，让他从此有了一个解除心灵伤痛和不安的屡试不爽的办法，如他许多年后在《诗与真》中所回忆：

> 就这样，我染上了一种终生不曾抛弃的癖好，就是把使我快乐和痛苦抑或激动的事情化作一幅画，一首诗，以此了结过去，纠正自己对外界事物的想法，从而获得内心的平静。生性使然，我常常容易从一个极端跳到另一个极端，所以更加迫切地需要有这种能力。我的所有作品，都不过是一篇巨大自白的一个个片段，这本小书（指《诗与真》——作者）就是企图使我的自白变得完整的一个大胆尝试。

对于理解、认识歌德的作品乃至整个创作活动，他的这一段话都可以说是一把钥匙，有着至关重要的导向意义。

身心两个方面的恣情放纵和过度消耗，使歌德终于垮了。1768

年7月，他严重咯血，病倒在床，一连好多天生命垂危。不得已回到故乡，疗养了差不多一年半才算度过危机，获得康复。在养病期间，受母亲的女友封·克莱滕贝格的诱导，歌德接触到了德国路德教虔信派的原始基督教理论，读了《教会和异教徒史》和《魔法与犹太神秘哲学和接神论大全》之类的神秘主义著作，还搞了些炼金术的试验。这些看似荒唐的活动，一方面舒缓了他心灵的紧张，另一方面为他日后创作《浮士德》和《威廉·迈斯特的学习时代》积累了经历和素材，并激发了他探索自然奥秘和进行科学试验的兴趣。

三、 斯特拉斯堡的春天

1770年春天，歌德病愈后到斯特拉斯堡继续学习。这座当时还属于德国的城市地处南方，与法国交界。它不仅自然风光旖旎，有一座气势恢宏的哥特式大教堂，而且也受到来自法国的启蒙思想之风更强劲的吹拂和影响。在歌德眼里，它那大教堂则是德意志民族艺术的一座伟大纪念碑。

1770年至1771年间，斯特拉斯堡的市民们常常发现在大教堂高耸入云的钟楼平台上，迎着从阿尔萨斯平野里刮来的阵阵雄风，兀立着一只振翅欲飞的雄鹰。这只鹰就是歌德！

他一次次攀登钟楼，既为了欣赏艺术和亲近自然，也为了锻炼还在康复的体魄。他特意立在没有遮拦的钟楼平台上，为的是克服自己常常晕眩的毛病。他生来讨厌看令人恶心的东西，却偏要去上解剖课；他一直怕听嘈杂的声响，却偏偏常跟在军乐队的鼓手身边行进。青年歌德就这样顽强地锻炼自己的身体，磨炼自己的意志和性格，为的是将来能够成就一番大事业。

年轻的歌德在斯特拉斯堡身心都很快获得了健康。不过，他仍然没有多少心思去上法学课，而是把精力花在研究历史、哲学、神学和社会学，并对医学和自然科学很感兴趣。同时，学习之余，他还结识了不少进步的学者和作家。其中，与当时正在斯特拉斯堡治眼疾的赫尔德的邂逅和交往，更是作家和诗人歌德一生中的一个重要转折点。

赫尔德虽只比他年长五岁，却已是大名鼎鼎的哲学家和文艺理论家，被公认为当时正在掀起的狂飙突进运动的纲领制订者。在赫尔德的引导、鼓励下，歌德阅读荷马的史诗、品达的颂歌等有价值的古典作品，学习莎士比亚的戏剧，钻研荷兰哲学家斯宾诺莎的泛神论哲学，还搜集、整理民谣民歌，从而接近了文学的真正源泉，认识和理解了文艺的本质和意义，找到了自己应该学习和仿效的楷模，彻底摆脱了在莱比锡沾染的洛可可文风，克服了在养病期间所受的神秘主义哲学影响，思想和创作开始走上一条健康、自然和面向现实的正确道路。

不过，对于年轻的歌德来说，向赫尔德学习并不轻松。身体上的病痛使他的这位导师脾气变得很坏，歌德常常遭到他靡非斯托式的冷嘲热讽。平素狂傲任性的富家公子这时却表现得虚心、隐忍而有耐性，不能不认为这是歌德在待人接物方面的一个近似天赋的优点和长处。正是靠着这样的优点和长处，歌德一生中有过不少的好老师和好朋友，从这些老师和朋友处得到了各个方面的教益、帮助、推动、激励，如此才终于出类拔萃，成为本文一开始说的那样一位可称举世无双的大文豪和大思想家。对这一点歌德颇有自知之明，因此自诩为“集体性的人物”。正是在他这谦虚中，我们越发体会到了他的伟大。

歌德，特别是诗人歌德，除了师友之外还有一个获得激励和助益的重要源泉，那就是爱情，那就是他一生中爱过的一个个女性。

在斯特拉斯堡的郊外，有一座宁静的村庄叫塞森海姆。1770 年 10 月，大学生歌德乔装改扮后随一位同学去拜访村里的牧师布里翁，受到主人的热情接待。他先和牧师独自坐在房里交谈，谈着谈着突然眼前一亮，“好似在这乡野的天空中升起来一颗美丽耀眼的明星”，原来是牧师的小女儿弗里德莉克走进了屋子。对这位身材苗条、容貌姣好、性情温柔的农村少女，年轻的大学生一见之下就“心花怒放”，两人很快亲密起来。①

在返回斯特拉斯堡之后的 10 月 15 日，歌德写信给弗里德莉克倾诉了对她的爱慕，月底再次骑马去到塞森海姆，受到了姑娘一家的热情款待。这样，两个年轻人都沉醉在青春勃发的爱情里，一直到了第二年的五六月间。他们不只在塞森海姆相聚，而且同游莱茵河两岸的美丽风光，参加大大小小的聚会。在此之前，歌德虽然也曾单恋过故乡一个叫格利琴的比他年长的女孩，也曾在莱比锡和凯特馨相恋过，但真正尝到爱情的甜蜜和幸福这却是第一次。于是，随着自然界的春天的来临，他文学创作的第一个春天也到来了！在火热的爱的激情的驱动下，歌德写了一组被称为《塞森海姆之歌》的抒情诗，其中就有十分脍炙人口的《五月歌》《欢聚与离别》和《野玫瑰》等。

《塞森海姆之歌》不但是年轻诗人真情的流露、迸发，而且是他在赫尔德的影响下向古典杰作和民歌学习的具体实践，因此有了崭新的风格和音调，既带有民族和民间的特色，也富有诗人个性的音

① 参见《诗与真》第 10 卷。

调、韵律，可以称得上是他一生创作的真正起点和里程碑。

大地多么辉煌！
太阳多么明亮！
原野发出欢笑，
在我心中回响！

万木迸发新枝，
枝头鲜花怒放，
幽幽密林深处，
百鸟啭鸣歌唱。

……

对于年轻的诗人来说，这在《五月歌》中唱出的生命的春天和自然界的春天真是太美丽可爱啦！

然而好景不长。就在夏天到来时，歌德已渐渐疏远弗里德莉克，并在不久之后完全断绝了来往和书信联系。原因是他发现在自己和这位农村女孩之间，实在还有着教养和习俗方面的种种差异。他不得已抛弃了心爱的弗里德莉克，使这个单纯、善良的少女十分痛苦，以致再无心恋爱和嫁人。歌德自己也深感内疚，他后来一系列作品中的负心男子都遭到了严厉惩罚，少有善终，可以看作是他的自责和忏悔。

在斯特拉斯堡大学学习一年半后，为遵照父亲的愿望取得法学博士的学位，歌德完成了一篇论立法者的责任的论文，可是由于有

“基督教的教义并非出自耶稣”等批判教会的提法而未获通过。作为弥补，他经特许在朋友们的帮助下进行了一场关于“法的地位”的答辩，最后总算在8月6日勉强得到一个法律博士的头衔。8月底，歌德离开斯特拉斯堡返归故里，因为没能带回一份“正式打印的论文”而令父亲耿耿于怀。可他自己却不以为然，他在斯特拉斯堡得到的已经很多、很多。

四、 狂飙突进的旗手

回到法兰克福，二十二岁的歌德受命成为市陪审法院的律师。但对这个职务他仍然虚与委蛇，四年中只办了二十来件讼案，令父亲颇为失望。与此同时，他却积极投身正在兴起的狂飙突进运动，成为运动初期的主将和旗手。

狂飙突进运动大体发生在1770至1785年的十多年间。它得名于年轻作家克林格尔的一部叫作《狂飙与突进》的剧作，可以说是对此前席卷整个欧洲的启蒙运动的发展、提高和一定意义上的反拨。它反对一切现存秩序和规章的束缚，鄙弃干枯的理性，以“自然”和“天才”为其口号，实际上是要求感情自由和个性解放。它呼喊“自然”，意在否定社会生活各个方面压迫人性的陈规陋习；它的“天才”，即能够充分发挥自己个性和潜能的独立特行的个人，推而广之，则主张焕发民族精神，在文艺作品乃至思想行为中反对对外国的模仿。

这样一些主张，原本包含着新兴资产阶级反对封建的意识形态和政治要求，但囿于德国的封建势力特别顽固而资产阶级格外软弱涣散的国情，狂飙突进运动缺少经济和政治动力，也缺少社会群众基础，仅仅成了一场由部分二三十岁的年轻作家和知识精英参加的“文学革命”和意识形态的运动。尽管如此，这个运动仍具有全德的性质，在德国的文学和思想发展史上产生过不容忽视的巨大影响。

歌德回到故乡后即和一些年轻和富于叛逆精神的作家来往密切，在思想上自然而然地受到他们的促进和影响，使他的创作第一次突破个人生活和感情的狭小范围，增加了强烈的时代色彩。反过来，他又以自己的天才思想和作品，影响了自己周围的朋友，推动了整个狂飙突进运动的发展。

1771 年 10 月 14 日，他作题为《莎士比亚命名日》的讲演，为狂飙突进运动提供了“文学革命”纲领。稍后，他用六个星期的时间创作了剧本《铁手骑士葛慈·封·伯利欣根》，不但结构一反法国古典主义“三一律”的陈规，而且塑造了一个以暴力反抗现存秩序的“最高尚的德国人”，在 1773 年一出版即引起热烈反响，被誉为狂飙突进运动的第一个重要文学成果。而歌德本人，也成了人们心目中真正的天才。

在故乡法兰克福的四年，年轻的歌德真可以算是意气风发，创作成果也十分丰硕。他冬季自由自在地盘旋在溜冰场上，其他季节则无拘无束地在山水和自然间徜徉和漫游，因此获得了一个“漫游者”的雅号。在不惧艰险、风餐露宿的漫游途中，他写出了一系列充满战斗豪情的漫游者之歌。此外，他这段时期创作的《普罗米修斯》《穆罕默德》《致驭者克洛诺斯》等格调自由豪放的颂歌，更是洋溢着狂飙突进精神的天才之作。

不过，上面举的那些事迹和作品，只表现了青年歌德刚强的一面。与此同时，在邻近法兰克福的达姆施塔特城，他经常参加一些以感伤为主题的青年男女的聚会活动，自己也读英国的感伤小说，创作自然不免也受其影响。

1772 年 5 月，歌德遵父命到韦茨拉尔城的帝国最高法院实习，在那儿狂热地爱上了友人克斯特纳的未婚妻夏绿蒂·布甫，内心绝望而又痛苦。9 月，他终于接受好友默尔克的忠告离开了韦茨拉尔，却久久不能忘情于自己的心上人。后来，又遇上一些其他刺激，特别是听到韦茨拉尔一个公使馆的青年秘书为单恋朋友之妻而绝望自杀的消息后，歌德就再也控制不住自己的情感，用仅仅四周的时间写成了书信体小说《少年维特的烦恼》，再次以写作医治心灵的伤痛，获得心灵的解脱。这部小说在 1774 年的秋季书展上与读者见面，当即引起巨大的轰动，使年仅二十四岁的歌德成了当时德国乃至全欧享有盛誉的作家，成了狂飙突进运动的杰出代表和无可争议的旗手。

然而，这位旗手很快便扔下手中的大旗，离开狂飙突进运动中志同道合的朋友，因为他已多少觉察出，德国的腐败现实远非一场缺少群众基础的文学运动所能改变。同时还有一个更直接的原因：在法兰克福，他又爱上一位银行家的女儿丽莉，并且和她订了婚；可这是一场痛苦多于欢乐的爱情，也促使他努力挣扎着想要逃脱。结果，软弱的市民青年维特为逃离腐朽庸俗的社会和“返归自然”而开枪自杀了，强悍的铁手骑士也在监狱里高呼着“自由，自由”含恨死去，歌德自己却顽强地活下来，决心逃离故乡法兰克福，去探索另外一条改变现实的道路。

1775 年 11 月，歌德终于丢下他十分讨厌的律师工作，也没有如他父亲希望的那样去意大利学习考察，而是乘上刚继位不久的卡尔·奥古斯特公爵派来的马车，动身去了魏玛。

五、 恪尽职守的枢密顾问

萨克森-魏玛-埃森纳赫公国约有十万居民，面积仅三十六平方英里，只是德意志三百多个分裂的小邦中的一个。它的首府魏玛居民还不足六千，是一座非常宁静的小城。在卡尔·奥古斯特年满十八岁主持政事前，公国有十七年之久一直由他寡居的母亲安娜·阿玛利亚治理。公国虽然小得可怜，但宫廷的设施、排场、礼仪一样也不缺少，一点都不马虎，而且长期主政的女公爵醉心文艺，在自己小小的宫廷里先后礼聘了为数不少的有影响的作家和艺术家，她儿子也继承了这个传统。歌德去魏玛的时候，著名作家维兰德、诗人兼作曲家封·艾因西德尔和封·塞肯多夫，以及以“童话之父”著称的穆佐伊斯和《堂吉诃德》的德译者弗·伯尔图赫等已在那里。以后，经歌德举荐，又来了赫尔德等文艺界的名流。

不论对歌德个人或是对魏玛甚至对整个德国文化的发展，他应邀前往魏玛，都是一件意义巨大和影响深远的事情。此事虽阴差阳错但最终成功，可以说是命运的安排。魏玛决定了伟大诗人歌德二十六岁以后的整个人生旅程，歌德则帮助小小的魏玛成为辉耀古今的德国文化圣地，成了全欧洲乃至全世界的文化名城。

初到魏玛，歌德还仅仅是作客，除了陪年轻好动、任性贪玩的奥古斯特公爵骑马野游，参加组织宫中的娱乐活动，就没有什么正事。可是，随着时间的推移，比歌德年轻十岁的公爵和他越来越亲密，对他越来越言听计从。歌德本人呢，也被魏玛浓重的文艺气氛所深深吸引，并且发现公爵年纪虽小，却不无抱负，本质就像是“尚在发酵中的名贵的酒”，将来定会有所作为。住到次年二月，歌德已写信给法兰克福的朋友："我可能要留在此地尽心竭力地起一些作用，时间长短则全凭命运安排。即使只有几年，也总比待在家里极欲有所作为却无所事事要好……公爵对国事满怀热忱，我完全了解他，对许多事情因此完全放心。"①

这段话表明，歌德留在魏玛的初衷确实是想"有所作为"。随着年龄的增长和阅历的丰富，他慢慢抑制住狂热的激情，增加了务实的精神。"有所作为"在他看来不只意味着施展自己的才能，实现自己的社会理想和抱负，也是一种道德的考验和成长的需要。而小小的魏玛公国，在当时算是比较开明的，正好让命运安排给歌德作他接受考验和实现理想、抱负的试验场。

1776 年 6 月，歌德正式就任魏玛宫廷的枢密顾问之职，从此便政务缠身，渐渐地把公国的大至外交、军事、财税、林务、矿业、水利、交通，小至防火条例的制定和宫中游乐活动的安排组织等事情，通通管了起来。他在两年多以后写道："我事情多得一塌糊涂……繁忙的压力对心灵大有好处；压力解除了，心灵是可以更加自由地享受生活。但一个人无所事事、舒舒服服，却再可悲不过，最美好的馈赠也会令他生厌。"

又隔了两年多，他写信给友人说："我的天性逼迫我从事各式各样的活动，即使在最小的村庄和一座荒岛，我同样必须勤勤恳恳，否则便活不下去……"②

在魏玛从政的这些年，歌德也确实努力作了些改革，但都只能是小修小补，既不能根除大的制度弊端，对他所同情的农民和手工

---

① 转引自 Peter Borner "Goethe" S. 55，Rowohlt Verlag。
② 转引自 Peter Borner "Goethe"，S. 57，59。

业者也爱莫能助。相反，他倒为无聊的琐事和应酬耗费了不少时间、精力，并且不得不违心地在许多事情上委曲求全，一改自己狂放不羁的本性而变得谨小慎微。尽管如此，歌德仍不免遭到宫中善于搬弄是非和钩心斗角的男女的攻击、暗算。再说，魏玛实在太小了，他在这里的所作所为，也无益于改变德国鄙陋的现实。

当然，收获也不可忽视。亲身参政增长了歌德的人生阅历，使他这个市民青年不但对宫廷和贵族社会有了深刻认识，对民间的疾苦也多了几分了解，为他日后的创作特别是写《浮士德》积累了重要素材。此外，由于分管矿业和林业，他对矿物学、植物学都有所钻研，同时还花不少业余时间研究骨骼学、解剖学、数学、光学和色彩学等，并且有了一些对当时而言重要的发现，促进了他具有唯物主义倾向和进化论色彩的世界观的形成。也可以说，歌德在魏玛的特殊环境和地位上，更快地成熟起来，进入了自己人生的另一个同样十分重要的境界。

然而文学创作却大受影响，作品比前四五年少了许多，已开始的《浮士德》《埃格蒙特》《塔索》等剧本都没有完成，仅写了一些抒情诗。这些诗中的相当一部分，是他写给封·施泰因夫人的。

对这位比自己年长七岁的七个孩子的母亲，歌德有着十分复杂的感情，称她是个“了不起的女人”，相信自己和她是“前世夫妻”，命中注定了他要受她“温柔的魔带的羁绊”。事实上，封·施泰因夫人也是歌德在魏玛留下来的一个原因。总的看来，他俩之间的关系少了青春期的爱情狂热，多的是心灵的契合。而且，在两人的关系中应该说是封·施泰因夫人起主导作用，是她影响歌德，使他的内心发生了根本的变化，不但做到了忠于职守、克己奉公，连立身处世也慢慢变得冷静和节制。这些变化自然也反映在创作中，例如著名的诗歌《神性》《人的局限》《水上精灵歌》《对月》等，就少了狂飙突进运动时的澎湃激情，多了成年人细致深入的人生思考。

在魏玛一住十年，整天忙于政务和宫廷酬酢的歌德终于感觉累了，烦了。1786 年 9 月 3 日凌晨，他事先没有通知他称作“小巢”的魏玛的任何人，便改扮成一个画家（亦说商人），化名“缪勒”，离开他正在那儿疗养的卡尔斯巴得温泉，朝着他从童年时代起就十分向往的南方古国意大利奔去。

六、 重获新生

意大利不只有温暖的阳光、热情的人民，更是有着丰富的古代文化遗存的文艺复兴发祥地，历来被欧洲的文化人和艺术家视为自己的“根”之所在。歌德的父亲就曾为提高修养到意大利游历，并留下了一部游记。歌德于魏玛出走之前两年写了长篇小说片段《威廉·迈斯特的戏剧使命》，里边有一个神秘的女孩迷娘，她唱的一首内涵丰富、感人肺腑的怀乡曲，实际上就道出了诗人自己对意大利的热烈恋慕和向往。

“在古国的土地上，我感到欢欣而又快乐”——“我青年时代的所有梦想眼下全都变成了活生生的现实”——感到像“每天都在脱一层皮”似的经历着“脱胎换骨的变化”，整个人“从内心深处彻底改变了”，获得了“新生”。类似这样的句子，在他到意大利后写的书信、游记和作品中，真叫比比皆是。难怪歌德流连忘返，在这个阳光明媚的南国一住就是一年九个月。

在这段时间里，他不但遍游威尼斯、佛罗伦萨、罗马、那不勒斯等文化名城，踏访庞贝古城等废墟、遗址，观赏、临摹古希腊、古罗马和文艺复兴时期的艺术珍品，而且也了解民情风俗，亲身参加天性乐观的意大利人民的各种节庆活动，特别是1788年2月的罗马狂欢节更给他留下了终生难忘的印象。他还广交艺术界的朋友，提高艺术鉴赏力和修养，自己作画达一千余幅之多。他还渡海前往西西里岛，悉心考察研究岛上的亚热带植物，在巴勒莫的植物园里为自己提出的植物形变论找到了宝贵的实证，即他所称的“原植物”。他甚至冒险三度攀登有名的维苏威火山，一直走到火山口边上，直接观察“那冒着蒸汽的、发出咝咝声的地狱的大锅”。总之，到了意大利的广阔天地里，歌德一下子又变得年轻、大胆和充满朝气了，与湫隘的魏玛宫中那位圆滑老练、谨小慎微的枢密顾问相比真是判若两人。

在文学创作方面，歌德也恢复了活力，完成了反映16世纪尼德兰人民革命的悲剧《埃格蒙特》，把《伊芙根妮在陶里斯岛》的散文初稿修改成了诗剧，《浮士德》和《托夸多·塔索》的写作也有进展。

当然还有热烈的爱情。歌德在罗马等地曾和不止一个活泼爽朗的意大利女子相恋、同居，其中一个被他耐人寻味地戏称作“浮士蒂娜”。他晚年完成的《意大利游记》是他重要的自传性作品，全面记录了他在这个南方古国的经历和感受。他在回魏玛后不久写成的《罗马哀歌》不乏大胆的性爱描写，充满他对与浮士蒂娜等爱侣缠绵相处的幸福回忆，是她们使他恢复了青春的爱的活力。

呵罗马，你诚然大如一个世界，可是没有
爱情，世界不成世界，罗马不叫罗马。

如此放肆的对爱的呼喊，表明意大利之旅使歌德完全恢复了本性，获得了新生，也重新找到了他作为诗人的自我。因此在不得不准备返回魏玛的前两周，他竟然每天一想起要离开意大利，都会像个孩子似的哭泣。①

七、 家庭生活

1788 年 6 月，歌德回到魏玛，坚决辞去大部分官职，只担任宫廷剧院总监，兼管矿业和耶拿大学的一些事务，以便专心从事写作和科学研究。在两三年里，他完成了诗剧《托夸多·塔索》、长篇动物叙事诗《列那狐》《罗马哀歌》和《威尼斯警句》。最后这两部组诗，也反映了他个人生活中的一件大事，即与二十三岁的制花女工克里斯蒂娜·乌尔庇乌斯的邂逅、相爱与结合。

克里斯蒂娜·乌尔庇乌斯虽出身微贱、相貌平平，却活泼大方、朴实善良。歌德回魏玛后，一天在花园中散步时与她偶然相遇，不久便成为事实上的夫妻，拿歌德自己的话来说就是："我结婚了，只是没有举行仪式而已。"

可是对于堂堂大臣和贵族歌德 —— 他已在 1782 年由帝国皇帝约瑟夫二世封为贵族，回魏玛后仍保留着在枢密院里的职位 ——与一个出身下层又缺少教养的女工不明不白地生活在一起，在那个时代真是有失体统的冒失举动，因此遭到了魏玛宫中包括封·施泰因夫人在内的男男女女的大肆攻击。虽然他俩在第二年的圣诞节便有了一个儿子，却一直等到七八年后的 1806 年才正式结为夫妻。

---

① 详见本书所收的《南国之恋》。

克里斯蒂娜一共为歌德生了五个子女，但活下来的仅长子奥古斯特一人。这个平凡的女子对歌德忠心耿耿，平时任劳任怨地操持家务，后来在拿破仑入侵德国时期，她有一次甚至不顾自己的安危，挺身保护了受到闯进家里来的法国士兵威胁的丈夫。然而，她却长期受着贵族社会的歧视，即使在正式结婚以后仍然被排斥在贵族社交生活之外。歌德在魏玛也十分孤独，自然对她充满眷恋和感激之情，在不少作品里留下了对她的纪念，而其中最为人熟知的就是1813年附在一封信里寄给她本人的那首题作《找到了》的小诗。

1816年6月6日，歌德夫人在满五十二岁那天与世长辞，正卧病在床的诗人欲哭无泪，写了四行挽歌对她表示哀悼：

太阳啊，你想冲破乌云，
放出光芒，却白费力气。
随她我失去了生命的
全部获得，唯有哀泣。

就这样，歌德失去了与自己相伴最久的亲人。而且一生当中，除了少年时代，他可以说都在忙于事业，没有享受到多少亲人的温暖和家庭的幸福。他小时候最亲密的妹妹早在1777年就夭折了，父亲也在五年后逝世。母亲虽然比较长寿，活到了1808年，可是自到魏玛后歌德却难得和她见面。连爱子奥古斯特也在四十岁时死在了他的前头。总之，歌德的家庭生活不能算幸福美满。

八、 进化与革命

歌德在莱比锡上大学时，即产生了对自然科学的兴趣，到魏玛后便没有停止过自然科学的研究，并不断取得一些在当时来说并非不重要的成果，还出版了数量可观的论文和专著。前面已谈到他关于“原植物”的发现。他据此提出“植物形变论”，并于 1790 年发表了一篇长达一百二十三节的论文。在这篇文章里，他试图证明植物从低等到高等全一个样：所有的果、花、叶、茎都进化、发展自唯一的一个基本器官，即种子。在此之前，他曾在自己兼职的耶拿大学研究比较解剖学，并于 1784 年 3 月发现了人类的腭间骨 ——以前人们认为只有动物才有腭间骨 ——，从而证实了他关于一切生物都有相同的“原形态”和“亲缘关系”的设想。歌德在自然科学特别是植物学、动物学方面的发现和观点，使他成为欧洲在达尔文之前主张进化论的先驱。在观察自然界时，他因此始终坚持唯物的和进化的宇宙观，这在 18 世纪无疑是相当进步和可贵的。

可是另一方面，歌德观察社会问题也机械地搬用进化的观点，因此便成为一个改良主义者；他在魏玛从政时的所作所为，即是很好的证明。特别是对待法国大革命的态度，更暴露了诗人歌德在政治思想方面的这一根本缺陷。

1789 年 7 月 14 日，巴黎革命民众攻陷象征封建统治的巴士底狱，揭开了世界历史新的一页。消息刚传到德国，所有的进步作家、学者和知识分子无不感到欢欣鼓舞，歌德也不例外。他在 1790 年 3 月 3 日写信给朋友雅可比说，“法国大革命对于我同样是一场革命”，并亲手画了一棵“自由树”。可是，当雅各宾党暴力革命和专政的实情渐渐为外界所了解，当革命开始向着莱茵河以东蔓延，除了赫尔德、福尔斯特等少数思想特别进步者以外，德国的知识分子几乎全吓坏了，对革命的态度来了个一百八十度的大转弯，歌德也是如此。如果说，对于他们中的大多数人，这正好表现了德国现实不可救药的鄙陋，表现了资产阶级极端的软弱，那么，对于歌德个人，还应该看到他的退缩是受进化论宇宙观和改良主义政治思想影响的结果。

正因为歌德信奉缓慢但有序的进化和改良，所以对革命中出现的暴力和“混乱”现象便感到厌恶。他甚至讲，他“宁可犯不公正的罪过，也不愿容忍混乱”，并称这是他的本性。1825 年 4 月 27 日，他在与艾克曼谈话时为自己对法国大革命的态度辩护，说：“我憎恨一切暴力颠覆，是因为它带来的好处和毁掉的充其量相等而已。……我非常高兴看到任何使我们预见到未来远景的改良……任何使用暴力的跃进都令我心里反感，因为它不符合自然。”

出于以上的思想根源，歌德很快就对法国大革命抱着冷眼旁观的态度，随后又写了《大科夫塔》《市民将军》《激动的人们》等一些戏剧和诗歌，以宣扬反对暴力革命和主张改良的观点，在自己的著作中留下了不光彩的篇章。

不过，歌德也并非一些人所攻击的那样是“公侯的奴仆”甚或革命的敌人。他自己讲，他“同样不是专制统治的朋友”，并相信每次革命“都不能归咎于人民，而都是政府的咎错所造成”。因此，1792 年奥地利和普鲁士联军进攻法国，妄图推翻革命政权，实现封建复辟，次年又围攻在法国革命影响下成立的德国历史上第一个共和国的美因茨城，这两次战役歌德虽然都随当时已是普鲁士将军的卡尔·奥古斯特公爵一起亲临前线，成了改变世界历史的重大事件的见证人，并在后来把它们记录在《随征法国记》和《围攻美因茨》

这两部自传性的作品里，但他对战事本身却毫无兴趣。他在战场上很想念家里的爱妻幼子，并且仍旧专心做自己的自然科学研究和试验。他甚至认为"安静地坚守在工作室里，细心地照料科学和文艺的圣火"，以使"和平来临时不致于缺少万不可缺的普罗米修斯之火"才是他的职责，也是他度过政治动乱的"黑夜"的最佳办法。①他这样说也这样做，在法国大革命开始后的一些年，他确实为自然科学的研究倾注了更大的热情，耗费了更多的精力和时间。

九、 挚友席勒

歌德和另一位当时与他齐名的德国大诗人兼剧作家弗里德里希·席勒（Friedrich Schiller，1759—1805）早已认识，但由于误解，彼此在很长一段时间里却敬而远之。直到 1794 年 7 月底，他俩在耶拿的一次自然科学讨论会后作了深谈，才开始结下亲密的友谊。1799 年，为加强与歌德的合作，席勒放弃在耶拿大学的教职，迁居到了魏玛。

两位大诗人结下友谊，正如歌德说的是一件极其"幸运的事"。它不只帮助歌德摆脱了旅居意大利归来后的精神孤立状态，不只使他的创作生命开始了狂飙突进时期以来的第二个春天，也不只让席勒的创作和思想发展得到了同样的促进，还造就了整个德国文学长达十年之久的成果辉煌的古典时期。

歌德和席勒先是密切配合，在 1795 年和 1796 年共同写出了四百多首叫作"赠辞"的针砭时弊的短诗，紧接着又你追我赶地创作了

---

① 参见 Peter Boerner："Goethe"，S. 88。

大量流传后世的叙事谣曲，致使1797年成为德国文学史上著名的“叙事谣曲年”。正是在席勒的不断鼓励和督促下，歌德把原本大量花在自然科学研究上的时间和精力重新又集中于文学创作，终于完成了早在大学时代便已开始创作的《浮士德》的上卷、长篇小说《威廉·迈斯特》的第一部即《威廉·迈斯特的学习时代》和叙事长诗《赫尔曼与多萝特亚》，使自己的文学声名再次鹊起。

与此同时，在歌德的帮助下，席勒也完成了他后期的戏剧代表作《华伦斯坦》三部曲、《奥里昂的少女》《玛利亚·斯图亚特》《墨西纳的新娘》和《威廉·退尔》等。其中特别是《威廉·退尔》，连题材也是歌德主动让给席勒的：为了支持朋友的创作，歌德不仅放弃以瑞士人民争取自由的斗争为内容写一部叙事长诗的计划，而且将自己在瑞士实地搜集的背景材料都提供给席勒，这样才使从未到过瑞士的席勒在剧中把当地的自然风光、人情风俗描绘得真实生动，给读者和观众留下难以磨灭的印象。①

除了可见的作品，两位大诗人在思想上的交流和相互启迪，更取得了影响深远的成果。他们在歌德领导的魏玛宫廷剧院排演自己和莎士比亚等的剧作，以验证共同追求和发展的古典主义风格。他们一道提出以审美教育来完善人性和改造社会的理想，在德国的美学发展史上占有了一席之地。通过这些努力，小小的魏玛进一步成为整个德国的文化中心，又吸引了许多在国内外享有盛名的作家、学者和艺术家，如哲学家费希特、谢林、黑格尔，地理学家和语言学家洪堡兄弟，作家、诗人和文艺理论家扬·保尔、蒂克、诺瓦利

---

① 参见艾克曼辑《歌德谈话录》，朱光潜译，人民文学出版社，1978年，第144—145页。

斯和施莱格尔兄弟等前往；还有俄国大诗人普希金和匈牙利杰出的钢琴家李斯特，也曾旅居魏玛，在这个小城中留下了影响和足迹。魏玛作为德国文化圣地的影响经久不衰，甚至远远地超越德国的国界，至今仍受到整个欧洲乃至世界的崇仰。

人们说，自1794年起，歌德生活中很少有什么事与席勒没有关系。1805年5月9日，受尽贫病煎熬的席勒猝然与世长辞。自己也正卧病的歌德事后闻讯大为悲恸，说他因此失去了自己“生命的一半”。从此他对什么都不再有心思，并于生前就作好了安排，死后要与自己的好友同穴而葬。

在席勒亡故后的十年里，本已鹤立鸡群的歌德在魏玛更显孤单，真如失去了生命一半似的经常闹病。加之对拿破仑战争中动乱的时世感到厌憎，遂产生了迟暮的念头，主要作品《浮士德》和《威廉·迈斯特》都写不下去，却开始搜集资料准备写回忆录和自传。

歌德比席勒整整年长十岁，两人的性格、气质、出身、经历、地位以至世界观和思想方法等本来都有很大的差异，但却在渴望光明、追求真理、发扬人道和繁荣德国文学的共同奋斗目标指引下走到一起，结成了亲密无间的友谊，相互帮助、砥砺，相辅相成，至死不渝，实可传为世界文化史上的一大佳话。

十、 憧憬东方　胸怀世界

从席勒逝世至1814年的十年间，欧洲社会急剧动荡。先是随着法军战胜普鲁士、奥地利而宣告了德意志民族的神圣罗马帝国彻底崩溃和消亡，德国境内的一些小邦也纷纷瓦解，建立起了一个受拿破仑保护的“莱茵联盟”；在这个过程中，一些地方随之实行程度不等的改革。接着，一部分德国爱国知识分子发动反对法国占领的所谓民族解放战争，并与俄国的封建势力结盟，终于彻底战胜已经称帝的拿破仑，使整个欧洲大陆出现了反动复辟，德国更笼罩在一片黑暗中。

当时，已年逾花甲的歌德作为新兴资产阶级的改良主义思想家，尽管对法国革命引起的社会动荡心存反感，却崇拜拿破仑这位叱咤风云的英雄人物，一度把恢复和建立秩序的希望寄托在他的身上，既不肯参加反法的所谓民族解放战争，更厌恶封建复辟。为逃避眼前这混乱而可悲的现实，歌德一开始把目光转到了往昔，闭门阅读德国中世纪的史诗，欣赏中世纪的绘画，随后干脆把视线移向他认为是和平、宁静的东方，因此而研究起阿拉伯、印度和中国的文学和哲学来，并从中汲取到了思想和创作的营养。

北方、西方和南方分崩离析，
宝座破碎，王国战栗。
逃走吧，逃向纯净的东方，
去呼吸宗法社会的清新空气！

歌德置于《西东合集》开头的这四行诗，极其生动、概括地描述出当时整个欧洲急剧动荡和危机四伏的情景，以及诗人自己对眼前的现实无比厌烦和急欲规避的心态。

在此期间，歌德又经历了两次爱情。单恋十六岁少女米娜·赫尔茨丽卜的痛苦，使他在六十岁时仍以当年写《少年维特的烦恼》时差不多的激情，在 1809 年仅仅用七个星期，就写成了含义深沉的长篇小说《亲和力》。而 1814 年与玛丽安娜·维勒美尔的幸福相爱，则更加有力地拨动了他心中的诗弦，使他在 1814 年开始创作《西东合集》。

《西东合集》是歌德晚年乃至一生最重要的一部诗作，内容和风格都明显地受到阿拉伯文学，特别是 14 世纪波斯诗人哈菲兹的影响，题名便说明它是一部由西方作者写的富于东方思想情趣的诗集。它共收长短不等、体裁各异的诗歌二百五十多首，依题材分为十二卷，主要歌颂人生、爱情、美酒，有的抒情，有的叙事，有的富于哲理，有的充满讽喻。在诗中，歌德自己变成了阿拉伯歌者哈台姆，哈台姆美丽的情人苏莱卡则是聪慧而富有诗才的玛丽安娜·维勒美尔的化身。和在现实生活中一样，他俩心心相印，纵情唱和，相处的时间虽然不长，却带给诗人极大的幸福。

《西东合集》于 1819 年出版。接着，歌德又继续完成他的《意大利游记》和《诗与真》等自传性的作品。

1823 年，年已七十四岁的歌德作了一生中最后一次旅行。在波希米亚（现属捷克）的玛利亚温泉，他又不幸地堕入了情网，对一位年方十九岁的少女乌尔莉克·封·莱维佐夫产生了难以抑制的爱情，并且不顾一切地向她求婚。结果当然只能令他失望、痛苦。不过就是这最后一次带来不幸与伤痛的热烈爱情，使歌德很快写成了著名的《爱欲三部曲》。用这个以《玛利亚温泉哀歌》为核心的组诗，老诗人对自己多恋的一生进行了深入的思考和总结，表达了对于爱欲的割舍和断念之情。

在克服了感情上的最后一次危机，战胜了由感情危机造成的身心病痛之后，年老的诗人很快又拿起笔来继续写作，而且比什么时候都更加勤奋，从而迎来了文学生涯的最后一个丰收季节。

除去阿拉伯文学，歌德从 1813 年开始一直到 1827 年，还大量阅读中国的文学作品和有关中国的书籍，如《好逑传》《花笺记》《百美图咏》和选收有《今古奇观》若干篇小说的《中国详志》等，并且从中得到启示，不只写成富有中国情致和格调的组诗《中德四季晨昏杂咏》和其他作品，而且在 1827 年 1 月 31 日和艾克曼的谈话中，作出了“世界文学的时代就要来临”的光辉预言。

以上所述，不管是拒绝参加从狭隘的爱国主义立场出发反对拿破仑的所谓解放战争，还是放眼遥远的东方，研读阿拉伯、印度和中国的文学并认真向其学习，或是在人类历史上第一个明确地提出关于“世界文学”的思想，都表明歌德尽管身处狭小湫隘的魏玛，胸怀却无比广阔，眼光却无比高远。也就难怪他会成为一位“世界公民”①，会写出《浮士德》这样具有世界意义和影响的不朽杰作，会受到整个进步人类的爱戴和崇仰。

十一、 智慧的最后结论

在自己生命的最后八年，夫人、儿子和几乎所有的好友都已先他离开人世，歌德似乎别无寄托，心思完全集中在了自己的文学事业上。1829 年完成了《威廉・迈斯特的漫游时代》，1931 年《浮士德》第二部大功告成。这两部倾注了他毕生心血的杰作 —— 前者断断续续写了五十年，后者写了六十年 —— 在问世之初虽不为时人所理解和重视，却无疑是伟大的诗人和思想家歌德留给后世和全人类最宝贵的财富。

《威廉・迈斯特的学习时代》（1796）和《威廉・迈斯特的漫游

---

① 参见 Peter Boerner：“*Goethe*”，S. 122，129。

时代》(1829)尽管情节联系不太紧密，但主人公基本相同，主题思想前后一致，因此被视为一部卷帙浩繁的长篇小说的上下两个部分。写的是一个商人家庭出身的青年在社会上长见识、受教育、淘经验的成长和发展过程，借以表达作者歌德本人的教育主张和社会理想。在德语文学里，它是“教育小说”或称“修养小说”“发展小说”的最重要代表。

诗剧《浮士德》的内涵更加丰富，情节更加复杂。它与《威廉·迈斯特》有一个共同点，都是借写一个人的发展、追求来探讨人生的价值和理想；不同点只在于它的主人公浮士德博士活动范围更广，从天堂到地狱，从眼前的德国到古希腊，不像威廉·迈斯特始终生活在德国的现实社会。基于此，这两部作品的表现手法也大不一样：从主要倾向看，《浮士德》主要是浪漫主义的，《威廉·迈斯特》主要是现实主义的。

《浮士德》的主人公一生自强不息，经历了对知识、对感官享受、对权势荣华、对美的一次次追求，一次次失望，终于在为大众谋福利的事业中获得满足，找到了“智慧的最后结论”，即：

只有每天争取自由和生存的人，才配享受自由和生存。

浮士德的这种积极进取、永远向上、不断追求的精神，应该说是我们人类赖以生存、发展、进步的伟大和可贵的精神。他在年满百岁和失明以后所预见的人类未来，在当时虽然带有空想社会主义的性质，却光明而又美好，同样能给人们以信心和鼓舞。难怪革命导师马克思、恩格斯、列宁都非常喜欢读《浮士德》，在自己的著作和讲话中经常援引它的诗句和情节；难怪诗人海涅要称《浮士德》

为“德国人世俗的圣经”，革命文艺理论家弗朗茨·梅林要誉它为“现代诗歌的王冠”，还有人把它视为“欧洲自文艺复兴以来三百年历史的总结”，“人类光明灿烂前景的壮丽颂歌”，等等。到了现代，“浮士德精神”已成为自强不息、积极向上、永远追求等人类伟大精神品格的代名词，在全世界激励和鼓舞着一代一代的后来人。

歌德自己在八十三年的漫长一生中，像浮士德博士一样经历了许多重大的社会历史事件，身边也常有从正面或反面帮助他、激励他的这个那个人物；像浮士德博士一样在个人的生活、思想和感情上饱尝悲欢，在探索之路上同样常常误入歧途，但终于都回到正道，一步一步地前进。时代造就了歌德，歌德也影响了时代。这位在思想文化的海洋中为人类开辟出大片沃土的诗人，这位人类光明未来的伟大歌者，他在孜孜不倦地劳作一生之后，于1832年3月22日在魏玛家中与世长辞。他的辞世，也意味着德国思想文化史上整整一个时代，即以他为核心和命名的“歌德时代”的终结。

临终之前，伟大的诗人和思想家歌德对守护在旁边的人最后说的，据传仍是一句极富哲理和象征意义的话：“多要一些光！”

是啊，多要一些光！这既是人类未来的伟大歌者歌德本人一生的向往和追求，也是他对后世的嘱托和希望。从歌德逝世至今已过去一百八十多年，世界比他在世时的18、19世纪应该说已光明多了，在许多方面都有了进步，但是离浮士德和威廉·迈斯特的理想社会仍然还很远，还需要人类像浮士德那样孜孜不倦地继续争取和奋斗！

他不是“法兰克福市议员的谨慎的儿子”

——对恩格斯关于歌德评价的一点质疑

关于德国大诗人歌德，革命导师恩格斯曾经讲过一段非常有名的话：

> ……歌德在自己的作品中，对当时的德国社会的态度是带有两重性的……在他心中经常进行着天才诗人和法兰克福市议员的谨慎的儿子、可敬的魏玛的枢密顾问之间的斗争；前者厌恶周围环境的鄙俗气，而后者却不得不对这种鄙俗气妥协、迁就。因此，歌德有时非常伟大，有时极为渺小；有时是叛逆的、爱嘲笑的、鄙视世界的天才，有时则是谨小慎微、事事知足、胸襟狭隘的庸人……

这段话出自恩格斯1846年写的《卡尔·格律恩〈从人的观点论歌德〉》。它运用辩证唯物论的思维方法，结合歌德的具体创作实践、生活经历以至秉性气质，对歌德这位复杂而伟大的人物作了深刻的分析和中肯的评价，在肯定歌德是一位“非常伟大”的“天才诗人”的同时，也指出他身上还存在着有时对周围环境的鄙俗气“妥协、迁就”以及“谨小慎微、事事知足、胸襟狭隘”等弱点。恩格斯的这段话以及《卡尔·格律恩〈从人的观点论歌德〉》全文，无疑给如何正确地、一分为二地看待伟大人物提供了范例，值得我们认真领会、学习。我国的理论界和德语文学界，对这篇文章和这段话也的确十分重视。

正因此，笔者就感到有必要指出：在前面引的中文译文中，隐藏着一个并非无关紧要的错误。不仅如此，就连包含着这个错误的那一小段恩格斯的原话，即“在他心中经常进行着天才诗人和法兰克福市议员的谨慎的儿子、可敬的魏玛的枢密顾问之间的斗争”，本身的表述似乎也欠精确。

读过歌德回忆自己青年时代的著作《诗与真》或者别人替他写的较为翔实的传记的人都知道，歌德出生在一个富有的市民家庭里。他的祖父只不过是个裁缝，在流浪到法兰克福后才入赘一位开旅店的寡妇家，靠着做葡萄酒买卖赚了大钱。因此，诗人的父亲卡斯帕·歌德年轻时能够上大学，获得博士学位，并且到意大利游历考察。但是，在仍由封建贵族占支配地位的所谓帝国自由市法兰克福，卡斯帕·歌德尽管富有、博学，却仍因出身微贱而遭受歧视，想在不领薪水的条件下谋取一官半职而不可得，愤懑之下，才在1742年花三百一十三个古尔盾（金币名）直接从帝国皇帝那儿买了一个所谓“皇家顾问”（Kaiserlicher Rat）的空头衔，名义上取得了与贵族平起平坐的地位，实际上却永远失去了在市里担任任何公职的可能。诗人歌德在《诗与真》第六卷中写道：

……对于市里的事，我父亲只能以私人的身份表示关切。他对市政方面这种那种失策的愤慨常常溢于言表。再说，我不是看见他经过那么多钻研、努力、游学和受了种种教养之后，到头来仍得过一种我怎么也不希望过的离群索居的孤寂生活么？这一切，形成了压在我心灵上的一个可怕重负……

显而易见，所谓“法兰克福市议员的谨慎的儿子”乃是误译。德文原文 Frankfurter behutsames Ratsherrkind 中的 der Rat 或 Ratsherr 一词，在指人时尽管可以有“参议”“参议员”和“顾问”等意思，但按照歌德的父亲的实际经历却只能译成“顾问”。因此，整个短语的准确译法似乎应该是“法兰克福一位皇家顾问的谨慎的儿子”。①

至于恩格斯的“在他心中经常进行着天才诗人和法兰克福一位皇家顾问的谨慎的儿子、可敬的魏玛的枢密顾问之间的斗争”这一表述，则把歌德的父亲花钱买“皇家顾问”的空头衔与歌德实际在魏玛当官这两件事相提并论，等量齐观，夸大了前者的意义，造成一个歌德出身官宦之家的似是而非的印象。

再者，把“法兰克福一位皇家顾问的谨慎的儿子”作为与“天才诗人”相斗争的对立面，也可能使人把恩格斯上下文中所指出的歌德身上的种种弱点，归因于他的出身和家庭影响。而这，与实际情况不仅不相符合，而且可以说正好相反。须知，歌德之所以能成

① 除《马克思恩格斯全集》外，笔者所见到的其他中译文也全都误作了“市议员”，最早的如胡秋原发表于 1932 年《读书杂志》第二期的《马克思主义所见的歌德》一文，在引文中就译的是“Frankfurt 市议员之爱子”。

为“天才诗人”，除了时代的大前提以外，很重要的一个条件就是他那得天独厚的家庭环境和家庭教养。

首先，富有的家庭保证了歌德一生不曾有过温饱之虞，能长期安心从事文学创作和自然科学研究，在经济上对封建贵族阶级保持着相对独立的地位。这一点，在还不能仅仅以写作换取到衣食的18世纪，可以说是非常非常重要的。熟悉德国文学史的人都了解，与歌德同时代的几乎所有大作家都受过贫穷的熬煎，无法充分施展自己的才能、抱负，他们要么像莱辛、赫尔德似的被迫为统治阶级所役使，要么像席勒、棱茨那样早早辞世。郭沫若在《孤鸿——致成仿吾的一封信》中，就指出歌德和托尔斯泰、泰戈尔等都是属于那种“真正的天才能够得遂其自由的完全的发展”的大作家，因为他们“不是有有钱的父亲，便是有有钱的保护者”①，对于歌德来说，出生在一个富有的市民家庭，确实是一大幸事。

其次，歌德的父亲不仅有钱，而且还学识渊博，怀才不遇，因此把希望寄托在自己唯一的儿子身上，精心地、严格地对他进行教育和培养，使他很小就学会了多种外语，养成了读书作文的习惯，八岁写成第一首诗，十岁已阅读过《伊索寓言》《荷马史诗》《一千零一夜》以及维吉尔、奥维德和笛福等的作品。从父亲丰富的书画收藏中，年轻的歌德不仅受到古代文化的陶冶，而且也受到资产阶级启蒙思想的熏染。还有他那富于幻想、善讲故事的母亲，一位出身法学家家庭的少妇，② 同样很好地促进了儿子的文学天赋的发展。

---

① 郭沫若：《文艺论集续集》，人民文学出版社，1979年，第6页。

② 她的父亲靠着学识和才能当上了法兰克福的市长，然而并非贵族，家庭也比较清寒，因此她在嫁给比自己年长二十一岁的有钱的“皇家顾问”卡斯帕·歌德时连陪嫁也没有。

最后，更重要的，歌德家庭的社会政治地位，特别是他那被迫赋闲在家而变得性情孤傲和愤世嫉俗的父亲，更培养了他强烈的市民阶级的阶级意识，使他早早地便对封建等级制心怀不满，造就了他自由不羁的叛逆性格。1755 年里斯本发生城毁人亡的大地震，幼小的歌德因此对上帝的仁慈提出了疑问。稍长他就和城里的下层青年交往，代人编造情书和情诗，险些卷入讼事。十六岁到莱比锡上大学，不仅过着放浪形骸的生活，搞坏了身体，而且临壁题诗讽刺大学里的权威教授，因此受到校方申斥。他还在养病期间钻研炼金术和神秘主义哲学，读《教会和异教徒史》。病愈后到斯特拉斯堡复学，他在准备博士论文时竟声称耶稣并非基督教教义的创始者，引得全校哗然，为此几乎失去了学位答辩的权利。在狂飙突进运动中，歌德创作了《铁手骑士葛慈·封·伯利欣根》《少年维特的烦恼》和《普罗米修斯》等一系列充满反抗精神的作品，成为那一时期的资产阶级思想解放运动的急先锋……总之，在家庭影响——当然还有时代影响——较为强烈的青少年时代，歌德自由豪放、离经叛道的性格特点和思想倾向十分明显。他之“谨小慎微、事事知足、胸襟狭隘”以及对周围环境的鄙俗气“妥协、迁就”等，乃是到了魏玛以后慢慢受环境的影响，特别是在那位宫廷命妇封·施泰因夫人调教下养成的。诚如恩格斯所说，是德国社会的鄙俗气战胜了伟大的德国诗人歌德；这既证明了“‘从内部’战胜鄙俗气是根本不可能的”，也证明了德国整个资产阶级的孱弱。

基于以上理由，我认为不能说歌德是“法兰克福市议员（或者说皇家顾问）的谨慎的儿子”，并把它与“天才诗人”对立起来，因为它没有反映出歌德的家庭出身和家庭影响的实际。较准确的说法应为：

> 歌德是法兰克福的一位富裕市民天才的、富于叛逆精神的儿子。

翻译的错误无疑应该纠正，因为它与史实不符，再说纠正也不困难。更重要的问题是应该怎样对待革命导师著作中可能出现的差失呢？我认为正确的态度一是实事求是，二是不以为怪。

至于恩格斯产生上述欠准确的表述的具体原因，最重要的大概有以下两点。

首先，他撰写《卡尔·格律恩〈从人的观点论歌德〉》时歌德才逝世十四年，人们对歌德的了解和研究水平远不如现在，一些有关歌德家庭的文献材料恩格斯有可能尚未接触到。附带说一下，出于同样的原因，恩格斯紧接着讲的歌德“愈到晚年，这个伟大的诗人就愈是 de guerre lasse（疲于斗争），愈是向平庸的魏玛大臣让步”也不准确。这一失误，已为卢那察尔斯基在其《歌德和他的时代》一文中指出。①

其次，恩格斯写文章的目的在于批驳卡尔·格律恩，不是为了详细地全面地评价歌德，所以对歌德本身的提法就不一定考虑得那么仔细、精确。德国著名文学评论家汉斯·迈尔就明确指出《卡尔·格律恩〈从人的观点论歌德〉》一文的这个局限，对恩格斯所谓“歌德有时非常伟大，有时极为渺小；有时……有时……”的立论方式提出了异议，说它不符合马克思主义的辩证法，而且恩格斯自己后来也再未使用过。②类似这样的问题，似乎也值得我们很好研究，

---

① 参见卢那察尔斯基《论文学》，人民文学出版社，1978 年，第 579 页。
② Hans Mayer：“*Goethe——Ein Versuch ueber den Erfolg*”，Suhrkamp Verlag 1977，S. 103.

思考。

最后还想说一说，笔者撰写这篇短文的目的，既不在于挑剔《马克思恩格斯全集》中的个别误译，相反，从一个高水平的翻译集体的这一偶然失误，我倒是进一步认识到：翻译是一件绝非仅仅靠语言知识就能做好的工作，译文要完全没有错误几乎是不可能的，自己作为一个译者，更应该兢兢业业才是；也不在于非议革命导师的著作，如前所述，我相反倒认为，恩格斯在文中对伟大人物进行一分为二的分析评价的精神，值得我们很好学习。

笔者撰写这篇短文的目的，主要是想提醒我们的理论界注意：恩格斯的《卡尔·格律恩〈从人的观点论歌德〉》，正如他自己所说并非一篇全面论述歌德的文章，在文中有些关于歌德的提法的确欠准确和值得探讨，因此不宜视为评价歌德的权威定论，无限制地加以征引，甚至抓住个别提法任意发挥。而在我们迄今发表的论著文章中，这种情况却严重存在。就拿歌德的家庭出身来说，不少作者把“法兰克福市议员的谨慎的儿子”这个提法加以引申，有的说歌德的父亲“当过法兰克福的参议员”，“是法兰克福参议员”，“是法兰克福市参议员，做过皇家顾问”，有的讲歌德“出身于一个所谓‘世代簪缨’的家庭”，“居于统治地位”，等等，不一而足，并且以此为依据，对歌德进行所谓的“阶级分析”。再如，恩格斯的文章中有一句“歌德写成了《少年维特的烦恼》，是建立了一个最大的批判的功绩”，也常常被我们引用；其实这是他为讽刺卡尔·格律恩而讲的一句反话，并不代表他本人的看法。

狂飙·铁手·自助者

——评《铁手骑士葛慈·封·伯利欣根》

《铁手骑士葛慈·封·伯利欣根》（以下简称《葛慈》），是歌德早年完成的第一部重要著作。这出以德国16世纪初的宗教改革和农民战争为背景的历史悲剧，有着鲜明的时代色彩，宏伟真实的场面，一反常规的结构，自然有力的语言。它的出现，不但打破长期笼罩德国剧坛和文坛的沉闷空气，宣告了狂飙突进时代的到来，而且对生活在平庸、狭隘的社会环境中昏昏欲睡的德国民众，起到了振聋发聩的作用。尤其是剧中主人公葛慈所表现的强烈的反抗精神，更一再受到恩格斯的称赞；①马克思在批评拉萨尔的《弗兰茨·封·济金根》的同时，也肯定歌德这部剧作对主人公的选择和塑造都是

① 参见《德国状况》，《马克思恩格斯全集》第2卷第634页；《诗歌和散文中的德国社会主义》，《马克思恩格斯全集》第4卷第256页。

正确的。①

本文准备对《葛慈》作一个简单扼要的评介，以增进广大读者对歌德这部名著的了解（我国在 20 世纪 30 年代已出版过周学普译的《铁手骑士葛兹》，1984 年人民文学出版社又出版了章鹏高、汪九祥的新译），同时为进一步学习和领会马克思和恩格斯的有关文章和论断，提供一些参考资料和意见。

一

《葛慈》问世于 1773 年，是一出悲剧。《葛慈》一剧的基本情节和主人公葛慈·封·伯利欣根，并非完全出自歌德的虚构，而是有着一定的史实和生活原型作为依据。葛慈原为德国 16 世纪时的一名强盗骑士，是马克思所说的一个“可怜的人物”②。他早年在战斗中失去了左臂，但装上一条铁打的假臂后仍继续其强盗骑士的冒险生涯，英勇强悍不减当年，并曾一度参加农民起义。早在 1770 年于斯特拉斯堡上大学的时候，歌德就从皮特尔（Puetter）著的《德意志帝国变迁史纲》中，接触到了葛慈的一些事迹，随后又读到此人晚年在监狱中写的自传《铁手骑士葛慈·封·伯利欣根的生活纪实》，对这个他认为“了不起的男子”产生了极大的兴趣。晚年，歌德回忆当时的情况说：

① 《马克思致斐·拉萨尔的信（1859 年 4 月 19 日）》，《马克思恩格斯选集》第 4 卷第 400 页。
② 《马克思致斐·拉萨尔的信（1859 年 4 月 19 日）》，《马克思恩格斯选集》第 4 卷第 400 页。

> 在他（指歌德早年的导师和诤友赫尔德）面前，我小心翼翼地隐瞒着对于某些题材的兴趣，这些题材在我们心中深深扎下了根，正在酝酿发育，以便最后获得诗的形式。它们就是葛慈·封·伯利欣根和浮士德。前者的传记深深感动了我。这位在野蛮、混乱的时代里的强悍而善良的自助者的形象，唤起了我最深的同情。①

但是，接触到素材并产生兴趣，只是决定题材选择的一个具体和显而易见的原因；歌德之所以写《葛慈》，还有着更深远的考虑。

原来，1766 年新建的莱比锡剧院为纪念落成而公演 J. E. 史雷格尔的《赫尔曼》一剧，这使年轻的歌德产生了这样的想法：

> 我看出，这样一些剧作在时代和思想意识方面都离我们太远了，于是想在较近的时代找一些重大题材，这就导致我一些年后去写《葛慈·封·伯利欣根》。②

这一段自白表明，歌德决定题材的依据有三点：一、时代相近，二、思想意识相近，三、题材重大。而事实上，《葛慈》一剧的选材，也完全符合他的这三点标准。

作为《葛慈》时代背景的德国宗教改革，被恩格斯称为欧洲资产阶级长期反对封建斗争的三次大决战中的第一次，③ 是德国历史发

---

① "Dichtung und Wahrheit", das 10. Buch.

② "Biograplnische Einzelheifen", "Leipziger Theater".

③ 恩格斯：《社会主义从空想到科学的发展》，《马克思恩格斯选集》第 3 卷第 390—391 页。

展中一个非常关键的时代。歌德的友人摩塞尔在 1770 年发表的《论武力自卫之权利》一文中说，16 世纪乃是德意志民族“表现了最大荣誉感、最身体力行的道德和特有的伟大民族精神的时代”。歌德读过摩塞尔的文章，并且具有相同的认识。而他酝酿和写作《葛慈》的年代，正是狂飙突进运动兴起之际。论性质，这也是一次新兴资产阶级反对封建制度的斗争；论目标，也是为了振奋民族精神，争取国家统一，促进资本主义在德国的发展。因此，在宗教改革和狂飙突进运动之间，不仅是时代特点和思想意识相近，而应该说存在着内在的、紧密的、承上启下的联系。再看剧中围绕葛慈这个人物所反映的激烈阶级矛盾 —— 骑士与诸侯的矛盾，诸侯与皇帝的矛盾，农民与封建主的斗争，题材也不能说不重大。

歌德出自市民家庭，青年时代成了狂飙突进运动的发起人和中坚分子，思想上反封建的倾向非常之强烈。他提出的上述三点选择题材的标准，以及照此标准选定的《葛慈》一剧的时代背景和矛盾冲突，都反映了他的鲜明的阶级意识和敏锐的眼光：他既不像《赫尔曼》的作者史雷格尔似的到公元 9 年的条顿森林中去寻找民族传统，也不像后来的浪漫派那样企图恢复中世纪的德国的“黄金时代”，而是以宗教改革时期的反封建精神来鼓舞人们，并借以表达自己新兴资产阶级的社会理想。

二

如果说，青年歌德鲜明的阶级意识和敏锐的眼光已在题材的选择和时代背景的确定上反映出来的话，那么，他作为诗人的天才，则在时代特色的描绘和人物形象的塑造方面得到了充分展现。

先谈时代特色。

围绕着全剧的主要情节，《葛慈》在我们眼前展开了一幅德国宗教改革时期广阔而生动的历史画卷。主教宫廷中的豪奢荒淫、尔虞我诈，骑士葛慈家中的忠诚友善、温情脉脉；农民举行婚礼的热闹情景，骑士与官兵的激烈交锋，农民起义的暴烈场面，吉卜赛人的森林露宿，中世纪阴森恐怖的秘密法庭 …… 一个个真实而富于生活气息和浪漫情趣的画面，真是令人目不暇接。通过这些画面，我们看见了宗教改革时期各种社会力量活动于其中并相互斗争的活生生的德国，一个分裂、动荡、混乱、野蛮、黑暗的德国，一个充满暴力和压迫，同时也富于斗争和反抗精神的德国。

在这样一个国家里，包括最高统治者在内的任何人都感到不舒服。我们听见，老皇帝马克西米连一出场就哀叹："我很不高兴 …… 我要是回顾过去的一生，就会完全心灰意冷；如此多半途而废的努力，如此多的失败！而这一切一切，原因都在帝国里没有哪个诸侯不妄自尊大，以为可以把他的怪念头看得比我的想法更加重要。"（见第三幕《奥格斯堡》一场；引文系笔者所译，下同）—— 这是软弱的皇帝在抱怨跋扈的诸侯。

诸侯呢，也自有其不满，他们的代表巴姆贝尔格的主教说："国内尽管签订了四十个和平条约仍然是个杀人坑。弗兰肯、士瓦本、上莱茵邦和邻近地区一再受到目空一切的亡命骑士蹂躏。"（第一幕《巴贝姆尔格的主教宫廷》一场）

统治阶级尚且如此，下层民众的痛苦和怨恨就更深、更重了：失去了生存基础的骑士一个个铤而走险，沦落为盗；手无寸铁的商人们常常成为劫掠的对象，到处求告却得不到保护；广大农民在残酷压榨下无以为生，只好用剑与火发泄仇恨和愤怒，结果当然是遭到血腥镇压……

总之，歌德让我们看到了一个充满内忧外患、危机四伏的德国，一个充满惊心动魄的阶级搏斗和奋不顾身的个人抗争的德国。

时代特色的成功描写，使剧本的内容大大地生动起来，为主要剧情和冲突的展开提供了一个真实感人的背景。歌德晚年曾对艾克曼说：

> 我写《葛慈·封·伯利欣根》时才是个二十二岁的青年；十年之后，我对自己描绘的生动真实还感到惊讶。①

可是，我们认为，《葛慈》对于时代背景的出色描写，意义还不仅仅限于再现历史的真实，加强了剧本的感染力而已，它对于歌德创作此剧的狂飙突进时期来说，更具有明显的现实意义。

从发生宗教改革和农民战争的16世纪初到掀起狂飙突进运动的18世纪70年代，其间整整经过了两个半世纪；然而，在这漫长的过程中，德国社会的发展却异常缓慢。三十年战争（1618—1648）加剧了德国的分裂割据局面，普鲁士发动的七年战争（1756—1763）更使得德国民不聊生，把德国变成了强邻的角逐场，民族危机相当严重。恩格斯在《德国状况》一文中描绘18世纪的德国，说在那儿“没有一个人感到舒服”，“一切都很糟糕”，“简直没有一线好转的希望”②。

这样一个德国，与《葛慈》中的那个16世纪的德国，又何其相似

---

① 艾克曼辑，朱光潜译：《歌德谈话录》，人民文学出版社，1978年，第30页。

② 见《德国状况》，《马克思恩格斯全集》第2卷第634页；《诗歌和散文中的德国社会主义》，《马克思恩格斯全集》第4卷第256页。

乃尔！不论在书本或在舞台上，德国民众看见对于后者绘声绘色的描写，不免会想到前者，进而抚今思昔，激发起反对封建小邦专制，要求民族统一的强烈情感和愿望。也就是说，在恰当地选择时代背景和题材的基础上，《葛慈》通过鲜明的、成功的、现实主义的时代色彩的描绘，发挥了以古喻今、干预现实的巨大作用。在这个意义上，《葛慈》这部历史剧可以说整个都洋溢着狂飙突进的时代精神。

此外，剧中还有以下一些具体内容，也是狂飙突进精神的生动体现：

1. 同情农民。在 1832 年发现的《葛慈》初稿即《原葛慈》(*Urgoetz*）中，歌德以较大的篇幅揭示出农民起义的原因在于不堪忍受封建贵族的残酷压迫，形容贵族对农民剥削残害就像“水蛭”“毒龙”一般凶狠。1773 年的定稿在这方面的内容虽有所削弱，但通观全剧，农民对封建主的仇恨甚至起义中的过激行动仍能看出事出有因，贵族平日飞扬跋扈和把农民不当人的情况在剧中多有提及。如第五幕一开头，一位农军领袖就愤怒地回忆了贵族欺压农民的暴行。尤其是在起义失败后，歌德对农民的惨遭镇压更表示了深刻的同情，通过葛慈手下的一名骑士描写当时的惨状说：

> 他们——指封建统治者——采用了种种闻所未闻的行刑方法。梅茨勒尔——一位农民领袖——给活活烧死了。成百上千的人被车碾死，被刺死，被砍头，被分尸。整个国家已变成一座出卖人肉的屠宰场。（第五幕《海尔布隆·牢狱之前》一场）。

2. 推崇处于自然状态的人。例如，自由不羁的吉卜赛人在基督教盛行的中世纪被视为异端，被视为不可接近的下贱种族，歌德在《葛慈》中却大胆表现他们的生活，让观众看到这些处于自然状态的人是多么纯朴善良、乐于助人、忠诚勇敢。受伤的葛慈前往求助，他们的头人立刻回答："欢迎您！我们所有的一切都供您支配。""为了您，我们可以付出生命和鲜血。"（第五幕《头人的帐篷》一场）且言而有信，真为救护葛慈、抵抗官兵牺牲了生命。

3. 主张人性自由发展。在第一幕《林中旅舍》一场，穷修士马丁对葛慈抱怨说：

> 这个世界上有什么好受的哟！可对于我来说，最难受的莫过于不能做一个人。贫穷、贞节、顺从——这三个誓约中每一个都够难受的，全加在一起更忍无可忍……呵，老爷，你们生活中的艰辛与我们这种人的可悲相比又算得了什么呢？我们人借以发展、生长、繁衍的最好欲望，统统被扼杀在想更加靠近上帝的虚妄贪求中了。

这样的话出自一位教会中人之口，应该说是歌德对违反自然人性的基督教信条的大胆讽刺和有力批判。

4. 粗犷自然的语言。歌德一反法国古典主义戏剧语言的矫揉造作，也克服了德国启蒙运动舞台用语的说教气，在《葛慈》中使用了来自生活、来自民间的地道德语，使德国舞台上第一次响起了粗犷、自然、有力的声音，令观众感到新鲜，感到振奋。而且，《葛慈》的语言还做到了个性化，切合剧中不同人物的年龄、性别以及身份。在语言运用方面，《葛慈》也体现着狂飙突进的刚强有力的精神，堪作当时德国文学的典范。

三

可是，与上述各端比较起来，歌德在剧中塑造的葛慈这位主人公的形象更加成功，更加集中地体现了狂飙突进的时代精神，更加强烈地表达了一代先进青年的社会理想。

如前所述，历史上的葛慈·封·伯利欣根（1480—1562）只是个没落骑士，只是个以拦路抢劫为生的“可怜的人物”；那种称他为“中世纪革命家”和“人民运动的天才领导人”，把他与杰出宗教改革家和农民起义领袖相提并论的观点显然是错误的。①

歌德天才地抓住此人英勇强悍、独立不羁、敢作敢当、不畏强权的基本个性特征，经过艺术加工，把他塑造成了一个“骑士的典范”（剧中人对葛慈的赞语），一个他所谓的“最高贵的德国人”，使他身上有了许多狂飙突进运动赋予人的理想性格——

他强壮彪悍，英勇善战，虽只有一条胳膊仍令敌人胆寒，是狂飙突进的参加者们崇奉的所谓“力的天才”（Kraftgenie）。葛慈身边的许多骑士，如出身下层的雷尔塞和仅有一条腿的塞尔比茨——我们姑且名之为“木脚骑士”吧，都是这样的人物。

他坚信骑士只能听命于“上帝、皇上和他自己”（第一幕《雅克特豪森》一场），为维护自己的独立地位坚持战斗，宁折不弯，至死不当诸侯的附庸，是个狂飙突进思想家，向往“独立不羁的个性”（Selbstaendige Persoenlichkeit）。

① 阿尔泰莫诺夫等：《十八世纪外国文学史》下卷，上海文艺出版社，1963 年，第 94、95 页。

他忠于皇上，痛恨拥兵自重的诸侯，认为骑士的职责是“驻守边境，抵御豺狼似的土耳其人和狐狸似的法国人……保卫帝国的安宁”（第三幕《大厅》一场），道出了狂飙突进运动实现国家统一和维护民族尊严的理想。

他生为自由而浴血苦战，死时仍高呼“自由！自由！”，是个狂飙突进运动参加者，是反对封建专制、争取个性自由的斗士……

总之，青年歌德非常喜爱这个葛慈，在他身上集中了狂飙突进时代的种种理想性格特征，集中了德国民族的种种优秀品质，希望借他的形象重新唤起德国民众心中的英雄主义豪情，用他的铁手击碎德国民众铅一般沉重的睡眠，使民族精神为之振奋。

葛慈那一只有力的铁手 —— 我们可以毫不夸张地说 ——乃是奋发向上的狂飙突进精神的绝妙象征！

不过，歌德尽管喜爱葛慈这个人物，却并未违背历史真实，无度地把他理想化，忽视他作为一个没落阶级的代表的本质，像拉萨尔之于济金根似的把他美化为一个叱咤风云的革命领袖；而是在剧中令人信服地揭示了他的局限、矛盾以及注定失败的命运 ——

他作为一个没落阶级的代表，作为一名强盗骑士，在与处于合法地位的诸侯的斗争中，始终居于被动、受审的地位。

他立足在已实行罗马法的德国封建专制社会（关于罗马法的传入见第二幕《巴姆贝尔格的主教宫廷》一场），脑袋却留在骑士时代，仍死抱“骑士的价值”“骑士的荣誉”“骑士的誓言”等陈腐观念不放，因而一再碰壁，一再上当受骗：受主教骗、受范斯林根骗、受代表皇上征讨他的官兵骗，战斗中总是失败。

他忠于皇帝，皇帝却主张派兵讨伐他；他寄望于皇帝，皇帝也自身难保。

他同情农民，但不理解农民；他不愿违背誓言与农民起义军“同流合污”，又被迫不得不当他们的领袖。

他渴望自由，为自由而战；但这自由只是骑士的那种争胜斗勇、拦路抢劫的自由，只是不依附于比他们更强大的封建主的自由，为社会的发展和法律所不容。

他向往国家的统一与和平安宁（第三幕《大厅》一场），但又主张这一切都应像中世纪那样由皇帝在骑士支持下取得；这在已经前进的时代里，只能是无从实现的幻想而已。

总之，作为个人，葛慈忠诚、善良、坚毅、勇敢、机智，如两次拒绝济金根帮助他抗拒官兵，为自己留下后路；但是，他的阶级地位和所处时代却束缚住他的手脚，使他一直陷于进退维谷的可悲境地，最终遭到毁灭。这就使葛慈这个人物身上同时存在着英雄性和悲剧性，成为一个充满矛盾的复杂典型。

为了塑造这个典型，歌德除了让他在风云多变的历史大舞台上充分表演，以自己的言行为自己画像以外，还采用了反衬、烘托等手法，让他与众多人物发生关系，通过不同人物对他的态度和看法，从不同的角度塑造他，使他的形象变得丰富而富于立体感，真实生动到了呼之欲出的地步。

那么，对于歌德塑造的这个人物，又该如何评价才算恰如其分呢？

首先可以肯定，葛慈不是革命者，因为他的思想和行动，都是逆历史潮流的；但是，他也并非农民起义的叛徒，或如有的书上讲的，“背弃了起义的农民”—— 历史上的葛慈确实如此；因为他并未

“和农民一起革命”①，而是迫不得已才参加了农民起义的行列，且目的在于约束农民的过激行动；再说，他在起义军被击溃后负伤被俘，至死并无任何变节行为。

笔者认为，葛慈只是如恩格斯说的一个叛逆者，他的确拿起了武器与社会进行抗争。但是他抗争的目的，仅在于谋取自身的生存和维护自身的独立地位。所以，讲得更确切一点，他就仅是作者歌德所写的那么个“在野蛮、混乱的时代里强悍而善良的自助者”，本质上与历史上的葛慈没有两样。

四

《葛慈》这部历史剧在描绘时代色彩和塑造人物形象方面的成功，在很大程度上是歌德早年努力学习莎士比亚的结果。读它，我们不仅可以获得艺术上的有益借鉴，而且能加深对马克思和恩格斯所倡导的“莎士比亚化”这样一些问题的认识。因为在写此剧初稿时，歌德的的确确正处于对莎士比亚的狂热崇拜中。他在 1771 年发表的题为《莎士比亚命名日》的讲话里说：

> 我初次看了一页他的著作之后，就使我终生折服；当我读完他的第一个剧本时，我好像一个生来盲目的人，由于神手一指而突然获见天光。②

① 《外国文学五十五讲》，贵州人民出版社，1980 年，第 333 页。
② 歌德著，杨业治译：《莎士比亚命名日》，载《古典文艺理论译丛》第五册，第 67 页。

所以，他自己提起笔来也极力仿效莎士比亚的风格，彻底摒弃法国古典主义戏剧遵循的“三一律”，“觉得地点的一致好像牢狱般地狭隘，行动和时间的一致是我们的想象力的讨厌的枷锁”。

这些固然是青年歌德不受成法定则约束的狂飙突进精神的表现，只可惜矫枉过正，产生了副作用，“在企图摒弃时间和地点的一致时，也损害了那个更高的一致”①，致使剧本结构松散，场面转换过于频繁，难怪赫尔德读过初稿后批评说：“莎士比亚把您给全毁啦。”②

两年后，歌德根据赫尔德的意见进行修改，但并没能从根本上克服结构方面的缺点。

然而瑕不掩瑜，《葛慈》在当时的德国剧坛上仍是一部不同凡响的力作，在柏林、汉堡、维也纳等大城市演出后引起了很大的震动。守旧派讥笑它的演出全靠华丽的古代服装取得成功；崇拜法国古典主义的普鲁士国王弗里德里希更咒骂它是“那些蹩脚的英国剧本（指莎士比亚的剧作）的可耻模仿”③。但另一方面，它却受到广大观众尤其是年轻一代的热诚欢迎，狂飙突进的重要代表毕尔格尔自称在读完它以后竟“高兴得几乎发起狂来”。

对于歌德本人，《葛慈》则是早年仅次于《少年维特的烦恼》的最成功杰作，按其意义和影响，应当算作他漫长文学生涯的真正起点。歌德因此十分珍惜它，晚年在与艾克曼谈话时称它是他“骨中之骨，肉中之肉”④。

---

① “Dichtung und Wahrheit”，13. Buch.

② 这是赫尔德写给歌德的一封信上的话。原信未能保存下来，转引自汉堡版“Goethes Werke” Band 4，S. 483。

③ 原文系法语，转引自上述“Goethes Werke”，S. 494。

④ “Gespraeche mit Eckermann”，1832. 2. 16.

对于整个狂飙突进运动，《葛慈》也不愧为第一个成熟的果实，在思想倾向、艺术风格以及语言运用诸方面，都起到了决定运动方向的作用，因此被誉为狂飙突进的“军旗”（Panier）。在它问世的一些年，模仿之作大量涌现，德国甚至出现了一股写历史剧或 骑士剧的热潮；从同时代的克莱斯特，直到 19 世纪后半期的大多数自然主义剧作家以至于英国的小说家司各特，都或多或少受过它的影响。①

斐迪南·拉萨尔在《葛慈》出版八十多年后写的《弗兰茨·封·济金根》（以下简称《济金根》），被作者自称为“五幕历史悲剧”，所选择的时代背景和题材与《葛慈》也差不多。可是，我们把它与《葛慈》这部成功的历史悲剧略加对比，便发现《葛慈》的上述所有优点，都是《济金根》所没有的。它缺少历史剧应有的富于时代特色的背景，在主人公“性格的描写方面看不到什么特出的东西”，因此济金根仅仅只是“时代精神的单纯的传声筒”，只是被任意歪曲成了一个“革命者”，而不像葛慈，是个受着时代环境和阶级地位制约的、个性鲜明突出的历史人物。因此济金根的悲剧根源被错误地解释为他的狡诈，而不像葛慈由于自身的阶级局限，在一系列无法克服的矛盾和冲突中必然地走向覆灭。即如语言运用，《济金根》独白多，对话冗长，且用的是生硬的韵文，跟语言自然有力而且个性化的《葛慈》绝难相提并论。

《葛慈》为什么被誉为一部杰作，受到了包括马克思、恩格斯在内的许多有识者的赞誉？拉萨尔的《济金根》为什么为人所不取，

---

① 英国伯明翰大学教授、国际知名德国文学研究家罗伊·帕斯卡尔甚至说：“《葛慈》的确是欧洲历史剧和历史小说的先驱。”（见 Roy Pascal：“Sturm und Drang”，S. 319）在笔者看来，这种提法对《葛慈》似嫌过誉，因为莎士比亚写过更多成功的历史剧。

遭到了革命导师的严厉批评？从本文对《葛慈》的粗浅分析评价以及将它与《济金根》进行的简单对比中，这些问题似也可以找到一些解答的线索吧。

论《少年维特的烦恼》与“维特热”

约翰·沃尔夫冈·歌德（1749—1832），德国近代杰出的诗人、作家、学者和思想家。当今世人公认他为继但丁和莎士比亚之后西方精神文明最卓越的代表；恩格斯称他在自己的领域里“是真正的奥林匹斯山上的宙斯”，是“最伟大的德国人”。他一生辛勤写作，在六十余年的漫长岁月中完成了大量各类题材和体裁的作品，代表作诗剧《浮士德》更被视为自文艺复兴以来“西欧三百年历史的总结”①，人类的自强不息精神和光明灿烂前景的壮丽颂歌，“德国人世俗的圣经”②，欧洲“现代诗歌的皇冠”③。可是，在1832年《浮士德》第二部问世前，也就是当他还在世的时候，歌德之为歌德，歌德之享誉世界，却在很大程度上是由于他二十四岁时写成的一本薄

① 冯至等编：《德国文学简史》上卷，人民文学出版社，1958年，第203页。
② 海涅著，张玉书译：《论浪漫派》，人民文学出版社，1979年，第55页。
③ 《弗朗茨·梅林全集》第10卷，迪茨出版社，1961年，第59页。

薄的“小书”——《少年维特的烦恼》。

迄于18世纪70年代，德国文学尽管已出了温克尔曼、莱辛和克洛卜斯托克等有影响的理论家和作家，但与英、法、意、西等国相比尚处于落后地位，有人甚至视德国为“没有文学的野蛮国度”①。是歌德，具体地讲是《少年维特的烦恼》，一举改变了这种可悲状态，使一股强劲的“维持热”席卷了整个欧洲。从此，歌德便作为维特的作者而受到世人的景仰，德国文学也提高到了与英法等国并驾齐驱的地位。

这《少年维特的烦恼》究竟是怎样一部作品？它何以能产生如此巨大的威力？应该怎样解释“维特热”这一表现了它巨大影响的文学和社会现象？它在我国的介绍和研究情况如何，产生过怎样的影响？……

为了探讨这几个在今天仍不无现实意义的问题，本文将对《少年维特的烦恼》这部世界名著作一个比较系统和概括的分析介绍。

一、《少年维特的烦恼》与歌德

社会生活是文学艺术的源泉，任何文艺家的创作，都与他所接触的那部分社会生活密切相关。具体讲，一位作家写什么书，怎样写，往往取决于他自己的生活经历和思想情感，歌德尤其如此。晚年，他回顾自己一生的创作时说，他的所有作品“仅只是一部巨大

① 范存忠：《歌德与英国文学》，“在18世纪以前，英国人几乎谁都不知道德国是有文学的。哲学家休谟竟把德国人与俄国人并举，认为野蛮民族”。杨丙辰：《歌德与德国文学》，“英国讽刺诗人斯威夫特（Swift）曾骂德国人为‘最愚蠢之民族’，法国人简直地断定德国人是无文学上的天才的”。（两文均收在宗白华、周辅成编《歌德之认识》一书中，南京钟山书店，1932年版。）

的自白的一个个片段”。《少年维特的烦恼》这部第一人称的书信体小说，则可算是这些“片段”中极为典型和至关重要的一个。它直接而全面地反映了歌德青年时代的生活经历和思想感情；而在歌德一生发展的各个阶段中，他的青年时代（1770—1775）又有着十分突出的意义。要认识歌德，特别是青年歌德，不能不认真读《少年维特的烦恼》，倾听他借青年主人公之口所作的“自白”；反之，要深刻理解《少年维特的烦恼》，也必须对歌德的有关生活经历进行足够的了解。这样做，不仅可以帮助我们认识作家、理解作品，而且还能使我们窥见《少年维特的烦恼》这部杰作形成、产生和取得成功的秘密。

歌德出生在美因河畔的法兰克福城，18 世纪中叶，在处于封建割据状态下名存实亡的德意志民族的神圣罗马帝国中，这是一座具有相当自治权的帝国自由市。城里手工业和商业已很发达，但仍保持着森严的等级制和其他种种中世纪的封建陋习，如规定平民必须穿不同于贵族的服装以防“僭越”，等等。歌德的祖父是一个从外地来的裁缝，后靠经营旅店起家。歌德的父亲卡斯帕·歌德年轻时上过大学，获得博士学位，并曾到法国、意大利和荷兰等国游历。可是，尽管学识渊博，广有家财，他作为一个普通市民仍受着城里占支配地位的贵族阶层的蔑视，想以不领薪俸为条件在市政府谋取一官半职而不可得，一气之下便花钱从帝国皇帝卡尔七世处买了个有名无实的皇家顾问头衔。从此他被迫赋闲在家，借收藏书画和用意大利文写游记消磨时日，养成了孤僻、抑郁和固执的脾气。后来，他与家境清寒的市长的长女结了婚，婚后便更多地把精力花在对自己年轻的妻子以及子女的严格教育上。在这样的社会和家庭环境中成长起来的歌德，一方面享受着良好的教养，能过上无冻馁之虞的悠闲生活；另一方面，也受家庭影响，产生了对腐败的贵族社会和封建等级制的不满。在《诗与真》第六卷中有一段话，很能说明他少年时代所受的这种影响：

> 对于市里的事，我父亲只能以私人的身份表示关切。他对市政方面这种那种失策的愤慨常常溢于言表。再说，我不是看见他经过那么多钻研、努力、游学和受了种种教养以后，到头来仍得过一种我怎么也不希望过的离群索居的孤寂生活么？这一切，形成了压在我心灵上的一个可怕重负……①

1765年，十六岁的歌德被送往莱比锡大学学习法律，但他本人的兴趣却在文学和绘画方面。三年后他因病辍学，于1770年4月转到斯特拉斯堡大学继续学习。斯特拉斯堡地处德法边境，不仅城郊自然环境优美，而且比德国其他地区更快、更多地受到法国启蒙运动的新思潮的熏染，是作家、学者以及不满现状的市民青年的荟萃之所。就在这里，歌德结识了当时已蜚声德国文坛的理论家赫尔德，在他的引导下读荷马、品达和莪相的诗歌，读莎士比亚的戏剧和哥尔德斯密斯的《威克菲尔德牧师传》（1768）等小说，并协助赫尔德搜集整理民歌。特别重要的是，歌德在这儿接触到了卢梭的“回归自然”的理论和斯宾诺莎的泛神论哲学。他后来在《诗与真》中写道：“对于我起决定性作用，对于我全部思想方式发生巨大影响的思

① 《歌德选集》第9卷，汉堡，1964年，第240页。

想家就是斯宾诺莎。”①经赫尔德和歌德等人共同努力，在斯特拉斯堡掀起了德国自宗教改革以来最重要的一次反封建思想解放运动——狂飙突进运动。

1771 年 8 月，歌德获得博士学位。不久后回到故乡，在父亲督促下开了一间律师事务所。可是他很快便把事务所丢给父亲经营，自己却常去附近一带的城乡漫游。1772 年初，经友人麦尔克介绍，他参加了达姆施塔特城的一个感伤主义者团体，经常与那些见花落泪、对月伤情的时髦男女一起，沉溺在对于友谊和爱情的幻想中，耽读克洛卜施托克和莪相的哀歌以及斯泰恩的《感伤旅行》（1768）之类的小说。

1772 年 5 月，歌德遵照父命到韦茨拉尔的帝国高等法院实习。韦茨拉尔是座空气陈腐得令人窒息的小城，帝国法院更以办事拖沓而恶名远播。歌德因此把实习的事抛到脑后，终日悠游于景色宜人的乡间，在那儿“研读荷马、品达等人的作品，干他的天赋、他的思想方式和他的心令他感兴趣的事情”②。6 月 9 日，在一次乡村舞会上，他结识了天真美丽的少女夏绿蒂·布甫，对她产生了热烈的爱慕。但夏绿蒂已经订婚。尽管她的未婚夫克斯特纳和夏绿蒂一家对歌德都十分友善，他仍因失恋而感到痛苦，终于在 9 月 11 日不辞而别，回到法兰克福。

关于歌德在韦茨拉尔的情况，克斯特纳曾在同年秋天给友人的信中作如下描述：

---

① 《歌德选集》第 10 卷，汉堡，1964 年，第 35 页。
② 《同时代人通信中的歌德》第 1 卷，柏林，1979 年，第 35 页。

……他具有人们所称为天才的禀赋，想象力之活跃异乎寻常。他的感情是热烈的。他的思想高贵。他是个很有个性的人。他喜欢小孩子，很会和他们一起玩儿……他想起什么就做什么，不管旁人满意与否，合乎时尚与否，生活方式允许与否。一切勉强都是他所憎恶的……他很敬重卢梭，但不是卢梭的盲目崇拜者……他不进礼拜堂，也不去领圣体，很少作祷告。因为，他讲："我还没有虚伪到这样的程度。"……①

回到故乡以后，歌德久久不能克服心头的苦闷，以致产生了自杀的念头。他在《诗与真》第十三卷中写道："当时我在床边上总摆着一把精致而锋利的小刀，每晚熄灯前都要拿起它对着自己的胸口，想试一试能否把刀尖刺几公分进去。可我这尝试一直没能成功……于是，我决定活下去。"

谁料差不多就在这时，另一个人却把他几经尝试而放弃掉的事完成了。消息传来，歌德大为震惊，因为，自杀者不仅是他早年在莱比锡上大学时就认识的一个叫耶鲁撒冷的青年，出事地点也正好在韦茨拉尔，歌德在散步时还常常与他相遇；而且，自杀的主要原因也同为恋慕他人之妻遭到拒斥。这种种情况，不能不令歌德联想到自身的遭遇，对同病相怜的耶鲁撒冷的不幸深感切肤之痛。为了解除自己失恋的痛苦，歌德本已决心作一次"诗的忏悔"，耶鲁撒冷的不幸遭遇刚好为他提供了所缺少的素材。不过，这一决心最后形诸文字，却是整整一年半以后。1774 年初，女作家索菲·德·拉罗

① 《同时代人通信中的歌德》第 1 卷，柏林，1979 年，第 35 页。

歇的女儿玛克西米莲娜嫁给一个名叫勃伦塔诺的富商，移居到了法兰克福。1772 年，歌德从韦茨拉尔返回故乡时，曾顺道访问她家，对她颇有好感。如今重逢，两人都甚为欣喜。歌德在当时写给友人的信中说：“玛克丝——玛克西米莲娜的爱称——仍是一位天使，生活纯朴高尚，使人人都乐于和她亲近；而我对她所怀有的感情，就是我目前生命中唯一的幸福……”①

可惜这“唯一的幸福”不久又变成了新的痛苦源泉。勃伦塔诺比玛克西米莲娜年纪大二十岁，是有五个孩子的鳏夫，除去做生意赚钱以外别无所长，却性情急躁而好嫉妒，自然很快对两个年轻人的交往产生疑忌，以致与歌德激烈冲突。这新的不快，狠狠触动了歌德心灵中旧有的创伤，使他感到更加痛苦。为了彻底医治好自己的伤痛，歌德便终于愤而提笔，开始了《少年维特的烦恼》的写作。

关于这部后来震撼了整个欧洲的小说的诞生情况，歌德在《诗与真》第十三卷中写道：

> 没过多久，这件事（指与勃伦塔诺的冲突）便使我觉得忍无可忍，一切从类似的尴尬处境中总会产生的不快，似乎都两倍三倍地压迫着我，我必须痛下决心，才能使自己得到解脱。因苦恋朋友之妻而造成的耶鲁撒冷之死，从梦中把我撼醒，使我不仅对他和我过去的遭遇进行思索，还分析眼下刚碰到的这个令我激动不安的类似事件。如此一来，我正在写的作品便饱含着火热的情感，以至不能再分辨艺术的虚构与生活的真实。我把自己与外界完全隔绝

① 《歌德选集》第 6 卷，汉堡，1964 年，第 520 页。

> 开来，杜门谢客，集中心思，排除一切无关的杂念。另一方面，我又搜索枯肠，重温我最近那段还不曾写出来的生活，把所有有一点关系的材料统统集中起来使用。这样，在经过了那么久和那么多的暗中酝酿以后，我奋笔疾书，四个星期内便完成了《少年维特的烦恼》……①

年轻的歌德可谓完全进入了创作的狂热和忘我境界，“就像个梦游者似的，在几乎是无意识的状态下写成了这本小册子”，以至当他最后拿起手稿来进行修改润饰时，“自己也感到十分惊异”②。

了解到这些情况，我们就很容易明白，《少年维特的烦恼》一书何以如此情真意切，感人肺腑；它的主人公一个个何以如此血肉丰满，栩栩生动。亲身的经历感受，长久的酝酿准备，按捺不住的创作冲动，“火热的情感”“集中心思”“搜索枯肠”——等等这些，就是《少年维特的烦恼》的产生过程给我们的启示！

的确，仅仅读作品本身，已经“不能再分辨艺术的虚构与生活的真实”了；两者已有机地融合在一起，成为源于生活而又高于生活、比生活更集中更典型的艺术的真实。只有在把《少年维特的烦恼》这部作品与作者歌德的有关生活经历以及其他背景材料作仔细的对比和研究以后，人们才发现：就主要情节而言，小说的前半部（第一编）大致反映着歌德本人在韦茨拉尔的经历和思想感情，维特的兴趣爱好和生活方式都与他有许多相似之处，如能诗善画、热爱自然、耽读荷马、亲近小儿，等等；后半部则主要写的是耶鲁撒冷

① 《歌德选集》第9卷，汉堡，1964年，第587页。
② 《歌德选集》第9卷，汉堡，1964年，第588页。

的不幸遭遇，如在贵族聚会中遭轻侮，在公使馆工作受上司挑剔以及最后自杀而死，等等。而以人物性格论，维特身上既有青年歌德本人乐观、坚毅和热爱生活的特点，也有耶鲁撒冷抑郁、多愁和厌世轻生的倾向。1808 年 10 月，在歌德家做客的法国演员塔尔马问到他与维特这个人物的关系时，歌德便告诉客人："对此问题我总是回答，这是两个人合成了一个形象，两个人中一个沉沦了，另一个却活了下来，以便写出前一个的故事……"①也就是说，歌德是把自己和耶鲁撒冷的遭遇和性格合在一起，写出了维特的故事，塑造了维特这个形象。

而为刻画女主人公绿蒂，歌德更是"允许自己借助众多漂亮女性的外貌和性格，虽然她的主要特征都是从我最爱的那一个身上摄取来的"②。歌德"最爱的那一个"指夏绿蒂·布甫，但她在成为绿蒂后，温柔的蓝眼睛换成了玛克西米莲娜明亮的黑眼睛，性格中也渗进了后者不少活泼愉快的成分。至于阿尔伯特，他在小说前半部是那样清高善良、豁达大度，到后半部却变得碌碌终日、感情冷冰，原因是克斯特纳已在很大程度上为勃伦塔诺所取代，身上有了更多的市侩习气。

通过以上简单分析，我们看到歌德是如何从现实生活中汲取和选择素材，加工构思情节；如何在概括现实生活的基础上，抓住主要特征，来塑造典型的人物的。在这两个方面，《少年维特的烦恼》这部作品应该说为我们提供了不少成功的经验。

诚然，无论故事情节或是人物形象，歌德都作了艺术加工，并

① 《歌德选集》第 6 卷，汉堡，1964 年，第 533 页。
② 《歌德选集》第 9 卷，汉堡，1964 年，第 593 页。

添进了一些纯属虚构但却合情合理的成分；否则，《少年维特的烦恼》也就不成其为小说，不成其为艺术品。可是，就其主要情节和主要人物而言，《少年维特的烦恼》也可以说是歌德本人早年一段重要生活的写照。

那么，《少年维特的烦恼》与歌德的关系，是否仅仅表现在主要情节和主要人物方面呢？

远不止于此。

首先，这本“小本”从头至尾，字里行间，无处不打着青年歌德思想感情的烙印，折射着他从时代和社会所受的各种影响。以渗透全书的反封建精神和感伤情调为例，前者显然与他市民阶级的家庭出身和参加狂飙突进运动的经历有关；后者则表现了阅读英国感伤主义文学和在达姆塔特城的交往对他的熏染。总之，《少年维特的烦恼》全面地反映了歌德的世界观、宗教观、社会观、美学观等，拿他自己的话来说，这部“小书”是他“用自己的心血哺育出来的。其中有大量出自我心胸中的东西，大量的思想情感……”①。在这个意义上，《少年维特的烦恼》不啻是一把开启青年歌德的精神世界的钥匙。

其次，穿插在书中的次要场面和人物，不少也间接直接地反映着歌德的经历或者见闻。这儿仅举一例。

维特在 1771 年 7 月 1 日致友人威廉的信中，详细叙述与绿蒂一道访问某乡村牧师家的情景，在读者眼前展现了一幅田园诗般的宁静生活画面。与此同时，作者还借维特之口，谴责牧师女儿弗里德莉克（请注意这个名字）的男朋友施密特 —— 一个以自己的乖僻和嫉妒折

① 艾克曼辑，朱光潜译：《歌德谈话录》，人民文学出版社，1978 年，第 17 页。

磨自己爱人的男子。这样的情节和人物，乍看起来似乎纯属虚构，其实，仍为歌德认识绿蒂前的两次恋爱经历的曲折反映：一次是他在斯特拉斯堡与布里翁牧师之女弗里德莉克的热恋，后来他抛弃了这个单纯的姑娘，使她抱恨终生；另一次更早，是他在莱比锡时与酒家女凯特馨・薛恩科普夫的恋爱，他当时很任性，常常无端地猜忌非难他的情人，致使关系破裂。我们把小说的描写与歌德对这两次恋爱的回忆加以比较，便可看出，维特所访问的牧师之家的情景，大体上就是弗里德莉克・布里翁家的情况；维特对施密特的谴责，在很大程度上就是歌德本身在对待他前两位爱人问题上的自责。①

这个小例子，也说明《少年维特的烦恼》与青年歌德的关系多么密切，多么复杂，多么久远。1774 年 4 月 26 日，他在完成《少年维特的烦恼》后不久写给友人拉瓦拉尔的信中说，他与维特“同行了六年之久而不曾相互亲近。可眼下，我已将自己的种种情感灌注在他的故事中，使之成为一个奇妙的整体”②。

“六年之久”，几乎就是歌德的整个青年时代！而在《少年维特的烦恼》问世后整整半个世纪的 1824 年，歌德因魏冈特出版社印行《少年维特的烦恼》的五十周年纪念版写成了《致维特》一诗。《致维特》系《爱欲三部曲》的第一首，表现了歌德晚年再经受一次新的维特式的苦恼后的沉痛心情，其中有两句更可算是他对自己与维特之间非同寻常的关系的生动概括：

我被选中留下，你被选中离去，

---

① 歌德惯于借作品的人物作自我谴责，浮士德、范斯林根、克拉维歌等都是著名的例子。

② 《歌德选集》第 6 卷，汉堡，1964 年，第 521 页。

你先我而去了，却也损失无几……

综上所述，《少年维特的烦恼》这部小说的一大特点就是真。故事情节、人物形象、环境场面以及种种细节，大多是从与作者息息相关的现实生活中汲取得来，经过提炼加工而写成功的；主人公维特的思想情感，基本上就是青年歌德自身的思想情感。这高度的真实性，赋予了《少年维特的烦恼》以强烈的感染力，构成了它产生巨大影响的前提。

二、《少年维特的烦恼》的时代精神和思想意义

上一节论证了，《少年维特的烦恼》直接而全面地反映了歌德青年时代的生活经历和思想情感，是一部以高度真实性为特点的作品。可是能不能因此说，维特就是青年歌德，维特仅仅是青年歌德（或者再加耶鲁撒冷）呢？能不能因此认为，《少年维特的烦恼》这部作品的意义和价值，或者说主要价值，仅限于它是研究歌德这位伟大作家的重要依据呢？

显然不能。过去那种把维特与歌德等同起来，把《少年维特的烦恼》当作一部“自传体的爱情小说”，当作“一个意志薄弱者的悲剧”的看法，都不正确。因为，小说主人公尽管有青年歌德和耶鲁撒冷这两个真实的原型，但经过作者天才的笔加工、改造、提高以后，维特已成为一个富于典型性的艺术形象；维特式的追求和烦恼，已不再只是歌德、耶鲁撒冷或者其他某一个人的追求和烦恼；维特不幸的恋爱与社会遭遇，已具有了时代的普遍意义。小说围绕着维特与绿蒂的爱情这条情节主线，展示了社会生活的广泛画面，对德

国当时的阶级与阶级之间、同一阶级中不同类型的人与人之间的关系，进行了深刻的剖析，广泛地涉及了政治、宗教、法律、道德以及文化教育等方面的问题。

1775 年，《少年维特的烦恼》问世不久，狂飙突进运动的重要成员 J. M. R. 棱茨即指出："《少年维特的烦恼》的功绩在于，它使我们认识了那些我们人人心中都暗暗感到，但却无以名之的热望和感情。"①德国杰出的马克思主义文艺理论家弗朗茨 · 梅林也说，《少年维特的烦恼》"揭开了沉睡在那个时代深深激动着的心灵里的一切秘密"②。近代丹麦大批评家勃兰兑斯讲得更清楚，他说《少年维特的烦恼》的"重要意义在于，它表现的不仅是一个人孤立的感情和痛苦，而是整个时代的感情、憧憬和痛苦"③。所有这些论断，都强调《少年维特的烦恼》所富有的时代精神；本文则准备进一步探讨一下这种时代精神的具体内容，以及它如何具体地在作品中得到表现。

《少年维特的烦恼》出版于 1774 年，其时欧洲正面临着一个历史的转折点。古老的封建制度业已衰朽，资产阶级的时代即将来临。经过启蒙运动，他们的阶级意识进一步觉醒，其中青年一代更是思潮翻腾、感情激荡，对仍然限制和压迫着他们的封建制度极为不满，强烈要求改变不合理的现状。可是，在仍牢牢掌握着强大国家机器的封建势力面前，他们一时尚难直接提出政治制度和权力方面的要求，只好以"个性解放""感情自由""恢复自然的社会状态""建立平等的人与人关系"等口号，来表达对于一个符合他们的政治理想

---

① 《歌德选集》第 6 卷，汉堡，1964 年，第 528 页。
② 《弗朗茨 · 梅林全集》第 10 卷，第 54 页。
③ 勃兰兑斯著，张道真译：《十九世纪文学主流》第一分册，人民文学出版社，1980 年，第 22 页。

和经济要求的新社会的憧憬。这些口号乃是时代的呼唤，它在法国唤出了1789年大革命的杲杲丽日；在德国也引起了一股持续十余年的思想解放的狂飙。软弱的德国资产阶级在政治上虽远远落后于时代，在意识形态领域却紧紧跟上了前进的步伐。德国的狂飙突进运动便继承和发展了启蒙运动的思想，特别推崇卢梭关于“回归自然”的理论；荷兰哲学家斯宾诺莎的泛神论则构成了狂飙突进运动的哲学基础。歌德作为这一运动的发起者和中坚力量，受卢梭和斯宾诺莎的影响都非常深。

在这样的历史背景和社会思潮中产生的《少年维特的烦恼》，它表现的时代精神即是新兴资产阶级变革不合理的社会现实的理想，即是“个性解放”“感情自由”“回归自然”等。就德国范围内来说，它则鲜明地、集中地体现着狂飙突进运动的精神。

《少年维特的烦恼》作为一部小说，当然是通过人物的性格、形象和故事情节来生动而具体地表达思想内容的。下面，我们就结合着分析主人公维特的形象，来谈谈它如何体现了狂飙突进的时代精神，以及有哪些思想意义。

1. 述说了新兴资产阶级所怀抱的理想

小说主人公维特是个出身市民家庭的青年。他思想敏锐、感情丰富、才识过人，是一代觉醒的青年知识分子的典型代表。资产阶级关于“个性解放”“感情自由”“平等、博爱”等理想，无不在他的言论行动和待人接物中得到表现，具体化为对于“自然”的无限信仰和崇奉。在小说开头，维特初到瓦尔海姆，我们就看到他热情地讴歌自然，全身心地投入大自然的怀抱。他视自然为神性之所在，以“自然的儿子、朋友和情人”自居，甚至渴望能成为“无所不在的上帝（即自然）的一面镜子”。他亲近处于自然状态的人——纯朴的村民和天真的儿童，自称“离我的心最近的是孩子们”。他重视自然真诚的感情流露，珍惜他的“心”即情感之所在胜于一切，说“我的心才是我唯一的骄傲”，因此也同情，不，简直是崇拜那个全心全意爱着自己女东家的青年长工。他主张艺术皈依自然，视“对自然的真实感受和真实表现”为艺术的生命，认为“只有自然能造就大艺术家”。他仰慕来自民间的诗人荷马和莪相，向往《荷马史诗》和《圣经》中所描述的朴素自然的先民生活与平等和睦的人与人关系……是的，就连他对绿蒂的一见钟情、一往情深，在很大程度上也出自对自然的崇仰。因为，绿蒂“那么聪敏却那么单纯，那么坚毅却那么善良，那么勤谨却那么娴静”，简直像块无瑕美玉似的保持了一个少女全部可爱的自然本性，难怪维特称她是“一位天使”，说他对她的感情不只是“喜欢”，更不是“想占有”，而是“全部知觉和全部感官都充满对她的倾慕”。这样一个少女，就是维特关于自然的理想在人身上的最完美的体现。还有他最后的自杀，也被他视为回归“自然父亲的怀抱”……

维特这种对自然的无限崇仰，淋漓尽致、生动形象地阐发了卢梭和斯宾诺莎的哲学思想和理论，不仅表现着青年歌德本人的世界观、宗教观、社会观、道德观、审美观等，而且更重要的是曲折地反映了新兴资产阶级变革社会现实的要求。因为，拿“自然”的尺度来衡量当时的社会制度、宗教信仰、法律道德、教育文化乃至生活习俗等，没有哪一样是令人满意的，没有哪一样可以继续存在下去。歌德曾为主将的德国狂飙突进运动，正是以这种对自然的崇仰作为它的思想体系的精髓。

在欧洲资产阶级反封建斗争的几百年历史中，先进的思想家们发起了一次接一次的运动，提出了一个又一个的口号。文艺复兴、宗教改革、启蒙运动以至于狂飙突进运动——这些运动似后浪推前浪，都不断冲击着封建制度的闸门。“人道主义”“信仰自由”“理性”“自然”——这些口号也一脉相承，全为着解除封建制度加之于人精神和肉体上的各式各样的束缚。德国的狂飙突进运动，虽然由于阶级基础薄弱而仅仅局限在思想文化的范围内，没有像法国的启蒙运动似的引起一场政治大革命；但它在倡导人性的解放方面却走得更远。它克服了德国启蒙运动崇尚干枯的理智、抑制个人情感等消极影响，把资产阶级的人道主义理想作了进一步的发挥。狂飙突进的思想家们把人看成自然最完美的创造，看成一个独立的存在，要求让人的一切自然本性都得到发展。德国学者可尔夫称这种主张为“自然的人道主义”，认为“它是狂飙突进运动的纲领”①。

小说《少年维特的烦恼》的主人公所向往的，实际上也是能使人的一切自然本性，包括感情、欲望、才能、智慧等，都得到充分表现、充分满足、充分施展。所以，他热情奔放、独立不羁，不愿受任何清规戒律的束缚；所以，他是鄙视循规蹈矩、理智冷静、善于克制自己感情和欲望的市民；所以，他反对艺术的一切成法定则，是痛恨“及早地筑起堤防来遏止天才的洪流激涨”的绅士；所以，他厌恶迂腐刻板的官吏和矫揉造作的贵族男女……

一句话，《少年维特的烦恼》这部小说通过其主人公立身行事的准则和爱憎，把带有狂飙突进时代色彩的新兴资产阶级的理想，即要求人的自然本性全都得到发展的“自然的人道主义”作了极为生动鲜明和深刻集中的表现。

---

① 可尔夫：《歌德时代的时代精神》第1卷，莱比锡，1957年，第32页。

2. 揭示了新兴资产阶级的理想与社会现实的矛盾

《少年维特的烦恼》表达的要求人的自然本性得到全面而充分地发展的理想，无疑是崇高而美好的，不仅在反封建的斗争中有着明显的作用，而且已超出资产阶级的局限。也正因此，它在当时的社会里，根本无法实现。《少年维特的烦恼》通过其主人公的不幸遭遇，清楚地揭示了妨碍资产阶级人道主义理想实现的内外原因。

原因中最显而易见的，莫过于腐朽顽固的封建势力对于人和人性的压迫。法国大革命前的欧洲，除去荷兰和英国，整个都还处于封建奴役的重轭之下，歌德生活的德国更加可悲。在那里，不仅封建等级制度十分森严，甚至有的地方农奴制依然存在。在那里，任何一个小国的国君都掌握着对其臣民的生杀予夺大权，甚至可以像在席勒的名剧《阴谋与爱情》中所揭露的那样，把他们成千上万地出卖给别的国家当炮灰。在那里，任何一个小贵族都可以对出身市民阶级的人颐指气使，不少市民阶级的知识分子不得已而沦为他们的秘书和家庭教师，处于相当于他们的奴仆的地位，这样可悲的命运甚至连当时的一些大作家和大思想家如莱辛也在所难免。直到1772年，在歌德的故乡法兰克福的公共广场上，还重演了一次中世纪的处死“杀婴女”的血腥暴行。在这样的社会里，哪儿容得资产阶级实现其“个性解放”“感情自由”和“全面地发展人的自然本性”的理想！

维特是个富于自我意识的市民青年，不甘心对人俯首帖耳，自认并不低人一等，结果在贵族社会中处处碰壁。他虽然卓有才智，却在他当秘书的公使馆中待不下去，因为上司对他的工作、交际以至于写文章的句法、标点等，无不吹毛求疵、横加指责。他无意间跻身C伯爵家的聚会，贵族男女便一个个让他饱尝他们那“世袭的傲慢”的滋味，不约而同地要求主人赶他走，然后又把事情张扬出去，闹得满城风雨，使心高气傲的他受到莫大的羞辱和刺激。就连那个除去“一串祖先的名字和可资凭借的贵族头衔”便一无所有的破落女贵族，也以自己的甥女与他交往为耻，使他更是感到痛苦。而造成这一切的原因，都无外乎他是个市民青年。难怪他要发出哀叹：“最令我恼火的市民的可悲处境。”

贵族阶级的歧视，使维特愤懑不平，以致“曾上百次地抓起刀来，想要刺穿自己的胸膛以抒积郁”。

然而封建势力的压迫和扼杀人性，只是妨碍资产阶级人道主义理想实现的外部原因，市民社会发展本身带来的矛盾，才是注定这一理想必然破灭的深刻内因，对造成维特的烦恼、痛苦和不幸，起了更大的作用。

资本主义社会劳动分工的发展，促使了人性的异化；“人”消失了，剩下的只是贪得无厌的资本家和出卖劳动力的工资奴隶。德国资本主义的发展虽远远落后于英、法，但所造成的人性的败坏也很严重；“人”同样消失了，剩下的只是小市民。恩格斯在《德国现状》一文中，把当时的德国形象地比作“只不过是一个粪堆”，而德国的资产者“处在这个粪堆中却很舒服，因为他们本身就是粪，周围的粪使他们感到温暖”①。这些身处“粪堆”而感到舒服自在的德国资产者，哪儿有心思和能力去追求崇高的人道主义理想呢？哪儿能支持和容许他们中的少数先进分子去实现这种理想呢？歌德以至于整个狂飙突进运动的可悲处境就是如此。

---

①《马克思恩格斯全集》第2卷，人民出版社，第633页。

小说《少年维特的烦恼》用了更多的篇幅，从日常生活中揭示主人公理想破灭的这个阶级内因。

首先，我们看到，心性高卓的维特不只被贵族阶级视为异己，就是在市民社会中也是个孤独者，处处遭人冷眼。一班庸俗小市民更对他心怀嫉恨，骂他妄自尊大，对他在贵族聚会中受辱一事津津乐道，引以为快。就连他的好友阿尔伯特和另外两个属于知识分子阶层的人，对他的思想言行也不能理解，难怪他经常对阿尔伯特抱怨说："甚至在日常生活中也一样，只要谁稍有自由的、高尚的、出人意表的言论行动，你就会听见人们在背后叫'这人喝醉了！'说'这人是个傻瓜！'这真使我受不了。可耻啊，你们这些清醒的人！可耻啊，你们这些智者！"

实际上，维特骂的"清醒的人"，都是些苟且偷安和猥琐昏聩的小市民；他自己，才真正是个觉醒者。

其次，再看市民的生活和相互关系，更是庸俗虚伪透顶。他们有的心安理得地为贵族阶级效犬马之劳，有的不知羞耻地冒充贵族，逢人便讲自己的"高贵血统和领地"。他们彼此之间尔虞我诈，"互相抢夺着健康、荣誉、欢乐和休息""成年累月所盘算和希冀的只是如何在聚餐时把自己的座位往上移一把椅子"，或者在乘雪橇郊游时走在头里。面对着这些现象，维特不禁惊呼："这些人真不知怎么成其为人！"

但是，对人性造成更严重败坏的，却是随资本主义的发展而增强的对于金钱的贪欲。在维特周围的人们中，由于争夺财产而相互猜忌、欺骗、坑害以致酿成不幸和仇杀的事例屡见不鲜、不胜枚举。前面我们说过，《少年维特的烦恼》不仅仅是一部爱情小说，不过是爱情构成了这部小说借以表达思想的主线情节，却毫无疑义。因此，我们也只举爱情和婚姻方面的几个例子，来说明人性如何为金钱的贪欲所败坏。

例一：绿蒂曾护理过一位重病的女友。女友临终前当着绿蒂的面向丈夫承认，她曾长期从丈夫开的店里偷钱以补家用；原因是丈夫虽富有却悭吝，婚后三十年再未增加给妻子维持家庭用度的钱，尽管他明知一年年家大业大，那点钱早已不够开支。结果，夫妇之间的信任、忠诚和情爱全部荡然无存。

例二：维特与一个青年长工很熟识。青年长工热烈而真诚地爱着寡居的女东家，而她对他也非全然无意。但由于她那觊觎她财产的胞弟从中作梗，一对有情人便被拆散了。绝望之下，青年长工杀死了自己的情敌。于是，“从爱情和忠诚这些人类最美好的感情中，滋生出了暴力和仇杀!”

还有，维特与绿蒂的爱情之所以不成功，主要固然是碍于礼法，因为绿蒂已先由母亲许配给了阿尔伯特。但是，在绿蒂方面，却也不无出于实利的考虑。她认为，阿尔伯特的“稳重可靠仿佛是天生可以作为一种基础，好让一个贤淑的女子在上面建立幸福的生活；她感到，他对她和她的弟妹来说真是永久都很重要”。所以，她虽明知自己与维特更加情投意合，失去维特“定会给她的生活造成无法弥补的空虚”，却仍放弃爱情而保持“幸福”，甘为庸庸碌碌、感情冷冰的阿尔伯特之妻，结果也并未得到真正的幸福。这个情节暴露了资产阶级的恋爱和婚姻之间的矛盾。维特呢，也因目睹婚后绿蒂实在不幸福，或者不如他想象的和他在一起那么幸福，因而增加了心中的郁闷和痛苦。

青年男子哪个不渴望着爱，
妙龄女郎哪个不渴望被爱。

爱情是我们最神圣的欲望，

啊，为什么竟有惨痛飞迸出来！①

为什么？上面的三个例子，已从不同的角度作了回答。爱情，这人类“最神圣的”感情和欲望尚且遭到了亵渎和践踏，其他一切更可想而知。读到这里，我们不禁想起革命导师关于爱情、婚姻和家庭的一些著名论断。

《共产党宣言》指出：“资产阶级撕下了罩在家庭关系上的温情脉脉的面纱，把这种关系变成了纯粹的金钱关系。”② 恩格斯在《家庭、私有制和国家的起源》一文中说，在资产阶级中“真正自由缔结的婚姻只是例外”“结婚的充分自由，只有在消灭了资本主义生产和它所造成的财产关系，从而把今日对选择配偶还有巨大影响的一切派生的经济考虑消除以后，才能普遍实现。到那时候，除了相互的爱慕以外，就再不会有别的动机了”③。上面举的《少年维特的烦恼》中的三个例子，不正好可以作为革命导师这两段话的注脚吗？

除去爱情、婚姻和家庭关系以外，《少年维特的烦恼》中还揭露了市民社会其他方面的许许多多虚伪和丑恶的现象。而正是目睹着这些现象，维特心中一天天增加了破灭之感，以致更加厌世轻生。如果说，贵族阶级的歧视和压迫，曾使维特愤懑不平，一度想“抓起刀来刺破自己的胸膛以抒积郁”的话，那么，对市民社会的厌恶和失望，更令他痛心疾首，真的“提早结束了生命的旅程”。

---

① 1775 年《少年维特的烦恼》再版时，歌德于第一编前加了这么一节序诗，但在以后各版中没再使用。

② 《马克思恩格斯选集》第 1 卷，人民出版社，第 254 页。

③ 《马克思恩格斯选集》第 4 卷，人民出版社，第 78 页。

《少年维特的烦恼》一书对扼杀人性的封建制度的揭露，无疑是尖刻而有力的；但对败坏人性的市民社会的剖析，却具有更深远的意义和广泛的影响。因为，通过这种剖析，人们可以看清资本主义与生俱来而随其发展还越加严重的痼疾；通过这种剖析，《少年维特的烦恼》的意义和影响才未仅仅局限于半封建的小诸侯专制的德国，才使“那些资本主义较为发达的国家的人们，从维特的命运中也立刻体会到：tua res agitur（拉丁语：这讲的就是你）”①。诚如卢纳恰尔斯基在为纪念歌德逝世一百周年作的报告中说：“歌德的生命快结束的时候，他已开始看出资产阶级社会发展所带来的内在矛盾。”②《少年维特的烦恼》对德国市民社会的剖析表明，歌德其实早对这种矛盾有了察觉，只是尚不能像晚年那样站在历史和社会发展的高度认清它的实质，而仅能一般地把它理解为“人生的局限”罢了。

综上所述，《少年维特的烦恼》揭示了妨碍资产阶级的人道主义理想实现的内外原因，揭示了这一理想与社会现实之间的矛盾。主人公维特以及同时代的所有进步青年的烦恼和苦闷，都产生于这种矛盾之中。这种矛盾，即是恩格斯所说的“横跨在市民的现实和（维特）自己对这个现实所抱的同样是市民的幻想之间的鸿沟”③。

德国学者可尔夫认为，整个歌德时代的德国文学都产生于理想与现实的矛盾；揭露这种矛盾，构成了狂飙突进阶段的所有作品的中心题材和基本主题。《少年维特的烦恼》在市民阶级的日常生活中，深刻地表现了这一基本主题；正因此，它成了狂飙突进文学中最有代表性和普遍意义的一部杰作。

---

① 卢卡契：《歌德和他的时代》，柏林，1953 年，第 46 页。
② 卢纳恰尔斯基著，蒋路译：《论文学》，人民文学出版社，1978 年，第 581 页。
③ 《马克思恩格斯全集》第 4 卷，人民出版社，第 259 页。

3. **对妨碍新兴资产阶级的理想实现的德国社会进行谴责和抗议**

恩格斯在谈到青年歌德所生活的那个时代时指出，“这个时代在政治和社会方面是可耻的，但是在德国文学方面却是伟大的……这个时代的每一部杰作都渗透了反抗当时整个德国社会的叛逆的精神……”①尽管恩格斯只举了歌德《葛兹·封·柏利欣根》和席勒的《强盗》作为这些杰作的例子，但《少年维特的烦恼》毫无疑问也是这样一部渗透着叛逆和反抗精神的作品；只不过它叛逆反抗的性质和方式，与前述两部杰作不同罢了。也就是说，维特不只是个觉醒者，还是个叛逆者；他虽不能像葛兹和卡尔·穆尔似的拿起武器来与社会抗争，却在广泛的精神领域里对社会发起了挑战。

与迂腐顽固的贵族男女和浑浑噩噩的小市民相比，维特是一个新型的人，有着完全不同于他们的价值观。贵族阶级的尊荣、资产者的金钱、公使秘书的前程，统统为他所鄙弃，他所一心向往的只是自然。他蔑视社会既成的上下尊卑关系，对他的上司公使不肯俯首帖耳，在贵族阶级面前毫无一般小市民的奴颜婢膝之态；他蔑视社会的法律准则，在总管和阿尔伯特面前公开为犯了罪的青年长工辩护，并要求总管“睁一只眼闭一只眼”，让他帮助罪犯逃跑；他蔑视社会的礼教规范，在绿蒂婚后仍挚意爱着她；他蔑视公认的宗教信条，不承认天父和人——自然和自然之子之间存在一位所谓救世主耶稣，甚至认为宗教信仰只是“虚弱者的手杖”，并非人人必需；最后，他明知自杀是一种“叛教”行为，却偏偏在圣诞节前夕自杀身死，等等，都是维特对妨碍他实现自己理想的社会的反抗和叛逆。

---

① 《马克思恩格斯全集》，第 2 卷，人民出版社，第 634 页。

关于维特的自杀，历来争论很多，《少年维特的烦恼》和它的作者歌德都因此受到了很多指责。这个问题对于评价《少年维特的烦恼》一书的意义，认识主人公的性格，都极为重要，本文因此也准备略加探讨。

自杀之对于维特，主观上乃是一种解脱。在他看来，世界是座“牢狱”，社会是个“囚笼”，人生充满了局限，劳劳碌碌、辛辛苦苦而毫无意义，唯有回到自然的怀抱中去，才能得到安适。所以，他“必须怀着美好的信念，宁静的决心，去走这一步”。青年歌德本身也有这样的信念，也有这样的世界观和自然观。因为，在当时腐朽的德国社会里，对于他“除了死亡，再也没有别的门路通往自然”①。晚年，歌德仍时时产生这种消极情绪。1786 年，他在写给封·施泰因夫人的一封信上说：“我正修改《少年维特的烦恼》，并总是觉得，作者在写完这本小说后没开枪自杀是很失策的。”② 1816 年 3 月 26 日，他在写给友人泽尔特尔的信中也讲：“我真不明白，一个人在青年时代就觉得世界如此荒谬，却怎么能坚持着在这个世界上继续活了四十年。”③ 1824 年，他在《致维特》一诗中又哀叹：“你先我而去了，却也损失无几……”

但是，维特的死对于社会来说，客观上却是一种谴责和抗议。马克思在 1846 年发表了一篇叫《珀歇论自杀》的文章，内容是从巴黎警察局档案管理员珀歇的回忆录中所作的有关自杀问题的摘录，以及马克思对它的评注。文章指出，自杀乃是社会机体不完善的症

① 卢纳恰尔斯基著，蒋路译：《论文学》，人民文学出版社，1978 年，第 574 页。
② 转引自汉斯·波姆：《歌德》，柏林，1950 年，第 66 页。
③ 转引自 H. 恩默尔：《歌德作品中的世界和厌世情绪》，魏玛，1957 年，第 9 页。

状，在社会发生危机时期，“这种症状更加明显并具有流行病的性质”①。维特这样一个卓有才智、心性高尚而原来又十分热爱生活的青年，他的自杀本身就说明世界的荒谬和社会的不合理。从小说的情节发展可以看出，维特是被社会现实一步步逼着走向死亡的；死亡成了他“最后的出路和希望”，是他逃出那个“牢狱”般的世界的唯一方法。但尽管如此，他在自杀前思想上仍充满矛盾斗争，因为他预感到，在死的帷幕后边“只有我们一无所知的黑暗和混沌”。

此外，书中还有两个细节，特别明显地强调了维特自杀包含的反抗意义：

第一个细节是维特自杀前夕读了莱辛的市民悲剧《艾米莉亚·迦洛蒂》，说明他是把自己的行为与那位为保卫市民的荣誉和反抗暴君而亲手杀死自己女儿的欧托阿多相比的；

第二个更重要的细节是维特早在一年多以前与阿尔伯特进行的一次谈话中，已把自杀与“一个在暴君残酷压迫下呻吟的民族终于奋起挣断枷锁”的果敢行动相提并论。

当然，维特或者说歌德这种对于自杀的看法，我们今天不能同意。这与他多愁善感、耽于幻想、悲观厌世的性格和心理一样，都反映了德国资产阶级毫无以实际行动反抗社会的软弱可悲状态。但是，另一方面，我们也应看到在德国当时的情况下，维特的愤而自杀还表现了他作为资产阶级中的觉醒者的其他性格特征，即眼光锐敏、头脑清晰、愤世嫉俗以及宁折不弯，等等。正是这样的性格，使他不能和不愿像庸俗的小市民似的浑浑噩噩，苟且偷生；而宁可一死，与腐朽丑恶的社会彻底决裂。应该说，跟那些身处“粪堆而

① 《马克思恩格斯全集》第 42 卷，人民出版社，第 300—317 页。

感到温暖的德国资产者”相比，维特的行动又是勇敢的、高尚的。

与歌德同时代的启蒙主义作家尼柯莱不明白这个道理，为纠正歌德的“错误”而写了一部《少年维特的欢乐》，①给维特用以自杀的枪中装了一泡鸡血，让阿尔伯特在维特鸡血喷头后主动把绿蒂让给了他，使有情人终成眷属，结果皆大欢喜。读了尼柯莱的这部小说，歌德在给朋友的信中写了两句诗：“仁慈的上帝呵，保佑我们别经历维特的烦恼，尤其别让我们‘享受’他的欢乐吧。”②

这两句诗表明了歌德的一个看法，即在当时的社会环境下窝窝囊囊地活着是比死去更可悲的事。

卢卡契认为：“维特之所以自杀，是因为他丝毫不肯放弃自己的人道主义的革命理想，在理想这类问题上不肯作任何折中妥协。他悲剧中的这一宁折不弯的精神，赋予他的死一种美丽的光辉；就是这种光辉，今天构成此书永不凋谢的魅力。”③卢卡契还认为，维特为了美好的理想而死，是与法国大革命中的英雄们为了同一理想而慷慨就义一样的悲壮。笔者觉得，卢卡契对维特自杀的意义似嫌估计过高，因为自杀本身毕竟就是一种有悖自然的消极行为，在今天的读者眼中已不能也不应构成《少年维特的烦恼》一书“永不凋谢的魅力”；构成这种魅力的，应该说是维特所追求的全面自由地发展人的一切潜能这一理想本身。

但另一方面，笔者也不赞成把维特的厌世轻生简单地斥为“病态”“颓废”等；因为，正如哈姆雷特的装疯和贾宝玉的出家一样，

---

① 弗利德里希·尼柯莱（1733—1811）是柏林的一位出版家和启蒙运动参加者，他的《少年维特的欢乐》出版于1775年初。

② 见歌德1775年3月致F. H. 雅可比的信，转引自《歌德选集》第6卷第526页。

③ 卢卡契：《歌德和他的时代》，柏林，1955年，第55页。

维特的自杀也是在特定的历史和社会条件下不得已而采取的一种反抗行动。

较之尼柯莱，反动统治阶级及其卫道士们的嗅觉更加灵敏，他们从《少年维特的烦恼》主人公的思想言论、立身行事以及最后愤而自杀中，发现了强烈的反叛精神。英国德比郡主教勃里斯托勋爵“骂《少年维特的烦恼》是一部极不道德的该遭天谴的书”，说歌德“不该让人走向自杀”①。因与莱辛论战而恶名昭著的正教牧师哥泽更认为，《少年维特的烦恼》一类书乃是杀死亨利四世的拉瓦雅克和刺杀路易十五的达米安似的弑君犯上者之母。②

综全节所述，维特不仅是时代的觉醒者，而且是社会的叛逆者。通过他对现实生活的观察思考、言论行动，不仅述说了法国大革命前欧洲新兴资产阶级怀抱的理想，揭示了这一理想与现实的矛盾，而且对妨碍它实现的社会进行了谴责和抗议。所有这些，都使《少年维特的烦恼》一书具有鲜明而强烈的狂飙突进的时代精神，巨大而积极的思想意义。

三、《少年维特的烦恼》的艺术特色

作品的思想内容决定作品的形式，但只有有了恰当的形式，内容才能得到充分表现。《少年维特的烦恼》这部作品的成功，证明了内容与形式的这种辩证关系。

论内容，《少年维特的烦恼》既无惊心动魄的故事，也无离奇曲

---

① 《歌德谈话录》，第 218 页。
② 卢卡契：《歌德和他的时代》，柏林，1955 年，第 50 页。

折的情节，写的多半是些日常生活中的现象和事件，以及主人公对这些现象和事件的思考和反应。论格调，《少年维特的烦恼》重在揭示主人公的内心，抒写他的情感：或欢欣陶醉，或苦闷不满，或憧憬追求，或愤懑绝望，主观色彩是较重的。这样的内容和格调，显然既不宜于采用擅长表现外部动作和冲突的戏剧与传统小说的写法，也不宜于采用以抒写内心情感见胜但却无法描写琐屑的生活现象的抒情诗形式。青年歌德恰到好处地选取了第一人称的书信小说的写法，让主人公像对自己的知心朋友一样，把他的经历见闻和思想情感直接诉诸读者，很好地做到了形式与内容的协调统一。

诚然，书信体小说这种形式并非歌德首创，而是他从当时在德国很流行的理查逊的小说《克拉莉莎》（1748）和卢梭的小说《新爱洛绮丝》（1761）中学来的，在他之前，德国女作家德·拉·罗歇也已采用过。然而，歌德把这种体裁用得异常成功，充分发挥了它的优点，而且还有某些发展创造。①

歌德把主人公维特致友人威廉和绿蒂的近百封书信以及日记片段巧妙地编排在一起，煞有介事地在书前冠以“编者”的引言，中间穿插进若干条注脚，结尾再添上一大段“编者致读者”，把一个原本平淡无奇的故事讲得有声有色，娓娓动听。信中时而叙事，时而写景，时而抒情，时而针砭时弊，大发议论，但都神情毕肖，各尽其妙，读着读着，我们仿佛就变成收信者，眼前出现了主人公的音容笑貌，耳际听见了他的涕泣悲叹，思想感情不由得与他产生强烈的共鸣。至于歌德的同时代人，他们的感受就更深了。诗人弗斯说：

① 勃兰兑斯认为：《少年维特的烦恼》“包含了《新爱洛绮丝》的一切优点，却没有它的任何缺点”。见《十九世纪文学主流》第一分册，第22页。

"我觉得维特的痛苦就是我自己的痛苦。"① 约·格·封·齐默尔曼讲："读完第一编就使我激动不已，全部心弦都被它拨动而共鸣起来，以至我不得不休息十四天，然后才鼓起勇气去一口气读完第二编。"②

如此强烈的感染力，显然只有在艺术形式和思想内容完美结合的情况下才能取得。

下面具体谈谈《少年维特的烦恼》这部书信体杰作的两点主要艺术特色。

1. 强烈的情感，浓郁的诗意，细致入微的心理刻画

略去前后的"编者说明"不计，《少年维特的烦恼》的内容纯系年轻主人公一个人的书简和日记片段，而不像一般书信体作品那样是两个以上人物的相互通信——如《新爱洛绮丝》等就是这样——，因此也可将《少年维特的烦恼》看成一部主人公的内心独白。单这种写法特点，就决定《少年维特的烦恼》是一部以心理刻画见长的小说。在信中，维特有时冷静地直接进行自我解剖，比如关于他那颗"心"，他就告诉我们：它如何"时时地战栗着"，如何"变化莫测，反复无常"；他如何"把它当成个病孩儿似的迁就，对它有求必应"。他毫不讳言，他的心"是软弱的，很软弱的"，他自己不幸的根源就在于这颗心；但尽管如此，他却视它为自己"唯一的骄傲"。

通过这样的自白，我们不是已经知道，主人公是个何等多愁善感、心高气傲的青年？不是已经预感到，在严酷的社会现实面前，

① 《同时代人通信中的歌德》第一卷，第 73 页。
② 《同时代人通信中的歌德》第一卷，第 97 页。

他这敏感而脆弱的心难免破碎么?

但更经常地，歌德是让主人公把自己心中热烈的情感尽量倾泻于读者面前。如在1771年5月10日的信中，他一开始便欢呼：“一种奇妙的欢愉充溢了我的整个灵魂，甜蜜得就像我专心一意地享受着的这些春晨。这地方恰似专为与我有同样心境的人创造的，我在此独享着生的乐趣。我真幸福啊，好朋友！……”于是，一种置身于美好大自然中的欣喜、温暖、充实、幸福的感情，顿时跃然纸上，感染着读信的人。反之，他在生命即将结束时断断续续写成的绝命书，一开头便悲怆沉痛地宣告：“已经决定了，绿蒂，我要去死……当你捧读这封信时，亲爱的，冰冷的坟墓已经掩盖了我这个不安和不幸的人的遗骸”，接着又表示对生活和爱人的眷恋，恳求绿蒂，“在美丽的夏日的黄昏，你再登上山冈时可千万别忘了我呵，别忘了我也是喜欢常常上这儿来的；然后，你要眺望那边公墓里的我的坟茔，看我坟头的衰草如何在落日的余晖中摇曳不定……”真可谓愁肠百结，哀婉凄绝。仅这两段例子，就很好地说明了《少年维特的烦恼》感情浓烈的特点和书信体小说能直抒胸臆的妙处。

歌德还善于通过细节描写，间接表现主人公的情感，揭示他的内心。尤其是维特对绿蒂的一片忠诚，书中的描写更为生动。如舞会被突然袭来的暴风雨打断后，绿蒂带领青年们围成一圈做报数游戏，谁报错了就得吃她一记耳光；我们的主人公打心眼儿里高兴的是，绿蒂给他的两下子“比给别人的还要重一些哩”。一句话活画出了一个痴情少年的内心世界!

再如他每次一接到绿蒂的信就放到嘴上吻，结果弄得满口沙子；以及每次出门和回家都向绿蒂的剪影像道别、问好等细节，都胜过万语千言，表现了维特对绿蒂的衷心爱慕。书中有不少类似这样缠绵悱恻的描写，反映了当时西欧文学中放纵感情的习尚，未必值得我们今天欣赏和仿效；我们举这些例子，只说明歌德如何善于用生活细节来揭示主人公的内心情感罢了。

《少年维特的烦恼》中自然景物的描绘也异常成功，全书一开始对大好春光的赞颂尤其富于感染力。可尔夫认为，德国文学是在《少年维特的烦恼》中才真正有了“春天”；与其头几页充溢着春的气息的“图画”相比，包括克洛卜斯托克和 Ch. E. 克莱斯特在内的所有人作的春天颂歌都显得黯灰失色。[①]而且，《少年维特的烦恼》的写景状物同样起着烘托情感、宣泄内心的作用。请看，维特初到瓦尔海姆正值万物兴荣的五月，离开和再回来时已是落木萧萧的初秋，在他行将谢世时更到了雨雪交加的仲冬——这时序的更迭与自然景物的变化，与主人公由欢欣而愁苦以至于绝望的心理发展过程吻合。

还有《荷马史诗》和莪相哀歌的情节、意境，也恰到好处地安排、穿插在故事的发展线索中，前者的宁静、朴素、明朗，后者的感伤、朦胧、诡奇，都有力地渲染了小说前后两部分不同的情调和气氛，主人公的心境变迁也因此而更明显。“春风呵，你为何将我唤醒？……可是啊，我的衰时近了，风暴就要袭来，将刮得我枝叶飘零！……”莪相的这几句哀歌，由行将永别人世的维特念出来，不正是他自己凄怆心境和悲惨命运的写照吗？

上述所有手法，直抒胸臆、冷静自白也好，细节描写、景物烘托也好，都不仅起到深刻细腻地刻画主人公内心世界的作用，而且赋予了《少年维特的烦恼》这部小说以浓烈的感情、沛然的诗意，使书中的山川草木（比如维特一再提到的那座井泉）都蒙上了奇异

---

① 可尔夫：《歌德时代的时代精神》第 1 卷，第 29 页。

的感情色彩，呼吸着馥郁的诗的气息，显得神奇非凡而引人遐思。人们常称赞《少年维特的烦恼》是一篇优美的“散文诗”，看来很有道理。

2. 灵活的结构，精当的剪裁，含蓄有力的语言

《少年维特的烦恼》名为长篇小说，实际只有一百多页，容量不过一个长一点的中篇。但是，它除去写了维特个人不幸遭遇的始末和内心变迁，还展现了从城市到农村、从贵族阶级到市民社会的广阔而复杂的社会生活。如此多的内容，倘使没有适当的结构形式，显然很难装进像《少年维特的烦恼》这样一本“小书”里。

《少年维特的烦恼》的结构非常灵便。它以主人公的经历为线索，把近百封书信串了起来，信与信的内容不一定衔接，写信时间的相隔也有长有短，每封信的内容更可少可多。这样，情节就跳跃式展开，既省却了许多过渡性的笔墨，也留给了读者以驰骋想象的空间，无形中增大了作品的内蕴。在那些较长的信中，却又不乏对社会生活如实而生动的描写，如维特为农家小孩画像的场面，维特眼中所见绿蒂分面包给弟妹们的场面，乡村舞会和青年男女在一起做游戏的热闹情景，乡村牧师家的宁静生活，维特与绿蒂的月夜林中话别等，都是很好的例子。此外，还有对于世态人情鞭辟入里的揭露，那个克扣自己妻子的吝啬鬼的故事，那班腐败发霉的贵族男女聚会的场面，维特与一个妄图在大冷天的野外采到鲜花的疯子的对话等，莫不如此。前者宛如一颗颗晶莹圆润的珍珠，后者恰似一粒粒尖锐锋利的金刚钻，一样地都那么美不胜收、悦目耐看。它们彼此虽然并无直接和紧密的关系，但一经主人公的遭遇这根情节主线的金丝串联起来，便疏密有致，交相辉映，构成了一件臻于完美

的艺术杰作和精品。《少年维特的烦恼》的这种结构实在是灵活巧妙，既重视了线，又照顾了点和面。

《少年维特的烦恼》的剪裁极为严格、经济，大至一个事件、一个场面、一个人物，小至一个细节、一泉一石、一木一草，都是为刻画主人公的性格形象和阐明主题思想服务的。且以维特书信中最长的一封和最短的一封为例。

前者是他 1771 年 6 月 16 日给威廉的信，全长不过六七千字，却详述了维特对绿蒂产生爱情的全过程：从素不相识到略有所闻，从略有所闻后无动于衷到产生好感，从产生好感到热烈爱慕以至于神魂颠倒。可谓层层深入，细腻动人，而且还顺带描写了绿蒂的家庭情况，年轻人聚会的活泼场面，暴风雨突然袭来和雨过天晴的壮丽景色，等等。这封内容丰富的信是全书情节的基础，起着至关重要的作用；说它长，只是相对而言。

书中最短的一封信写于 1772 年 6 月 16 日，“碰巧”——这种表现了作者匠心的“碰巧”远不止此一处——是在写那封最长的信一年之后，它全部只有一句感叹，一句诘问：

> 不错，我仅仅是个世间的漂泊者，仅仅是个来去匆匆的过客！可你们不也如此么？

这一叹一问，道出了维特的多少苦闷、辛酸，宣泄了他对人世的多少绝望、不满！而联系着前边那封充溢着生气的长信来读，更可看出维特一年来的变化有多么地大呵！

这同一封信，也可说明歌德语言的含蓄精练。不过，叙事行文的简洁含蓄这个特点，更集中地却表现在“编者致读者”的冷静纪实中。例如，对维特最后一次离开绿蒂后的痛苦情状，书中仅有如下粗线条的交代：

> 他走到城门口。守门人已经认熟他，一声没问便放他出了城。野地里雨雪交加，他一直到深夜十一点才回家叫门。用人发现他头上的帽子不见了，也不敢多问，只侍候他脱下全部湿透的衣服。后来，在临着深谷的悬崖上，人们捡到了他的帽子。

这一段百来字的白描，看似平平淡淡，实则内涵丰富，留下了很多让读者自己用想象去填补的空白，比用一大串诸如“神思恍惚”“痛不欲生”“雨夜在危崖深涧狂奔”“回到家中面色怕人”之类的刻意描绘和渲染，更加形象，更堪玩味。

又如，全书结尾写维特死后下葬的情形，更简洁含蓄到无以复加：

> 老人和他的儿子们走到维特遗体的后面，阿尔伯特没能来，绿蒂的性命让人担忧。几名手艺人抬着维特的棺木，没有一个牧师来给他送葬。

寥寥数语，隐藏着无数的潜台词，我们读完禁不住会向自己提出一个又一个为什么，把维特与来送葬以及没来送葬的各种人的关系都思考一遍，以至咀嚼回味全书的内容，直到悟出这个似乎漫不经心写出的结尾的深刻含义。有学者认为，这几句话“就像榔头敲击棺木似的”咚咚有声，“歌德从此以后再不曾写出像这么沉重有力的句子”①。

歌德曾对艾克曼说，《少年维特的烦恼》包含着他“大量的情感和思想，足够写一部比此书长十倍的长篇小说”②。从《少年维特的烦恼》的结构严谨、剪裁精当和行文含蓄看，歌德这话并非夸大。

上述两方面的优点，再加上丰富多彩的典故、生动新奇的比喻等，就使《少年维特的烦恼》这部“小书”的形式十分恰当和成功，因此具有了格外巨大的艺术魅力。

四、《少年维特的烦恼》的社会影响和历史地位

《少年维特的烦恼》写成于 1774 年初，同年秋天在莱比锡匿名出版。现在一般流行的是 1786 年的修订本。与原本相比较，修订本增加了那个不幸的青年长工的故事，把前版显得庸俗而冷酷的阿尔伯特的形象改得和缓了一些，加强了对绿蒂矛盾心情的揭示，对语言也作了一些润饰。③

诚如歌德所希望的那样，他通过写《少年维特的烦恼》摆脱了痛苦而狂乱的心境，自称“像办完了一次总告解一样，心里又感觉愉快而自由，因此获得了一种新生活的权利”④。有人说，“维特救了浮士德”⑤；我以为不妨讲，维特救了歌德。试想，要是歌德不曾克服他早年的精神危机，又哪儿来日后的伟大成就？

---

① 弗里登塔尔：《歌德的生平及时代》，德国袖珍丛书出版社，1977 年，第 164 页。
② 艾克曼辑，朱光潜译：《歌德谈话录》，人民文学出版社，1978 年，第 17 页。
③ 这方面的修改主要集中在第二部分的“编者致读者”中。
④ 《歌德选集》第 6 卷，第 588 页。
⑤ 可尔夫：《歌德时代的时代精神》，第 259 页。

可是，《少年维特的烦恼》这本“小书”产生的空前巨大的社会影响，却是作者万万不曾料到的。

《少年维特的烦恼》问世后当即风靡了德国和整个欧洲，“一夜之间，主人公维特便成了几代人崇拜的偶像”①。人们不仅争相读它，而且纷纷模仿主人公的言论思想、风度举止、穿戴打扮，青衣黄裤的维特装风行一时。原本冷冷清清的耶鲁撒冷的墓地突然变得热闹起来，成了维特的同情者和崇拜者们凭吊和聚会的场所；而“拒不为维特送葬的牧师”，则遭到了千千万万人的唾骂。人们对维特的故事深信不疑，甚至“有几个傻瓜忽发奇想，趁此机会也开枪自杀”②，而且在这样做时还把《少年维特的烦恼》翻开来摆在桌子上，精心地模仿着小说主人公自杀时的姿势……

对《少年维特的烦恼》的问世最感欢欣鼓舞并真正理解它的是当时积极参加狂飙突进运动的青年作家们。弗·亨·雅可比一口气把它“反反复复读了三遍”，施托贝格夫人“很快就背熟了我的《少年维特的烦恼》”，威廉·洪堡读它“彻夜不眠”③。进步诗人舒巴尔特在一篇评论里写道：“我怀着激动的心情坐在这儿，心口怦怦直跳，狂喜而痛苦的泪水滴答滴答地往下淌，因为——我告诉你吧，读者——我刚刚读完我亲爱的歌德的《少年维特的烦恼》……读吗？不，吞噬！我想评论它吗？要是我真这样做了，我这人就没有心肝……我宁肯终身贫困，一辈子睡干草，饮清水，吃草根，也不愿失去体察这位多情善感的作家的心曲的机会……”④

① R. 勒陶：《少年维特的烦恼》，见《时代文库一百题》第 100 页，苏尔坎普出版社。
② 海涅著，张玉书译：《论浪漫派》，人民文学出版社，1979 年，第 23 页。
③ 《歌德选集》第 6 卷，第 522、526、531 页。
④ 《歌德选集》第 6 卷，第 524 页。

是否只有青年一代才这么如醉如痴地读这部小说呢？不是，在它的推崇者中，还有德高望重的德国大诗人克洛卜斯托克，还有瑞士神学家拉瓦特尔和德国教育改革家巴塞多夫，以及法国叱咤风云的拿破仑一世皇帝。特别是拿破仑一世，读《少年维特的烦恼》竟达七遍之多，并于1808年在埃尔福特会见歌德时与他畅谈这本书达数小时之久，足见其对它的喜爱与重视非同一般。

反之，封建统治阶级及其形形色色的卫道士则站在反动立场上，视《少年维特的烦恼》为大逆不道，诬指它为“淫书”“危险的书”“不道德的书”“该遭天谴的书”，等等。牧师们从布道的讲坛上猛烈攻击它；德国的一些地方和丹麦都禁止它发行；它的意大利文译本一出现在米兰，即被教会收去全部销毁。甚至维特装也变成了危险之物，直到1825年，莱比锡还明令禁止穿这种“奇装异服”招摇过市。

尽管如此，仍阻止不了《少年维特的烦恼》的流传和产生巨大影响。在德国，《少年维特的烦恼》不到两年便重印了十六次，各种各样的模仿、改编和戏拟之作也大量涌现，并且把它搬上了舞台。在民间和市集上，还流传开了一些讲维特故事的说唱和歌谣、俚曲。[①] 而在英法等国，情况也一样甚至还有过之。

以上所述，就是文学史家和歌德的传记作者们历来津津乐道的“维特热”。现在，本文则准备探讨一下与此有关的几个问题，即“维特热”究竟是怎么产生的？应该如何看待这一罕见的文学和社会

① 在海涅的《哈尔茨山游记》里，就有一个裁缝边走边唱一首叫《小绿蒂在维特坟头》的歌谣。此外，歌德还写过一首叫“Zelebritaet”的诗，谈到维特的故事在波希米亚一带如何广为流传，“没有哪个城市不表演他的事迹，没有哪家酒馆中不挂着他的画像”。

现象？以及我们可以从中得到哪些启示？

“维特热”的产生，原因应该说是复杂多样的；但归纳起来，大致为以下两个主要方面：

第一，《少年维特的烦恼》一书本身取得了巨大的成功。顾名思义，“维特热”乃是它的成功与影响的表现，那么，《少年维特的烦恼》又是以什么取得成功的呢？海涅认为是“由于它的题材”①。威廉·洪堡则说：“既不是他的爱情，他的感伤情调，他的绝望心情，也不是归根到底对他的命运的同情深深吸引着我；吸引我的，是他用以包容一切的感受力和思想，他对人类、生活和命运所作的品评，还有美妙的自然描写，直截了当闯进心中来的真情实感，最后再加上那不容模仿的表现手法，细腻入微的性格刻画，以及那如此真实、如此纯净、如此动人、如此富于魅力的语言……”②所有这些论断，都有一定道理。

笔者认为，《少年维特的烦恼》取得成功的凭借，可以概括为：1. 故事内容、人物形象和思想情感的高度真实性；2. 积极的思想意义和强烈的时代精神；3. 精湛高超的艺术处理。正是这三者的和谐结合，赋予了作品以震撼人心的巨大威力。很难设想，这三者中有任何一点缺少了，《少年维特的烦恼》还会成为一件杰作，还能引发席卷欧洲并持续了相当长时间的“维特热”。

第二，《少年维特的烦恼》取得巨大成功更重要的原因，是时代本身充满了《少年维特的烦恼》中所表现的矛盾和危机。歌德在《诗与真》中讲得好，“这本小册子影响很大，甚至可以说轰动一时，

---

① 海涅著，张玉书译：《论浪漫派》，人民文学出版社，1979 年，第 23 页。
② 《歌德选集》第 6 卷，第 531 页。

主要就因为它出版得正是时候，如像只需一点引线就能使一个大地雷爆炸似的，当时这本小册子在读者中间引起的爆炸也十分猛烈，因为青年一代身上本已埋藏着不满的炸药……”①

的确，如果没有时代和社会的内因，“维特热”可能根本不会产生，或者至少不会来得这么猛烈和持久。因此，对于引起“维特热”来讲，在《少年维特的烦恼》这部作品本身的上述三个特点和优点中，它所表现的狂飙突进的反抗精神，所包含的全面自由地发展人性的人道主义理想，又是主要的。正是这种反抗精神和理想憧憬，道出了时代的心声，在千千万万渴望个性解放、感情自由和不满社会的限制和压迫的一代青年当中，引起了强烈的共鸣。

至于应该如何正确看待“维特热”这个文学现象和社会现象的问题，我们在分析其产生原因时似乎已作了回答。

有人称“维特热”是一种“时代病”或“世纪病”。其实呢，它只是那个时代所患的严重疾病的一种病征，病根存在于社会的肌体内，《少年维特的烦恼》只是起到了把病征引发出来的作用而已。

有人说“维特热”表现了一种“颓废倾向”，甚至称代表这种倾向的维特为“垮掉的一代”的先驱。笔者认为，“维特热”的具体表现多种多样，不能一概斥为“颓废”，而且就在某些消极的形式里面，也隐含着不满现状的积极内容。以争穿维特装为例，赶时髦者固然大有人在，借此向社会抗议和挑衅者却也有的是，不然统治阶级不会明令加以禁止。

以上对于“维特热”这一文学史上著名的现象的探讨，可以给我们几点有益的启示。首先我们看到，一部文学作品要真正取得成

① 《歌德选集》第9卷，第580页。

功，要产生巨大社会影响，就必须做到真实性、思想性和艺术性三者的和谐统一。一切缺少真实性的文艺，一切脱离时代、没有思想的“为艺术的艺术”，一切艺术力量贫乏的标语口号式的作品，统统不会真正取得成功，遑论引起巨大的震动。

其次，我们认识到，作为社会生活的反映的文学作品，反过来又会对社会生活产生影响，在影响特别强烈时就会表现为“××热”。因此，作家在写作时，完全有必要注意自己作品的社会效果。《少年维特的烦恼》刚出版，莱辛就认为书后“还必须有一篇简短、冷静的结束语，以使这部热情的作品多带来些好处，少造成些祸患”①。也出于同样的认识，1775 年《少年维特的烦恼》再版时，歌德才在第二编前加了一节序诗，劝人们勿步维特后尘，而要“做个堂堂男子”。这些，都是作家考虑社会效果的先例。

但是，“维特热”也表明，一部作品产生多大的影响和怎样的影响，原因是多方面的，社会和时代方面的原因一般来说更为主要，文学作品往往只起着“引线”的作用。这作用固然万万不可忽视，但也不宜夸大。因此，对文学作品的社会效果的分析，必须实事求是，不能本末倒置，视“引线”为“地雷”，当“病征”作“病根”。

最后，作品的客观效果不一定总符合作家的主观意图，“维特热”之于歌德就是明证。单凭作品的客观效果来判断作者的“居心”和评定其功过的做法未必可取。

随着欧洲进入 19 世纪 40 年代的革命高潮，广大青年变成了举着“剑与火”进行斗争的战士，“维特热”也就逐渐消退了。海涅 1842 年写的《倾向》一诗间接反映出当时的激进青年已不愿“再像

① 《同时代人通信中的歌德》第 1 卷，第 74 页。

维特那样呻吟，因为他的心只为绿蒂燃烧”。匈牙利革命诗人裴多菲更直截了当地称维特是一个没有骨气的“傻瓜”①。年轻的恩格斯在1847年初写成的《诗歌和散文中的德国社会主义》一文中，也把维特仅当作一个“富于幻想的好哭泣者”。

但尽管如此，《少年维特的烦恼》这部作品却远远没丧失其意义和价值；不论在歌德一生的创作中，还是在德国文学史乃至世界文学史上，它都占着一个显要的地位。

歌德一生的重要作品几乎都与《少年维特的烦恼》有着内在联系。在体现狂飙突进的反抗精神和矛盾这一点上，《葛兹》与《少年维特的烦恼》被称作是“同一枚银币的两面”②。雅·米·莱·棱茨认为维特乃是“被钉上了十字架的普罗米修斯”，因为他也是一位在与旧势力的斗争中失败了的英雄。③歌德曾称《塔索》是他“骨中之骨，肉中之肉”，却又同意塔索是“提高了的维特”，因为在《塔索》中更尖锐地提出了《少年维特的烦恼》的各种问题……至于歌德的代表作《浮士德》，与《少年维特的烦恼》的关系就更密切了。两位主人公的形象乍看起来似乎存在天壤之别，事实上维特与浮士德是一对“孪生兄弟”④。浮士德也有着维特的烦恼，也感觉他生活的环境无异于一座牢狱，也产生过自杀的念头；“维特则是个浮士德型的人”⑤，也有着浮士德式的憧憬和追求；维特渴望“成为无尽的自然的一面镜子”；浮士德更进一步，决心“把握住无尽的自然”。

---

① 裴多菲：《旅行书简》第9封信，1847年7月6日。
② 保尔·莱曼：《1750—1848年间的德国文学主流》，柏林，1956年，第139页。
③ 格尔兹：《约翰·沃尔夫冈·歌德》，雷克拉姆出版社，1972年，第96页。
④ 艾克曼辑，朱光潜译：《歌德谈话录》，人民文学出版社，1978年，第139页。
⑤ 汉斯·波姆：《歌德》，第54页。

总之，歌德的所有重要作品，包括抒情诗和两部《威廉·迈斯特》在内，全部通过一个共同的中心主题与《少年维特之烦恼》联系在一起，即都表现了理想与现实的矛盾，渴望使个人从社会的局限中解放出来，获得自由而全面的发展。不同的只是，青年歌德在《少年维特的烦恼》中追求的这一伟大的人道主义理想，在现实社会里根本无从实现，只好让他的主人公含恨自戕；晚年，他让浮士德借助神秘的外力，在幻想的大世界里进行更勇敢的追求，终于获得了“最后的智慧的结论”：

要每天每日去争取生活和自由，

才能获得自由与生活的享受……

这就是说，人类只要自强不息，坚持斗争，就能在那个生活着自由人之民的“自由土地上”实现自己的伟大理想。因此不理解《少年维特的烦恼》这部书，便不能深刻理解《浮士德》，不能全面理解伟大的人道主义者歌德及其创作。

《少年维特的烦恼》是狂飙突进运动最成熟的果实，它的出现给了这一方兴未艾的文学运动以极大的推动。

在德国和欧洲长篇小说的发展史上，《少年维特的烦恼》也是一个重要的里程碑。由于莱辛和克洛卜斯托克的努力，德国的戏剧和抒情诗在歌德之前已经取得了相当成就；但小说的创作成果却非常贫乏，即使有也多为消遣性的流浪汉小说和“漂流记”式的小说，格里美豪森的《痴儿西木传》（1669）虽然比较出色，但卷帙浩繁，且长期被湮没。与歌德同时而稍长的维兰写的长篇小说不少，却几乎都选用的东方异域的和古代的题材。他的代表作《阿伽达》（1766—1967）和格勒特的《瑞典伯爵夫人》（1764）一样，都写得冗长乏味，远离现实，充满了说教气。因此，《少年维特的烦恼》可称是第一部直接反映德国现实生活而富于真情实感的长篇小说。它把理查逊和卢梭热情奔放、长于心理刻画的特点，与菲尔丁和哥尔德斯密斯对社会生活作现实主义描写的特点结合起来，开了德国近代长篇小说的先河，使欧洲长篇小说登上了一个新的高峰。在揭露社会矛盾和针砭时弊这点上，卢卡契更称《少年维特的烦恼》为欧洲 19 世纪现实主义的“问题文学”的前驱，认为司汤达和巴尔扎克等小说大师都在不同程度上继承了它的传统。在德国，受了《少年维特的烦恼》影响和启发的小说更多不胜计，其中最重要的是荷尔德林的《徐倍利昂》（1979—1999）、J. M. 棱茨的《林中兄弟》（1979）、蒂克的《威廉·罗维尔先生的故事》（1795—1796）和伊默尔曼的《一个隐士的纸窗》（1822）……直到托玛斯·曼的《绿蒂在魏玛》（1939），等等。

在本文引言中，已提到《少年维特的烦恼》对于整个德国文学发展的划时代意义。卢卡契甚至认为：“《少年维特的烦恼》问世的 1774 年，不只在德国文学史里是一个重要年头，在世界文学史上亦然。由于《少年维特的烦恼》在世界范围内的成功，德国在哲学和文学方面虽然短暂但意义异常重大的霸主地位，以及法国在这两个领域中的领导权的暂时丧失，才第一次明显地表现了出来……”①

总之，《少年维特的烦恼》这本小说的历史地位不容低估。那反映了它巨大影响的久已消退的“维特热”，时至今日也仍在世界上一些地方掀起余波。20 世纪，法国还三次把《少年维特的烦恼》搬上银幕。1973 年，德意志民主共和国出版了现代版的《少年维特的烦

---

① 卢卡契：《歌德和他的时代》，第 52 页。

恼》—— 乌利希 · 普伦茨多夫的中篇小说《青年维某的新烦恼》，在当时的德意志民主共和国和德意志联邦共和国都引起了不小的反响。到目前为止，东方的日本已有《少年维特的烦恼》译本四五十种之多。①

五、《少年维特的烦恼》在中国

相传早在《少年维特的烦恼》问世后五载的 1779 年，就有德国人在一艘商船上看见几幅中国绘画，画着维特的故事。又有人自称在中国皇帝的宫中，亲眼见过一些绘有维特和绿蒂肖像的瓷瓶。这些传说本身虽未可置信，但是，从 17 世纪初德国已派传教士来中国，18 世纪便设立了专门从事东方贸易的机构，传教士和商人们在传教与做买卖的同时也把中国文化介绍到德国并为歌德所接触到等情况看，中国人反过来了解一点德国文学，听到一点在德国乃至欧洲家喻户晓的维特的故事，也并非全无可能。至于后来德国汉学家卫礼贤（Richard Wilhelm）在《歌德与中国文化》一文中讲的情况，就比较可靠了。他写道："……在广州地方，特别为外国人预备瓷器，所谓客货那类东西，上面的图画是照欧洲人的嗜好绘的，所以画上作维特与绿蒂等人的像……"② 据冯至教授讲，他 1980 年赴瑞典讲学时，就在博物馆中见过类似的中国古瓷。

总之，歌德在生前已听见他的维特远游中国的消息，不仅深信不疑，而且引以自豪，为之神往。下面四句歌德写于 1789 年的诗，

① 高桥健：《日本的歌德研究》，《日本歌德年鉴 1978》。
② 宗白华、周辅成编：《歌德之认识》，第 257 页。

就间接反映这个情况：

> 德国人模仿我，法国人读我入迷，
> 英国啊，你殷勤地接待我这个憔悴的客人；
> 可对我又有何益啊，甚至中国人
> 也用颤抖的手，把维特和绿蒂画上镜屏…… ①

维特来到中国文字可考的最早时间，是清光绪二十三年(1897)。当年七月，上海作新社译印了一本《德意志文豪六大家列传》（亦名《德意志先觉六大家列传》），其中就有一篇《可特传》（《歌德传》）。译述者为赵必振，所据原书系日本大桥新太郎于 1893 年所编。《可特传》除较详细地介绍歌德生平和著作外，也谈到了《乌陆特陆之不幸》。这位乌陆特陆并非别人，就是我们的维特。《可特传》中称《乌陆特陆之不幸》为一篇“传奇”，说“其用材料概自（歌德）自己之阅历而来”，并略述了《少年维特的烦恼》的成书始末和巨大影响，最后感叹道：“可特之势力，不亦伟哉!”

在与《德意志文豪六大家列传》出版的差不多时间，我国著名诗人马君武已译述了贵推（歌德）的《威特之怨》（《少年维特的烦恼》）中的一个片段，题名为《阿明临海哭女诗》，收在 1914 年上海文明书局出版的《马君武诗稿》中。译者介绍歌德说：“贵推为德国空前绝后之一大文豪，吾国稍读西笈者皆知之。而《威特之怨》一书，实其自介绍社会之最初杰作也。”紧接着便节译，或者说节写了

---

① 这四句诗系《威尼斯警句》第 34 首中的一段，全诗的主旨在于表达对卡尔·奥古斯特公爵的感激。

维特与绿蒂一起读莪相之诗的情景，以及诗中阿明哭女的一段。

《少年维特的烦恼》在我国真正产生影响，是在五四运动时期。1920年5月，上海亚东图书馆印行了一本《三叶集》，清楚地反映了这种影响。集中收着田寿昌（田汉）、宗白华、郭沫若三人1920年初的通信数十封，集前由三人各写了一篇短序。田汉的序说："此中所收诸信，前后联合，譬如一卷Werthers Leiden（《维特的烦恼》），Goethe发表此书后；德国青年中Wertherfieber（维特热）大兴！Kleeblatt出后，吾国青年中，必有Kleeblattfieber大兴哩！"① 宗白华序说："刊行这本书的动机，乃是提出一个重大而且急迫的社会和道德问题……简括言之，就是'婚姻问题'；分开言之，就是：（一）自由恋爱问题；（二）父母代定婚姻问题……"其实，书中还谈了很多文学和哲学问题，如关于诗歌，宗白华和郭沫若都认为诗人应"多与自然和哲理接近"，"多研究古昔天才诗中的自然音节，自然形式，以完满'诗的构造'"。就从上面这些，已可看出《三叶集》的作者们从《少年维特的烦恼》中汲取了多少营养。此外，郭沫若在1920年1月18日致宗白华的信中，表示要对歌德的著作"尽量地多多地介绍、研究，因为他所处的时代——'胁迫时代'（狂飙突进时代）——同我们的时代很相近！"

这样，在时代的召唤下，我国终于在1922年出现了《少年维特的烦恼》的第一个全译本——郭沫若的《少年维特之烦恼》。《少年维特的烦恼》尽管是在问世后整整一个半世纪才来到中国，却仍于正进行着反对封建旧礼教斗争的一代中国青年中找到了知音。不少

---

① Kleeblatt德文原意为三叶草，此处指三个朋友之间的通信集，即《三叶集》。《三叶集》的性质与影响都很难与《少年维特的烦恼》相比；事实表明，在中国并未产生什么"Kleeblattfieber"（三叶热）。

包办婚姻的受害者与维特同病相怜，被他的故事感动得涕泪交流；一对对决心走自由恋爱之路的情侣，更以《少年维特的烦恼》互相赠送，以示自己对爱情的忠贞。一时间，“青年男子谁个不善钟情？妙龄女人谁个不善怀春？”的诗句，在广大青年中流传不息，汇成了一片对封建礼教的示威和抗议之声。据老一辈的人回忆，20 世纪二三十年代我国确实也兴起过一阵小小的“维特热”。

蔡元培先生在《三十五年来中国之新文化》一文中，谈到外国小说的翻译对我国“起于戊戌”的“文学的革新”的推动，具体举出的第一本书就是《少年维特的烦恼》，说它“影响于青年的心理颇大”。①

在《少年维特的烦恼》全译本问世后十年，茅盾便把它写进了小说《子夜》里。一本读得破旧了的《少年维特之烦恼》和一朵枯萎的白玫瑰花——这是女主人公吴少奶奶送给自己青年时代的恋人雷鸣的定情之物——先后三次出现在小说第三章、第六章和全书结尾，对揭露大资本家吴荪甫家庭关系的虚伪和刻画吴少奶奶的软弱性格，起到了重要作用。《子夜》是我国现代文学史上的一块丰碑；这块碑上刻着《少年维特的烦恼》的名字，也证明了歌德这部“小书”在中国发生的影响。

除郭沫若的译本外，我国在 20 世纪 30 年代前后还陆续出过黄鲁不、罗牧、付绍先等的约十个译本，译名全叫《少年维特的烦恼》。在所有这些本子中，仍以郭译流布最广，最受欢迎，仅据 1932 年一个不完全统计，十年间郭译《少年维特的烦恼》已由不同书店重印三十版之多。

---

① 《蔡元培选集》，中华书局，1959 年，第 280 页。

以一部外国文学作品在我国重译、重印次数之多和影响之深之广论，《少年维特的烦恼》恐怕是无与伦比的。那么，我们过去对这部作品的研究情况又怎样呢？

新中国成立前，特别是 20 世纪 30 年代，我国学者写过为数不多的几篇分析评介《少年维特的烦恼》的文章，如宗白华的《歌德的〈少年维特之烦恼〉》①以及柳无忌撰写的《少年歌德》一书和其他歌德传记的有关章节。它们大都详细地介绍了《少年维特的烦恼》的产生经过、主人公在生活中的原型、书信体小说的特点和作品的巨大影响，但把主题思想往往错误地解释为“心与脑”的矛盾，“感情与理性”的矛盾，因而认为《少年维特的烦恼》是“悲剧人生之表现”，是一部“人格的悲剧”等。倒是郭沫若写的《〈少年维特的烦恼〉序引》，指出了书中体现的泛神思想和狂飙突进精神的几个方面，虽说概略，却也中肯。

新中国成立后，关于《少年维特的烦恼》的著述更少了。只在德国文学史和一些介绍歌德的文章中附带地谈到这部世界名著。与新中国成立前相反，论者大多运用历史唯物主义观点，强调了作品的社会意义，正确指出了它反映的是觉醒的资产阶级青年与腐朽的封建社会的矛盾。

在革文化的命的年代，郭译的《少年维特的烦恼》自然成了宣扬资产阶级的“恋爱至上”观念的禁书。但随着我国 1978 年进入社会主义建设的新时期，歌德和《少年维特的烦恼》的译介却受到了比以前更大的重视。从 1981 年至今，又陆续出版了四五种《少年维特的烦恼》的新译本，其中以北京人民文学出版社的杨武能译本和

① 此文收在《歌德之认识》中。

上海译文出版社的侯俊吉译本最受欢迎，十多年来几乎年年重印，总印数都早已突破一百万册。

进入 20 世纪 90 年代，名著重译成风，固然也有一些可敬的同行兢兢业业地推出了有特色、有质量的新译本，但粗制滥造乃至“抄译”即剽窃的情况也时有发现。迄于今日，加上新中国成立前的旧译和在台、港等地出版的周学普等人的新译，歌德的《少年维特的烦恼》粗略统计在中国总共已有译本三十几种，远远超过近年来被国内翻译界炒得很热的《红与黑》的译本数量。①

总的来看，我国学者已为帮助读者理解这部世界名著作过许多有益的工作，但与《少年维特的烦恼》的重要历史地位和巨大影响相比，尽管译本已经很多，研究却还是初步的、分散的，也不够深入。本文就是试图在总结前辈已取得成果的基础上，做一些补充和系统化的工作，并在《少年维特的烦恼》的思想意义、艺术特色以及“维特热”的产生原因和性质这几个问题上，提出了自己不成熟的看法。

结　语

综全文所述，《少年维特的烦恼》是一部在真实性、思想性和艺术性三方面都取得了高度成就，达到了三者和谐的优秀作品，曾经在欧洲及我国产生过巨大的影响。这部作品连同表现了它巨大影响的“维特热”，值得我们认真研究。研究它们，可以加深我们对文学

---

① 关于《少年维特的烦恼》在我国译介及产生影响的详细情况，请参阅拙作《歌德与中国》，北京三联书店“读书文丛”1991 年版。

创作的规律的认识，对文学作品与其社会效果的关系的认识；可以促进我们对于伟大作家歌德的了解，对于德国文学史和欧洲文学史的了解，对于中德文化交流和相互影响的情况的了解。

《少年维特的烦恼》和“维特热”是一个值得文学工作者进一步研究的课题。那么，对于我国今天的广大读者，这部小说是否也有某些意义和价值呢？

有的。首先，书中所宣扬的要使人的全部潜能、全部自然本性得到充分发展和发挥的人道主义理想，对于我们并没有过时。在一定意义上讲，我们实现“四化”和建设共产主义的目的，不就是要创造能使每个人的全部潜能都得到发挥的社会条件吗？其次，《少年维特的烦恼》可以帮助我们，特别是青年读者了解18世纪德国和欧洲的社会风貌，了解当时一代青年的感情、憧憬和苦闷。五四时期，《少年维特的烦恼》曾深得我国处于反封建斗争中的知识青年的喜爱，通过它，我们也可以间接听见这一代中国青年的心声。总的来看，《少年维特的烦恼》这部作品的格调是比较高的，只要注意不受其感伤厌世情绪的熏染，读一读不无好处。

最后，但并非最不重要，《少年维特的烦恼》这部世界名著可称一个小小的艺术宝库，深入进去，我们定能采到不少珍珠宝石，获得巨大的艺术享受。

智慧之书　世象之镜

——关于歌德的两部史诗

歌德的文学创作不但卷帙浩繁，而且丰富多彩，样式繁多。除了诗歌、小说、戏剧、散文和游记等今天为人熟知的体裁，他还创作有两部史诗（Epos），即《赫尔曼与多罗特亚》（1796—1797）和《列那狐》（1793），同样值得我们注意。它们不但曾经受到歌德自己的珍视，被同时代的作家视为杰作，很好地表现了歌德多方面的文学才能以及他善于向古代学习、向民间学习的长处和特点，而且仍富有相当的现实意义。

在世界文学史上，史诗是最古老的体裁之一，例如古印度的《摩珂婆罗多》和《罗摩衍那》，古希腊的《荷马史诗》，古代德语文学中的《尼伯龙根之歌》，以及我国藏族的《格萨尔王传》等。在欧洲范围内，史诗作为一种长期与戏剧并立的长篇叙事体裁，其重要地位直到 18 世纪才为当时勃兴的长篇小说取代。

歌德的两部史诗都完成于 18 世纪的最后几年，也即在史诗这种样式已经衰微以后。他这时却来摆弄这种老古董，又是为什么呢？

原因说来很多。

首先，因为歌德从青年时代起，就对文风鼎盛、人的灵和肉都受到充分尊重和发展的古希腊及其文明怀着深深的憧憬。在《少年维特的烦恼》这部早年的成名作里，主人公不是一再地提到古代诗人荷马，并对《荷马史诗》中描写的一些情景无比向往吗？保存着古代文化遗迹的意大利、承继着古代希腊罗马文明的意大利，不是始终被他视为精神故乡吗？仿照《荷马史诗》的体裁进行创作，可以说是他在特定情势下对精神家园的一次访问。

其次，1793 到 1797 这些年，德国和欧洲正处于法国大革命后爆发的战乱之中，身为魏玛大臣的歌德还不得不随他辅佐的年轻公爵出征，目睹种种兵荒马乱和民不聊生的景象，身心不堪困扰。这就是上面讲的“特定情势”。它使得歌德越发地向往古代希腊罗马的和谐、宁静。正如他为医治内心创伤，克服精神危机，曾经不止一次以写《少年维特的烦恼》这样的作品进行“忏悔”一样，他创作《赫尔曼与多罗特亚》等两部叙事长诗，也是要逃避现实的纷扰，到古代诗的世界里去求得精神安宁。一些年以后，为了逃往宁静和谐的东方，他又创作了《西东合集》和《中德四季晨昏杂咏》，也是出于同样的原因。当时，为达到精神上“宁静致远”的目的，在古代以讲述神和英雄的故事为内容因而被视为最高的文学样式的史诗，在歌德看来自然再适合不过了。

再者，由浪漫派诗人弗斯（J. H. Voss，1751—1826）翻译的《荷马史诗》的《伊利亚特》（1793）和《奥德赛》（1781）的出版和广为流传，以及弗斯创作成功被称为“现代牧歌”的史诗体作品《路易赛》（Luise），还有歌德自己接触到了下面将会讲的所需素材，并且得到席勒等友好的鼓励、支持等，也是促使歌德下决心用史诗的格式进行创作的外因。

细读《赫尔曼与多罗特亚》和《列那狐》，我们发现歌德对古希腊史诗的学习和运用确实十分成功。

两部作品都采取了徐缓、平稳的扬抑抑格六步诗体，章节和段落整严，各个部分具有相对的独立性；叙述用语里充满了独特的形容词和比喻，须要强调的话不避重复，特别是《赫尔曼与多罗特亚》还采用希腊神话中九个缪斯的名字作为主篇名等，都很好地体现了古朴、凝重、庄严的希腊史诗风格。只不过旧瓶装新酒，两部史诗都没有再以神和英雄为主人公，而是一部主人公换成平凡的市民，成就了一曲讴歌和平、宁静的家庭生活的“现代牧歌”；另一部主人公换成森林王国中的各种动物，成就了一部隐射人类社会、揭露人类种种天生的弱点，特别是鞭笞统治阶级的虚伪、愚蠢和贪婪的动物叙事诗。

至于两部作品的题材和故事内容，它们同样并非歌德自己的创造或者虚构，而是他乐于和善于学习的结果。

《赫尔曼与多罗特亚》的故事，主要取自一个叫葛津的人编著的《萨尔斯堡大主教领地路德教徒遭逐和迁徙全史》（1734）。在这部书中，记载着德国南部的埃廷领地一个富裕人家的青年慧眼识金，相中了流徙队伍中一位品貌非凡的姑娘，经过一番周折终于和她结为眷属的故事。歌德在使用这个素材时作了关系重大的改变：故事发生的时间改成了1789年法国大革命之后不久，地点改成了德国中部莱茵河右岸的某个小城，也即歌德故乡法兰克福附近，而流亡者们逃避的也不再是宗教迫害，而是在击溃普奥干涉者后乘胜挺进的拿破仑大军。故事的主人公虽然大致还是那些，然而经过歌德的精心安排，他们之间的矛盾纠葛却富有了更多的典型性和戏剧性：

儿子看中了姑娘出众的容貌和乐于助人的高尚品行，父亲却一心要给他取一个富有的妻子。父子二人因此争执不下，最后好不容易由一位聪明的神父出面调解，才终于达致一个皆大欢喜的圆满结局。

歌德所作的上述改变，特别是时间和地点的改变，赋予了作品突出的现实意义和鲜明的时代色彩。他之所以这样做，正如他1796年12月5日致好友迈耶的信中所说，是“试图把一个德国小城生活里纯人性的东西，放进史诗的坩埚里使其与矿渣分离，同时从一面镜子里反映出世界舞台上的剧烈动荡和巨大转变”。

歌德以史诗的格式写成的“现代牧歌”《赫尔曼与多罗特亚》确实做到了这点。它让我们以小见大，体察到了法国大革命时代一个德国小城的社会风情；只不过，作者对革命引起的动荡和变更的态度和立场，却显然是消极的。他之所以尽情描绘小城环境的宁静优美，小市民家庭生活的和睦温馨，都是为了反衬出革命所引起的动乱的可恶、所造成的流亡的不幸。在史诗的第六歌中，更通过一位老村长之口，直接道出了歌德对革命的失望和反感。

歌德这一常为人们诟病的对法国大革命的消极态度，在《赫尔曼与多罗特亚》里反映得还算比较含蓄，更直接和明显的反映是在稍早完成的剧本《市民将军》《激动的人们》以及《威尼斯警句》的一些诗句里。例如他曾写道：

> 法兰西的不幸大人先生是该好好思考，
> 然而更应该考虑的还是小民百姓：
> 大人物完蛋了，谁保护民众不遭
> 民众压迫？须知民众已成民众的暴君。

这段警句以及上述作品中表现的对于革命的恐惧情绪，在与歌德同时代的德国知识分子中相当普遍。就歌德而言，可以说是他在德国的鄙陋环境中、在魏玛宫廷的狭隘圈子里所染上的庸俗气的反映。

可是，尽管思想内容有缺点，却并未影响和削弱《赫尔曼与多罗特亚》在艺术上的成功，并未妨碍它成为一部杰作。歌德的这部史诗受到了包括史雷格尔兄弟、威廉·洪堡以及马克思主义的文艺理论家弗朗茨·梅林在内许多杰出人物的推崇和赞赏。奥古斯特·威廉·史雷格尔说它“是一部以大手笔写成的完美艺术品……一部充满着宝贵的智慧和德行的杰作”。弗朗茨·梅林则称赞它虽篇幅不大，却“出类拔萃，有着《荷马史诗》似的质朴简洁，比那种一味追求猎奇冒险的浪漫主义实在高明得多!”

《列那狐》的故事取自一些几百年来流传在欧洲，特别是荷兰和法国的民间史诗或者叙事诗。这些诗的内容大同小异，其主人公都是一只极端狡猾的狐狸，而狐狸的对手则是一些同它一样在狮子大王统治下的动物，诸如狼、熊、猫、兔、乌鸦等，所以也就叫动物史诗（Tierepos)。经过辗转翻译，一部原文为法语的《列那狐传奇》终于在1752年有了比较权威的高地德语（相当于标准德语）散文译本，译者乃是当时负有盛名的文学家哥特舍特（J. Ch. Gottsched，1700—1766)。四十年后的1793年，歌德就以此散文本为依据，完成了这部他自称“介乎于翻译和改写之间”的史诗体《列那狐》。

和《赫尔曼与多罗特亚》一样，《列那狐》同样采用的是扬抑抑格的六步体，既基本上保留了民间史诗的格律和韵致，又注意适应德国现代读者的欣赏需要而避免泥古，因此读起来十分地清新自然、抑扬顿挫、朗朗上口。

故事情节完全没有改动，矛盾冲突仍旧围绕着狐狸的被控告、遭审判，以及它一次一次地替自己巧言辩解、化险为夷展开、激化和走向高潮。这个狡猾的坏蛋成功地利用狮子大王的昏庸和贪婪，不但战胜了愚蠢的对手，而且最后平步青云，当上了狮王朝中的宰相。在把这则于人类社会司空见惯的故事娓娓道来的过程中，一个个角色的形象和个性都被刻画得惟妙惟肖、鲜明生动、令人叫绝。

由于上述的这些优点，歌德的《列那狐》便在德语国家和地区广为流传，几乎完全取代了同一故事的其他版本。

不言而喻，跟世界文学史上所有以动物为主人公的杰作一样，歌德的这部长篇叙事诗也绝非游戏之作，而是富有深刻的寓意，有着永远的文学价值、现实意义和讽喻作用。而且，这样的意义和作用似乎并不限于对歌德时代那个封建落后的德国，也不限于对一小撮的反动统治者，而是也可以用来观察今天的人情世态和社会现象，发现在当今之世乃至我们的周围，仍然活动着一些个狐狸、狼、熊和狮子。要知道，歌德通过《列那狐》这部作品，所暴露和嘲讽的乃是人类身上的某些世代相传的劣根性，某些永远难以更易的弱点。从这个意义上讲，它比起《赫尔曼与多罗特亚》来更可以称作“一面镜子”，无怪乎歌德自己要视其为一部“非神圣的世俗的圣经”，对它异常珍爱，虽然它只是他的“翻译和改作”而非原创。

综上所述，作为歌德一种特定体裁的代表作，《赫尔曼与多罗特亚》和《列那狐》这两部史诗都各有自身的特点、优点和价值。它们不只帮助读者认识一种在世界文学史，特别是欧洲文学史上曾经地位显赫的体裁，而且让读者体验一个特定时代的社会风情，甚而也更好地认识包括我们在内的人类自身。

《威廉·迈斯特的学习时代》：逃避庸俗

一、 迈斯特与浮士德——一对“孪生兄弟”

在歌德数量巨大的文学创作中，《浮士德》被公认为最重要的一部作品。紧接着应该提到的恐怕就是两部以威廉·迈斯特为主人公的长篇小说了，虽然它们远远不像一些抒情诗和小说《少年维特的烦恼》那样广为流传，那样脍炙人口。事实上，《威廉·迈斯特的学习时代》（以下简称《学习时代》）和《威廉·迈斯特的漫游时代》（以下简称《漫游时代》）这两部小说，许多方面都近似于诗剧《浮士德》，从一定意义上讲，它们与《浮士德》真像是一个母体同时孕育出来的孪生兄弟。

《漫游时代》留待以后再议，这儿只谈《学习时代》。

1777 年 2 月 16 日，歌德在日记里提到“口授《威廉·迈斯特》”，就表明当时已开始了《学习时代》的前身或者说初稿《威廉·迈斯特的戏剧使命》的写作。分为六部的初稿，后来修改成了1796年正式出版的《学习时代》的前四部。这部小说从1777年创作到1796年完成，整整经历了二十年之久！如果一直算到《漫游时代》完成的1829年，这两部小说的创作延续了五十余年，和《浮士德》差不多了，也可以说是凝聚着歌德毕生心血的作品。

然而，拿小说《威廉·迈斯特》与诗剧《浮士德》相比，并非仅仅因为它们篇幅的大小、创作时间的长短，以及在歌德文学创作中的地位等，都相近似；更加重要的是，它们的思想内涵同样异常丰富，而且几乎完全一致：都探讨的是人生的价值和目的，以及如何实现自我价值、达到人生目的这些对人来说至关重要的问题。威廉·迈斯特可以说也是一个浮士德，只不过他活动的范围仅限于18世纪末的现实德国，而不像浮士德似的上天入地，体验了不同时代和不同国度的人生。

再者，这两部杰作虽然思想内涵近似，但所采用的体裁、手法和格调迥然不同，取得的结果和产生的影响也不一样，这值得研究者注意。

与《浮士德》一样，《威廉·迈斯特的学习时代》的创作过程，也有当时与歌德齐名的另一位德国大文豪席勒的参与，也凝聚着歌德的这位伟大朋友的心血。从两位大诗人定交的1794年起，到小说完成的1796年年底，也就是在最后长达三年的修改、加工、补充和定稿的关键时期，他们就其情节、结构、人物等曾通信四五十封之多。是席勒第一个读到了小说手稿。在仔细读过以后，他便主动写信给歌德，在信中不但给予热情的赞扬和鼓励，而且指出了存在的问题，提出了修改意见，其积极、认真的程度真不亚于对待自己的创作。特别是 1796 年 7 月的四五封信，每封都长逾千言，对小说更是作了细致入微的分析评价，至今仍被视为有关歌德这部杰作的最重要论述。

除了席勒，《学习时代》还受到了与歌德同时代的其他许多作家的关注，其中，德国浪漫派的主要理论家弗里德利希·史勒格尔更是给予了详尽的论述和充分的好评。史勒格尔的这篇评论，本身也成为德国文学理论批评的经典。《威廉·迈斯特的学习时代》更被公认为德语“教育小说”的楷模，不仅对整个浪漫派直至 20 世纪的霍夫曼斯塔尔和赫尔曼·黑塞等众多的作家都产生了影响，而且使教育小说成为德国文学的传统样式。在论及《学习时代》的成就时，当代著名的歌德研究家特龙茨说，它“始终是歌德在德语长篇小说发展史上的一个特殊贡献”。①

席勒等友好的鼓励、帮助，是《学习时代》完成和取得成功的重要外因。但是，最终使它从“戏剧小说”扩展、提高为“教育小说”，主要还是作者歌德自己阅历的增长、思想的提高、艺术的成熟等内因。

歌德开始写《威廉·迈斯特的戏剧使命》时才二十七岁，刚刚到魏玛不久。而在其后的近二十年里，他在魏玛做大臣和枢密顾问，长期周旋于贵族社会之中，不仅投身小公国的日常政务管理，也力图帮助年轻的卡尔·奥古斯特公爵推行一些社会改良政策。1786 年秋，歌德旅居意大利，在这个南方的文明古国一住一年多，对迷娘所歌唱和向往的这个神奇的地方有了实际而深切的体验，并收集了不少文物、艺术品和自然标本。1891 年后，他则专心做魏玛剧院的

① 参见 Goethe Werke，Hamburger Ausgabe，Band. 7，S. 706。

总监，但并非一般地指导或者挂名，而是亲自参与了剧院的建设、管理和演出活动，不仅挑选和编写剧本，选聘和培训演员，有时还登台扮演角色。在他的指导下，魏玛剧院排演过莎士比亚的三个剧本，其中最重要就是《哈姆雷特》。所有这些经历，都自自然然地融合进了小说的情节中，不仅丰富和加深了思想内涵，也使书中的人物、事件、场景变得更加鲜活和典型。

二、 富有德国特色的时代产物

《威廉·迈斯特的学习时代》以传统的讲故事方式展开情节，但却是一部富有德国特色和时代特征的 Bildungsroman 或者 Entwicklungsroman，译成中文可称作“教育小说”，或者“修养小说”，或者“发展小说”。顾名思义，这种小说写的是一个人受教育后由幼稚到成熟的成长过程。当然，这儿所指的受教育是广义的，并非只意味着在学校里念书，更多地还是指增加生活的阅历，经受生活的磨炼，最后完成学习和修养。至于学习和修养的结果，却因各人的内在天赋和外在环境的不同而不同；只是也终将像浮士德似的通过种种的迷误而走上正途，认识并且实现人生和自我的价值。

说这教育小说富有德国特色，是因为在 17 世纪的德国文学中，即已产生像格里美豪森的《痴儿西木传》这样典型的杰作。其后两三百年，同类的小说在德国层出不穷、长盛不衰，其数量之大、时间之长，为同样产生了许多长篇小说佳作的英、法、俄等国所没有。歌德的《威廉·迈斯特的学习时代》被奉为德国“教育小说”最重要的经典。

还有两部以威廉·迈斯特为主人公的小说，也打上了 17、18 世纪的德国烙印。其时德国处于资本主义萌芽时期，手工业十分发达，手工业行会在社会生活中影响巨大。通常一个手工业者的发展分为三个阶段：第一，跟着师傅学徒的阶段；第二，满师后外出漫游积累经验的阶段；第三，自行开业和当师傅教授徒弟的阶段。歌德原计划要写三部长篇，相应的题名就该是《学习时代》或曰《学徒时代》、《漫游时代》和《为师时代》。除了题名，小说的内容也反映出德国手工业行会对社会生活的巨大影响，具体的例子就是兄弟会内部的那些规章和仪式（见第七集第九章和第八集第五章）。

《威廉·迈斯特的学习时代》的故事大致发生在1770年至1780年的十年间。其时欧洲和德国已相继经历了文艺复兴、宗教改革和启蒙运动，进入了一个较之中世纪而言完全崭新的时代。

在中世纪，神和神代表的宗教统治着一切，人和人性受到严格的限制、束缚。一方面，人处于被动、消极和蒙昧的状态，在精神上完全是神的奴隶；另一方面，人又可以心安理得地接受神的荫庇和指引，像牧人怀中的羔羊似的懵懵懂懂、无忧无虑。因为世界似乎完全已经由神安排定了，是非善恶也自有神来裁决赏罚，人只须听天由命就是。

到了新时代，随着人的解放，理性的觉醒，摆在人面前的问题就是如何认识自己，认识自己与自己生活其中的世界的关系，以及人的价值和人生的意义，等等。要解决这些问题，人不能再像中世纪的学者那样去求神，去钻研和诠释《圣经》，而必须依靠自身，必须增长自己的聪明才智、丰富自己的知识阅历、锻炼自己的性格品质。为此，就有了受教育和提高修养的要求。为认识自己和世界而接受教育，而勇于实践、不懈探索，这可以说是新时代的要求，也是新时代人的一个主要特征。小说的主人公威廉和浮士德一样，都是这种新时代人的典型。从这个意义上讲，以《威廉·迈斯特的学习时代》为代表的德国教育小说，堪称新时代必然产物，自然带着浓重的时代特色。须知，启蒙运动中的所谓启蒙，不就是教育的同义词吗？只不过，在包括德国的莱辛、歌德、席勒在内的新时代的思想家看来，启蒙和教育的对象自然不仅仅是个体的人，而且是广大民众，是整个民族，甚至整个人类。

较之表现于体裁样式的民族特色，这部小说的时代特色或曰时代性更具本质意义。时代性不仅贯穿于全书之中，无时无处不有所表现，而且也是我们理清这部小说曲折繁复的故事情节，深入其丰富深刻的思想内涵的路标和线索。

三、“他外出寻找父亲走丢的驴子，结果却得到一个王国”

为达到教育广大民众的目的，须要通过怎样的途径？使用什么样的手段？

在考虑这个问题时，莱辛、歌德、席勒等启蒙思想家都曾寄希望于文艺，都曾希望通过发挥文艺的审美教育作用来纯洁人性，改良社会——这与我们五四时期提倡“文学革命”，一些怀有济世救国抱负的先辈投身文艺事业的情况颇有些类似。

一开始，和莱辛、席勒一样，歌德也特别重视在欧洲自古以来就最为大众化、在当时也最易影响民众的文艺形式——戏剧。戏剧被视为一种有效的教育手段，剧场成了教育民众的学校。正因此，《学习时代》的前身名为《威廉·迈斯特的戏剧使命》，内容仅限于主人公献身舞台的经历、见闻和心得，只是一部所谓的“戏剧小说”，即古今中外都为数不少的以演员生涯为题材的小说。

莱辛、席勒等启蒙思想家重视文艺特别是戏剧的教育作用，应该说是用心良苦而富有见地，但是把戏剧或者文艺当作教育民众和改良社会的主要手段，实践证明却有失偏颇，没法真正取得成功。也许正是基于这样的经验和认识，歌德就在小说的后半部分，让主人公怀着失望的心情离开舞台，走向了更加广阔的生活。于是，他便结识罗塔里奥男爵及其身边的一批以改良社会为己任的有志之士，了解了他们所组织的塔楼兄弟会的秘密，接受了该会中被称作“教士”的思想家的开导，最后如愿以偿地与罗塔里奥的妹妹娜塔莉亚 —— 一位精神和性格都美好、和谐的杰出女性结为夫妇，圆满地完成了自己的“学业”，度过了自己的“学习时代”。

概括起来，威廉的学习大致经过了两个阶段，即从事戏剧艺术的阶段和投身社会实践的阶段。在前一阶段，他受教育的场所主要是剧场，给他教育的主要是周围的艺人和观众；在后一阶段，他受教育的场所主要是塔楼兄弟会，给他教育的主要是开明贵族罗塔里奥及其周围的男男女女。塔楼兄弟会这个组织，尽管沿用了手工匠人行帮的一些陈规旧习，明显地带着神秘、诡异的封建色彩，但宗旨却富有新时代的精神，从事的也是教育民众、改良社会的事业，如罗塔里奥计划减轻自己佃户的负担，赴美洲建立带有“理想国”性质的居住区等，虽属不能真正实现社会公正的空想，但仍不无一定的进步意义。类似塔楼兄弟会的秘密组织，18、19 世纪在德国和欧洲颇有不少，例如歌德本人和贝多芬等也曾是公济会的会员。

年轻的主人公失望而懊恼地告别了演艺生涯，因为他觉得自己缺少真正的戏剧天才却执意献身戏剧事业，不仅辜负了想使他成为商人、继承家业的父亲的期望，也浪费了自己几年的宝贵时间、精力和感情，结果遭受了一系列的挫折和失败。但是，当他在去罗塔里奥的庄园的路上不期然重逢曾同舟游览的“乡村牧师”，向他流露出了自己对往昔的上述失望和追悔情绪，认为“那段时间我觉得看见的只是一片无边的空虚空白，从中什么也没给我留下”时，实际上一直在暗地里关心和引导着他的这位塔楼兄弟会成员却说：

> 这您就错了；我们的任何经历都会留下痕迹，都会无形地对我们的修养起作用。只不过回顾总结它们，是件危险的事情。我们会因此要么自满懈怠，要么垂头丧气，结果一样会对将来产生不利影响。最可靠的是只做眼前该做的事情。（见第七集第一章）

从塔楼兄弟会这位被称作“教士”的智者开导威廉的这段话，可以引出该会的教育理论和人生哲学，也就是这部小说总的主题思想：在人生旅途上的所有遭遇和经历，不管是成功或者失败，欢乐或者痛苦，无不对人的修养和成长发生影响和作用；在人与社会接触的过程中，特别是人与人之间发生的种种关系，正面的如亲情、友情、爱情也好，反面的如敌视、倾轧、欺骗也好，也通通都是能促使人成长、成熟的因素，都能帮助人认识自身、认识他人、认识世界，关键就在于人有无能力对所经历的一切深刻地体验、正确地理解和接受。

根据这种教育理论，塔楼兄弟会虽重视人的教育，并为此给自己所关心和暗中引导的受教育者一个个立了形似羊皮古卷的档案，但却不赞成他们回避挫折、失败和迷误，相反倒主张勇敢地投身实践，过一种积极有为的生活。这显然与中世纪的经院教育理论完全背道而驰，是一种带有新时代气息的新的教育思想。和浮士德的精神思想一样，这种教育主张的世界观和人生观基础，都是体现了新兴资产阶级追求的有为哲学。罗塔里奥和雅诺、“教士”等志同道合者，都对自己的主张身体力行，成为积极有为的新人的代表。

主人公威廉·迈斯特出身富商家庭，禀性善良、正直，自幼便怀着要提高和完善自身的强烈的受教育愿望。小说一开始，他奉父亲之命外出收账却一去不归，先参加筹建一个流浪戏班，后成为一家城市剧院的演员和导演，希望满足自己自幼对戏剧艺术的爱好，实现自己振兴德国民族戏剧的抱负，同时也过一种自由的生活，结果经历了事业和感情上的无数周折和失败。离开舞台后他进入了高雅的贵族圈子，结识一批怀有济世救人理想的有志之士，参加了以改良社会为己任的秘密团体塔楼兄弟会，终于走上做一个积极有为的人的正路，彻底丢掉了身上的庸俗市民气，完全变成了一个新人。小说结尾时，有人对威廉说了一段话：

> 您不必为过去的事情不好意思，就像人用不着为自己的出身羞愧一样。其实那些时候也并不坏。我现在看见您忍不住好笑：您让我觉得就像基士的儿子扫罗，他外出寻找父亲走丢的驴子，结果却得到一个王国。

这段包含着一则《圣经》典故的话，被不少学者看作是对主人公整个学习时代的总结，虽然具体说的只是他爱情的圆满成功。

学者们的这一说法不无见地，但似乎还空泛了一些，窃以为不妨把《学习时代》的整个内容归纳为四个字：逃避庸俗。

逃避庸俗，摆脱自己商人家庭的无聊市民生活，既是威廉登上舞台、长期在外浪荡漂泊的初衷，也是他进入贵族圈子、参加秘密会社的动机。逃避庸俗，是脱离了蒙昧状态的新人进一步自我完善的要求。逃避庸俗的结果，使威廉认识了社会、人生，经受了磨炼，完成了“学业”。尽管演员生涯的自由、贵族社会的高雅、塔楼兄弟会的积极有为，都是与商贾的孜孜为利、庸俗狭隘相对而言，各自都难免有很大的局限；但是，经过了它们的熏陶、洗礼，年轻的主人公确实洗心革面，成为高尚的人。也就难怪，在小说的最后一集，威廉青年时代的好友和妹夫威尔纳在与他重逢时大发感慨，说他“已完全变成了另一个人”。这一对出身和生长环境完全相同的青年，由于分道扬镳，迷恋经商的威尔纳变得越来越庸俗、越来越浑身铜臭味，与逃脱了庸俗、提高了修养、完善了自我的威廉，恰成鲜明对照。

四、 舞台人生　人生舞台

与歌德的其他著名小说如《少年维特的烦恼》和《亲和力》相比，《威廉·迈斯特的学习时代》内容要丰富得多，所反映的社会生活面要广阔得多，人物也更加多姿多彩，可以说是一部真正意义上的长篇小说，即所谓 Roman。不少研究者和评论家都对此加以肯定和强调，认为其乃是这部作品的成功和杰出之处。

的确，小说内容涉及现实生活的方方面面，可谓社会、经济、宗教、艺术、道德伦理无所不包，这儿只谈演员生涯和戏剧艺术一个方面。因为，小说主人公投身戏剧事业除了想摆脱经商的庸俗小市民的生活，还如莱辛一样抱着革新德国戏剧艺术、建立德国民族剧院的理想，所以他对德国戏剧的现状作了长期、全面的了解、体验和思考，尽管最后理想完全破灭。有关这方面的内容不仅所占比重很大，而且也写得格外精彩，极富寓意，即使单独抽出来作为一部“戏剧小说”，也不愧为一部杰作。

古今中外，以演员生涯为题材的文艺作品多不胜计，因为小小的舞台本身即是世界的缩影，大千世界又不过是一座人生舞台；演员和艺人大多四海为家、走南闯北，剧场又与社会保持着千丝万缕的联系。舞台人生与人生舞台常常相互映照、密不可分，写演员生涯因此成了反映社会现实的一条捷径。在小说的第七章第二节，塔楼兄弟会的成员雅诺将世态人情与演员生活对比的一席话，可谓富于睿智、入木三分。

但是，古往今来“戏剧小说”尽管多得不胜枚举，在内涵丰富深邃、人物多彩多姿、情节曲折生动和影响深远持久方面，却鲜有可以与《学习时代》比拟者。特龙茨讲：“在世界文学史上从未有过如此成功地描写艺术体验的作品。”①

小说的前五集，也即以《戏剧使命》为基础加工修改成功的部分，更是系统、完整地写了戏剧艺术的方方面面，堪称是一部反映德国当时戏剧生活的形象直观、色彩斑斓的百科全书。诸如儿童木偶戏的排演、节日民众戏剧演出、杂耍班的广场献艺、业余戏剧活动和宗教戏剧表演，还有流动戏班、宫廷剧团和城市剧院不同风格的演出，还有即兴表演、对台词和彩排的情况，还有剧院经理、导演、演员和提词员的工作，以及音乐伴奏、舞台布景等具体而细微的问题，书中都有细致专业的描述。尤其是关于莎翁名剧《哈姆雷特》的排演，关于剧中主人公的性格、心理和行为的把握，早年曾狂热崇拜莎士比亚的歌德更借威廉之口，发表了异乎寻常地独到、

① 参见 Goethe Werke，Hanburger Ausgabe，Band. 7，S. 697。

系统、详尽和深刻的见解。小说与此有关的第四集第十二、十五章和第五集第四、五、九、十一章，完全称得上是一篇精彩的“《哈姆雷特》论”。此外，剧院经理赛罗那段论戏剧与长篇小说之异同的谈话，也不无价值和意义（见第五集第七章）。

除了戏剧艺术，书中关于绘画、建筑、音乐等的描写和议论也不少（如在第八集第七章的结尾），就不再一一列举和详述。

《学习时代》这部教育小说尽管内涵丰富、深刻，对艺术问题的探讨深入、细致、详尽，读起来却并不枯燥、乏味，不，相反倒十分引人入胜；这在以思想深邃见长的德语长篇小说中，可以讲颇为少见。之所以如此，是因为歌德这部作品非常讲究艺术性，是因为深刻的思想往往直接而自然地融入了生动的故事情节中。

在歌德的所有小说里，《学习时代》的结构是少有地严谨，情节是格外地生动、曲折、起伏跌宕，而且悬念一个接着一个，隐约的伏线和神秘的暗示也很多，如迷娘和竖琴老人的蹊跷的行径和身世，演出《哈姆雷特》时自动前来救场的鬼魂和他留给威廉的警告，还有当晚来到威廉床榻上的不速之客等，都叫人一直要读到全书结束，才茅塞顿开、豁然开朗。歌德为了将复杂的故事情节编织得错落有致、耐人寻味，真是费了不少的心思。

还有一个小说的情节结构别具匠心的例子：书中第六集《一颗美好心灵的自白》写了一个虔诚、善良的女性的一生，本身可以讲是个独立的、自成一体的中篇小说，乍看起来似乎节外生枝，实际上仍紧紧地扣着人的教育、修养、成长这个全书的主题。只不过，该女主人公为完成自我修养走的是另一条完全不同的途径，即信仰宗教和回归内心，离群索居地进行内省罢了。但正因此，它与威廉热心从事艺术、积极投身社会改良的实践，形成了鲜明、强烈的对照，起到了丰富和加深中心思想的作用。还不只此，这一集中提到过的一些看似无足轻重的人物，在小说的其他部分，特别是后面两章中，还出乎我们意料地占据了显赫地位，发挥了至关重要的作用。

比起结构和情节的安排来，小说在塑造人物方面的成就更加令人赞叹。活动在年轻的威廉周围并从正面反面给了他教育的人，真可谓男女老少、三教九流，应有尽有，其数量之多，性格、形象之鲜明，在歌德的所有作品中唯有《浮士德》可比。不同的是，他们绝大部分都出自现实生活，因此血肉丰满，显得超常和带有神秘色彩的唯有迷娘和竖琴老人。而恰恰是这两个与主人公关系密切的人，他们奇异的性格和遭遇，又赋予了这部基调为现实主义的小说以浪漫色彩。

以职业和等级分，《学习时代》的人物主要有商贾、艺人和贵族三类；而在每一类中间，他们又形形色色，各具鲜明的个性。甚至同样身份、同样职司的人也无一雷同，因此往往起到了相互对照和彼此衬托的作用。例如威廉与他青年时代的好友和妹夫威尔纳，虽都出身商贾之家，走的却是完全不同的人生道路，一个越来越情操高尚、抱负远大，积极投身改良社会的事业；一个却越来越庸俗、市侩和唯利是图。同为剧团经理的梅利纳与赛罗，也个性和作风迥异，一个猥琐卑劣，与其说是从艺不如说是做买卖；一个放浪形骸，艺人的习气分外浓重。至于为数更加众多的男女演员，还有同为贵族的罗塔里奥及其糊涂迷信的伯爵妹夫和玩世不恭的弟弟等，也是一人一个模样，叫读者过目难忘。

小说中尤以女性的形象最为光彩夺目，作者歌德似乎对她们怀有偏爱，在塑造她们时注入了特殊的、浓重的感情。拿与主人公先后有过感情纠葛的玛莉雅娜、菲莉涅、特蕾萨和娜塔莉亚来讲，她们要么善良、忠贞，要么乐天、聪明，要么干练、理智，要么气质高雅、心性高卓，没有一个身上不有许多可爱之处。就连她们中最受非议的女演员菲莉涅，虽然性格轻浮，却绝不势利庸俗，相反倒极其慷慨大度，富于正义感。可以认为，在德语文学的人物画廊中，菲莉涅是个独具特色的典型。出身与地位低下的她与贵族出身的特蕾萨和娜塔莉亚一样，做人行事都独立不羁，迥异于其他一些作男性附庸、受制于男性的传统女性。因此可以讲，她们也是新时代的新人，新时代的新女性。其中特别是娜塔莉亚，在主人公威廉和作者歌德的眼中一直是一位 Amazone，即女中豪杰，精神、气质不只胜过一般男性，简直被威廉当作了典范和偶像。也许正因为如此，她更多地是一个理想的、神圣的象征，而不如菲莉涅现实和有血有肉。

《学习时代》尽管人物为数众多，我们可以分为感性的和理性的两大类，前者多为小说上半部所写的菲莉涅这样的艺人，后者多为塔楼兄弟会周围的人物如雅诺和“教士”等。当然，理想的人最好是具备两者的优点，摒弃他们的缺点，但要做到又谈何容易？所以，在小说中，似乎并没有一个真正理想的人物，即使罗塔里奥和威廉，也仍需在实践中继续受教育和学习成长。

在感性的人物中，迷娘和竖琴老人可谓走到了极端。特别是迷娘，她跟维特和《亲和力》的主人公爱德华一样过分地强调了感情，也认为：“理性是残酷的，心更好。”（第七集第八章）。她老是唱着心灵之歌，死于无节制的相思和渴慕。她的世界神秘、悲凉但却极富诗意。而竖琴老人则让我们想起古希腊的命运悲剧。

迷娘和竖琴老人，在歌德的经历中未必有生活的原型，多半是作者的艺术虚构，只存在于作者的幻想中。其中的迷娘只是反映了歌德本身的渴慕与向往；向往的对象具体地解释可以是欧洲文化的主要发祥地意大利，但是恐怕又不只是意大利。竖琴老人呢，则可以说反映了歌德对人类命运的思考和迷惑，就像《浮士德》《亲和力》等作品一样。这两个尽管只是出自幻想的人物，却以自己曲折离奇的故事和优美凄清的歌曲，给整个作品增加了不少神秘色彩和浓郁诗意。这些歌曲凭着本身的魅力，广为流传，成为歌德抒情诗里的精品、世界诗歌宝库中的明珠。关于这两个人物，冯至老师在1943年的一篇文章里写道：

> 在全书里，歌德还以另样优美的心情，穿插一个美妙而奇异的故事，那个迷娘和竖琴老人的故事。有几个《学习时代》的读者不被迷娘的形象所吸引，不被竖琴老人的命运所感动呢？他们的出现那样迷离，他们的死亡那样奇兀，歌德怀着无限的爱与最深的悲哀写出这两个人物，并且让他们唱出那样感人的歌曲。仅仅这两个人物的故事，已经可以成为世界文学中的上品，但它在这里只是一个插曲……①

书中的一个“插曲”已足以成为“世界文学中的上品”，整部小说的巨大价值更不待言了。有人惊叹于《学习时代》内容和形式的丰富、宏大、深邃、严谨，便很恰当地把它比作一部交响乐。

但是，正像一场著名交响乐的流传、接受往往赶不上一首小夜曲，这部杰作直至目前在我国的影响不只无法与歌德的其他名著如

① 见《冯至学术精华录》，北京师范学院出版社，1988年，第382—363页。

《少年维特的烦恼》《浮士德》同日而语，甚至也远远赶不上小说中插入的诗歌如《迷娘曲》等。可是尽管如此，这部作品在 20 世纪二三十年代通过片段的翻译，已对我国的文学和政治生活产生过影响，其例证就是抗日战争中从国内一直演到国外的街头剧《放下你的鞭子》。①

十年前的 1988 年，业师冯至教授和夫人姚可昆老师终于推出了《学习时代》开笔于抗日战争时期的全译本，弥补了我国歌德介绍的一个重要空白。就像我的学术事业得到了冯至老师的巨大促进和奖掖，使我终生受惠、永志不忘，我在研读和重译此书的过程中，也不时地参考老师的译本，同样获益良多。

① 参见拙作《歌德与中国》，北京三联书店，1991 年，第 146 页。

《亲和力》——“含义无穷的艺术杰作”

1774年，年仅二十五岁的歌德以小说《少年维特的烦恼》震动了德国乃至整个欧洲文坛。事过三十五载，在年满六十进入老境的时候，歌德又出版了长篇小说《亲和力》（1809），再一次于德国读者和评论界中掀起了轩然大波。也可以说，在歌德生前，《亲和力》所受到的注意和引起的争论，超过了除《少年维特的烦恼》以外的其他所有作品。小说问世的次年，一位友人写信给歌德说：“我从来没有听人谈起什么像谈您这部小说一样地感情激动，一样地恐惧不安，一样地愚蠢荒谬。书店门前也从来没有过这么热闹拥挤，那情形简直就跟灾荒年间的面包铺一样……”①

一方面，《亲和力》获得了一些富有鉴别力和洞察力的作家和评论家的高度赞赏。卡·威·弗·左尔格说，“这是一部含义无穷的艺

① 见《歌德选集》德文汉堡版，第6卷第690页。

术杰作”；威廉·格林认为，“它只有歌德才能写出来”；福凯则断定，“这样的杰作，我认为，年迈的大师还从来没有写过。艺术如此精湛、深刻，感情如此热烈、真挚，信仰如此神圣、宁静！我现在比以往任何时候都更加倾心于他”①。

可是，另一方面，《亲和力》这部书却为当时的多数读者所不理解，一些个卫道士甚至骂它是“一部不道德的书”，“有伤风化”，而它的作者歌德，也就被斥之为“异教徒”，因为据说他在书里竟然为违犯基督教“十诫”第六诫的人作辩护。②

相传在一次社交聚会中，一位夫人告诉歌德，她认为《亲和力》这本小说是极不道德的。歌德听罢沉默良久，然后才冷冷地问答：“很遗憾，它却是我最好的作品。”③

时至今日，人们对《亲和力》的评价虽然都已趋于肯定，但是，具体谈到它的主题和思想内涵，仍旧众说纷纭，莫衷一是。就题材和主题思想而言，《亲和力》可以讲与《少年维特的烦恼》确有相似之处；但是老年的歌德毕竟不同于青年歌德，《亲和力》的思想内涵事实上要深沉得多。

歌德在晚年曾经说，他的所有作品“仅只是一部巨大的自白的一个个片段”。《亲和力》也不例外，同样反映了他一个特定时期的生活经历和思想情感。

1807 年 12 月，歌德在老友耶拿出版商弗洛曼家中做客。弗洛曼有一个养女名叫米娜·赫尔茨丽卜。她年方十六岁，总是穿着一身洁白的连衣裙，娇嫩白皙的脸上长着一双顾盼撩人的黑色大眼睛，

---

① 见《歌德选集》德文汉堡版，第 6 卷，第 652、660、661 页。

② 第六诫的内容为“不可奸淫”。

③ 见 *Zeit —Bibliothek der* 100 *Buecher*，Suhrkamp 出版社，1980 年，第 153 页。

眼神中总是含着忧郁、智慧和幻想，后脑勺上盘着乌黑的发辫，整个人看上去就像初绽的花蕾一般美丽。在冬日的寂寥中，歌德和随后到来的一位当时算是才华横溢的青年诗人察哈里阿斯·维尔纳尔比赛写诗，可爱的少女米娜自然成了他们崇拜和讴歌的对象。在两个礼拜里，歌德颇为她写了些自己本不喜欢写的十四行诗，不知不觉间，他已忘记这不过是逢场作戏，而真的爱上了米娜。这是歌德二十多年来又一次产生了强烈的爱欲，内心激动不已，似乎恢复了青春。然而，这却是一次无望的爱情，只能给他带来痛苦：歌德已经五十八岁，与姑娘的年龄太过悬殊，而且，他和克里斯蒂娜于1788年开始同居，第二年便生下儿子奥古斯特，在来耶拿之前不久刚好才和妻子正式举行了婚礼。没有别的办法，歌德只能努力克制自己勃发的情感，强忍着痛苦，像以往多次从自己的爱人身边逃走一样，未经告辞便离开了弗洛曼家。

《亲和力》就是在这短暂的冬日爱火中产生的。它的篇幅是《少年维特的烦恼》的两倍多，但第一稿仅用七周便完成了。可以想象，五十九岁的歌德仍和二十五岁的歌德一样，是在按捺不住的狂热状态和创作冲动中写成了《亲和力》。

不过，尽管如此，这部小说并非他与米娜那段短短恋情的直接和简单的记载。在弗洛曼家的经历和感受，只提供了契机和刺激，迫使歌德去思考他曾经为之长期苦恼的一些问题。诚如同时代的著名作家亨利·胡斯所说："在这部书中，歌德把自己丰富的阅历和对人生的观察思考全都写了下来。"①

为了证明这个论断，只需举出一个最明显的事实，那就是小说

① 见《歌德选集》德文汉堡版，第6卷，第661页。

的四位主人公全都在现实生活中有着自己的原型：美丽、善良、谦逊、乐于助人的奥蒂莉十分像歌德热爱的米娜· 赫尔茨丽卜；聪明、冷漠、有决断力而人到中年仍丰韵犹存的夏绿蒂，也酷肖魏玛宫中那位既给了歌德爱和鼓舞，又长期在精神上折磨他的封 · 施泰因夫人——她的名字并非巧合也叫夏绿蒂；至于爱德华和奥托上尉，他们两人身上同样都具有作者本人的某些特征，只不过前者热情奔放，主要像创作《少年维特的烦恼》时的青年歌德，后者富于理智，更似写《亲和力》时的老年歌德罢了。

《亲和力》这部小说篇幅不算长，情节也说不上复杂，歌德原本只计划写一个中篇，嵌进他已着手创作的长篇小说《威廉 · 迈斯特的漫游时代》中去。

故事讲的是一对情侣 —— 爱德华与夏绿蒂历尽波折，到了中年终成眷属。婚后，两人在美丽的乡间过着宁静而幸福的生活。一天，丈夫提出是否邀请他俩年轻时的朋友奥托 ——一位刚从军队退职回来尚无工作的上尉，来家协助管理他们巨大的庄园。妻子坚决反对这个提议，理由是夫妻间的和谐幸福往往会由于第三者的介入而遭致破坏。然而她终究拗不过丈夫。上尉来了，结果不出妻子所料，两个男子很快找到共同的爱好和工作，把她给冷在了一边。为了排遣夏绿蒂的寂寞，爱德华又主张将她在寄宿学校念书的侄女奥蒂莉接回来。对此夏绿蒂同样心存忧虑，担心年轻的侄女会爱上老单身汉奥托。殊不知情况并非如此，奥蒂莉回家不久，四个人之间便出现了意想不到的重新组合：年轻、美丽、温柔的奥蒂莉和热情、豪爽、真诚的爱德华相互吸引，情投意合；贤惠、聪明而丰韵犹存的夏绿蒂与干练、稳重而富于理智的奥托上尉彼此爱慕，心心相印。

日子一天天地过去，四人之间的情感变化越加明显。这不仅表现在日常的大小事情上，而且导致了爱德华和夏绿蒂的婚姻破裂：一天夜里，夫妻二人同床异梦，都下意识地把自己怀抱中的对象当成新的意中人，因而获得了极大的欢娱和幸福。第二天早上醒来，面对着初升的朝阳，两人又一样地内疚，觉得自己已犯下奸淫大罪，既背叛了他们之间的神圣婚约，也玷污了他们对各自情人的纯洁感情。至此，再也无法保持表面的平静和缄默，情人之间便相互表白了心迹。不同的只是，夏绿蒂和奥托上尉这一对理智而富有节制；爱德华和奥蒂莉，尤其是爱德华却任凭热情的驱使，以致在庆祝奥蒂莉生日时惹出了事端。这时夫妻俩只好摊牌。结果两个男子都离开了家：奥托上尉找到了另外的差事；爱德华却上了战场，以求一死。

夏绿蒂和奥蒂莉开始过着看似平静、实则孤寂的生活。不久，夏绿蒂发现自己有了身孕——这就是她与爱德华同床异梦那个神秘之夜的结晶。而且更加奇怪和令人骇异的是，孩子生下来了，模样却不像自己生身父母爱德华和夏绿蒂，而像他们各自的意中人奥蒂莉和奥托。这难道是乖戾的大自然在固执地揭露人们的隐私？或者这只是证明了，爱情的神秘力量也即小说中所谓的亲和力，是不可抗拒的呢？

两个女人精心抚养着这奇怪的孩子，奥蒂莉尤其尽心竭力。她把这当成是对自己的情人爱德华应尽的义务，并以此寄托对他的思念。漫长的冬天过去了，爱德华并没有如其希望的那样战死疆场，而是又回到了他蛰居的别庄。他决心重新安排生活，便说服奥托去请求夏绿蒂同意和他离婚，以便四个人都能按心愿重新合法地结合。不巧夏绿蒂不在家，急不可待的爱德华潜回庄园附近却碰上了奥蒂莉，使她情绪十分激动，于回家途中神思恍惚，将孩子掉进湖里淹死了。面对着孩子的尸体，四个人中最冷静的夏绿蒂才省悟到：

有些事情命运固执地作好了安排。理性和道德也好，义务和所有神圣的誓言也好，都休想阻止住它：命运觉得是合理的事情就得发生，尽管在我们看来好像不合理；临了儿它会强行贯彻自己的意志，不管我们怎么反抗都没有用。

基于这样的认识，夏绿蒂同意离婚，然而为时已晚。奥蒂莉深感内疚，一是怪自己破坏了自己心爱的人爱德华和夏绿蒂的婚姻和谐，二是怪自己害死了他们的孩子，因而断然拒绝与爱德华结合。她郁郁终日，瞒着众人不吃不喝，终致衰竭而死。绝望的爱德华不久也离开了人世。两人被合葬在小教堂里。小说在结尾时写道：

而今一对情侣就这么并肩长眠。静穆的气氛笼罩着他俩的安息地，欢乐的天使从穹顶上亲切地俯瞰着他们；而将来，假使他俩一旦双双苏醒转来，那又将是何等美妙动人的一瞬哦。

从以上故事梗概，我们得到的第一个印象很可能是：此乃一部爱情小说。

果真如此吗？不，至少不完全如此。

不错，《亲和力》是写了两对男女之间的感情纠葛。但是，爱情仅仅构成了小说的骨架，在这骨架之上还支撑着丰满的血肉，蕴藏着深邃的精神。也即是说，《亲和力》不像一般爱情小说乃至言情小说那样注重情感的抒写，缠绵悱恻，从而感染读者，引起读者的共鸣；相反，倒是对主人公之间激烈的感情矛盾进行冷静的描写和细致的剖析，引导读者思考。因此，整个小说带着强烈的思辨色彩。

至于说《亲和力》是一部“诲淫之作”，更与事实相悖，纯属肤浅和虚伪的无稽之谈。

虽然，小说的两个主人公是已经以上帝的名义结为合法夫妻，后来又各自爱上了其他人；但是，小说仅仅叙述了，令人信服地叙述了他们在感情上的变化，而没有任何一点点露骨的、庸俗的男女私情的描写。加之四位主要人物都是富有教养、品格高尚而且勇于自我牺牲的人，轻浮、淫荡这样的字眼儿，无论如何也加不到他们身上。其中，尤以奥蒂莉的形象最为可爱：她纯洁、善良、美丽、文静而乐于助人，生前受到众多男子的青睐，死后成了人们心目中的圣女。就连四人中最易受人非议的有妇之夫爱德华，歌德也认为“至少是极其可爱的，因为他无条件地在爱”①。在这里，我们不是又听见了维特和青年歌德的声音么？

所不同的只是，在追求个性解放和反对传统束缚——宗教的、法律的、伦理的束缚的道路上，《亲和力》和老年歌德比《少年维特的烦恼》和青年歌德似乎更前进了一步，远远走在了时代的前面。正因此，卫道士们加给小说“诲淫”的罪名，当时的大多数读者不能理解和接受它，也就一点都不奇怪。在谈到这个情况时，德国现代大戏剧家和无产阶级革命作家布莱希特愤慨地说：“唯其如此，我

① 见《歌德选集》德文汉堡版，第 6 卷，第 641 页。

才高兴。德国人都是些猪猡。”[1]他认为，《亲和力》没有丝毫的小市民气，而同时期的哪怕最成功的德国剧作都打上了小市民的烙印，因此《亲和力》算得上一部“伟大的杰作”，他布莱希特可以为这部杰作“唱一支赞歌”。不只布莱希特，还有本雅明等当代一大批著名理论家，同样给予了《亲和力》崇高评价。

那么，《亲和力》这部小说究竟有何深义，究竟提出了哪些问题来进行探讨，以至引起人们如此重视，并在不同时代的不同论者中得到截然相反的评价呢?

歌德自己在给朋友的不止一封信中指出，他在小说中放进了，不，“藏进了”许许多多的东西；他希望读者反复进行观察，穿过“透明的和不透明的帷幕”，最后窥见其中的真义。[2]他还说过，要真正把握书中的细节安排和人物关系，必须把它认真读上三遍。

我们这样做了，果真发现《亲和力》围绕着四位主人公的感情纠葛，对恋爱、婚姻及其相互关系等重大的人生和社会问题，进行了深入的思考和探讨。除了通过主人公的思想、行为和遭遇，形象而委婉地提出问题和解答问题外，歌德还借其他人物之口，直截了当地让不同的观点针锋相对。例如，关于婚姻的约束力这个问题，小说中那个好心肠干坏事的仲裁人（Mittler）认为，“婚姻是一切文明的起点和顶峰”，因此“必须是牢不可破的”。

反之，小说中的一位伯爵却公然宣称，人都乐意扮演新的角色，“在婚姻关系中，不恰当的也仅仅是要求在这充满变换和动荡的世界上实现绝对的、永久的稳定”，因此认为，“每缔结一次婚姻只应生

---

① 见 *Zeit — Bibliothek der* 100 *Buecher* 第 153 页，“猪猡”一词原文为 Scheissvolk，此处系意译。

② 见《歌德选集》德国汉堡版，第 6 卷，第 638—639 页。

效五年”，五年以后夫妻双方都有权考虑和决定是延长婚约呢，或是各奔东西。这位伯爵所代表的，在当时无疑是一种违反宗教戒条和法律道德准则的惊世骇俗的观点。然而，持这种观点的伯爵，他的一席话不但讲得“得体而又风趣”，在“戏言中包含着深刻的伦理意义”；而且，他还身体力行，未曾离婚就与一位男爵夫人相爱、同居。在小说中，他们是高雅、端庄、快活的一对儿。反之，那位仲裁人却老迈、迂阔、令人讨厌 —— 作者歌德自己显然就十分厌恶这个貌似与人为善的卫道士典型，以致让他在夸夸其谈中无意间断送了一老一少两个人的性命。

这样，通过直接、间接的方式，歌德明确地表示了自己的态度：他显然同情的是爱德华、奥蒂莉和伯爵式的“无条件地爱的人”。上面引的小说结尾的那句话，不只可以视为歌德对于他们的赞颂，而且道出了他希望人们能获得更多的婚姻恋爱自由的理想。因此笔者认为，有的学者所谓“宣扬人在恋爱、婚姻问题上须有所节制，有所放弃和断念，乃是《亲和力》这部小说的主旨”的说法，不符合歌德的创作本意，不符合文本的实际情况。

在歌德时代的德国上层社会，离婚已并非罕见的事，常有朋友以可否离婚的问题去征求歌德的意见，他从无表示反对的时候。《亲和力》一出来，也被某些人简单地看作一部为离婚辩护的书。在现代西方社会，婚姻关系变得如此松散，男女相爱结合更加自由，似乎实现了歌德在《亲和力》里提出的理想，于是不少评论者认定，在歌德的所有作品中，《亲和力》是最富现代意义和超前意识的一部。笔者也认为这种看法不无道理，因为《亲和力》所包含的伦理意识和观念，确实远远超越了产生它的时代。

在这个意义上，《亲和力》堪称是一部伦理小说，但又不仅仅是一部伦理小说。

《亲和力》没有停留在爱情、婚姻、家庭伦理问题的探讨上，而是通过爱情与婚姻时常发生矛盾、婚姻因此不能持久等现象，进一步提出了人性和人生的局限问题，并且企图作出解答。

小说题名作《亲和力》是富有深义的。所谓亲和力，原系瑞典化学家白格曼在1774年创造的一个拉丁文术语（attractiones electivae），译成德文为die Wahlverwandtschaft，意即“选择的亲缘关系”。作为科学术语，它指的是在自然界的不同元素和物质之间，相互吸引和聚合的能力和强度是不同的，当不止两种元素在一起，或于两种原来聚合在一起的元素中又掺入别的元素时，它们之间就会相互进行“选择”，结果总是亲和力更强的聚在一起，亲和力较弱的则自然分开。在我们的小说中，通过主人公之一的奥托上尉之口，对这个化学术语作了十分明白的解释。歌德以此词作书名，赋予它深刻的寓意，把它所表现的自然现象推演到人与人之间特别是男女两性的关系上，也即恋爱和婚姻上。因为对于人来说，“选择的亲缘关系”，就不是血缘先天的亲属关系，而是后天经过选择而形成的亲属关系，即通常所谓的“姻亲”。在歌德看来，书中四位主人公之间的感情变化和离散聚合，都是由这带有一定神秘色彩的亲和力的强度差异造成的。

爱德华和夏绿蒂本是一对恩爱夫妻，彼此之间的亲和力当然很强，但在碰上了奥托上尉和奥蒂莉后便各自奔向新的爱人身边，原因是他们分别与新来者之一的亲和力更强。于是出现了由亲和力强度差异造成的“选择”和重新聚合。

当然，所谓亲和力，在书中只是一种比喻、一种象征。我们和歌德一样，都不会把人与人之间的亲和力，作纯自然科学的机械的理解；因为，作为万物之灵长的人，毕竟是有理智的。但是，另一方面，人与人之间，似乎又确实存在着类似于亲和力的某种神秘的力量；而这种力量所造成的常常是破坏性的、不幸的影响，又不总是能为理智乃至由理智所创造的诸如宗教戒条、法律准则、道德规范等所抑制和克服。

什么是人与人之间的亲和力呢？可不可以说是遗传、生理、心理、种族、年龄、社会环境以及文化素养等内在和外在的因素，在人们身上造成的性格、气质和审美理想的差异，而由于这种差异，又形成了人与人之间感情交流和心灵契合的不同强度？看来可以说是，但又似乎不完全是，因为其中确实还包含着某些不可理喻的、神秘的东西，某种人所不能控制和抵抗的宿命的力量。

《亲和力》这部小说的深刻和震撼人心之处，正在于向我们揭示了人生由亲和力所注定的一大局限：就是婚姻的缔结即便并非被动的——爱德华和夏绿蒂在终成眷属前都被迫结过一次婚——，也总免不了带有偶然性乃至一定程度的盲目性；第一次的选择很难就是最佳选择，更不可能有绝对的、永远的最佳选择。所以，人的终身大事，实际上是由不受或者不完全受他的意志和感情所支配的偶然性也即“命运”所决定。

同时，人受着同样不由他支配的亲和力推动，常常又不能顺从自己的“命运”，于是就生出了无数“千古知音难觅”和“恨不相逢未嫁时”的慨叹，酿成了无数的恋爱、婚姻和家庭的悲剧。

《亲和力》中的四位主人公正是如此，他们两个死了，两个可悲地活了下来，命运都是悲惨的。因此，评论家们又进一步认为，《亲和力》乃是一部如希腊悲剧一样的命运悲剧。当代著名德国评论家瓦尔特·本雅明在其彻底改变了人们对《亲和力》看法的长文《歌德的〈亲和力〉》

中，就特别强调小说所表现的婚姻恋爱关系“神秘的”性质。

爱情小说 —— 伦理小说 —— 命运悲剧，至此是否已经穷尽这部左尔格所说“含义无穷的艺术杰作”的内涵呢？其实未必。

举个例子来说，倘使请西方现代精神分析学派来评论《亲和力》这部书，来分析一下夏绿蒂生的那个奇怪的男孩，他们多半又会作出新的有趣的解释，并且发现在歌德的《亲和力》和弗洛伊德的力比多以及荣格的类型学说之间，也存在某种联系。

婚姻与爱情发生矛盾，婚姻不能持久，由于婚姻造成不幸和悲剧，这样的问题在人类社会司空见惯，由来已久，而且仍将长久地存在下去。对于问题的产生根源、解决办法以及避免造成不幸和悲剧的途径，不同时代、不同社会、不同民族和不同宗教信仰的人会有不同的认识。在《亲和力》这部小说中，歌德是以十分严肃的态度，探讨了这些重大的人生和社会问题，表明了自己的认识。我们完全可以不同意歌德那带有宿命色彩的亲和力理论，但他关心人类命运和勇于破除陈腐观念、戒律的精神，却令人钦佩。《亲和力》这部小说也有力地证明，歌德是一位超越了自己时代的伟大思想家。

诗人歌德一生多恋。人们常常以他和女性的关系大做文章，颇多微词。就连我国五四时期思想解放的先驱者之一的郭沫若，他虽崇拜歌德，自比歌德，却也对这位“西洋贾宝玉”“只晓得‘吃姑娘嘴上的胭脂’”表示不满。① 而事实上，在笔者看来，歌德是受了几分委屈了。诚然，在他漫长的一生中，歌德是有过远比常人多的“风流韵事”，而且轻率和负心的情况也不止一桩，对此，他在《葛慈》《克拉维歌》和《浮士德》中，都作过“诗的忏悔”。可是，综

---

① 参见《三叶集》和《创造十年》。

观诗人整个的恋爱、婚姻经历，应该说他并不幸福。他觅到的知音不多，少数真正的知音如夏绿蒂·布甫和玛丽安娜·维勒美尔却又不能结合。有的女友如丽莉·薛纳曼和封·施泰因夫人还以自己的任性乖僻，带给他了痛苦。歌德最终娶的只是一位制花女工，她虽美丽、善良、贤淑，对歌德的生活多所关怀、照顾，但在精神上离大诗人和大思想家的他却相去甚远。歌德的小说《少年维特的烦恼》、剧本《斯苔拉》和诗歌《西东合集》等，都是不幸的或无望的爱情的产物，《亲和力》也属于这类作品。

歌德在小说中借助艺术形象，对恋爱婚姻不和谐的问题，进行了冷静而痛苦的思索。读《亲和力》，我们似乎听见了歌德对自己一生多恋所作的辩解：他是一个“无条件地在爱”的人，年龄和社会地位的差异以及宗教戒条、法律准则、伦理规范等，都不能成为爱的障碍；因为，爱不以人的主观意志为转移，而由人与人之间的亲和力所决定，因此可以讲，爱就是命运。

《亲和力》被视为老年歌德的一部杰作，它在艺术表现方面自然也是成功的。前文已指出它那鲜明的思辨色彩。在一部篇幅不长的小说中要做到这一点，就不能没有精练警譬的语言、生动感人的故事，以及巧妙的细节安排。作者歌德只是事件的冷静叙述者和剖析者，书中主人公是循着一个严格而冷酷的逻辑，一步步接近了不幸和死亡。

《亲和力》和《少年维特的烦恼》题材和主题近似，艺术风格却迥异。要想真正理解和欣赏《亲和力》，似乎得花更多的功夫（歌德说“至少读三遍”）。在这个意义上，《亲和力》又可以说是一部典型的德国长篇小说。匠心独运的细节安排，逻辑严谨的推理思辨，浪漫主义的神秘色彩和象征性，三者被作者成功地糅合在一起。

尤其是富于浪漫和神秘色彩的象征手法的使用，可以说是《亲和力》的一个独特之处。以化学术语亲和力晓喻两性关系的多方面深刻含义，上文已讲得不少，这儿不再赘述。还有歌德给书中四位主人公取的名字，也大有讲究，深义存焉。两位男主人公原本同名，即都叫奥托（Otto），只是为免混淆，才常常一个仅称其姓爱德华（Eduard），一个仅呼其职上尉；而两位女主人公即夏绿蒂（Charlotte）和奥蒂莉（Ottilie），她们的名字中同样隐含着“Otto”这个名字的女性形式即“Otte”。[①]甚至还有，夏绿蒂生的神秘孩子也取名为小奥托。于是，整个故事，可以说是在男女奥托之间发生的事情。不过歌德并非在这里玩字谜游戏，而是于这几个出自同源但性别鲜明的名字中，暗藏了深义。就像亚当和夏娃这两个名字具有了象征和隐喻整个人类的意义一样，在小说中的Otto和Otte也可以被理解为泛指一切的男人和女人，泛指被分为男女两性的整个人类。因此，《亲和力》给我们讲的乃是带有普遍意义的人的故事，探讨了形成人类命运悲剧的自然而神秘的原因。

从以上分析不难看出，歌德对作品的艺术形式是何等地重视和讲究。大至整个小说的题名，小至主人公们的称谓，无不有助于表现作品深邃的立意和主题。这就是说，即使在一些不起眼的艺术形式中，《亲和力》也如歌德提醒读者的那样，“藏进了”许许多多的东西，值得反复观察，以便穿过“透明的和不透明的帷幕”，最后窥见其中的真义。

还值得一提的是小说的人物塑造十分成功。这不仅指它的四位主人公都个性鲜明，给我们留下了深刻、难忘的印象，就连一些次

① 关于《亲和力》中人物的称谓问题，还可参阅《读书》1996年第4期刘皓明：《启蒙的两难：歌德篇》。

要人物也形象生动，呼之欲出。作者为此十分纯熟地使用了对比的手法，甚至是多重对比的手法，取得了突出的效果。如小说的中心人物奥蒂莉，我们不但会自然地将她与性格决然相反的夏绿蒂对比，还可以与同龄人露娴妮对比；另一个中心人物爱德华，我们不但会将"无条件地爱"的他与理智冷静的奥托上尉相比，还可以与同样爱慕奥蒂莉的校长助理和建筑师相比。通过如此多角度的对比、烘托，人物的形象、性格就更加丰满，更加光彩照人。特别是奥蒂莉这个少女形象的塑造，更是令人赞叹，值得深入研究和细加玩味。

《亲和力》不但帮助我们更好地认识歌德整个的思想、生平和创作，而且也帮助我们理解西方，特别是现代西方恋爱婚姻的伦理观念和思想基础。东西方在伦理观念上的差异无疑是巨大的。也许正由于这个原因，在四十多年前即已问世的第一个《亲和力》的中译本——为冯至先生的恩师杨丙辰先生所译，才没有得到我国读者的理解和重视。在中西思想文化交流不断加强的今天，重新介绍歌德这部"最富有现代精神"的作品似乎更加必要。

近些年，《亲和力》这部小说尽管也有了不少新译，但遗憾的是研究、评论仍不多见，在学界引起的反响更是寥寥。也正因此，笔者在结束本文时，想再次强调：无论从哪方面研究，《亲和力》都是一部当之无愧的杰作，值得我们充分重视。

“西方向东方发出的问候”

——浅论《西东合集》

一、 “这本书的魅力实在无法形容”

《西东合集》是歌德即将进入老年时完成的最后一部诗作。丰富、深邃的内涵，精湛、独特的风格，使它成为诗人一生中最成熟和最辉煌的作品，真正代表了他个人乃至整个德语诗歌的最高成就。但是与此同时，《西东合集》也是一部极耐咀嚼、很难消化的作品，因此在1819年问世后以至于整个19世纪，都未得到足够的理解、引起应有的重视；只有同为诗人的海涅独具慧眼，虽然他对曾经给自己冷遇的老歌德并无好感，却第一个在《论浪漫派》（1833）一书中对《西东合集》大加赞赏，说“这本书的魅力实在无法形容”①。

① 海涅著，张玉书译：《论浪漫派》，人民文学出版社，1959年，第59页。

然而，“19 世纪耽误了的事，20 世纪给补起来了”，德国著名的歌德研究家特龙茨如是说。①因为进入 20 世纪以后，《西东合集》越来越受到人们青睐，成了歌德除《浮士德》之外被谈论和研究得最多的一部作品。②

对于《西东合集》之费解和不易为人接受，歌德心中自然有数，因此才亲笔撰写了篇幅比原诗还长许多的《注释与论述》（*Noten und Abhandlungen zur besserem Verständnis des West-östlichen Divans*），以帮助读者“更好地理解《西东合集》”。③这即使不是他唯一一次专门为自己的作品写“导读”，肯定也是最详细、最认真的一次。《西东合集》多么为老诗人所珍视，由此可见一斑。

遗憾的是在我们译介歌德已有近百年历史的中国，《西东合集》这样一部杰作却很少引起注意，至今没出版过单行本，研究更是薄弱，④就难怪它在我国学界影响微乎其微了。笔者撰写此文，意在多少弥补一下这个遗憾。

二、“逃走吧”，去东方“探寻本源古老的奥秘”！

《西东合集》主要创作于 1814 年至 1815 年。在此之前的将近十

---

① Erich Trunz：*Goethe Werke*，*Hamburger Ausgabe*，Bd. 11（Hamburger 1949），S. 548.

② Edgar Lohner（hg.）：*Studien zum West — östlichen Divan Goethes*，Wissenschaftliche Buchgesellschaft，Darmstadt，1971，S. 3.

③ Edgar Lohner（hg.）：*Studien zum West — östlichen Divan Goethes*，Wissenschaftliche Buchgesellschaft，Darmstadt，1971，Bd. 2，S. 126—267.

④ 只在译文出版社 1982 年初版的《歌德诗集》中，收有钱春绮先生的全译。笔者同样也把《西东合集》全文译出来了，可是在收入安徽文艺出版社 1998 年版 4 卷本的《歌德精品集》第 1 卷时，却被删节了近一半。研究方面只有冯至先生在 1947 年 9 月写过一篇《歌德的〈西东合集〉》（见冯至《论歌德》，上海文艺出版社 1986 年版）。

年，由于歌德视作“自身一半”的爱友席勒英年早逝，他没有了在创作上相互激励、相互竞争的伙伴，诗歌之泉随心泉一起几乎完全干涸。除去十来首自己并不喜欢的十四行诗，除去为扑灭“短暂的冬日爱火”而写成的小说《亲和力》（1809），他把主要精力都放在回顾往事，撰写青年时期的回忆录《诗与真》上面了。曾几何时，一向朝气蓬勃的诗人似乎已经老了。

然而这只是假象，诗人的生命中注定还有一些冰雪消融、春暖花开之时。这带给他“又一个青春期”，使他的诗歌之泉比以往任何时候都更加激越、更加欢快地喷涌、流淌起来，是光辉灿烂的东方文明，是他一生中唯一一次在心灵上得到了真正满足的爱情。其时歌德虽已六十五岁高龄，但他的生命力与创造力再度勃发，并未真正进入夕暮之年。在这个意义上，《西东合集》犹如耸立在诗人的青壮年与暮年之间的一座分水岭，一座夕照映红了的高峰。极目远眺，已觉得那儿景色壮丽非凡；身临其间，更会感到心旷神怡。

对于古老的东方文化，歌德青少年时已有所接触，并表现出了一定的兴趣。他之特别属意包括阿拉伯和中国在内的东方，积极地阅读和有意识地学习其哲学和文学，始于 1813 年。这一年，歌德曾大量借阅有关中国的书籍，饶有兴致地练习中国书法，翻译中国的诗歌，可以说先已到中央之国神游过一次。① 这一年，应该说并非巧合，正是欧洲历史上的一个重要转折点：拿破仑·波拿巴在莱比锡大会战中的失败，带来了封建复辟的黑暗时期。歌德是拿破仑的崇拜者，是资产阶级的诗人和思想家，尽管表面上与周围的封建势力相安无事、适应妥协，骨子里却对封建制度反感。特别是眼下和在

① 详见拙作《歌德与中国》，北京三联书店，1991 年，第 36—37 页。

此前后欧洲大陆出现的动乱和历史倒退，更令他厌恶和失望。

怎么办？“逃走吧”。可这一次不能再逃往近旁他已有些讨厌的意大利，而是要逃往更加遥远的、神秘的东方：北方、西方、南方分崩离析，/宝座破碎，王国战栗，/逃走吧，逃向纯净的东方，/去呼吸宗法社会的清新空气！/让爱情、美酒、歌唱陪伴你，/为恢复青春，将吉赛泉饮汲！①

这是《西东合集》中题名《赫吉拉》的第一首诗的第一节。“赫吉拉”（Hegire），在阿拉伯语意即“逃亡”。正如歌德自己1816年在《晨报》刊出的“出版预告”所说，“这名为《赫吉拉》的第一首诗，已经足够清楚地道出了整个诗集的主旨和立意”。那就是为躲避眼前混乱的现实而前往东方，去过以爱情、美酒、歌唱为伴的健康生活，在现世人生的享乐中恢复自己的青春，在他以为仍然淳朴、宁静的阿拉伯世界里满足自己对“原始的宗教、原始的智慧、原始的人性”② 的向往，去“探寻本源古老的奥秘”。

读完这首在沙漠中行进着骆驼商队、从姑娘的面纱下飘散出龙涎香的气息、在温泉和酒肆里回荡着歌声的序诗，我们立刻明白，这一次歌德心目中的东方，只是他儿时已通过《一千零一夜》的故事和十字军东侵的传说所熟知的阿拉伯，确切地讲只是今天称作伊朗的波斯。在逃亡途中，我们知道歌德还有一位“向导”，就是他“神圣的哈菲兹”。

---

① 阿拉伯传说中的生命之泉，据称饮了可以返老还童。

② 冯至：《论歌德》，上海文艺出版社，1986年，第59页。

三、精神向导和"孪生兄弟"哈菲兹

哈菲兹（Hafis，1320 年生，1389 年卒），14 世纪的波斯诗人，20 岁时已显露过人的才华却不肯应召去做为君主效犬马之劳的宫廷诗人，因为他生性酷爱自由，同时不愿离开自己美丽的故乡设拉子。诗人一生穷困潦倒，中年虽结婚生子，两个孩子和妻子不幸都先他而逝。他的祖国波斯 14 世纪正处于蒙古人的统治下，内忧外患，民不聊生。1387 年，即他逝世之前两年，当帖木儿可汗的大军占领设拉子时，诗人已沦落为一名贫贱的托钵僧。尽管一生坎坷，他仍"像小鸟似的歌唱"，不知疲倦地歌唱，歌唱春天和欢乐、歌唱鲜花和夜莺、歌唱美酒和爱情。诗人以此抒发对幸福光明，对真、善、美的热切向往，呼唤人性的自由、社会的公正和美好的生活，同时向黑暗的社会现实发出愤怒的抗议。哈菲兹富于浪漫色彩和激情的创作，不但表现出驾驭语言的惊人天赋，还大大拓展了原本纯粹为爱情诗的"加宰里"（Ghaselen）的题材范围，把这种波斯传统诗歌形式发展到了一个高峰，也使自己成为伊朗乃至世界诗坛一颗光耀千秋的巨星。①

1814 年，歌德通过友好的出版商科塔（Cotta）得到奥地利人约瑟夫·封·哈梅尔刚译成德文的哈菲兹诗集，读后立刻与波斯歌者产生强烈的共鸣，感到自己和哈菲兹简直就像是对"孪生兄弟"!

生活的时代虽相隔四百多年，一个在东方的阿拉伯，一个在西方的德意志，文化传统更是迥异，却产生了如此强烈的共鸣，不能不说

① 1981 年，北京外国文学出版社曾出版邢秉顺翻译的《哈菲兹抒情诗选》。

是世界文化交流史上的一个奇迹。面对这个奇迹，我们自然会问：它产生的原因是什么？是两者与生俱来的相似的诗人秉性和气质，是他俩都热爱生活向往自由、欢乐、幸福，却同时又一样地身处乱世。

说到歌德的禀赋气质，不由得想起恩格斯在将他与席勒比较时的相关评价："歌德过于博学，天性过于活跃，过于富有血肉，因此不能像席勒那样逃向康德的理想来摆脱鄙俗气……他的气质、他的精力、他的全部精神意向都把他推向实际生活，而他所接触的实际生活却是很可怜的。他的生活环境是他应该鄙视的，但是他又始终被困在这个他所能活动的唯一的生活环境里。"① 正因为太"过于富有血肉"，正因为"全部精神意向都把他推向实际生活"而这实际生活又很可怜，所以一当听到哈菲兹对爱情、对美酒、对美好人生的热情歌唱，他便不禁心旌摇荡，便对诗中描写的阿拉伯世界产生出热烈的憧憬，便为了"摆脱鄙俗气"和"很可怜的"生活环境而开始了逃亡。在歌德心目中，东方原本就是"人类的故乡"（Urheimat der Menschheit）！他这次的东方之旅不仅是追求理想的人生之旅，也是还乡之旅；这还乡之旅，对歌德有着精神与现实的双重意义。

四、"还乡之旅"——西方与东方、现实与幻想的交流易位、融合

1814 年 7 月，歌德确实踏上了旅程，虽然是朝着相反的方向：在阔别故乡十七年之后他第一次西行，回到了莱茵河、美因河和涅

① 《马克思、恩格斯、列宁、斯大林论文艺》，人民文学出版社，1983 年，第 40 页。

卡河地区，回到了自己出生和度过青少年时代的地方。时值万物兴荣的早春季节，旅途中所见所闻引发了诗人许多美好回忆。“他在眼前看见了过去，把近旁化为远方：于是美因河变为幼发拉底河(Euphrat)，威斯巴登的温泉变为基色泉，韦蕾美尔夫人——即后文的玛丽安娜——变为哈菲兹诗中所歌咏的美女苏来卡，保鲁斯变为从诗人口中领受了人生智慧的酒童，困于莫斯科的拿破仑变为严冬中的帖木儿……”①也就是说，我们的诗人尽管并未真正长途跋涉前往阿拉伯，却去那儿作了神游。在同为“还乡”这点上，精神之旅和现实之旅统一起来了，而且都达到了目的，即帮助诗人恢复了青春活力。歌德称其为“又一个青春期”(eine wiederholte Pubertät)，并在后来把它视作识别天才人物的标志之一。②

自从踏上以哈菲兹作向导的“还乡”旅程，诗人歌德真正叫青春焕发，创作力空前旺盛，有时一天便能完成好几首诗。在1814年夏天和次年秋天接着进行的两次旅行期间，他作诗多达200多首，构成了《西东合集》的主要内容。③

歌德与生活在不同时代、不同国度、不同文化背景和出身、经历也很不一样的哈菲兹心心相印，视他为“孪生兄弟”，并在诗中与他进行思想感情交流；歌德之将现实与幻想易位、融合，在幻想和诗歌创作中获得从现实无法得到的满足——所有这些，都给文艺心理学和比较文学提出了很有意义的研究课题。他在这交流、易位和融合的兴奋喜悦中写成的《西东合集》，更可作为东西文化交流的生

---

① 本引文中的保鲁斯，是歌德在旅途中结识的一位深得他好感的青年。

② M. Kluge und R. Radler (hg.): Hauptwerke der deutschen Literatur, Kindler Verlag, 1974, S. 214.

③ 仅仅在1819年出版后的次年补充了5首而已。

动范例，世界文学构想的有力依据。

五、 内容和格调看似丰富、 庞杂， 仍为统一、 和谐的整体

《西东合集》分成十二篇，内容可以讲十分丰富甚至庞杂。但是依据主题，十二篇可以正好三篇一组分成四组：第一组《歌者篇》《哈菲兹篇》和《爱情篇》，可统称“现世篇”，涉及哈菲兹诗作的主要题材，即赞颂爱情、美酒和歌唱；第二组《观察篇》《郁愤篇》和《格言篇》，可统称“思辨篇”，都是对人生的种种问题做形而上的思考；第三组《帖木儿篇》《苏莱卡篇》和《酒童篇》，可统称“人物篇”，每一篇都有一个诗人与之对话的中心人物；第四组《寓言篇》《拜火教徒篇》和《天堂篇》，可统称“信仰篇”，说的都是有关灵魂归宿的问题。①

上述四篇尽管内容和格调都差异明显，《西东合集》却仍是一个和谐的有机体。它之能于丰富、庞杂中做到统一、和谐，靠的是：第一，诗人歌德始终是贯穿全书的主体，尽管他有时乔装改扮成旅行者和商人，骨子里仍然是个情人和歌者；第二，全书都弥漫着浓郁的阿拉伯气氛，始终保持着淳朴的“加宰里”诗体格律②；第三，对一些重大的主题如诗艺、爱情、人生和信仰等，在各部分反复抒写、咏唱，于循环和螺旋状的运行中一步步加深，一步步提高，逐

---

① Hans—J. Weitz（hg.）：Goethe，Westöstlicher Divan，Insel Verlag 1981，S. 298.

② 在韵律方面，《西东合集》几乎完全保持了哈菲兹诗歌的风格，即严格如“加宰里”似的押 aabb 或 abab 韵；不同在于哈菲兹的诗歌都是四行一节，歌德则有了不少变化。

渐结晶、升华，直到臻于佳境极致，例如序诗《赫吉拉》最后两节表现诗人的自信、自尊以及对诗艺的近乎神化的推崇，在其他各篇特别是最后的《天堂篇》中，得到了进一步的阐发。

可是，《西东合集》毕竟色彩斑驳，内容纷繁，加之包裹着阿拉伯的伪装，充满宗教的神秘，读起来仍然相当费解。冯至先生把它与歌德以前各个时期的诗作比较后说："但是到这里，却有些不同了，诗好像与读者发生了距离，读者若还是居于被动的地位而不肯多费一些力，他便会从诗的旁边走过，有如从墙外走过一座蕴藏丰富的宝殿。因为这里的语言可能比以前的诗里面的语言更为简练，文字也更为朴素，但是每一个字都越过了它一般的意义而得到更高的解释；这里的自然、一草一木、一道彩虹，以及一粒尘沙，都是诗人亲身经历的、亲眼看见的，但又无时不接触到宇宙的本体；这里的爱和憎，以及对生命种种的观察，都是诗人自己的，同时又是人类的：所以有些粗率的读者、眼界狭窄的读者、追求辞藻的读者，往往在朴素的文字前感到枯涩，在诗人所写的种种对象前觉得表面的描写不能满足他们的欲望，而里边所含的深意他们又无从领略。—— 加以在这些诗里出现的人名、地名、风物、人情，多半是东方的，尤其是波斯的，这些生疏的名词更使一些对此感到陌生的读者望而生畏。"①

六、 深邃的哲理之书， 伟大的爱情之书

对令人"望而生畏"的《西东合集》，笔者不揣浅陋，在此作一

① 冯至：《论歌德》，上海文艺出版社，1986 年，第 55—56 页。

点探讨的尝试 ——

就诗说诗，先谈《西东合集》有关诗歌的内容。

如上所述，通过到阿拉伯的神游和现实的还乡之旅，歌德迎来了精神和创作的又一个青春。他青春焕发的表现之一，就是勇敢地“拿来”，实现了诗歌风格和观念的更新。比较集中地探讨诗艺的为《歌者篇》和《哈菲兹篇》；《歌者篇》中有一首题名《诗歌与雕塑》的短诗，更形象地阐明了阿拉伯东方的诗歌与希腊罗马的古典艺术包括诗歌的本质区别：后者是坚硬凝固的、轮廓分明的、易于把握的，就像雕塑；前者是流动柔滑的、无定界的、无法把握的，就像幼发拉底河中的水。然而歌德在结尾唱道：诗人纯洁的手掬水，/ 水会凝成球状。这说明他相信水一样的东方诗艺并非不可把握；只要诗人有一颗赤诚火热的心，只要他用“纯洁的手掬水”，就会捧得一个圆匀、光洁、透明、晶亮的美丽球体。

歌德创作《西东合集》时已六十五岁，但仍不失赤子之心。他对东方的憧憬是那样热烈，对阿拉伯诗艺的追求是那样真诚，在《哈菲兹篇》的《无限》一诗中竟唱道：让整个世界尽管沉沦吧，/ 哈菲兹，我要同你竞争，/ 只有你与我是孪生兄弟。正像当年在与席勒的相互激励下完成了大量杰作，在与哈菲兹的竞争中歌德也写成不少好诗，捧得了不少晶莹闪光、异彩纷呈的水晶球，使《西东合集》成了歌德乃至整个德语文学的诗中上品。

三十年前，意大利之行使歌德倾心于希腊古典主义，成功创作《罗马哀歌》等一批不朽诗作；眼下的东方之旅使他对诗艺有了新的追求，与意大利相联系的过去已如一张旧皮从诗人身上蜕掉了。因此也不妨讲，正是从《西东合集》起，歌德的诗歌创作完成了从古典主义到浪漫主义的转变。

再说《西东合集》丰富而深邃的哲理；它不只集中体现在极富思辨色彩的《格言篇》《观察篇》，而是渗透全书。例如《歌者篇》中的《幸福的渴望》，便是一首极为脍炙人口的哲理诗。诗中飞蛾奋不顾身地扑向火焰这个意象，显然从哈菲兹的以下诗句获得了启示：灵魂在爱情的火焰中燃烧，/像蜡烛一样光明，/我曾以纯洁的心情献身。/你不像飞蛾因渴慕而自焚，/你就永远不会得救，/摆脱爱的苦闷。然而，《幸福的渴望》表达的不断更新自己，超越自己，为了实现理想而不畏艰险、不惧牺牲，以及欲通过死而达到“变”的思想，却是歌德所固有的，是他那带有进化论特征和辩证色彩的自然哲学，以及以自强不息的浮士德精神为核心的人生观的表现。因此可以说，这首诗在借用阿拉伯的形式外壳，弥漫着伊斯兰教信仰的神秘气氛，满含东方哲理智慧的同时，也和谐地、圆融地吸纳进了西方诗人歌德的思想和精神，使两者结合在一起，成为一枚可以透视宇宙人生的水晶球，一篇形神兼备、玲珑剔透的艺术杰作。

脍炙人口的《幸福的渴望》，可算是《西东合集》最富典型意义的代表作。因为这整部诗集都是以东方的艺术形式表现东、西融合的思想精神，都成功地把东方和西方的文化精神、哲理智慧融溶在了一起。难怪奥地利著名象征主义诗人和戏剧家霍夫曼斯塔尔（Hugo Hofmansthal，1874—1929）谈《西东合集》的文章伊始就讲：“此书整个儿都是精神（Dieses Buch ist völlig Geist）[①]”。这儿的精神指智慧，指哲理。霍夫曼斯塔尔的意思是不管写什么题材，诗意诗情都完全为哲理渗透，都表现着智慧。

---

① Hugo von Hofmannsthal：*Goethes*，*West — östlicher Divan* in *Gesammelte Werke in Einzelausgaben*，Prosa 3 . Fischer Verlag 1964，S. 159.

事实确乎如此，在歌德这个篇幅有限的诗集中，不论是东西方文明之间的对话，还是男女两性的对话，不论是咏叹人生的无常与来世的缥缈，还是赞颂现世的欢乐和信仰的诚笃，《西东合集》都无不蕴含着神秘的玄想、深邃的哲思，堪称是一部“智者之书”。

《西东合集》的另一个重要内容，是男女之间的爱情。它同哲理一样贯穿全书，更构成了《爱情篇》和《苏莱卡篇》的核心；不同的是对于诗人来说，它更加的实在、具体。

1814 年 7 月 26 日一早，歌德乘着马车出了魏玛城门，在清晨的薄雾中看见一道奇异的虹霓，心中油然升起幸福的预感，当即吟成一首题为《现象》的诗。这诗的结尾道：所以，快活的老人，/ 你也别灰心；/ 尽管你头发花白，/ 还是会有爱情。

歌德的预感没有错。在法兰克福，他幸遇老熟人韦勒美尔的养女玛丽安娜。这位秀外慧中的女子对大诗人歌德怀有深深的景仰，在他面前表现得十分谦卑；对于温柔美貌的少妇，本来就渴望爱情的歌德自然也不会视而不见，无动于衷。两人尽管相处时间不长，心弦却已开始了轻柔微妙地震颤与应和；待到第二年春天歌德再去故乡旅行时，已如奔赴心上人的热恋者一般地激动，途中便写了一些诗献给玛丽安娜，还为她取了一个美丽的阿拉伯名字苏莱卡，而自己则变成了阿拉伯歌人哈台姆。这次在离法兰克福不远的一处乡下别墅里，歌德和玛丽安娜朝夕相处了四个星期。两人再也按捺不住内心的激动，开始了互诉衷肠的热烈唱和，身心完全沉湎在了由爱情的陶醉和创作的亢奋混合成的绝妙境界中，可随之而来则是更加难舍的离别。只好在第二年 9 月，玛丽安娜又匆匆赶到风光明媚的古城海德堡，与逗留在那儿的歌德重温旧情。但由于她年前已嫁给韦勒美尔，歌德自己的妻子也还健在，两人便不得不再次忍痛分手。其间种种酸甜苦辣的况味，诸如相聚的幸福，相思的痛苦，重逢的欢乐，离别的感伤、绝望等，统统都化作一首一首富于真情实感的、优美动人的抒情诗。它们总共四十余首，全收在《苏莱卡篇》中。

值得一提的是，歌德甚至把玛丽安娜写的诗当作自己的收了，有的原封未动，有的只略加修改，但都未作说明。直到歌德死后三十多年的1869年，才有研究者以确凿的材料证实玛丽安娜乃是《苏莱卡篇》的共同作者，像其中著名的《致东风》《致西风》等婉丽的佳作，都出自这位遭埋没的才女笔下。①在一对爱侣心心相印的唱和中产生《苏莱卡篇》，于世界诗歌史不啻一段美妙悦耳的插曲，一则意味深长的逸话。

主要以对答形式写成的《苏莱卡篇》杰作比比皆是，不乏世界爱情诗中的瑰宝。特别是那首《重逢》，它把男女两性的爱情，把爱人之间的离合悲欢，放在世界形成的大背景和大框架中，以哲学的眼光进行观察和阐释，表现了一种近似新柏拉图主义的宇宙观，即认为光明与黑暗的一分一合两次行动，是宇宙万物产生的缘由。正像我们用阴代表女性，用阳代表男性，相信阴阳结合便形成太极，达到和谐圆满一样，歌德诗中也以光明与黑暗分别代表男和女，认为他们本来就“相依相属”；一当分开后“又聚在一起，相爱相恋”，便创造出美好的世界。因此，诗中说“世界的创造者是我们”，是热烈而真诚地相爱的人们，而不是上帝或者阿拉伯人的安拉！

真不知道中外古今，还有什么诗能以如此崇高的思想，如此恢

① 甚至有学者（如当代著名歌德研究家可尔夫）认为，歌德对玛丽安娜的诗的修改有些甚至弄巧成拙。

宏的气势，来赞颂男女两性的爱情，抒写恋人之间的离合悲欢！《重逢》一诗表现的远远不只是歌德个人的情感和思想，而已具有了深沉的、涵盖宇宙人生的哲学意义。这样的诗，一位伟大的哲人在刻骨铭心的爱情体验中吟成的伟大爱情诗，毫不夸张地讲，只有老年歌德才能写得出来。

除了《重逢》，还有《二裂银杏叶》，还有《致东风》《致西风》和《任随你千姿百态，藏形隐身》等，都堪称世界爱情诗中的精华。只可惜囿于篇幅，不便再作介绍。

七、无穷的艺术魅力——“西方向东方发出的问候”

总观《西东合集》，除去前文指出的阿拉伯色彩和神秘气氛，这部诗集还有以下艺术特点：

1. 阿拉伯式近乎狂热的激情。这激情时如喷发的火山，时如飞泻的瀑布，时如汹涌的狂潮，激荡和震撼着读者的心弦，引起读者的共鸣。这激情往往蕴含着宗教的虔诚和哲理的深沉，赋予《西东合集》以一种特殊的魅力。

2. 与前述涉及内容的本质特征相适应，艺术表现也极尽夸张、渲染之能事，例如《重逢》以宇宙的产生比附男女的相爱与离合悲欢，就十分典型。

3. 语言格外富于形象性，大量使用东、西方的典故，还有比喻更是新颖奇特，巧喻、妙喻、险喻层出不穷，于抒情中平添了趣味与智慧的光辉。

4. 最后，十分重要但却极易忽视的是整个诗集明朗、欢快、戏谑的基调。不是吗？歌德乔装成阿拉伯商人和歌者，戴上缠头骑上骆驼，本身便有做戏的性质。他变作哈台姆与苏莱卡谈情说爱，明知梦想不能成真却假戏真做以至弄假成真，既享受到了欢乐也经历了痛苦，与上面讲的“激情”“夸张”相结合便使其中的不少篇什带上了幽默、调侃的味道，可是在戏谑、调侃的背后又并不缺少严肃和深刻，正如舞台上的喜剧表演。老歌德的高超卓越就在于能以其娴熟的艺术手腕，在《西东合集》中把种种矛盾的因素成功地糅合在一起。

笔者见识浅陋，笔力软弱，真是无法在一篇文章里把《西东合集》这部杰作谈透彻。只好摘引海涅《论浪漫派》的一段精彩论述，作为弥补：“全书香气馥郁，情绪火热，犹如一座东方的后宫，到处是浓妆艳抹、柔情脉脉的嫔妃宫娥，灵眸漆黑、纤臂如雪。读者会感到浑身战栗、心动神摇 …… 歌德在此把最令人心荡神迷的人生享乐变成诗句，这些诗句是那样的欢快轻柔、那样的飘忽空灵，不由让人感到惊讶，德国语言竟能写出这样的诗句 …… 这本书的魅力实在无法形容，它是西方向东方发出的问候。”①

亲爱的读者，请翻开《西东合集》的中译本，接受来自西方诗哲歌德的问候吧！

---

①　海涅著，张玉书译：《论浪漫派》，人民文学出版社，1959 年，第 58 页。

歌德论“世界文学”

在《共产党宣言》中，马克思和恩格斯曾经明确指出：“资产阶级，由于开拓了世界市场，使一切国家的生产和消费都成为世界性的了……旧的、靠国内产品来满足的需要，被新的、要靠极其遥远的国家和地带的产品来满足的需要所代替了。过去那种地方的和民族的自给自足状态和闭关自守状态，被各民族的各方面的互相往来和各方面的互相依赖所代替了。物质的生产是如此，精神的生产也是如此。各民族的精神产品成了公共的财产。民族的片面性和局限性日益成为不可能，于是由许多民族的文学和地方的文学形成了一种世界的文学。”① 从革命导师的这一段话里，我们认识到“一种世界的文学”或者简言之世界文学的形成，乃是开拓世界市场的必然结果。

---

① 《马克思恩格斯选集》：第一卷，1972 年，第 254 页。

歌德晚年也已经预见到了这一发展。还在《共产党宣言》问世之前二十年的1827年，世界文学 —— 歌德用的也是Weltliteratur这个德语复合词，就出现在了他的笔下和口中，而在中国最为人们称道的，应数当年1月31日他与他的秘书艾克曼的那次谈话，因为话题是由歌德正在读的我国明代小说《好逑传》引起的。歌德告诉艾克曼，“中国人在思想、行为和感情方面和我们几乎一样，让我们很快就感到他们是我们同类的人”；又说，中国小说“和我写的《赫尔曼与窦绿苔》以及英国理查森写的小说有许多类似的地方”。接着，歌德具体分析了中国小说留给他的印象，然后下结论道：

> 我愈来愈深信，诗（Poesie，概言文学 —— 笔者）是人类的共同财富，它随时随地由成百上千的人所创造出来……民族文学在当今已没有很大意义，世界文学的时代即将来临，而我们每个人现在就应该出力，加快这一时代的到来……①

上述与艾克曼的谈话，反映了歌德的远见卓识和博大胸怀。然而，这并非他论及世界文学这个当时还是崭新概念的唯一一次和最早的一次。在此之前，在他自己办的《艺术与古代》杂志的第六卷第一期中，歌德就曾写道：

> 我从一些法国报刊援引这些报道，并非仅仅想让人们

① Eckermann：*Gesprache mit Goethe*，Insel出版社，1981年，第一卷第210页。

> 记起我和我的工作，而是有一个更高的目的，我想先提它一下。那就是，我们在哪里都能听见和读到关于人类取得进步的消息，关于世界和人的生活前景更加广阔的消息。这方面的全面情况，毋须我研究和细说；我只想使我的朋友们注意到：我坚信一种具有普遍意义的世界文学正在形成，而在未来的世界文学中，将为我们德国人保留一个十分光荣的席位……①

随后，在1827年1月27日给友人施特莱克福斯的信中，歌德又写道：

> 我深信正在形成一种世界文学，深信所有的民族都心向往之，并因此而做着可喜的努力，德国人能够和应该做出最多的贡献，在这个伟大的聚合过程中，他们将会发挥卓越的作用。②

至于在与艾克曼那次著名的谈话之后，歌德还对自己关于世界文学的思想有许多阐述和发挥，这儿就不一一摘引了。

仅仅上述事实已可说明，世界文学这个概念歌德并非偶然地提出来，而是经过长期、深入的思索，形成了具有丰富内涵的相当系统的思想。

那么，为什么歌德，或者说恰恰是歌德，产生了关于世界文学

---

① 引自 Goethe，*Werke*，Hamburger Ausgabe 第十二卷第 362 页。
② 同上。

的伟大思想呢?

客观上讲，诚如歌德自己在《艺术与古代》杂志撰写的文章中说的，是“人类取得进步”，以及“世界和人的生活前景更加广阔”，为世界文学的形成创造了必要前提；而主观上，歌德虽然生活在分裂落后的德国的小小魏玛城，目光却越过德国乃至欧洲的界限，密切关注着人类的发展进步，并且实际参加了因为人类的进步而开始的那个“伟大的聚合过程”—— 由民族的文学和地方的文学形成世界文学的过程。所以，对歌德来讲，产生关于世界文学的思想就十分自然。这里，仅就他主观方面的原因，再谈几句；因为，比起处于相同时代、相同条件下的众多作家和思想家来，歌德的优点的确非常鲜明突出。

歌德享有八十三岁的高龄，经历了美国独立战争、法国大革命、拿破仑战争、欧洲封建复辟，目睹了英国制造出第一台火车头和铁路在欧洲铺设，以及美洲动工开凿巴拿马运河等具有世界历史意义的事件。歌德的伟大之处就在于，他不是站在狭隘的德国人的立场上观察问题，而是胸怀全人类和全世界。他说过：“作为一个人和一个公民，诗人会爱自己的祖国。然而，他在其中施展诗才和进行创造的祖国，却是善、高尚和美。”又说：“广阔的世界，不管它何等辽阔，终究不过是一个扩大了的祖国。”①

正因此，他格外关注和重视诸如美国独立、法国大革命以及建造第一台机车这类对整个世界历史进程有积极影响的大事，而对自己国家反对拿破仑的所谓解放战争一点不感兴趣。后面这点，使他

---

① 转引自 P. Boerner：*Johann Wolfang von Goethe*，Rowohlt 出版社，1978 年，第 130 页。

受到自己同胞、特别是一些狭隘民族主义者的众多指责。歌德为自己辩解说，他并不仇恨法兰西这个“世界上最有文化教养的”民族，他说道：

> 一般来说，民族仇恨是个怪东西。你会发现，在文化水平最低的地方，民族仇恨最强烈。可也有一种文化水平，在达到它以后民族仇恨便会消失，在一定程度上人民已处于超民族的地位，视邻国人民的哀乐为自己的哀乐。这种文化水平正适合我的个性。我在六十岁之前，就已坚定地立于这种文化水平之上了。

总而言之，诗人歌德乃是一个以全人类为同胞、以世界为祖国的胸怀博大的人道主义者，一个事实上的世界公民。这一点，看来就是他产生世界文学这一光辉思想的世界观方面的原因。

歌德是一位深深植根于本民族文化传统中的诗人和思想家。他自幼受到家道殷实而无所事事的父亲精心培养，学会了拉丁文、希腊文、法文、英文、意大利文乃至希伯来文等多种语言，十岁时已开始阅读伊索、荷马、维吉尔和奥维德的作品以及《浮士德博士》等德国民间故事。由于信奉路德教，他也熟读《圣经》的《新约全书》和《旧约全书》，从中汲取了许多智慧。从青年时代起，他更如饥似渴地阅读近代和现代德国作家以及英国和法国作家的作品，克洛卜斯托克、莱辛、莎士比亚、哥尔德斯密斯以及莫里哀等都曾是他学习的榜样。可以说，歌德很早就了解了以古代希腊罗马文学、希伯来文学以及古日耳曼文学三者融和而成的德国文学乃至欧洲文学的全貌。

在一般人看来，这已经很了不起了，歌德却全然不以此为满足。随着对世界历史和现状的了解日益增多，眼界日益宽广，他的文学兴趣也在发展。对于阿拉伯文学，他不仅仅停留在小时候已经读得烂熟的《一千零一夜》—— 关于这部传奇故事集对歌德的影响，美国学者凯塔琳娜 ·莫姆森出版了一部分量不轻的专著[①]——他还研读波斯诗人的诗集，从而进入了近东世界。他还读过古代印度梵文诗人迦梨陀莎的诗剧《沙恭达罗》和其他印度文学作品，对它们倍加赞赏，并留下了一首咏叹《沙恭达罗》的著名短诗。到了六十岁以后的晚年，歌德又涉猎和倾心于远东的中国文学，因而完成了对于人类几个最主要和最发达地区的文学的了解。换言之，整个世界的文学都在他的视线之中，他有可能比较它们，找出差异，但发现的却是更多的共同之处。

不仅如此，歌德还博采众长，致力于将不同民族的文学融和起来，在 1819 年完成了一部“西方诗人写的东方诗集”——《西东合集》，在 1827 年完成了《中德四季晨昏杂咏》。而他那如今已成为世界文学宝库中的无价瑰宝的《浮士德》，更从希腊罗马古典文学、《圣经》、德国民间传说以至印度的《沙恭达罗》等不朽作品中吸取了多种营养。

因此可以说，当歌德 1827 年首次提出世界文学这个概念的时候，世界文学的现实已存在于他的心目中，已通过他自己的创作得到了实践和验证。这或许就是歌德能产生世界文学这一思想的文化素养方面的原因。比起世界观方面的原因来，文化素养方面的原因

---

① K. Mommsen ：*Goethe und 1001 Nacht*，Suhrkamp Verlag 1981.

似乎更加重要。因为在一般情况下，一个人的世界观很大程度上决定于他的文化素养，或者如歌德说的“文化水平”。而歌德的博学多识和高瞻远瞩，在马克思主义诞生前的19世纪初，可以说无人堪与比拟。

人类的进步和科技、文化的发展，使世界文学概念的提出有了客观的可能；而上述两个个人主观方面的优越条件，就决定了提出它的恰恰是歌德，而不可能是别的什么人。

对于世界文学形成的原因，马克思、恩格斯在《共产党宣言》依据经济基础决定上层建筑的唯物主义原理，明确指出是世界市场的开拓，这一论断具有科学的确切性。从歌德的有关论述中可以看出，他心目中的世界文学形成的原因，就是“人类的进步”和各民族眼界的开阔，从而增进了相互的交流和了解；在此基础上，不同地区、不同民族的人们产生的同类感，发现了不同文学在基本方面的共同性。①因此是不是可以认为，歌德关于世界文学的思想，是产生于一种明确的人类意识，所以具有更大的实践性和普遍意义呢？

我想可以。

与此相联系，歌德的世界文学的概念的内涵，也是比较丰富的。

1827年，他在《德国的小说》一文中写道：“既让不同的个人和不同的民族保持自己的特点，同时又坚信只有属于全人类的文学才是真正有价值的文学，这样，就准保能实现真正的普遍容忍。”

第二年，在《艺术与古代》杂志第六卷第二期，他又写道：“这些杂志正赢得越来越多的读者，将最有力地促进一种我们希望的具

① 歌德在与艾克曼谈话时特别以中国人和中国文学为例。

有普遍意义的世界文学的诞生。只是我们得重申一点：这儿讲的世界文学，并不意味着要求各民族的思想变得一致起来，而只是希望他们相互关心，相互理解，即使不能相亲相爱，也至少得学会相互容忍。”

到了1830年，歌德已八十岁高龄，但关于世界文学的思想仍萦绕在他心中。在为卡莱尔的《席勒生平》一书写的序言里，他说：“好长时期以来我们就在谈论一种具有普遍意义的世界文学，而且不无道理：须知各民族在那些可怕的战争中受到相互震动以后，又回复到了孤立独处状态，会察觉到自己新认识和吸收了一些陌生的东西，在这儿那儿感到了一些迄今尚不知道的精神需要。由此便产生出睦邻的感情，使他们突破过去的相互隔绝状态，代之以渐渐出现的精神要求，希望也被接纳进那或多或少是自由的精神交流中去。”

歌德对世界文学这个概念的解说，远不止上面引的几点；但仅从这几点，我们已可看出以下三层意思：

首先，歌德认为世界文学形成的最起码和最重要的结果，就是实现各民族之间普遍的容忍。

为此，各民族应通过包括文学交流在内的精神交流，学会相互了解、相互关心、相互尊重。歌德这种以容忍为基本内容的世界文学思想，是一种热爱人类、热爱和平的真诚情感在文学观中的反映。它发展了歌德与席勒过去提出的以美育改造人性的理想，将启蒙思想家倡导的不同宗教和教派之间的宽容，扩展为各民族之间的宽容或者说容忍。歌德生活在分裂落后的德国和战乱频仍的欧洲，一生历经沧桑，在晚年对世事的认识更加深刻，才能提出这样的思想。通过世界文学，通过文学交流使各国人民相互理解、相互尊重、相互容忍，这一思想应该说在今天还没有过时，或者说永远也不会过时。

其次，歌德坚信，“只有属于全人类的文学才是真正有价值的文学”。

也就是说，文学 —— 真正有价值的文学应该为人类服务，被人类所理解和接受。文学的历史证明，这是一个真理。正是由于各民族都贡献出了数量不等的这样的作品，世界文学在今天早已成为现实。歌德之所以能写出《浮士德》这样的不朽杰作，之所以能成为各国人民共同景仰的世界大文豪，正由于他有着为全人类而写的明确意识。因此，歌德心目中的世界文学的第二个含义，就是它不仅仅属于一个地区、一个民族，而属于全人类和全世界。他深信，“诗是人类共同的财富”。

但是，与此同时，歌德又讲要“让不同的个人和不同的民族保持自己的特点”，讲世界文学“并不意味着要求各民族思想变得一致”。

作为一位德国作家，歌德不止一次强调“在未来的世界文学中，将为我们德国人保留一个十分光荣的地位”。他认为，在世界文学形成的过程中，“德国人能够和应该做出最多的贡献”，“发挥卓越的作用”。他同时又尊重其他民族的文学的特点和长处，在与艾克曼的谈话中对它们津津乐道。在创作实践中，他努力吸收其他民族文学的优点，奉行“拿来主义”，但却不放弃自己的传统；他创作的《西东合集》也罢，《中德四季晨昏杂咏》也罢，其基调仍然是西方的、德国的、歌德的。他的浮士德，这位人类杰出的代表，仍然是一个德国男子。

对于中国文学，歌德是十分推崇的，坦然地承认“我们的远祖还生活在原始森林的时代”，中国已有了像样的文学作品。但是，他又认为不应拘守包括中国文学在内的某一特定的外国文学，奉它为楷模；如果一定要有楷模的话，那“就要经常回到古希腊人那里去找”，也就是回到自身的传统中去找。

总而言之，歌德有关世界文学的思想以及实践，都绝无抹杀民族特点和否定历史传统的意思。恰恰相反，越是具有民族特色和悠久传统的文学，如中国文学、印度文学和阿拉伯文学，就越得到歌德的重视。一部《浮士德》使我们确信，歌德是一位很懂得辩证法的哲人和思想家，研究他关于世界文学的思想，更加深了我们的这一信念。

应该说明一下，歌德并没有写一篇专文来郑重其事地论述世界文学，他的有关思想都散见于书信、谈话和文章中。他并未对世界文学下一个精确的定义；世界文学之于他只是一种理想，一种憧憬。这个世界文学的概念可被认为还相当模糊；而唯其模糊，它的内涵才更加丰富，不同的研究者都尽可以对它作出不同的解释和生发；唯其模糊，它又具有更大的适应性，可以让不同民族、不同时代的人都接受、继承和发扬。在当今这个仍然战火纷飞、仍然存在民族歧视和民族仇恨的世界上，还真需要通过文学交流来增进人与人的相互理解，增进人类的共同意识，增进相互宽容的精神啊。

1827 年是歌德与中国文学发生关系最多的一年，也是他最早和最经常谈论世界文学的一年。这中间并不仅仅存在一个简单的巧合，而有着必然的逻辑联系。通过接触中国文学—— 虽然只是肤浅的接触，歌德事实上完成了对当时存在的世界各主要文学的了解。阅读《好逑传》等中国作品，为他世界文学的思想的产生提供了最后的契机。对此，我们有理由感到骄傲。但是，如果以为，歌德唯独重视中国文学，特别重视中国文学，那就是一个不符合事实的误解，而我们中国人又极易产生这样的误解。须知，事实上歌德重视的是一种具有普遍意义的世界文学。晚年的歌德无异于一位精神隐士，他从狭隘鄙陋的德国逃向广大的世界，从猥琐丑恶的现实逃向美、善的文学，世界文学这个概念寄托着他对人类未来的理想，成了他精神的归宿。

第二辑

歌德抒情诗咀华

《塞森海姆之歌》

——第一块里程碑

我们曾说，在世界文化思想史的天幕上，德国大文豪歌德乃是一颗永远灿烂明亮的恒星。他不只一身兼为文学家和思想家，即使在自然科学领域内也取得了同时代专攻自然科学的人无法忽视的成就。然而，歌德首先是一位伟大的诗人。从八岁时给外祖父母写第一首祝贺新年的诗算起，在七十多年的漫长岁月中，歌德孜孜不倦地创作了长短诗歌两千五百多篇，其题材之丰富广泛，风格之多姿多彩，在德国乃至世界文学史上都很少有人堪与比拟。也就难怪英国大诗人拜伦要尊歌德为“欧洲诗坛的君王”。

在我国，通过自郭沫若以来一大批翻译家的介绍，歌德的一些优秀诗作同样得到了广泛传播。为了帮助读者比较系统、深刻地理解和鉴赏它们，笔者不揣浅陋，撰写“歌德名诗赏析”这一组文字。本篇将介绍他在 1771 年写成的《塞森海姆之歌》，它是歌德一生诗歌创作的第一个重要成就，是他整个文学生涯的真正开端。

歌德时年二十一岁。在此之前，他已有过两次爱情体验，但过早到来的爱情只带给他了烦恼和痛苦。他已写过不少逢场作戏的抒情诗，自费出版了一本《新诗集》（1769），但这些诗还带着浓厚的洛可可风，绮靡纤巧，缺少真情实感和新鲜自然的意趣。他已作为大学生，在有“小巴黎”之称的莱比锡过了三年花天酒地的生活，结果毁了身心健康，不得不放弃学业，回到法兰克福家中休养。

1770 年，康复后的歌德来到斯特拉斯堡大学法律系继续学习。斯特拉斯堡当时还属于德国。这座城市不仅自然风光明丽开阔，有着一座雄伟壮观的哥特式大教堂，而且深受国境另一边吹来的启蒙思潮新风的影响，是追求进步、渴望变革的文人学士的荟萃之地。正是在这里，歌德遇到了赫尔德（1744—1803）——他走上文学正道的领路人。

赫尔德比歌德仅仅年长五岁，但已是一位蜚声文坛的新兴理论家，不久后就成了正在掀起的德国狂飙突进运动的“纲领制订人”。在这位严师和诤友指导下，歌德认真地读了荷马、品达、莪相的诗歌，读了哥尔德斯密斯的小说，读了莎士比亚的戏剧，学习了斯宾诺莎的哲学著作。是莎士比亚等大师，清除了他在莱比锡染上的洛可可风习，了解了什么是真正的文学；是斯宾诺莎，使他抛弃了在养病时迷恋上的神秘主义和唯心主义哲学，转而亲近泛神哲学和自然神论。特别是在帮助赫尔德搜集、整理民歌的过程中，歌德更懂得了民歌的价值，认识了诗歌的本质，明白了好的抒情诗也如民歌一样，应该具备感情真实、自然，格调朴实、明朗等特征。

也就是说，在地处德法边境的斯特拉斯堡，经过赫尔德这位杰出的思想家的指点和帮助，歌德的世界观、文学观和审美意识都发生了深刻的转变。而这种转变，便为他日后诗歌创作奠定了正确的理论思想基础。

歌德在精神和心理上完全康复了。不，岂止康复，他应该说比以前任何时候都更加健壮。为了增强体魄，克服一些生理上的弱点，他还顽强地进行各种艰苦锻炼。他常常去攀登斯特拉斯堡大教堂，常常迎着从阿尔萨斯平野里刮来的阵阵雄风，站在没有护栏的钟楼顶上远眺，以克服晕眩的毛病。他害怕喧闹，却偏偏经常跟在大吹大擂的军乐队旁边穿城而过，以锻炼自己的适应能力和耐性。他对病态和肮脏的东西异常敏感，一见到就会恶心，却偏偏一次次去解剖室看尸体解剖，直到完全习惯。除此之外，歌德还从事多种体育运动，尤其爱好溜冰、骑马和徒步漫游。徒步漫游这一坚持数十年之久的爱好，不仅给了年轻的歌德“漫游者”或“浪游者”的谑称，而且对他的诗歌创作本身也产生了直接而深刻的影响。

在离斯特拉斯堡城数十公里处的郊外，有一座名叫塞森海姆的幽静而美丽的小村庄。村里住着一位叫布里翁的老牧师，他跟自己的妻子和两个女儿一起过着简朴、恬静与和睦的生活。

1770 年 10 月，在一个秋高气爽的日子里，塞森海姆来了两位漫游者，而其中那个衣着寒碜的“神学院学生”不是别人，正是乔装了的歌德；他年轻时经常这样“微服出游”。两人一道去拜访村里的布里翁牧师。年轻的歌德对沉静、和善的老牧师及其家人立即产生了好感，觉得这个家庭的情景和他读过的哥尔德斯密斯的小说《威克菲尔德牧师传》的主人公家十分相像。尤其是布里昂牧师的小女儿弗里德莉克，更令他一见钟情。

这当儿，她真的走进来了，刹那间，仿佛在这田舍的上空升起来了一颗最可爱的明星……她身材修长而轻盈，仿佛身上没有衣服的羁绊，俊俏的小脑袋上梳着一条金黄色的大辫子，相形之下脖子就显得纤柔了些。她那明亮的眼睛快活地顾盼着，美丽而稍稍有点扁平的小鼻子自由地呼吸着，好似世间没有任何烦恼似的……我一见她就心花怒放，就感觉出了她的全部娇媚可爱之处。

歌德在四十年后写成的《诗与真》中如此回忆第一次见到弗里德莉克时的情景和感受。

经过短时间的相处，年轻的歌德便深深爱上了纯朴善良的弗里德莉克。一回到斯特拉斯堡，他立刻给姑娘写了一封热情而含蓄的表白信。姑娘也以热烈真诚的爱来回报他。这样，借助着爱神的手指的拨动，一首首动人的情歌便从诗人的心弦上弹奏出来 ——

我是否爱你，我不知道。
一当我瞅见你的脸，
一当我望见你的眼，
我的心便没有任何烦恼。
上帝知道我是多么幸福！
可我是否爱你，我不知道。①

这首无题小诗，婉约而恰切地表达出了歌德在初遇弗里德莉克时那种犹豫踌躇、焦虑不安，然而又充满幸福憧憬的复杂心情。他

① 引诗均系本书作者翻译，有的名诗在重译时参考了郭沫若、冯至、钱春绮等前辈的译品。

不知道，这一次爱情到底是给他带来痛苦，还是带来幸福。然而，爱火已在他的心中熊熊燃烧起来，那位住在宁静小村庄里的天使般纯洁、美丽、温柔的姑娘，就像磁石般吸引着年轻的歌德，使他不顾一切地奔向她——

我的心儿狂跳，赶快上马！
想走就走，立刻出发。
黄昏正摇着大地入睡，
夜幕已从群峰上垂下；
山道旁兀立着一个巨人，
是橡树披裹着雾的轻纱；
黑暗从灌木林中向外窥视，
一百只黑眼珠在瞬动、眨巴。

月亮从云峰上俯瞰大地
光线是多么愁惨、暗淡；
风儿振动着轻柔的羽翼，
在我耳旁发出凄厉的哀叹；
黑夜造就了万千的鬼怪，
我却精神抖擞，满心喜欢：
我的血管里已经热血沸腾！
我的心中燃烧着熊熊烈焰！

终于见到你，你那甜蜜的
目光已给我浑身注满欣喜；

我的心紧紧偎依在你身旁，
我的每一次呼吸都为了你。
你的脸庞泛起玫瑰色的春光，
那样的可爱，那样的美丽，
你的一往情深——众神啊！
我虽渴望，却又不配获取！
可是，唉，一当朝阳升起，
我心中便充满离情别绪：
你的吻蕴藏着多少欢愉！
你的眼中含着多少悲凄！
我走了，你低头站在那儿，
泪眼汪汪地目送我离去：
多么幸福啊，有人可爱！
多么幸福啊，能被人爱！

从1770年10月至第二年8月，歌德记不清有多少次疾走奔驰在斯特拉斯堡通往塞森海姆的山道上，记不清经历了多少次像诗中所描绘的欢聚与离别。

这首题名就叫《欢聚与离别》的抒情诗，真实地写下了年轻的歌德急不可待地于深夜奔赴爱人身边的情景，在表现手法上成功地运用了对比和反衬。山间月夜的阴森可怕，正好衬托出了心情的火热和急切。将相聚的幸福欢乐和离别的悲伤难过同时抒写出来，借助反差，让人感受格外强烈。妩媚温柔的弗里德莉克，把自己的一颗心完全交给了歌德，使年轻的诗人有生以来第一次享受到了真正的爱情。而随着1771年春天的到来，歌德更是幸福到了极点，于是禁不住放开歌喉，唱出了那首脍炙人口的《五月歌》——

大地多么辉煌！
太阳多么明亮！
原野发出欢笑，
在我心中回响！

万木迸发新枝，
枝头鲜花怒放，
幽幽密林深处，
百鸟鸣啭歌唱。

欢呼雀跃之情，
充溢人人胸襟。
呵，大地，呵，太阳！
呵，幸福，呵，欢欣！

呵，爱情，呵，爱情，
你明艳如朝霞！
呵，爱情，呵，爱情，
你璀璨似黄金！

你给大地祝福，
大地焕然一新，
你给世界祝福，

世界如花似锦。

呵，姑娘，呵，姑娘，
我是多么爱你！
你深情望着我，
你是多么爱我！

我热烈爱着你，
犹如百灵眷爱。
那歌唱和天空，
那朝花和清风。

我热烈爱着你，
是你给的青春，
是你给人欢乐，
是你给我勇气。

去唱那新的歌，
去跳那新的舞。
愿你永远幸福，
如你永远爱我。

这首在我国也早已广为流传的《五月歌》，是世界抒情诗宝库中一颗光彩夺目的明珠。它感情炽烈，情景交融，从歌颂大自然的春天转入歌颂人类的青春，歌颂青年时代那明艳如朝霞、璀璨似黄金的爱情，歌颂带给了诗人青春、欢乐和勇气的爱人。全篇节奏明快、铿锵，语言准确、精练，比喻新颖、贴切。诗中充满了阳光、生命、欢笑、歌唱、憧憬、希望，是一首不可多得的自然颂、人生颂、青春颂！

《五月歌》采取的是直抒胸臆的手法。吟诵着它，我们仿佛看见在阳春五月，年轻的诗人歌德携带着自己心爱的姑娘，来到阿尔萨斯鲜花如锦的郊原里。应和着百鸟的啭鸣，他忍不住雀跃欢呼，放声高歌。也就难怪它会如此的自然、质朴、清新。也就难怪埃米尔·路德维希要说："这是第一首由歌德写出来的歌德体的诗。从它开始，一种新的抒情诗，一种新的德语，一种新的文学诞生了。"①

然而，塞森海姆这个地方并不总是阳光明媚，到了7月底，歌德的心中已罩上阴影，已出现对于那宁静然而平庸的田园生活的不满。8月8日，大学里考试结束后的第二天，他最后一次去会见自己仍然爱着的弗里德莉克。临别，他已经骑上马，才把手伸给姑娘，此时的她如每次依依惜别时一样眼里噙满了泪水，却万万没想到这就是永别。

歌德满怀着内疚，回到法兰克福才写信将自己的决定告诉弗里德莉克。收到信，姑娘的心都碎了；而她的回信，如歌德自己说的，也撕碎了他的心。曾几何时，他还在《五月歌》里写道："愿你永远幸福，如你永远爱我。"多情而温柔的姑娘，纯洁而善良的姑娘，她的确是全心全意地、始终不渝地爱着歌德的啊，然而为此却断送了自己的宝贵青春和终身幸福。②

---

① 埃米尔·路德维希（Emil Ludwig）是著名的歌德传记作者。

② 弗里德莉克终身未嫁，于父母去世后只得在一家远房亲戚家寄居，在六十岁时悄然辞世。

是什么原因促使歌德从自己心爱的姑娘身边逃开？他这样做到底对不对？有没有必要？这些问题准备留待另外的机会去详加探讨。在此只想肯定一点，歌德确实自知做了一件昧心事，因而悔恨不已。他在《诗与真》中写道："在这里第一次犯了罪，我深深地伤害了那颗最美丽的心，从此我自己便受着绵绵无尽期的悔恨的折磨，痛苦得简直无法忍受……"

少年看见玫瑰花，
原野里的小玫瑰，
那么鲜艳，那么美丽，
少年急忙跑上去，
看着玫瑰心欢喜。
玫瑰，玫瑰，红玫瑰，
原野里的小玫瑰。

少年说：我要摘掉你，
原野里的小玫瑰。
玫瑰说：我要刺痛你，
叫你永远记住我，
我可不愿受人欺，
玫瑰，玫瑰，红玫瑰，
原野里的小玫瑰。

轻狂的少年摘下了
原野里的小玫瑰。

玫瑰用刺来抗拒，
发出哀声和叹息，
可是仍得任人欺。
玫瑰，玫瑰，红玫瑰，
原野里的小玫瑰。

这首题名为《野玫瑰》的抒情诗约成于 1771 年夏天，通常被看作是《塞森海姆之歌》的最后一首。这不仅因为它产生的时间最晚，而且已预示着大学生歌德和乡村少女弗里德莉克之间爱情的不幸结局。艺术上，它显然体现了歌德在赫尔德指导下学习民歌的收获，或者更确切地说，就是他在赫尔德处读过的一首古老民谣的改作。

这首诗格调如此质朴、自然、清新，节奏如此明快、活泼和富于音乐性，加之在简单的故事情节中包含着深沉的情感，因此经过舒伯特等音乐家谱了上百种曲调以后，在世界各国广为传唱。唱着它，我们不仅对善良、美丽但却不幸的弗里德莉克深感同情，同时还隐隐听见那“轻狂少年”的痛苦自责。他怎么也忘不了弗里德莉克那饱含泪水的眼睛，忘不了她最后写给他的那封信。他不得不一次又一次地进行他所谓“诗的忏悔”，在后来创作的其他一些诗中，在剧本《葛慈》《克拉维歌》和《斯苔拉》中，甚至在《浮士德》和晚年完成的《诗与真》中。所有这些作品里的负心人都是不幸的，特别是《葛慈》里的范斯林根和《克拉维歌》的同名主人公，歌德更让他们一个被毒死，一个被剑刺死，足见他的悔恨多么沉痛，多么深刻。①

① 此剧全名《铁手骑士葛慈·封·伯利欣根》，写于歌德抛弃弗里德莉克的同年。两年后，歌德将剧本寄给她，并在给朋友的一封信里写道：“可怜的弗里德莉克可以得到一些安慰了，当她知道人们毒死了她那个负心人。”

在塞森海姆这个现在属于法国的幽静小村庄里，年轻的歌德既第一次享受到了爱情赐予的最大幸福，又经历了爱情带来的最大痛苦。诗人的心灵和感官受到了剧烈的震撼。由此而写成的《塞森海姆之歌》才如此热烈、真挚、感人，产生了非凡的艺术效果。在歌德一生的诗歌乃至整个文学创作中，《塞森海姆之歌》被视为第一块里程碑。生活在吹拂着时代的自由之风的斯特拉斯堡，与赫尔德和弗里德莉克的遇合，像奇迹似的突然使歌德的舌头变得灵活自如，嗓音变得清亮圆润。他从此摒弃了洛可可式的矫揉造作、阿那克瑞翁式的虚情假意、田园牧歌式的恬静淡远，总之，摒弃了一切的陈腐旧调，而找到了自己独特的语言和风格，歌德的风格：质朴、自然、真挚、强烈。

在《塞森海姆之歌》中，诗人歌德第一次展露了自己的天才，第一次发现了他自己。或者再借用埃米尔·路德维希的话说：歌德在塞森海姆第一次写出了“歌德体的诗。从它开始，一种新的抒情诗，一种新的德语，一种新的文学诞生了”。

狂飙突进的号角

——关于《普罗米修斯》及其他颂歌

离开了心爱的姑娘弗里德莉克，歌德心情沉重地回到了故乡法兰克福。作为斯特拉斯堡大学法学系的毕业生，他于当年 8 月底便获准开设了一家律师事务所。这遂了他父亲的心愿，却很不合诗人本身的志趣。不久，他便把事务所丢给父亲经管，自己却常去城郊作长距离的漫游。因为，“那时候我只有置身于开阔的蓝天下，山谷中，高岗上，田野和树林里，心里才能恢复宁静”，“我习惯了漫游生活，习惯了像个信差似的来往奔走于山岭和平原之间。我经常独自一人或者结伴穿城而过，好像我的故乡法兰克福是一座与我不相干的陌生城市。饿了，就在大街上的饭店里吃一餐饭，吃完又继续走自己的路。”①

就这样，在自由自在然而却充满艰辛的漫游途中，歌德一方面

① 歌德：《诗与真》，第十二卷。

平息缓和了内心的焦躁、紧张和不安，另一方面还用诗的形式记录下自己切身而鲜活的感受，写成了一系列以漫游为题材的诗篇。其中那首诞生于暴风雨里的《漫游者的暴风雨之歌》，歌德自称“一半是胡言乱语”，实则充满了自由不羁、无所畏惧和勇往直前的战斗豪情。①

在写作上述漫游者之歌的差不多同时，1771 年年底，歌德还完成了在斯特拉斯堡已开始酝酿的历史悲剧《葛慈・封・伯利欣根》，在剧中塑造了一个反对封建专制、争取个性自由的斗士，一个强壮彪悍、英勇善战的所谓“力的天才”（Kraftgenie）。《漫游者的暴风雨之歌》和《葛慈・封・伯利欣根》一样，都与歌德以前写的《塞森海姆之歌》等情意绵绵的作品形成鲜明对照，表现了诗人性格中刚强有力的一面，标志着他的思想与创作已进入狂飙突进时期。

德国历史上的狂飙突进运动（1770—1785）以其主要参加者克林格尔的剧本《狂飙突进》而得名，被视为启蒙运动的继续和发展，是在进步的青年作家和诗人中掀起的一次全德性的思想解放运动。它与我国的五四新文化运动颇有些近似，只是在影响的广泛和深远方面不及后者。歌德在斯特拉斯堡经过赫尔德的开导，接受了狂飙突进的理论和理想，并且强有力地用自己的作品将其表现了出来。在诗歌方面，从内容到形式，最能体现狂飙突进精神的要数《普罗米修斯》等以古希腊的颂歌体写成的自由诗。正因此，歌德后来被文学史家们尊为狂飙突进运动的主将，虽然他早在 1775 年就已应邀

① 此诗很长，不重译。读者可参阅钱春绮先生的译文（收在上海译文出版社《歌德诗选》）。

进入魏玛宫廷，实际上退出了这个运动，基本上割断了与其他激进作家们的联系。

在狂飙突进精神高扬的那些年代，年轻的歌德可谓意气风发，豪情满怀。他创作的题材突破个人生活的狭小圈子，构思了一系列以历史上和传说中的伟人或英雄如穆罕默德、恺撒大帝为主人公的剧本。可惜的是只有《葛慈·封·伯利欣根》得以完成，其余都只留下了提纲、初稿或残篇。

颂歌《普罗米修斯》（1774）便是同名悲剧残篇中的一段独白。主人公普罗米修斯是希腊神话里的泰坦族巨人伊阿珀托斯的儿子。为了造福人类，他窃取天上的火种带来人间，触怒了主神宙斯，被锁在高加索山上受尽折磨，但仍不屈服，后为希腊英雄赫拉克勒斯所救。在西方文学中，普罗米修斯成了人们钟爱的不畏强暴、乐于为大众的自由解放而献身的英雄典型。年轻的诗人歌德则借普罗米修斯之口，勇敢地向代表封建统治者的宙斯发起了挑战——

宙斯，用云雾把你的天空
遮盖起来吧；
像斩蓟草头的儿童一样，
在橡树和山崖上
施展你的威风吧——①
可是别动我的大地，
还有我的茅屋，它不是你建造，
还有我的炉灶，

① 宙斯手执霹雳棒，掌管雷电。

为了它的熊熊火焰，
你对我心怀妒忌。

我不知在太阳底下，诸神啊，
有谁比你们更可怜！
你们全靠着
贡献的牺牲
和祈祷的嘘息，
养活你们的尊严。
要没有儿童、乞丐
和满怀希望的傻瓜，
你们就会饿死。

当我还是个儿童，
不知道何去何从，
我曾把迷惘的眼睛
转向太阳，以为那上边
有一只耳朵，在倾听我的怨诉，
有一颗心如我的心，
在把受压迫者垂怜。

是谁帮助了我
反抗泰坦巨人的高傲？
是谁拯救了我
免遭死亡和奴役？

难道不是你自己完成了这一切，
神圣而火热的心？
你不是年轻而善良，
备受愚弄，曾对上边的酣眠者①
感谢他救命之恩？

要我尊敬你？为什么？
你可曾减轻过
负重者的苦难？
你可曾止住过
忧戚者的眼泪？
将我锻炼成男子的
不是那全能的时间
和永恒的命运吗？
它们是我的主人，
也是你的主人。

你也许妄想
我会仇视人生，
逃进荒漠，
因为如花美梦
并未全都实现？
我坐在这儿塑造人，

① 指宙斯。

按照我的模样；
塑造一个像我的族类：
去受苦，去哭泣，
去享受，去欢乐，
可是不尊敬你——
和我一样！

在这首颂歌中，我——普罗米修斯，被压迫人类的代表和你——宙斯，封建势力的象征之间，形成了尖锐的对立。我被大书特书；我的自立、自主、自救精神，得到了充分的炫示和颂扬，而你的权威和虚伪本质，却遭到了无情的讽刺和蔑视。难怪当时的进步人士将这首诗誉为“狂飙突进的号角”，而封建保守势力则斥之为离经叛道：它竟然宣称人不是上帝所造，竟然号召人不要对神心怀敬畏！

欧洲从文艺复兴而宗教改革而启蒙运动，到了法国大革命之前的狂飙突进时期，新兴的资产阶级的阶级意识进一步觉醒，反封建的人文主义思潮空前高涨。狂飙突进运动的参加者们崇奉所谓“天才”，也就是那种独立不羁的、富有创造力的、自然发展的人。从《普罗米修斯》一诗中，我们听见了资产阶级的人的自我意识在高声呐喊。在普罗米修斯这个崇高的形象身上，我们看到了“天才”的耀眼迷人的光辉。

特别值得一提的是，颂歌结尾处的“去受苦，去哭泣，去享受，去欢乐”，大声地、明白无误地宣布了一种新的入世的人生观，这是处于艰苦创业和奋发向上阶段的资产阶级的人生观，与后来浮士德敢于上天入地和“把人间的苦乐一概承担”的精神，也即世人津津乐道的“浮士德精神”，可谓一脉相承。

艺术上，这首诗的节奏铿锵有力、格调粗犷、气势豪迈，寓深邃的哲理、崇高的思想于鲜明的形象和生动的比喻之中，因而产生了震撼人心的力量。在歌德一生数以千计的抒情诗中，《普罗米修斯》以富有革命精神和阳刚之美而出类拔萃。进步思想家对其大加赞赏。经过舒伯特等谱曲，它被世代传诵。

德国的狂飙突进运动，在国内以哈曼①、赫尔德为思想领袖，深受荷兰哲学家斯宾诺莎的泛神论和法国启蒙思想家卢梭的“回归自然”主张的影响。尤其是卢梭的主张，由于恰恰符合资产阶级反抗现存的封建制度、秩序和礼俗的要求以及个性解放的愿望，更成了运动不成文的纲领中的第一个重要内容。歌颂自然、亲近自然、追求与自然的融和，都是狂飙突进的诗人们的共同倾向。歌德之热衷于漫游和写漫游题材的诗歌，其原因也在这里。但是，将这一倾向表现得最集中、鲜明而且强烈的，却是《伽尼墨德斯》这首颂歌。

伽尼墨德斯是希腊神话中的美少年，为宙斯所喜爱，被宙斯接上天去做侍酒童子，因而得以永葆青春。诗人歌德创造性地改造这个故事，让自己化身为美少年伽尼墨德斯，对着被视为爱人的春天放开歌喉，纵情歌唱——

你的炽热的注视
令我如沐朝晖，
春天啊，亲爱的！

---

① 哈曼（J. G. Hamam，1730—1788），德国哲学家。

带着千般爱的欢愉，
你那永恒的温暖的
神圣情感涌上
我的心头，
无限美丽！

我真想张开双臂
将你拥抱！
我愿躺在你的怀中，
忍受思慕的饥渴，
让你的花和你的草
跟我的心紧贴在一起。
可爱的晨风啊，
请带给我焦渴的心胸
以清凉的滋润！
从那雾谷的深处，
已传来夜莺亲切的呼唤。

我要去了，我要去了！
去向何方，啊，何方？

向上，奋力向上！
白云飘然而降，
白云俯下身来，
迎接热诚的爱人。

迎接我！迎接我！

让我在你的怀抱里

飞升！

让我们相互拥抱！

飞升到你的怀中，

博爱的父亲！

这首诗成功地使用了拟人化或者说拟神化的手法，春天变成了美丽的爱人，大自然变成了博爱的天父，白云是天父的使者，清风、夜莺和自然界的一花一草全都充满了人性或者说神性；而诗人自己，也是充满神性的自然界的一部分，也是自然父亲的骄子。这种手法，恰到好处地表现了歌德的泛神宗教观和哲学思想。

然而，使《伽尼墨德斯》一诗特别优美动人和不同凡响的，还是它那巧妙的构思和深邃的立意。歌颂自然、亲近自然、渴望与自然融为一体的思想，层次分明地、形象而富有戏剧性地，在短短的几节诗中展现了出来，取得了巨大而强烈的艺术效果。尤其是那象征性的结尾，更有画龙点睛之妙，是如此地发人遐思、耐人寻味，不仅使我们豁然开朗，一下子明白了诗题《伽尼墨德斯》的含义，而且也获得了美的享受。比起同样的歌唱春天和大自然的《五月歌》来，《伽尼墨德斯》在优美生动和感情炽烈的共同优点之外，还以含蓄和深刻见胜。我们必须发挥自己的想象力，才能真正理解它、欣赏它。而这样做十分值得。

与写升天堂的《伽尼墨德斯》恰好相反，歌德还有一首《致驭者克洛诺斯》，却写到了入地狱。但这只是表面的矛盾，两首诗以及前面的《普罗米修斯》，从思想到形式都可以说和谐一致，相互补充，构成了一个整体。1774 年 10 月 10 日，歌德把来访问他的前辈诗人克洛普斯托克送到达姆施塔特城，于驰返法兰克福的马车中即景生情，写下了《致驭者克洛诺斯》这首颂歌。可诗题中的克洛诺斯并非他面前的马车夫，而是希腊神话中的时光之神，亦即宙斯的父亲。[①]在歌德的想象中，他成了操纵人生马车的驭者 ——

加把劲儿，克洛诺斯！
快策马前驱！
道路正通向山下；
你要是迟疑踌躇，
我便会头晕呕吐。
快振作精神，不惧怕
道路坎坷和颠簸，
快送我奔向生活！

气喘吁吁，
举步维艰，
眼前又要奋力登山！
快向上，别怠惰，
满怀希冀，勇敢向前！

站在高山上眺望，

① 克洛诺斯原文为 Chronos，歌德误作了 Kronos。

四野生机一片！
从山岭到山岭，
浮泛着永恒的灵气，
充溢着永生的预感。

道旁凉棚下的荫处
吸引你去休憩，
门前站着一位少女，
令人一见心里欢喜。
快去饮一杯酒！—— 姑娘，
请也赐我泡沫翻涌的佳酿，
还有你青春健康的一瞥！

下山了，快冲下山去！
看！红日正西沉！
趁它还挂在天边，
趁雾霭还未从沼泽升起，
趁我衰老没牙的腭骨尚未
上下磕碰，腿脚尚未战栗 ——

快载我这老眼昏花、
迷惘陶醉的旅客，
身披着落日的霞光，
眼含着翻腾的火海，
向那地狱的黑夜之门冲去！

克洛诺斯，吹响你的号角，
让马蹄嘚嘚作声，
使冥府的居民听见：我们来了；
让冥府的主人赶到门边，
殷勤地迎接我们。

很显然，诗里写的不仅仅是歌德于途归中的经历和所见到的自然景物，而是记录了他对人生的思考，只不过他在思考时使用了象征性的诗的语言罢了。人的生命原本就是一种时间现象，所谓没有时间界限的永生纯属宗教幻想和无稽之谈。随着时光的流逝，死亡终会到来的。有生必有死，生与死互为前提；死亡是生命的最后归宿，死亡又孕育着新的生命。因此，在诗人的笔下，人生的马车自然便该由时间之神克洛诺斯来驾驭。人生旅程的最后一站，人生的最后归宿，便成了死亡。这是大自然铁的规律，我们任何人都无法更改它，而只能去把握和适应，以使我们的生命更加充实、更有意义。

歌德在诗里描绘的旅途中的五个场景，实则象征着人生的五个境界：

1. 青年时代精力旺盛，前程远大，人生之车像在下坡时要不惧坎坷和颠簸，要勇敢地、毫不迟疑地奔向生活；

2. 中年时代已尝到生活的艰辛，但仍旧必须奋力向上，满怀希冀，相信人生之车终将登上山顶；

3. 进入壮年，事业和荣誉多半都已登上顶峰，人也能高瞻远瞩，对宇宙、人生有了透彻的认识，对于他来说，宇宙万物都真正充满了灵气和神性；

4. 正如马车不能一个劲儿地行驶，没有休整，人也不能一个劲儿奋斗，要有享受，就少不了爱情和美酒；

5. 正当可以真正地、尽情地享受生活之时，老已来临。“夕阳无限好，只是近黄昏。”怎么办？趁黑夜尚未到来，快兼程而行，无所畏惧地、豪迈地奔向自己的最后归宿 —— 死亡吧。

值得一提的是，在写成此诗之前的不久，年仅二十五岁的歌德刚出版了小说《少年维特的烦恼》，一跃而登上欧洲文坛的王座。在这事业与声望都如旭日东升的时候，他心中充满希冀，渴望奔向充实的生活，决心去攀登人生的新高峰，这些都是很自然的，可以理解的。可与此同时，他在诗中已谈到老和死的问题，似乎就于情理不合而令人费解了。事实是，年轻的诗人这时也并未真的感到老与死的威胁，而只是面对西下的夕阳即景生情，对人生进行了一番哲学思考而已。

事实上，死与生的关系作为一个哲学问题，的确是歌德从青年时代起就在考虑的。在一系列抒情诗中，在《少年维特的烦恼》中，在《浮士德》中，都有关于死亡的精辟思想。对于歌德来说，死只是回到大自然母亲的怀抱，只是变（Werden）；而对他来说，变又构成了发展和产生新的生命的前提。①

至于《致驭者克洛诺斯》一诗的最后两节，把死亡之行写得来兴高采烈、威武雄壮，就不仅表现了歌德的上述哲学思想，而且也洋溢着时代的狂飙突进精神，那就是生要充实、美好、轰轰烈烈，死要勇敢、豪迈、高高兴兴。

---

① 在这一点上，歌德的思想与我们面对死亡鼓盆而歌的庄周似有相近之处。

抒发自己对于包括死亡在内的整个人生的感想，这就是《致驭者克洛诺斯》含蓄、深刻而丰富的内涵。

《普罗米修斯》《伽尼墨德斯》和《致驭者克洛诺斯》三首抒情诗，都产生于德国的狂飙突进运动掀起高潮的1774年，是歌德一生诗歌创作的精华之一。它们所产生的广泛而巨大的影响，使年轻的歌德成了当时德国人心目中的第一抒情诗人。

在思想上，三首诗都充分肯定人的价值、能力以及人生的意义，人成了自然的骄子；而代表压迫者的神——不管是天上的宙斯或地府的冥王，都遭到了蔑视。个性解放和反对封建专制的人道主义精神和狂飙突进精神，得到了热烈的颂扬。

还有，通过这三首诗，我们可以充分认识和了解青年歌德积极进取的人生观，了解他那以泛神论为基调的复杂的宇宙观和宗教观。他相信宇宙万物——当然包括人——都充满神性，但却不承认一个特定的、主宰一切的神。对于研究歌德的思想，这三首诗无疑有着巨大的价值。

在表现手法方面，三首诗有着以下共同的鲜明特点：

第一，都创造性地运用了希腊神话的人物形象和典故，像普罗米修斯和伽尼墨德斯，本来就是性格特点鲜明而在西方受到人们尊重爱戴的英雄。这既赋予诗歌以庄严、崇高的气质，也加深了诗中的寓意。

第二，一反以往结构整严、音韵节奏优美和谐的格调，也摆脱了质朴清新的民歌的影响，不追求每一节诗的行数和每一行诗的顿数的整齐划一，也不押韵，可谓完全自由。然而正是这样的无拘无束，很好地适应了、表现了个性解放的狂飙突进思想和需要，实现了形式与内容的有机结合。

第三，都成功地使用了比喻和象征手法，寓对宇宙、人生博大深远的思考于眼前的具体事物，十分耐人咀嚼、寻味。

如果说，歌德在此之前以《塞森海姆之歌》为代表的抒情诗的优点是质朴、自然、热烈、优美的话，那么《普罗米修斯》等产生于后一阶段（1771—1775）的诗又另有所长，那就是自由、豪放、雄浑、有力。

有人称歌德的历史剧《铁手骑士葛慈·封·伯利欣根》为狂飙突进运动的“军旗”，我们则不妨称《普罗米修斯》等杰出的抒情诗为狂飙突进的号角，因为正是它们奏出了反对封建束缚的思想解放运动昂扬雄壮的主调！

“新的爱情　新的生活”

——关于“丽莉之歌”

人的生活缺不了爱情，风华正茂的诗人更是如此。

在忍痛抛弃美丽、善良的弗里德莉克的时候，歌德于《诗与真》中回忆说他曾痛下决心，不再与美丽的异性建立“任何亲密的关系”，免得再坠入情网，给自己和别人造成不幸和痛苦。从斯特拉斯堡回到法兰克福之初，他的确是这么做的。为了克服内心的紧张和焦躁，他经常从事漫游和滑冰等体育活动，并且把心思更多地用到写作上来。可是，他未能坚持多久。爱神对他紧追不舍，而以他的青春年少、生性敏感，又哪能因为有过痛苦的经验便心如死灰呢？

1772年5月，距他离开弗里德莉克的时间尚不足一年，他在小城韦茨拉尔又爱上了夏绿蒂·布甫。这是一次更加不幸的爱情，在失恋的痛苦中歌德完成了书信体小说《少年维特的烦恼》(1774)。

这部像诗一般优美动人的作品空前成功，不仅帮助年轻的歌德一跃登上了德国文坛的王座，而且使他跻身上流社会。对于这位

《少年维特的烦恼》的作者，多情善感的女士们更是格外地钦敬、崇拜，引为知己。

1775年的元旦之夜，歌德应朋友之约去参加一个家庭音乐会，踏进了法兰克福大银行家薛纳曼豪华的客厅。“时间已经很晚…… 客人来得不少，客厅正中摆着一架大钢琴，主人家的独生女儿正坐在琴前熟练而优美地弹奏…… 她的神态还带着一点稚气，弹奏时的动作却轻快而自然。弹完奏鸣曲，她站起来正好面对着我，我们便默默地相互点头致意。接着开始了四重奏……我发现，她很留心地在打量我，把我看个没完没了；而我呢，也趁机饱餐秀色。当四目相视的一刹那，我感到一种强烈而温柔的吸引力……”①

这样，年轻的天才诗人和银行家的掌上明珠便自然地亲近起来，歌德更可以说是一见钟情，立即迷恋上了这位名字叫丽莉的少女。因为她长着一头柔软的淡黄色秀发，一双媚人的蓝眼睛，身材苗条而丰腴，整个出落得不是一般地美、俊，而应该讲是耀人眼目的艳丽。难怪歌德要被她的“魔力”征服；而她呢，也同样情不自禁地爱上了才华横溢的年轻诗人。到了4月里，二十五岁的歌德与年方十七的丽莉已正式订婚。然而，他是否从此就找到了安宁和幸福，找到了感情的归宿呢？

对这个问题，歌德在认识丽莉后不久的2月份写的一首题名《新的爱情　新的生活》的短诗，已预先作出了回答——

心，我的心，你怎么啦？
是什么使你如此困窘？

---

① 《诗与真》第四部第十六卷。

完全陌生而崭新的生活!
我已不能再将你辨认。
你爱的一切已不复存在。
你的烦恼也全都消遁,
你失去了勤奋和安宁——
唉,你怎么落到这般窘境!

是那含苞欲放的春花,
是那美丽可爱的清姿,
是那忠诚善良的顾盼
拴住了你,用无穷魅力?
一当我想从她身边飞走,
一当我欲鼓起勇气逃离,
我立刻又会回到她的身边,
唉,腿不由心,身不由己。

那可爱而轻佻的少女
就用这根扯不断的魔线,
将我紧紧系在她身旁,
尽管我十分地不情愿;
于是我只得按她的方式,
生活在她的魔圈中间。
一切俱已面目全非啊!
爱情!爱情!快放我回返!

与丽莉的新的爱情，确实帮助歌德忘记了昔日不幸的爱情和烦恼；但与此同时，却使他失去了好不容易才获得的内心的安宁、创作的热情以及行动的自由。丽莉的魅力就像“扯不断的魔线”一样紧紧束缚住他，强使他去过一种他“十分地不情愿”的生活，他想逃走、反抗而不可能。这，对热烈向往个性解放的狂飙突进运动的天才诗人歌德，将是何等痛苦呵。与丽莉相爱使歌德的生活完全变了样，也可以说他因此失去了自我。所以他才发出哀告：“一切俱已面目全非啊！爱情！爱情！快放我回返！”

这样的诗句，它与“呵，爱情，呵，爱情，你明艳如朝霞！呵，爱情，呵，爱情，你璀璨似黄金！”相比，真是反差强烈。如果说，前边已分析过的《五月歌》整个充满着欢呼雀跃和幸福陶醉的感情，可以称作是一曲爱情颂、青春颂的话，这《新的爱情　新的生活》，却只有无可奈何的叹息和哀告，应该称作一首爱情怨。

两首诗同样都写对一位少女的眷爱，同样都出自热恋中的歌德笔下，何以竟如此不一样，何以竟一喜一悲？与丽莉的爱情为何令歌德感到如此痛苦？下面这首《致白琳德》，给我们揭示出了重要而又具体的原因——

你为何硬把我拖进，
唉，那富豪之地？
我这好青年不是挺幸福，
在清寂的夜里？

我将自己偷锁进小屋，
躺在月影之中，

如水的月光笼罩着我 ——
我沉沉地睡去。

我梦见黄金般的时光
和纯净的欢愉，
你的倩影已经铭刻在
我深深的胸际。

难道你还要将我拴在
灯火辉煌的赌台？
难道你还要让我迎合
面目可憎的市侩？

如今我更妩媚的春花
已不开在田野；
天使啊，爱与善和你同在，
自然与你同在。

这首诗写成的时间与前一首差不多。“致白琳德”实际上就是致丽莉，因为在德国早些时候流行而歌德也曾受其影响的安那克瑞翁派的诗歌中，白琳德通常作为心上人的代称。诗里所说的“富豪之地”，就是歌德因为丽莉的关系而滞留其中的上流社会。在那里，歌德不是陪她去赶舞会、上剧院、听音乐，就是陪她去逛集市、买小玩物、买小装饰品。还有那“灯火辉煌的赌台”，“还有那面目可憎的市侩”，这一切一切，都令歌德讨厌透了。歌德因此怀念自己的阁楼斗室，怀念这斗室中清寂的美梦。清寂的斗室和灯火辉煌的赌台，形象地表现了歌德与丽莉之间阶级地位的差异。置身于豪华奢靡之地的歌德之所以感到尴尬、痛苦，就因为他是一个有着强烈阶级意识的市民青年，一位在狂飙突进运动中扛举大旗的富于自信心和使命感的天才作家。然而，丽莉天使般的魅力却使他沦为爱情的奴隶，或者如他自己在《丽莉的花园》一诗中所形容的，变成了一头用绸带系着躺在丽莉脚边的笨熊，任人驱使、戏弄。

这期间，歌德写了一出名叫《克劳迪娜·德·维拉·贝拉》的歌剧，他通过剧中人物—— 一位义盗之口发出了对于自己处境不满的心声：“你们的市民社会我已忍无可忍！我想工作，可得当奴隶；我想快活，可得受奴役。难道一个还多少有些价值的人，不该逃得远远的吗？”①

歌德真的逃走了。1775 年 5 月，就在和丽莉订婚后一个月，他便接受友人邀请前往瑞士旅游，而实际目的却是想尝试一下能否摆脱丽莉的感情羁绊。他们先到了苏黎世。下面这首《湖上》，就记下了他荡舟苏黎世湖的情景 ——

鲜的营养，新的血液，
我从自由的天地汲取；
躺卧在自然的怀抱里，
何等地温暖、惬意！
水波轻摇着船儿，
和着荡桨的节拍，

① 见 Emil Ludwig：*Goethe*，S. 128，Paul Zsolnay Verlag 1931。

湖岸奔过来迎接，
云峰直插入天际。

眼睛，我的眼睛，你为何沉下？
是金色美梦，它们又袭扰你？
去吧，梦，尽管你色美如金！
眼前也有爱，也充满着生趣。

千万颗跳荡的星儿
在波浪上边闪明，
四周耸峙的远山
正在被柔雾吞饮，
港湾覆盖着绿荫，
湖水中一片金黄
是果实成熟的倒影。

仅仅读第一节和第三节，我们就要说这是一首十分成功的风景诗。它将群山环抱、轻雾缭绕的湖上美景，描绘得淋漓尽致。迎着习习晨风，缓缓行进在星光万点的湖面上，舟中的诗人该是心旷神怡，忘乎所以。然而事实并不完全如此，第二节的四句诗告诉我们，他的心仍不时地受到旧梦的袭扰，使他忧郁地低下头去，无心于眼前的美景。为了哪怕是暂时忘却那虚有浮华外观的梦境，忘却那艳丽媚人的未婚妻，诗人提醒自己："眼前也有爱，也充满着生趣。"整首诗静动结合，明暗相间，有声有色，生意盎然，是德国乃至欧洲自然风景诗为数不多的不朽杰作之一。

《湖上》还有一个特点，就是它以反衬的含蓄手法，道出了歌德对丽莉的想要忘却而不能忘却的深情。

歌德与友人往南走，登上了边境上的圣哥特哈特山，再往前就是他向往已久的文明古国意大利了。他在山顶上长时间地站立，徘徊。虽然离开法兰克福已两个多月，他却仍不能忘情于丽莉，仍感到她对自己的吸引力。在必须作出的抉择面前，歌德内心充满矛盾，而且可以说自从来到风光旖旎的瑞士以后，这种矛盾的心情就时刻伴随着他。下边这首他在苏黎世湖畔的山上远眺时吟成的短诗，虽然只有四句，却将自己的矛盾心境宣泄无遗，感人至深——

登临

要是我，亲爱的丽莉，不爱你，
眼前的景象将给我多少欢愉！
可是，丽莉，要是我不爱你，
我又怎能幸福，在这里和那里？

是的，要是没有爱情，一个人即使在天堂里也很难找到幸福。7月里，歌德终于下决心离开风景如画的瑞士，回到爱人身边去。可是谁知还没有跨进那拥挤扰攘的古老商埠法兰克福的城门，诗人才敞开的胸怀又感到困窘和压抑，心情十分郁悒和懊悔。待到与丽莉见了面，两人之间似乎已出现隔阂。仍然是那些虚伪的应酬和无聊的娱乐，还有那帮随着秋天集市的开始而麇集到丽莉家中来的庸俗商贾，都令年轻的诗人厌恶反感。在给一位朋友的信里，歌德形容自己焦躁和痛苦的心情说："我总觉得自己像只吞了毒饵的老鼠，从一个洞里窜到另一洞里，见水就舐…… 心里火烧火燎的，实在难受得要命。”在同一封信里还写道：“今天午饭后我见到了丽莉…… 与她无话可说，因此也就什么都没说！要能摆脱这一切该多好…… 可一想到丽莉真要与我视同陌路，使我无所指望，我又不禁感到战栗……”①

但是年轻的诗人到底还是狠下心来，与自己仍然爱恋着的天使般美丽的少女决裂，于秋天里解除了本来就为双方父母反对的、门不当户不对的婚约。尽管这样，歌德还是经常情不自已地徘徊在丽莉的家门外，偷偷地听她唱他为她写的歌子，仰望着她那掩映在窗帘后的苗条身影。这时期歌德写的有关丽莉的诗歌，例如《秋思》《慰藉》，都饱含着失恋的辛酸泪水 ——

秋思

绿叶啊，愿你更加
肥硕，沿着葡萄架
爬上我的窗户！
双生的草莓啊，
愿你更加饱满、圆莹，
更快地长大成熟！
太阳母亲临别的注望
给你们热力，
晴空中的熏风
将你们吹拂，

① Emil Ludwig：*Goethe*，S. 130.

月亮亲切而神奇的嘘息
使你们凉爽，
我眼中涌出的
永恒的爱之泪，唉，
将化作滋润你们的
盈盈露珠。

慰藉

别擦去，别擦去
那永恒的爱之泪！
唉，只有在擦而未净的泪眼中，
世界才显得荒凉而无生气！
别擦去，别擦去
那不幸的爱之泪！

不幸的爱之泪，就是失恋的痛苦的眼泪。它是永恒的，要流是流不尽的。话虽如此，歌德毕竟是一个堂堂男子，有着远大的抱负。他并不满足写成和出版《少年维特的烦恼》而享有的盛名，又已经开始《浮士德》和《埃格蒙特》等重要作品的创作。他不能再整天以泪洗面，必须振作起来，开始新的生活。可是，在古老的法兰克福，在丽莉的近旁，这是完全不可能的。幸而在此关键时刻，命运之神已为歌德安排了一条新路：经刚刚执政的萨克森-魏玛公爵卡尔·奥古斯特的一再邀请，11 月 7 日，歌德乘着公爵专程派来接他的旅行马车，向着当时人口尚不足六千的宁静小城魏玛驶去。

初到魏玛，歌德在自己和主人心目中都只是一位进行短暂访问的贵宾，因此也就没有什么任务，只在闲暇时陪着年仅十八岁的公爵滑雪、狩猎、饮酒作乐罢了。在这里，他虽然已跳出丽莉的魔力圈，虽然不久后又找到了新的爱情和新的生活，但却仍然不能完全忘记那位曾经以身相许的十七岁少女。①下面这首《狩猎者的晚歌》，写成于他到魏玛的那个冬天，一般都认为表达了诗人对丽莉的眷念——②

无声地逡巡在荒野里，
我给猎枪填好了子弹，
蓦地，你那可爱而甜蜜的
倩影，又在眼前浮现。

你也许正漫步田野和
幽谷，心境宁静、悠闲，
我这转瞬即逝的身影，唉，
可曾再来到你的面前？

从东到西，从北到南，
心中充满忧愁和厌倦，
我在人世上漂泊、流浪，
因为必须离开你身畔。

---

① 歌德一生中仅与丽莉正式订过婚。
② 也有人认为此诗是写给封·施泰因夫人的。

可是只要我一想起你，
仿佛就看见天上的月亮，
我的心便安适而宁帖，
真不知为什么会这样。

围绕着与丽莉近十个月的恋爱，歌德写了长短抒情诗十多首，本文介绍的是其中最脍炙人口的一部分。歌德生前没有将它们收集起来单独命名，是后世才将它们统称为“丽莉之歌”。“丽莉之歌”是歌德在1775这个生命转折之年的主要创作，虽然与此同时，他仍在写《普罗米修斯》似的颂歌和即兴的酬酢诗。“丽莉之歌”提供了有力的证据，说明年轻的歌德接受邀请前往魏玛，很大程度上是为了摆脱折磨他长达十个月之久的感情矛盾和精神危机，是为了逃离银行家小姐丽莉那使他失去“安宁和勤奋”的爱的魔力圈，以找回他诗人的自由和自我；而不像我们过去的评论常说的，他去魏玛就意味着与封建势力妥协，等等。这就是“丽莉之歌”的历史价值。

在艺术上，这些诗又恢复了早期格律严谨和音调和谐优美的特点，但与此同时，与“塞森海姆之歌”已有了显著的差别。正如朴实、温柔的乡村少女弗里德莉克和艳丽轻佻的富家小姐站在一起绝不会被人认错一样，两组诗也各有鲜明的个性特色，绝不可能混淆。具体讲，“丽莉之歌”不像“塞森海姆之歌”那样质朴、明朗、充满了欢呼雀跃之情，而是婉转、含蓄、郁积着难言难诉之隐，只是比较起来，似乎意境也显得更深沉，内涵也更丰富，更耐人寻味。尤其是《登临》和《慰藉》这样的小诗，短短几行便抒写出复杂而矛盾的感情，正好表现了大诗人歌德的非凡天才和雄健笔力。

就其本身而言，“丽莉之歌”前后也各具特色。前几首表现的是矛盾、迷惘的感情，其间夹杂着声声的哀怨和叹息；《秋思》等后两首就只剩下了绝望的痛苦，充溢着“永恒的爱之泪”。整个说来，“丽莉之歌”是一组带着苦涩味的杰作，在全世界以爱情为题材的巨大抒情诗宝库中，当占一个特殊的地位。

此外，这组杰作中的《湖上》和《秋思》两首既写景又抒情的诗，特别引起了笔者的注意。它们也大致是触景生情，却并不缘情写景，让自然景物受诗人情绪的感染，带上人的主观心理色彩，因而保持了相对的独立性。当然，景与情也不是没有关系，只不过这关系并非烘托，而为反衬，如前边在分析“塞森海姆之歌”的《欢聚与离别》一诗时已指出过的，看来歌德经常使用这种手法。仔细品味歌德用反衬手法写成的风景抒情诗，对于习惯于欣赏“感时花溅泪，恨别鸟惊心”一类佳句的我们，无疑可以开阔审美的视野。像他的那首《秋思》，与我们的“秋风秋雨愁煞人”大异其趣，但同样富于凄清的美，同样景中有情，只不过不是我们的诗论经常推崇的情景交融罢了。诗中描写的秋天充实而明朗，可是在结尾处来了一个情绪转折；这转折来得如此突兀，与全诗的色调反差如此强烈，以至产生了非同一般的艺术感染力和审美效果。

“愿人类高贵、善良……”

——关于歌德在魏玛头十年的抒情诗

1775年11月初，歌德来到了魏玛。他此行的初衷只是改变一下生活环境，借以把自己与丽莉的不幸爱情彻底忘却，重新振作起精神来，去实现他诗人的抱负与追求：他在此之前已完成《浮士德》第一部的初稿（Urfaust）。至于魏玛之后又往何处去？他自己也心中无数。他万万没想到的是，他在第二年年初会下定决心住下来，在这个小公国的小小都城，度过他一生中漫长的五十多个春秋。

在这个湫隘、狭小的世界，
不知道是什么使我着迷，
用温柔的魔带将我紧系？
我忘记了，乐意地忘记了
我的命运之路多么奇特；
唉，我感到眼前和远方

都还有等待着我的事业。
呵，但愿作了正确的决断！
而今我充满活力，却别无
选择，只能在寂静的现在
怀着对未来的美好希冀！

这首写于1776年3月附在给友人拉瓦特尔信中的诗，述说了歌德内心的彷徨和惆怅。他刚刚作出的留在魏玛的决断正确么？在这除去滑冰、骑马、打猎、演戏就无所作为的寂静生活中，他又怎样去完成等待着他的事业呢？当然，歌德并不失望，他对未来仍怀着美好的希冀。

那么，诗中所谓将歌德紧紧系在魏玛的“温柔的魔带”又是什么呢？

我认为既可以是魏玛宫廷中崇尚文艺的良好气氛，也可以是施泰因夫人的特殊魅力。

魏玛公国虽说人少地窄，财力有限，但老公爵夫人阿玛丽亚和她刚掌权的儿子却都热心科学和文艺事业，将维兰德和塞肯多夫等一大批诗人、作曲家、科学家延请到了宫中，久而久之，使小小的魏玛城变为了分裂落后的德国的文化中心。对于盛名之下的《少年维特的烦恼》作者，他们更是优礼有加，倍予宠幸。4月，公爵将伊尔姆河畔一幢漂亮而幽静的花园住宅赠给了歌德，使他能舒适地生活和写作。6月，又任命歌德为宫廷的枢密顾问，让他参与政务。10月，经歌德推荐，他的好友赫尔德也被请来魏玛，任教会总监。总之，魏玛的气氛、环境和人事关系，都不是故乡法兰克福可以比的，在当时的德国也难于找到第二个这样的地方，因而使歌德流连忘返。

早在1775年6月，歌德在一位朋友的手中看见一位陌生女人的侧面剪影像时就曾说过："看到世界如何反映在这个灵魂里，实在是一件美事。"①年轻的歌德没想到，半年后在魏玛，他就在公爵的陪同下走进了这个女人的客厅。她名叫夏绿蒂，是宫廷御马总监封·施泰因男爵——一个粗俗而好脾气的壮汉的妻子。她生得小巧玲珑，性格温柔而娴静，举止高贵，风度潇洒，模样虽说不上很美，更不如丽莉似的艳丽，但却别有一种风韵。从11月第一次见面起，歌德便被她吸引住了。到了第二年2月，他已向人承认："封·施泰因夫人是个了不起的女性，如人们喜欢说的，我已被她束缚住了，桎梏住了。"②

对封·施泰因夫人的倾慕，无疑也是一根将歌德紧紧系在魏玛的"温柔的魔带"。

歌德逃脱了丽莉温柔的羁绊却又被施泰因夫人温柔的魔带捆住，而且时间仅仅相隔两三个月，这不得不在歌德的心中引起思索。加之她已是一位有夫之妇和生育过七个孩子的母亲，他俩的结合事实上已无可能，就连相爱也只会带来痛苦，结局多半将是不幸。这些，自然更使歌德思想上充满了矛盾。1776年5月，歌德写了一首《无休止的爱》，正是他的矛盾心境的真实反映——

迎着风暴，
迎着雨雪，
穿过幽深的峡谷，

① Emil Ludwig：*Goethe*，S. 159.
② Peter Boerner：*Johann Wolfgang Von Goethe*，1983，Inter Nationes，S. 74.

越过雾锁的原野，
永远向前，永远向前！
没有休止，没有停歇！

我宁肯忍受
痛苦的折磨，
也承担不了
如许多的欢乐。
心心相印，
无尽的恋慕，
唉，竟奇怪地
令我痛苦难过！

我该逃走吗？
逃进森林里去吗？
一切都是枉然！
爱情啊，你这
无休止的幸福
你这生命的王冕！

爱情、欢乐、幸福如果太多，如果没有休止间歇，也会叫人承受不了，也会令人痛苦难过啊。但是，人又少不了爱情这“生命的王冕”，想要逃避它的一切努力都将是枉然。这，便是歌德的命运，普天下无数多情多恋的男女的命运。

具体说到对施泰因夫人的恋慕，它让歌德预感到的，已不是从与弗里德莉克的爱情中产生的“明艳的明霞”“灿烂的黄金”和“百灵的歌唱”，也不是由对丽莉的爱所化作的“金色的美梦”和“盈盈露珠”一般的眼泪，而是风暴、雨雪、幽深的峡谷和迷雾的原野。然而尽管如此，歌德仍旧狂热地爱着施泰因夫人，因为在他和这位聪慧、娴静的年长的女友之间，确实存在着心灵的契合。①

事实是，歌德与施泰因夫人的关系维持了十年之久，超过了在她之前和之后的任何女友和恋人。也可以说，歌德从来没有像崇拜她一样崇拜过任何人，从来没有哪个女性对歌德产生过像她似的长久而深刻的影响。他称她是自己的“抚慰者、天使、圣母”。他说：“这位夫人对我的重要意义，对我的巨大魅力，我无法另作解释，只能说是心灵的契合。—— 是的，我们是前世夫妻！”

在这十年中，歌德给施泰因夫人写了1700多封书信，也因为她而作了不少的抒情诗；在其中三首诗和一些信里，歌德曾以“丽达”这个假名作为施泰因夫人的昵称，后世便将所有与她有关的诗命名为“丽达之歌”。下面这首《致月亮》（初稿成于1776至1778年间），是其中最为人称道的一首——

你又将迷蒙的青辉
洒满这幽谷林丛，
你终于将我的灵魂
完全地解脱消融；

你将抚慰的目光

① 歌德时年二十七岁，施泰因夫人三十二岁。

照临我的园庭，
就像友人的青眼
关注我的命运。

我的心还感觉到
乐时与忧时的回响，
我在苦与乐之间
寂寞孤独地徜徉。

流吧，流吧，亲爱的河！
我再不会有欢愉，
嬉欢、亲吻、忠诚，
一切都已然逝去。

可我曾一度占有
那无比珍贵的至宝！
我现在痛苦烦恼，
就因为再不能忘却！

喧响吧，流下山涧，
别休止，莫停息，
发出淙淙的鸣声，
和着我的歌曲，

不论是在冬夜里

你汹涌地泛滥激涨，
还是在阳春时节
你迂回地流进花畦。

幸福啊，谁能
离开尘世无所怨恨，
谁能拥着一位知己，
和他共同分享

那人所不知的，
人所不解的乐趣，
作长夜的漫游，
在胸中的迷宫里。

这首诗的第一稿写在一封给施泰因夫人的信里。从第一稿中，只保留下来开头和结尾的各两个小节。在前边谈的《狩猎者的晚歌》中，诗人吟唱过："可是只要我一想起你，仿佛就看见天上的月亮"；因而《致月亮》这首诗，实际上也就是致歌德当时恋慕的施泰因夫人。在诗中，"你"—— 月亮起了一个抚慰者的作用，一如施泰因夫人在歌德的生活里那样。

据研究歌德遗存下来的信函和各种版本的诗集得出的结论，《致月亮》的中间四节是他 1788 年旅行意大利归来后添加、修改成的；此时他与施泰因夫人的感情早已破裂。因此，诗人借对流水的描写来抒发的就不是一般伤逝的情怀，而是自己失去了施泰因夫人的爱情和友谊的悲哀。至于诗的最后两节，始终都可看作是对未来的期望和祝愿。

由于在相隔十年之后作了添加修改，《致月亮》的思想情感就变得丰富而复杂，然而它却并不因此失去了和谐和统一，相反却异常地优美、深沉、动人。读着它，我们自然就会想到歌德在他那伊尔姆河畔的庭园中，独自漫步月下，对着眼前美丽、清幽的夜色和长流不息的河水，心中涌起万千思绪，禁不住对自己充满苦与乐的昔日和眼下的生活发出浩叹。

这首因景得情、缘情写景、情景交融的月夜抒情诗，意境深远，音韵悦耳，读者就算不了解它产生的背景和具体的含义，也同样能欣赏它，和它产生共鸣，心灵同样会受到那溶溶月光的抚慰。

当然，歌德之决心留在魏玛，决不仅仅是因为客观上受到了“温柔的魔带”的羁绊，仅仅为了追求舒适的环境和施泰因夫人的爱情；更主要的是他主观上也希望“在一向过惯了自由不羁的生活之后，也担负一些任务和责任”，并且想“试一试当一个大人物对他是否适合”。①

也就是说，他想尝试一下通过从政这条道路，来实现自己改造社会的理想。从 1776 年开始，他在魏玛宫廷中相继接受一系列重要职务，直至 1782 年当了宰相。对歌德前往魏玛这个弹丸小邦，对他决定留下来长住并担任要职，他在法兰克福的父亲、朋友特别是狂飙突进运动的同志都极力反对，后来激进的诗人伦茨等更因此与歌德决裂。以歌德的头脑和眼光，他自然也不会认识不到自己的抉择是一次冒险；他把自己的赴魏玛从政，比作一次《海上的航

---

① Peter Boerner：*Johann Wolfgang Von Goethe*，1983，Inter Nationes，S. 68—70。

行》——

我的船满载货物，等待顺风，
日日夜夜停泊在港湾里；
我与忠实的友人相聚在一起，
用酒浇灌耐心，滋养情绪。

朋友们比我更加不耐烦：
“我们希望你快快启程，
我们祝愿你一帆风顺；
异乡等着赐给你无数财宝，
我们等着拥抱归来的游子，
让他获得奖赏和爱情。”

终于在一天清晨，人声鼎沸，
我们让水手的吆喝声惊醒，
大伙儿往来奔走，忙忙碌碌，
要借第一阵劲风开航启碇。

船帆在风中胀满得像开了花，
太阳引诱我们以火热的爱情；
帆在水上急驰，云在空中狂奔，
岸边送来朋友们祝福的高歌，
我欣喜若狂，幻想着返航的
早晨，还有夜空中的颗颗明星。

可是神送来的风变幻无常，
我的船离开了预定的航程；
表面上它似乎任风摆布，
暗地里却想以智谋取胜，
在斜路上坚持向目标前进。

然而从阴沉的灰色的远方，
已隐隐传来风暴的吼声，
鸟儿们被吓得贴水低飞，
舒展的心胸也随之缩紧。
风暴果然袭来，在它的
盛怒面前，水手机智降下船帆，
船像只充满恐怖的皮球，
任风浪摔打、抛玩。

彼岸的朋友和亲人，
站在陆地上仍惊恐莫名：
“唉，他为何不留在这儿！
唉，这风暴！唉，他多不幸！
难道那好人就这么沉沦下去？
唉，他本该，他要能！天神啊！”

可他却立在舵旁，满怀豪情；
他的船听凭风和浪戏弄，
风和浪动摇不了他的心。
他威严地注视着可怕的深渊，

不管是覆没，还是抵达岸边，

都对他的守护神怀着信任。

对于天才的诗人歌德来说，到魏玛做官的确意味着生命的航船被风暴推上了一条斜路。手中虽握着权力，终日却得应付无聊的人和事，无疑有使他忘却自己的使命，失去诗人的自我的危险。但是，在歌德写《海上的航行》的 1777 年，他显然对自己的抉择毫无悔意，认为自己在斜路上仍可达到原定的目标。诗中所谓“对他的守护神怀着信任”，就意味着对自身怀着信任。

这首诗成功地使用象征手法，表现了歌德从政之初乐观而自信的心境。它最初是写给施泰因夫人的，我们可以将其视为歌德对所有关心他命运和前途的友人的回答。

然而，歌德很快发现，在魏玛这个小宫廷中很难实现自己的理想。他不但无法长期左右年轻的公爵，把他教育成一位开明的君主，而且还得对付宫廷中惯有的阴谋诡计和流言蜚语，参加无数的礼宾应酬，白白地劳心劳力。事实上，他很快就感到了厌倦。这种厌倦心情，委婉而深沉地表现在了他 1780 年写的那首《漫游者的夜歌》里——

所有的峰顶

沉静，

所有的树梢

全不见

一丝儿风影；

林中鸟儿们静默无声。

等着吧，你也快

获得安宁。①

1780 年 9 月 6 日，歌德登上伊尔姆县境内的基克尔汉峰，傍晚在峰顶牧人小屋的墙壁上题写了这首诗。它寥寥数语，即已将图林根深山密林中日暮时万籁俱寂的静谧气氛描写得淋漓尽致；而结尾一句，则展露了诗人倦于驱驰，渴望内心宁静的情怀。须知作此诗时的歌德才三十一岁，正当有为之年，不可能像一位白发老翁似的厌倦人生，他只是过腻了魏玛宫廷中扰攘不安的生活。

这首诗音调节奏是如此优雅，形式是如此玲珑、完美，意境是如此高远，历来被视为歌德抒情诗中的绝唱。它不仅得到西方各国诗人和读者的珍爱、叹赏，由舒伯特、李斯特等作曲家谱曲达二百种版本以上，而且也深受我国诗人郭沫若、梁宗岱、冯至等的推崇。

梁宗岱在给徐志摩的信中说，这首“篇幅小得可怜”的诗“给我们心灵的震荡却不减于悲多汶（贝多芬）一曲交响乐…… 因为它是一个伟大的充满了音乐的灵魂在最充溢的刹那间偶然的呼气……可是毕生的菁华，都在这一口气呼了出来”②。也就难怪，1934 年当梁宗岱出版自己的译诗集时，就以歌德此诗的第一句“一切的峰顶”作为了题名。

还有我国当代的著名歌德研究家和诗人冯至，也将《漫游者的夜歌》与李白的《静夜思》相比，认为它们都表达了人类面对某些自然景象可能产生的共同情绪，因而在东方和西方一样广为传诵、撼动人心。

---

① 歌德在 1776 年还写过另一首《漫游者夜歌》。
② 梁宗岱：《诗与真》，外国文学出版社，1984 年，第 34 页。

尽管已经厌倦，歌德仍任自己生命的航船在魏玛宫廷的浊流旋涡中颠簸、漂流，直到 1786 年秋天，他实在忍无可忍，才不辞而别，只身去意大利旅行了。

从 1776 年至 1786 年，歌德在魏玛从政整整十年之久。由于客观社会环境的限制，他的政治抱负未能实现，但是仍然不无收获。他不仅完成了一些作品 —— 其中诗歌创作更是成绩显著 ——，还开始热衷自然科学研究，并且大大地丰富了人生阅历。这最后一点，对他日后完成《浮士德》和《威廉·迈斯特》等巨著，无疑是很有意义的。在十年之间，歌德已不再是写《少年维特的烦恼》和“丽莉之歌”时那个多愁善感的翩翩少年，而被磨炼成了一个男子，对宇宙人生的思考也变得成熟起来。试读一下他 1783 年写的《神性》这首诗，并将它与十年前的《普罗米修斯》作一番比较 ——

愿人类高贵、善良，
乐于助人！
因为只有这
使他区别于
我们知道的
所有生灵。

让我们祝福
未曾认识的
预感中的神灵吧！
愿人类酷肖他们
人的榜样教我们

相信神的存在！

须知大自然
没有知觉：
太阳同样照着
好人与坏人；
罪人与善人头上
同样闪耀着
月亮和星星。

风暴、雷霆，
洪水、冰雹
都恣意肆虐，
匆匆地攫住
这个那个，
不加区分。

还有那幸福
也在人间摸索，
时而抓住男孩
纯洁的鬈发，
时而摸到老者
罪恶的秃顶。
遵循永恒而伟大的
铁的法则，

我们大家都必须
走完自己的
生的环形。

只有人能够
变不能为可能：
他能区别、
选择和裁判，
他能将永恒
赋予一瞬。

只有人能够
奖励善人，
惩罚恶人，
治病救命，
将一切迷途彷徨者
结合成有用的一群。

而我们尊敬
不死的神灵，
好像他们也是人，
也在大范围内做着
优秀的人经常做
和乐意做的事情。

愿人类高贵、善良，
乐于助人！
愿他不倦地
造福行善，
成为我们预感中的
神的榜样！

这首诗名为《神性》，实际上却是人和人性的赞歌。它告诉我们：人区别于或者高于其他一切生灵，是因为人可以高贵、善良和乐于助人，因为只有人才有良知和德行；并且人能区分善恶，用精神的创造将永恒赋予一瞬，做到大自然不可能做到的事情，虽然人也是自然的一部分，同样遵循着“铁的法则”，要走完“生的环形”；我们之所以相信神的存在，就因为在现实生活中有优秀的人的榜样，也就是说，人按自己的模样创造了神。所谓神性，不过就是理想的人性罢了。

诗中所述的事理简单得不能再简单，语言也明朗、质朴之极，但却引申出阐明了一种伟大、崇高而深刻的思想：人是万物之灵长，自然之精华，天神的榜样。

《神性》和《普罗米修斯》一样，都洋溢着人道主义精神。但是，如果说后者富于反抗的激情的话，前者则蕴含着更多、更深沉的哲理。在《普罗米修斯》中，我们看到的还只是“去受苦，去哭泣，去享受，去欢乐”的自然的人和个体的人，呼唤的还只是人性从神的奴役下的解放；在《神性》里，人就不但应该“高贵、善良、乐于助人”，并且能“将一切迷途彷徨者结合成有用的一群”，也即已经成为有道德的人和社会的人，呼唤的已经是人性的崇高和完善。

从这两首诗的比较中，我们可以发现歌德的思想，特别是人生观和宗教观的发展。《神性》这首诗，对于我们一百年后来读它的现代人，仍未失去教育意义。从一定意义上讲，我们还在努力实现歌德完善人性的理想。而诗人歌德的杰出和伟大，也正在于此。

在魏玛生活的头十年（1776—1786），歌德的创作成绩主要是大量的诗歌，上边仅介绍了一小部分精华和名篇。这一时期，歌德的阅历大为丰富，思想日趋成熟，为他日后的发展创造了一些必不可少的条件。艺术形式方面，这一时期说不上有多少创新，但却提高和完善了在法兰克福和以前已采用的多种诗体，既写了《神性》《海上的航行》等颂歌体无韵自由诗，也写了《无休止的爱》《对月》等音韵优美的格律诗，也写了《漫游者的夜歌》等单独一个小节的短诗。最后这种在西方被认为是歌德独创的着重含蓄和深远意境的诗歌形式，于《漫游者的夜歌》中达到炉火纯青的境界，成为千古绝唱。

南国之恋

——关于《迷娘曲》和《罗马哀歌》

你知道吗，那柠檬开花的地方，
茂密的绿叶中，橙子金黄，
蓝天里送来宜人的和风，
桃金娘静立，月桂头儿高扬，
你可知道那地方？
前往，前往，
我愿跟随你，爱人啊，随你前往！

你可知道那所房子，圆柱成行，
厅堂辉煌，居室宽敞明亮，
大理石立像凝望着我：
人们怎么你了，可怜的姑娘？
你可知道那所房子？

前往，前往，
我愿跟随你，恩人啊，随你前往！

我可知道吗，那云径和山冈？
驴儿在雾里觅路行进，
岩洞中有古老龙种的行藏，
危崖欲坠，瀑布奔忙，
你可知道那座山冈？
前往，前往，
我愿跟随你，父亲啊，随你前往！

上面引的这首抒情诗，是歌德极为有名的《迷娘曲》。诗题中的迷娘，原是他的长篇小说《威廉·迈斯特的学习时代》中的一位意大利少女。她早年被人拐带到德国，流落在一个跑江湖的马戏班中，备受虐待和摧残，直至十三岁时，才被小说主人公威廉·迈斯特—— 一位富于正义感的青年商人所搭救。在威廉的保护和养育下，迷娘渐渐长成一个可爱的少女，但对自己朦胧记忆里的祖国意大利，仍怀着深深的思恋和渴慕，因而郁郁寡欢，终致夭折。在小说中，迷娘唱过四首述说自己不幸身世和忧伤心情的歌，上面所引即为其中最脍炙人口的一首。自从 1796 年小说《威廉·迈斯的学习时代》问世以来，特别是 1815 年歌德将小说插曲全部摘出来放进自己的诗集之后，这首《迷娘曲》便在德国内外广泛流传，译成了世界上的多种语言，并由贝多芬、舒伯特、舒曼、柴可夫斯基等音乐家谱曲达百次以上，成了世界抒情诗宝库中一颗璀璨耀眼的明珠。

《迷娘曲》何以如此成功？它何来那明珠般迷人的光彩和魅力？

首先，来自它那丰富、深沉的思想情感。

诗只有短短三节，但每一节都描绘出一幅色彩鲜明、形象生动而又富于浪漫情调的图画，读着读着，意大利那美丽的南方古国便浮现在我们面前。迷娘把自己对故乡山川风物的眷念反复咏唱，情词恳切，设若读者你是歌中唱的“爱人”“恩人”和“父亲”，想必也会忍不住答应这可怜少女的请求。而我们根据对小说情节的了解，知道“爱人”“恩人”和“父亲”这三个不无矛盾的称呼，都仅只是针对威廉一个人的，便不难体会迷娘对稍长于自己的威廉怀有多么复杂而又深厚的感情；她那唯一一句涉及自己身世的歌词——“人们怎么你了，可怜的姑娘?”——又包含着多少自怨自怜的悲哀和辛酸。读完全诗，我们心中油然生起一股凄凉之感，深深为迷娘那复杂、沉重、悠远的思慕之情所打动。

短短三节诗，要表达如此复杂的思想情感已属不易，然而《迷娘曲》的内涵和意蕴，还远远不止这些。

乍看起来，诗的第一节只写了意大利的自然风物，第二节只写了迷娘童年时游玩过的一幢乡间别墅，第三节只写了她来德国时所走过的一段崎岖山路。可实际上，我们细细玩味之后，才发现诗里并不只于这些具体事物的描绘，也写了古国意大利的灿烂文化和悠久历史。因为那圆柱并列的辉煌厅堂和大理石像，使人不由得联想到以建筑和雕塑艺术为代表的古希腊和古罗马文化，联想到后来的文艺复兴；那云径幽深、蛟龙潜藏的蛮荒山野，使人不由得联想到神话传说中意大利遥远而神秘的往昔。难怪海涅在《从慕尼黑到热拉亚的旅行》一书中，要模仿《迷娘曲》的调子对它发出赞叹：“你知道吗，有支歌写出了整个意大利……”

其次，诗里抒发的也不只是意大利少女迷娘怀念祖国的感情，还融进了诗人歌德自己对阳光明媚的意大利的热烈憧憬。

读过歌德传记的人都了解，他从童年时代起便对意大利十分向往。《迷娘曲》初作于1784年，其时这位“最伟大的德国人”（恩格斯语）屈居小小的魏玛宫廷已近十年，他想把仅有十万人口的萨克森-魏玛公国改造成德国的样板的抱负业已破灭，除写了一些抒情诗以外，文学创作也几乎陷于停顿。周围令人窒息的环境、迂腐傲慢的人们早叫他厌恶透顶，还有那位徐娘半老的施泰因夫人也越来越令他感到尴尬。这些都使他更加渴望去南国意大利呼吸呼吸充满柠檬花香的清新空气，踏访踏访那古老国度里遍地皆是的文化胜迹。于是，诗人通过小说主人公迷娘之口，唱出了自己内心深处酝酿已久的感情，所以诗里的背景才这么广阔，思想才这么深邃，情感才这么真挚。

必须说明，歌德对意大利的憧憬和向往绝非无因，而且也不仅仅是他受自己曾经游历过意大利的父亲影响熏陶的结果。要知道，对意大利怀有这种特殊情感的，远远不只歌德一个，而是整个西方世界古往今来的文人、学者和艺术家。撇开其他历史和宗教方面的原因不讲，单单在14至16世纪的文艺复兴以后，意大利作为欧洲资产阶级近代文化的发祥地，便一直被包括德国人在内的所有欧洲人——特别是知识分子视为自己的精神故乡，视为自己的“根”之所在。作家、艺术家、诗人更是纷纷前去“寻根”“朝圣”，获取创作的灵感和素材。所以，歌德在《迷娘曲》中抒发的憧憬意大利之情，才能引起广泛而强烈的共鸣。对当时处于封建割据的黑暗状态中的德国来说，它无疑还间接地反映出人们对现实的不满，对光明的向往。

《迷娘曲》一诗思想情感的内涵的确极其深沉，异常丰富；但是，如果没有高超的艺术手腕，如此丰富深沉的思想情感断难以通过短短三节诗就传达出来，产生异乎寻常的感染力。

《迷娘曲》除具歌德抒情诗语言精练、形象鲜明、感情真挚等共同特点外，突出的优点是还从民歌中汲取了丰富的营养，用语朴实而富于音乐性，因而读起来朗朗上口，谱上曲更娓娓动听。尤其是每节诗起首和结尾的询问和恳求，反复中又有变化，随内容的加深和情绪的高涨而一次次地扣动我们的心弦，使之发出强烈的共振，久久回响。

在我国，经过众多著名诗人和翻译家的翻译介绍，《迷娘曲》同样广为流传。其中，郭沫若曾以不同的格调翻译过两次 —— 笔者重译时便主要参考了郭译 ——，足见他对这首诗多么重视和喜爱。然而，最早将《迷娘曲》译成中文的并非郭沫若，而是清末民初的重要政治家、学者兼诗人马君武。他翻译的《米丽容歌》既完整而又忠实，很好地传达出了原诗的情调和意旨，堪称歌德的作品乃至整个德国文学的第一篇真正中译（不是那种节述），故而弥足珍贵。兹将马君武的文言译文照录于后，供读者对比、欣赏 ——

米丽容歌 ①

君识此，是何乡？园亭暗黑橙橘黄。
碧天无翳风微凉，没药沉静丛桂香。
君其识此乡？归欤归欤，愿与君
　归此乡。

---

① 此诗原收于《马君武诗稿》，1914 年出版；据作者自序诗成于十年前。原诗与德文并排分段不分行，无新式标点。

君识此，是何家？下撑楹柱上檐牙。
石像识人如欲语，楼阁交错光影斜，
君其识此家？归欤归欤，愿与君
　归此家。

君识此，是何山？归马识途雾迷漫。
空穴中有毒龙蟠，岩石奔摧水飞还。
君其识此山？归欤归欤，愿与君
　归此山。

歌德对南国意大利的热烈憧憬，在他创作《迷娘曲》之后两年终于实现了。

1786年9月3日凌晨3时，他坐上驿车，不辞而别，离开他当时正在那儿疗养的卡尔温泉（即今日捷克境内的卡罗维发利温泉），只身前往意大利。他轻装微服，自称是个画家，名叫约翰·缪勒。他取道维罗纳、威尼斯、佛罗伦萨，直奔他日夜向往的“世界之都”罗马。

到了罗马，他就以一个普通画家的身份住了下来。他在那儿自由自在地踏勘古迹，欣赏古代的建筑、雕塑、绘画，广泛结交作家、艺术家。其间，他还游览过另外一些名城，渡海参观过西西里岛上的巴勒莫植物园，甚至三次冒险攀登维苏威火山，实地作地质考察。这时候，他的创作力重新旺盛起来，改写和完成了《埃格蒙特》等剧本，并开始写诗剧《塔索》和巨著《浮士德》的第一部。而且，他作为画家也不是徒有虚名，留下来的意大利写生和素描就有上千幅之多。除此，还有一件重要的事情当然也不能忘记，那就是爱情。

在罗马，歌德遇见一位美丽的平民女子，两人很快便热烈相爱。

要想知道在阳光充足、风光旖旎、古迹遍地、人物俊美的古国意大利，我们的诗人歌德生活得有多么充实、多么幸福和自由自在、心满意足，那就请读一读下面这首译诗——

呵，在罗马我感到多快乐，每当想起从前
那北国灰蒙蒙的日子将我紧紧包裹，
暗淡的天穹沉重地低垂在我的头顶上，
人没精打采，周围的世界无形又无色。
心怀郁闷，我窥探着一条条黑色的道路，
自我审视，我静静地堕入了苦思冥索。
可而今啊，明亮的以太光耀着我的额头，①
福玻斯召唤出了万千的形象与彩色。②
夜晚星光灿烂，四野回荡着甜美的情歌，
月色照着我，比北方的阳光更加暖和。
我这个凡人多么幸福！难道我是在梦境？
天父朱庇特，你的神宫可也接待过客？
唉，我躺卧在尘埃，伸出双手向你祈求！
啊，殷勤好客的天父，请你将我收留！
我不能告诉你，我怎样来到了你的身旁：
是赫柏抓住这浪游者，带他进了殿堂。③

---

① 即太空，天空，空气。
② 在罗马神话中，福玻斯为日神。
③ 在罗马神话中，赫柏为青春女神。

不是你要美人儿，从下界选拔一位英雄？①
她出了差错？请原谅！我却因错得福！
还有你的女儿福丢娜，她不也是一样！②
她一时兴起，给我的礼物竟是位姑娘。
你是真正的神灵吗？呵，那就别把客人
从你的奥林匹斯逐出，让他回到凡尘！——
“诗人啊，你向何处攀登？”请原谅我！③
那高高的卡皮托里尼不是你的另一座④
奥林匹斯？容我留下吧，天父，赫尔美斯⑤
将领我经过开斯堤墓碑，悄然走向奥尔库斯。⑥

这儿引的是歌德的著名组诗《罗马哀歌》（1788—1790）中的一首。所谓哀歌，只是古希腊罗马诗体之一种，最早和最杰出的哀歌诗人为奥维德和普罗佩茨。它勿须押韵，只要求单行六音步，双行五音步，每一首的行数不定。由于格律不十分严格，有的学者便认为它是一种介于抒情诗与散文之间的体裁，而我们则不妨权当其为一种分行排列的散文诗。因此翻译时，我也不勉强去相应地凑顿数，而更多地追求上口，使读者能够朗诵并多少感受到其中的诗意。再者，从内容看，它虽名为哀歌或译作悲歌，实则并不一定表现哀痛和悲悼的情事，如我们引的歌德这首诗，相反倒写的是天堂般的幸

① 指大力神赫拉克勒斯，他后来娶赫柏为妻。
② 在罗马神话中，福丢娜为幸福女神。
③ 罗马的名山。山上有朱庇特神庙。
④ 神使，兼司送灵魂入冥土之职。
⑤ 开斯堤为罗马护民官，其墓碑旁为德国新教徒公墓。
⑥ 罗马神话中之冥王。

福和快乐。

歌德在他的意大利天堂中流连忘返，一住两年，精神和身体都得到了休息，艺术上更重获新生，开始了创作中硕果累累的古典时期。他曾经讲，他到了意大利就感觉如在自己家里一样，而在德国的其他地方，他却只是个“被放逐者”而已。

1788 年春天，在国内故旧的再三催促下，歌德不得不洒泪告别阳光明媚的意大利，返回北方阴暗、潮湿的德国。在湫隘狭小的魏玛，他遇见的却是比阴郁的天气更加令人难受的冷眼。施泰因夫人与他的关系已完全破裂，只有奥古斯特公爵仍然给予诗人礼遇，虽然他辞去了宫廷中的大部分公职。他的生活变得比去意大利之前更加孤独，心情如像被逐出了乐园的天使一般地抑郁、痛苦，几至不能自持。幸好在 7 月里的一天，他独自在公园中散步，找到了新的慰藉，新的幸福 ——

在一片树林中
我信步往前行，
无意寻觅什么，
全然漫不经心。

我见一朵小花
开放在那树荫，
美丽如同明眸，
闪亮好似星星。
我欲将花采摘，

花儿发出怨声：
君欲将我摘下，
任我独自凋零？

我将花儿刨出，
连带所有的根，
移它至我家中，
种在美丽园庭。

如今它长生在
一个青幽环境，
依旧枝繁叶密，
依旧花朵茂盛。

这首格调清新的小诗，题名就叫《找到了》。它带着诗人的一腔柔情和眷爱，于1813年附在他从伊尔默瑙发出的信中，寄给了他在魏玛的心爱女子。这女子便是歌德二十五年前在公园中邂逅的那个年轻、美丽、善良的制花女工，名字叫克里斯蒂娜·乌尔庇乌斯。她也跟罗马那位平民少女一样很快与歌德相爱、同居，并为诗人生了一个儿子。1806年，歌德不顾魏玛宫廷中的人们乃至一些朋友的反对，与乌尔庇乌斯举行婚礼，使她成为自己的合法伴侣。但是，尽管有了她，歌德在回到魏玛的头两三年仍然经常怀念自己在意大利的幸福生活。特别是身旁这位忠实而温柔的乌尔庇乌斯，更使他时时想起那个同样对他许以身心、同样出身微贱的罗马女郎。在前者的身上，他似乎看见了后者的影子。有两三年之久，眼前的幸福与追怀往事的欣喜在他心中发出交响，使他写成了总题为《罗马哀歌》的二十首抒情诗。让我们最后再读读其中最为人称道的第五首——

在古国的土地上，我感到欢欣而又快活，
往昔和现代同时与我对话，声音洪亮、
美妙；我听从劝告，手不释卷地阅读
古哲的著作，每一天都有新的收获。
然而夜里，阿摩却让我忙于别的功课：①
纵然我只得到一半学问，却加倍快乐。
当我偷觑爱人的胸脯，抚摩她的丰臀，
难道这不是新的学问，新的得获？
我真正懂得了大理石像：我比较、思索，
观看的眼有了触觉，抚摩的手有了视觉。
纵然心爱的人抢走了我白昼的几多光阴，
她却用夜晚的欢乐时光加倍补偿我。
我们并不只顾亲吻，有时也理智地交谈；
一当她酣然睡去，我便会久久地思索。
还在她的怀抱中，常常我已经诗兴勃发，
我用我的手指，在她背上轻轻扣出
六步体的节拍。她在酣梦里呼吸轻匀，
温暖的气息一直流进我深深的心窝。
阿摩挑亮快熄的灯，让我记忆起在古代

① 罗马神话中的爱神。

他曾为三位诗人，将同样的好事做过。①

这首诗之所以引人注目，不只因为它大胆显露地描写了男女之间的爱情——像这种可能被人视为艳诗的作品在歌德诗中并不罕见——，而更重要的，是它真实记录了诗人在罗马（还有魏玛?!）的生活，表白了藏在他心中指导自己行动的恋爱观和艺术观。在歌德看来，爱情也是一种学问，其意义不下于读古哲的经典；爱情能加深对艺术的感受和理解，能使他的眼睛和手指感觉更加敏锐。因此，艺术离不开爱情，艺术家的生活中不能没有爱情。因此，歌德在《罗马哀歌》的第一首中唱道："呵，罗马，你诚然大如一个世界；可是没有爱情，世界不成其为世界，罗马不成其为罗马。"

组诗《罗马哀歌》，写了一位艺术家在罗马的生活，其中心内容又是他与那个被诗人唤作浮士蒂娜的平民女子的恋情，②所以也完全可以称为《罗马恋歌》。而认真读一读组诗，特别是上面引的第五首，我们便可以更好地理解和认识歌德这种在希腊罗马文化圈中具有代表性的艺术观和恋爱道德观，明白诗人一生何以多恋，甚而至于为西方现代的爱情心理学和充斥着爱情描写乃至性爱描写的文学，找出一点点文化历史的渊源。

《罗马哀歌》充满了罗马的地方文物、风情，使用了古罗马诗人开创的哀歌体，对古罗马的神话和历史传说旁征博引，罗马和意大利的色彩真是鲜明而又浓重。正因此，一些个原本平淡无奇的生活

① 指古罗马诗人卡图卢斯、提布鲁斯和普罗佩尔提乌斯，他们三人同样都写过热烈的爱情诗献给自己的情人。后人经常将他们的诗收在一起出版。

② 浮士蒂娜（Faustina）显系假名，有女性的浮士德之意。估计歌德当时正创作《浮士德》第一部，心中常以书中的主人公自比，因此也就替自己的爱人取了这个名字。

场景就变得绚丽多彩，特别是在我们东方人读来更别有一番情趣，恰似有一股熏风从遥远的南欧古国向我们扑面吹来。

《迷娘曲》唱出了歌德对自己想象中的意大利的憧憬，《罗马哀歌》唱出了诗人对自己生活过的“永恒之战”的思念。两者在内容和格调方面的差异是巨大的，但却有一个明显的共同点，那就是都表达了一位北方诗人对南方古国热烈而深沉的恋慕。

第二次青春

——关于“古典时期”的其他抒情诗

意大利之行，是歌德生命史上的又一重大转折。在那阳光明媚、色彩鲜艳的南方文明古国，青春之火在即将年满四十的诗人胸中又熊熊燃烧起来。在创作上，他也随之进入了持续近二十年之久的又一个兴旺时期，即所谓的古典时期（1786—1806）。

在此期间，不但歌德个人的创作获得了前所未有的丰收，完成了诗剧《浮士德》的第一部、长篇小说《威廉·迈斯特的学习时代》、诗剧《塔索》，以及其他一系列重要作品，而且，他与挚友席勒一起，还使整个德语文学登上了辉煌灿烂的、空前的高峰。但是，歌德对于意大利本身的热烈情感，却未能维持多久。1790 年 3 月，在完成《罗马哀歌》一年后，他又奉奥古斯特公爵之命前往意大利迎候公爵的母亲阿玛丽亚，在水都威尼斯一等便等到了 6 月。他的 103 首《威尼斯警句》，就产生于这一段无聊的羁旅生活。其中著名的第四首，已说明诗人对意大利感情发生了转变——

这就是我曾告别的意大利。大道依旧尘土飞扬；
　外乡人依然受到诈骗，不管他如何抗拒。
德意志的忠诚，您在哪儿都将白白寻找；
　这里只有忙忙碌碌，没有秩序和纪律。
谁都只关心自身，怀疑他人，爱好虚荣，
　就连国家的首脑也同样只知关心自己。
国土虽美，可是，唉，浮士蒂娜已无处寻觅。
　这已经不是我怀着悲痛告别的意大利。

依然是美丽的南国，诗人对它却不再有眷爱之意，这不仅因为挤满游客的威尼斯远远比不上文物鼎盛的世界之都罗马，也不只因为这里没有美丽、热情的浮士蒂娜，相反，在魏玛家中却有他忠诚的爱侣乌尔庇乌斯，有她三个月前才为他生的小儿子奥古斯特，因此诗人的心时刻系念着他们，早已从羁旅的异乡飞回到他们身边。不，歌德对意大利感情转变的根本原因，还在于他本人的气质和精神。

歌德的气质和精神有一个重要特征，就是渴望不断地更新、发展和变化，他曾把这比作蛇的蜕皮。晚年，他曾对人说："人要想不僵化，就得不断地改变自己，更新自己并使自己变得年轻。"对意大利的热恋只是他生活和思想发展的一个阶段；它尽管十分重要，但一过去便已成为一个已经超越的阶段，一张已经蜕去的蛇皮。

《威尼斯警句》的内容，都是歌德随时记录的对一时一事的体验和感想，只不过仍然采用了古罗马的哀歌体。它连同后几年创作的另外一些哀歌和以意大利诗人塔索为主人公的诗剧，都可以说是意大利之行影响的余波。

在他一生创作的第二个高峰和丰收期，歌德最重要的成就应该说即是本文一开篇所列举的那些诗剧和小说。他创作的诗歌数量不多，除去上述的哀歌和一些叙事谣曲（Ballade），他只在 1795 年至 1802 年间写了为数不多的抒情诗。现在我们便来谈谈这些抒情诗，因为它们正好表明歌德如何不断地更新自己，不断使自己青春焕发。

说来奇怪，歌德这个时期的诗歌又重新采用了他青年时代使用过的体裁，甚至包括洛可可体或牧歌体，而且所抒写的也多是缠绵悱恻的爱情，仿佛诗人又经历着第二次青春期似的。人们稍不注意，就很容易将这时候的诗混入他写《塞森海姆之歌》阶段乃至更早的作品中去，因为它们实在太像了。作为例子，我们先来吟诵一下他的《早春》——

欢乐的日子，
你们快来临？
送给我太阳、
青山和绿林？

小溪流淌得
加倍地忙碌
还是那草地？
还是那山谷？

蔚蓝的天空！
清新的空气！
湖中悠游着
金色的小鱼。

五色的鸣禽
喧闹在树林；
天国的妙乐
在其间回应。

绝色原野上
百花争吐艳，
蜂儿采花蜜，
嗡嗡复嘤嘤。

空气中传来
轻柔的颤动，
花香沁心脾，
催人入梦境。

一会儿吹来
更强劲的风，
转瞬又消失
在那丛莽中。

它却会回到
诗人的胸襟，
缪斯啊，请帮我
消受这幸运！

“告诉我昨天
出了啥事情?”
我的姊妹们啊。
爱人已来临!

明快的节奏，铿锵的音调，对自然、对春天的热烈赞颂，这一切都令我们情不自禁地联想起二十多年前那首美丽的青春颂《五月歌》！但是，它毕竟不是《五月歌》，它只歌颂了大自然明媚的春光，没有同时歌颂人类更美好的青春，以及那“明艳如朝霞，璀璨似黄金”的爱情。它不再是青春颂，而只是在春天里对于逝去的青春年华的回忆。“还是那草地？还是那山谷？”这两句抒发了诗人对往昔的追怀之情；结尾的“爱人已来临！”一句，则并不反映歌德生活的实际，而只道出了他心中对于新的爱情的向往。

《早春》的整个情调不似《五月歌》那样无限地乐观、欢快，而是已经有了许多的疑问和思索；它使用语言更自由、自如，破句多，不受语法、句法的严格约束 —— 这些于十分相像之中又不难发现的明显差异，标志着恢复了青春的诗人正在脱离青春期，其思想与诗风都在向着成熟的老年转化。

再看下面这首《牧羊人的悲歌》——

在那高高的山顶，
我曾无数次伫立，
身子倚靠着牧杖，
眼睛俯瞰着谷底。

羊群由小狗守护，
我跟随羊儿走去，
转眼已来到山下，
自己也不知怎的。

美丽鲜艳的花朵，
撒满眼前的草地。
我顺手摘下鲜花，
却不知给谁送去。

我站在大树底下，
躲避那疾风骤雨。
对面房门仍锁着，
全是一场梦，可惜。

真的有一道彩虹，
飞架在对面屋脊！
可她已离开家门，
去到遥远的异地。

她已经远走他乡，
不定还过海漂洋。
羊儿啊，一切都逝去了！
叫牧羊人痛断肠。

这首牧歌体的情诗，同样没有歌德早年这类作品的绮靡、轻佻，而是写得十分含蓄、质朴、委婉、深沉。明明晓得自己心爱的人儿已经远走他乡，仍然不知不觉地走下山来，不知不觉地像往常一样摘下鲜花准备送给她，这都生动地描绘出了热恋中的牧羊人心神恍惚的情态。当他看见恋人居住过的屋子上空升起一道雨后的彩虹，心中不觉又产生出新的希望，但马上却认识到事实是已经人去屋空。这样的曲折婉转，很好地揭示了失恋者复杂的内心活动。一句话，《牧羊人的悲歌》和这一时期的其他许多抒情诗一样，尽管在体裁、题材方面都与歌德青年时代的作品极为相像，但艺术表现却显示出即将进入老年的诗人的成熟。

值得指出的是，歌德这一时期的抒情诗都是纯粹的“艺术创造”，而不像他在此前和此后的作品，多半都记录反映了他自己的生活。他这时既无《早春》中说的与爱人重聚的欢乐，也无《牧羊人的悲歌》里表现的失恋的痛苦，诗中的人物和情节可以说都出自诗人的杜撰。但是据此我们却不能认为，这些诗里便没有歌德，没有歌德的思想情感；倒应该看到趋于成熟的诗人超越了自我，进而表现人类共通的思想感情，表现任何普通人都有的悲欢离合，以及对春天到来的喜悦，对韶华易逝的哀叹等。而且，更加重要的是，我们还应看到，歌德本人的思想情感都隐藏和融汇在了人类共通的思想情感里边，一当我们体会出来，便觉得更加深沉、感人。例如，在这一时期的诗里，大都弥漫着一种伤逝的忧郁情调，“还是那草地?”“还是那山谷?”“全是一场梦。”“一切都逝去了!”——这些都不是偶然的，也并非无病呻吟，而是渐渐老去的诗人的内心情绪的自然流露。是啊，他这时还写过少量直抒胸臆的作品，例如那首受人称道的《无常中的永恒》——

把握住早年的幸福，
唉，哪怕就一个时辰！
转眼间西风拂来，
便会是花雨纷纷。
那赐我荫凉的绿叶，
我怎能为它欢欣？
秋天它很快枯黄，
让狂风刮得漫天飘零。

你如想摘取果实，
那就快摘你的一份！
这儿的刚在成熟，
那儿已新芽萌生；
每一场骤雨过后，
可爱的山谷都会
改变容颜；在同一河中，
唉，你不能第二次游泳。

还有你自己！你面前
磐石般地耸立着
坚固的城垣和宫殿，
你看它们的目光却在变。
曾经热烈亲吻的唇
如今已一去不返，
曾经攀登峭岩的脚

不再和羚羊比赛勇敢。

还有举止温柔的
乐于为善的双手，
还有四肢和躯体，
也全都不似往昔。
曾经用你的名字
呼唤过的一切事物，
都已像一排浪花，
匆匆奔进元素怀里。①

让开端紧连着结束，
融合成一个整体！
要赶在万物之前，
迅速超越你自己！
感谢缪斯赐给我们
两件永恒的珍宝，
就是你胸中的思想
以及你心里的形式。

这是一首富于哲理、耐人寻味的抒情诗。它慨叹人生之无常，赞颂艺术和诗歌之永恒。它直截了当地表现了渐入老境的歌德的思想，反映出他具有唯物主义精神的世界观和人生观。这首诗的艺术

① 西方古典哲学的所谓四大元素为水、火、风、土，这儿指水。

特点和审美价值在于运用了许多明白易懂但却优美新颖的比喻和象征，一层深似一层地揭示了一个自然规律，那就是包括人自己在内的世间万物无时无刻不处于变化之中，美丽的也罢，坚固的也罢，有生命的也罢，无生命的也罢，概莫能外，而且最终都将化为元素，回归本原。可是全诗的结尾一节却骤然引入一个转折，使主题思想得到了升华：尽管世事无常，人却有能力于无常中创造永恒，只要他能超越自身的平庸，发现神赐予我们的灵性，去创造思想与形式俱佳的诗歌与艺术，去创造永留人间的精神，去创造不朽的美。经过这个转折，诗中便没有了伤逝的悲哀，唯剩下智慧的彻悟。它表现的艺术永存的思想，无论对歌德自己还是对后世，影响都是很大的。从积极的方面看，正是在其支配下，诗人珍惜生命中的一分一秒，直至晚年仍勤奋创作，给人类留下了光辉、巨大的精神财富。

以意大利之行为转机，歌德经历了生命中的第二次青春，但这并不意味着只是青年时代一切的再现与重复，而是在相似中发展和提高。他的创作如日中天，进入了被称作古典时期的光辉灿烂的鼎盛阶段。自此以后，犹如夕阳西下，诗人的生活和创作都开始进入晚年。不过，这晚年并不糊涂老迈、无所作为，而是充满睿智、硕果累累；这夕阳西下并不黯淡凄凉，而是又辉煌又壮丽。

憧憬东方

——关于《西东合集》（上）

《西东合集》是老年歌德最辉煌的一部诗作，不，岂止是老年，在他一生的诗歌创作中，无论从质量还是数量上看，这个集子都可算空前绝后的高峰，体现了歌德乃至整个德语诗歌的最高成就。

《西东合集》主要创作于1814年至1815年。在这之前的将近十年中，由于被他视作“自身的一半”的爱友席勒早逝，歌德失去了在创作上相互激励和相互竞争的伙伴，诗歌之泉随心泉一起几乎完全冻结了。除了完成十来首他自己不喜欢的十四行诗和小说《亲和力》（1809），他主要的精力都集中在了写青年时期的回忆录《诗与真》上面。歌德显然已经老了。

然而，在诗人的生命中，注定还有一个冰雪消融、春暖花开的时期。带给歌德这第三次青春，使他的诗歌之泉比以往任何时候都更加激越欢快地流动起来的，是光辉灿烂的东方文明，是他一生中唯一一次在心灵上得到了真正满足的爱情。

对于古老的东方文化，歌德青少年时代已经有所接触，并表现了一定的兴趣。他之特别热衷于了解东方文化，积极地阅读和有意识地学习东方的 —— 包括近东阿拉伯和远东中国的文学，始于 1813 年。这一年，应该说并非巧合，正是欧洲历史上的一个重要转折点：拿破仑·波拿巴在莱比锡大会战中的失败，带来了封建复辟的黑暗时期。歌德是拿破仑的崇拜者，作为资产阶级的诗人和思想家，尽管表面上与周围的封建势力相安无事，适应妥协，但他骨子里对于封建制度仍然十分痛恨。眼前欧洲大陆上出现的动乱和历史倒退，更令他反感、厌倦和失望。怎么办？逃走吧。但这一次不能再逃往他已经有些讨厌的近在身旁的意大利，而是要逃往那遥远的神秘东方 ——

北方、西方和南方分崩离析，
宝座破碎，王国战栗，
逃走吧，逃向纯净的东方，
去呼吸宗法社会的清新空气！
让爱情、美酒、歌唱陪伴你，
为恢复青春，将吉赛泉饮汲！①

在那纯朴而正义的国度，
我要深入一代代人心底，
去探寻本源古老的奥秘，
在那儿还能获得上天的训示，

① 阿拉伯传说中的生命之泉，据称饮了可以返老还童。

从真主口中，用世俗的言语，
不会疑惑不解，搔破头皮。

在那儿长者受到尊重，
没有人愿将他人奴役。
我乐于听从对青年的训诫：
信仰要宽广，思想要狭窄。
那儿语言的作用十分重要。
因为是实际说出的言语。①

我要混迹在牧人中，
去绿洲上恢复生机，
随骆驼队漫游四方，
做帔巾、咖啡、麝香交易
我要踏遍每一条小道，
从沙漠前往通都大邑。

为了唤醒沉睡的星辰，
为了令强人胆寒心悸，
向导高高坐在骡背上，
放声歌唱，如痴似迷；
这时，哈菲兹，你的诗抚慰我，
将险峻山道化作平地。

① 这几句可理解为要相信神无所不在，要思想单纯、心口如一。

在浴室中，在酒肆里，
神圣的哈菲兹，我都会想起你，
每当可爱的人儿掀开面纱，
鬈发飘散出龙涎香的气息。①
是啊，诗人表白爱的窃窃私语。
天女听见也会心生情欲。②

不管你们对他心怀嫉妒，
或者甚至破坏他的兴致，
你们要知道，诗人的言语
将围绕天国之门飘荡，
为了求得自己的永生，
会永远轻轻将门叩击。

这首诗题名为《赫吉拉》（Hegire），阿拉伯语的意思就是“逃亡”。它被置于整个诗集之首，可以看作是引言和序。事实上，它也道明了歌德创作《西东合集》的主旨，那就是逃避眼前那混乱的现实，到纯净的东方去过健康的生活，去更多地享受现世人生的乐趣，从而恢复自己的青春。这首序诗清楚地告诉我们，歌德的东方确切地说只是阿拉伯，而且他在逃亡的途中有一位精神向导。这位向导就是14世纪的波斯（今伊朗）诗人哈菲兹（Hafis，约1320年生，1389年卒）。

---

① Ambra，一种阿拉伯香料。
② 天女（Huri）是伊斯兰教信仰的天堂中的永久处女。

1814 年，歌德读到了哈菲兹以歌唱美酒、爱情为主要内容的诗集的译本，大为感动，心中生起了对哈菲兹所在地东方的热烈憧憬，并于同年开始写《西东合集》。也就是说，我们的诗人并未真正长途跋涉前往阿拉伯，而只是在幻想中开始了东方之旅。

更进一步讲，他那“纯净的东方”，那“纯朴而正义的国度”，压根儿就并非现实的存在 —— 现实的阿拉伯和东方在 14 世纪还处于黑暗的中世纪——，而仅仅存在于诗人的幻想或者说理想中。因此，就其实质，歌德这次的逃亡与以前的历次出逃都不同，只是一次内心的逃亡，只是一次非实在的理想境界的神游；在这个意义上，全部《西东合集》便无异于一篇《桃花源记》。

《西东合集》收了长短不等、体裁各异的诗歌数百篇，依不同题材分为十二卷，即《歌人之书》《哈菲兹之书》《爱情之书》《观察之书》《不满之书》《格言之书》《帖木儿之书》《苏莱卡之书》《侍酒少年之书》《寓言之书》《拜火教徒之书》和《天堂之书》，内容十分丰富和庞杂。细读一下《赫吉拉》这首提纲挈领的序诗，再浏览一下上述各卷的题名，读者已不难想象个中情况。

但是，《西东合集》又是一个和谐而统一的有机体。它之所以能于内容的丰富庞杂和体裁题材的多式多样中做到统一与和谐，靠的是：第一，诗人歌德本身乔装改扮，成了贯穿全书的主要角色；第二，全书各卷，都弥漫着浓厚的阿拉伯气氛，有着鲜明的东方风格和色彩；第三，一些重大的主题，比如诗歌、爱情、人生、信仰等，在各卷中反复出现、反复抒写，于循环和螺旋状的运行中一步步加深，一步步提高，直到最后形成结晶，出现升华。例如，序诗《赫吉拉》最后两节表现的诗人的自信、自尊以及对诗歌艺术的近乎神化的推崇，在合集的各卷特别是最后的《天堂之书》中，便得到了有力的阐发和尽情的抒写。

还是说诗歌吧。歌德通过精神上的东方之旅，重新找到了作为诗人的自我，迎来了诗歌创作的又一次青春。在《西东合集》中，我们可以发现他写诗的风格乃至对诗歌的观念都有所更新 ——

尽管希腊人用黏土
捏成各种形象，
对自己双手的孩子
无比喜爱欣赏；

我们却愿将手伸进
这幼发拉底河，
在流动的元素里面
来来回回徜徉。

我要消解心头之火。
歌啊，你便鸣响；
诗人纯洁的手掬水，
水会凝成球状。

这首诗名叫《诗歌与雕塑》，它形象地说明了歌德现在所热衷的阿拉伯东方诗歌，与希腊罗马古典艺术包括诗歌的区别。后者是凝固的、易于把握的、轮廓分明的，前者则是流动的、柔滑的、无定界的，因此看来好像也是无法把握的。三十年前，意大利之行使歌德倾心于希腊古典主义，创作出了《罗马哀歌》等一批不朽诗作；眼下，由于亲近哈菲兹而开始的东方之旅，又使他在诗歌艺术方面有了新的追求，与意大利相联系的过去已如一张旧皮，从诗人身上蜕掉了。有学者认为，歌德的创作正是从《西东合集》起，完成了从古典主义到浪漫主义的转变，这应该说很有道理。

诗中所谓的流动、柔滑、无定界这些水的特性，确实正是歌德的《西东合集》和哈菲兹诗歌的特点。那结尾的两句尤其精辟深刻，值得玩味，说明像水一样的东方的诗艺也并非完全不可把握。

只要诗人有一颗赤诚火热的心，只要他用“纯洁的手掬水”，就会捧得一个圆匀、光洁、透明、晶亮的美丽无比的球体。歌德创作《西东合集》时已经六十五岁，但他仍旧有一颗赤子之心，他对东方的憧憬是那样热烈，对阿拉伯诗艺的追求是那样真诚，他在《无限》一诗中唱道：让整个世界尽管沉沦吧，/ 哈菲兹，我要同你竞争，/ 只有你与我是孪生兄弟。正像当年在与席勒的相互激励下完成了大量杰作一样，在与他精神上的孪生兄弟哈菲兹的竞争中，歌德也写出了能与哈菲兹媲美和超过哈菲兹的好诗。在整部诗集中，确有不少晶莹闪光的水晶球发出异彩，相映生辉。

除去谈诗艺，《西东合集》还有许多描写阿拉伯日常生活以及探讨道德伦理、宗教信仰和宇宙人生问题的篇章，因此充满了东方，不，应该说主要还是西方的智慧和哲理。请看下面这首最脍炙人口的哲理诗 ——

幸福的渴望

别告诉他人，只告诉智者，
因为众人会热讽冷嘲：
我要赞美这样的生灵，
它渴望在火焰中死掉。

在爱之夜的清凉里，
你被创造，你也创造，
当静静的烛火吐放光明，
你却被奇异的感觉袭扰。

你不愿继续被包裹在
那黑暗的阴影内，
新的渴望吸引你
去完成高一级的交配。

你全然不惧路途遥远，
翩翩飞来，如醉如痴。
渴求光明的飞蛾啊，
你终于被火焰吞噬。

什么时候你还不解
这“死与变”的道理，
你就只是忧郁的过客，
在这黑暗的尘世。

飞蛾扑火的比喻，无论在东方或是西方，都经常被采用。哈菲兹就有一首诗以它来歌颂为爱情而牺牲："灵魂在爱情的火焰中燃烧，像蜡烛一样光明，我曾以纯洁的心情献身。你不像飞蛾因渴慕而自焚，你就永远不会得救，摆脱爱的苦闷。"从歌德《幸福的渴望》一诗的原稿的最初题名看，他是受了哈菲兹这首诗的启发，有意识地借用它的意境构思，并加以提高和发挥。

然而，《幸福的渴望》所表达的要不断更新自己、超越自己，为了实现这个理想而不畏艰险、不惧牺牲的思想，却是歌德所固有的，是他那带有进化论特征的自然哲学和以自强不息的浮士德精神为核心的人生观的表现。

再者，歌德这首诗一开头就给人一种神秘的感觉，加之标题中的"幸福"一词在原文中为Selig，主要指人死后享受天国的极乐，带有明显的宗教色彩，因此有学者认为诗里表现了老年歌德的宗教思想，说他渴望像飞蛾一样投身火中以实现与神的结合。

如此等等，《幸福的渴望》这首诗的内涵真是无限丰富，难怪被视作是歌德抒情诗中最难解的一首。它借用阿拉伯东方的形式外壳和神秘气氛，表现西方诗人歌德的深邃思想和伟大精神，使两者和谐地、有机地融合在一起，成为一个可以透视宇宙人生的光彩耀眼的水晶球般的艺术杰作。对于整个《西东合集》来说，它可算是最富典型意义的代表。因为整个诗集也是以东方的艺术形式表现西方的精神思想，也是将东方和西方的诗歌艺术、文化精神、哲理智慧融合在了一起。故而，对《西东合集》这个题名的解释，也会多式多样，见仁见智，所谓它是"西方诗人写的东方诗集"，仅是其中最省力和肤浅的一种解释而已。

除去上述各端，《西东合集》还有一个重要的或者说中心的内容，就是爱情。这爱情由于有实际的生活体验为基础，不像其他内容主要产生于歌德的幻想，而且还得到了响应和回报，就让老诗人写得来格外美好、动人。在原书中，它占的篇幅相当多，笔者觉得有必要用下篇单独给予论述。

共振，心弦和着诗弦

——关于《西东合集》（下）

歌德开始在精神上作他漫长的“东方之旅”的同时，他自身也确实离开魏玛，踏上了旅程。只不过，他旅行的目的地不是被视为“人类之源”的太阳升起的东方，而是西南方的法兰克福以及莱茵河、美因河和涅卡河地区，也即他出生的故乡和他度过青少年时代的地方。在回返青春时代这一点上，精神上的旅行和现实中的旅行可谓目标一致。《西东合集》的大部分诗歌，也的确产生于现实的旅途中，有时一天一首，乃至一天数首；而诗人在此期间的经历、感受和思考，自然在诗中得到了表现，只不过都披上了富于异国情调和色彩的外衣罢了。事实上，合集中的大部分诗作都有所依据，有所影射。例如，《帖木儿之书》里那位叱咤风云的东方征服者，就被公认为拿破仑·波拿巴的化身。歌德自己，则变成了那个名叫哈台姆的波斯商人、歌者和情人。

1814 年 7 月 26 日一大早，歌德的马车驶出了魏玛的城门。在清晨的薄雾中，诗人目睹了一幕奇特的自然景象：在他眼前的天空中，出现了一道没有色彩的乳白色的虹霓。于是一种幸福的预感油然升起在诗人心中，并当即被他记录了下来——

当福玻斯和雨云
交媾、拥抱，
就产生五彩虹霓，
把大地照耀。

我看见雾中升起
同样的弧形；
它虽然苍白无色，
却仍属天庭。

所以，快活的老人，
你也别灰心；
尽管你头发灰白，
还会有爱情。

这首题名为《现象》的诗，后来收在《西东合集》一开头的《歌人之书》中。由于它产生在“东方之旅”的酝酿和出发阶段，阿拉伯色彩还不特别地浓，诗中的太阳神仍然是罗马神话里的福玻斯。这首诗之所以引人注目，除去表现手法方面的奇特比喻和大胆联想——这是颇接近阿拉伯风格的，更重要的是它反映了年满六十五岁的老诗人的一个重要心态，即他仍然渴望恢复青春，仍然怀着对爱情的憧憬。

歌德用《现象》一诗述说的预感没有错，他的希望和憧憬得到了实现。在法兰克福的老熟人韦勒美尔家中，他遇见了年轻貌美的玛丽安娜。

玛丽安娜原是芭蕾舞演员，十四岁时被商人兼作家的韦勒美尔收养，成年后便做了他的房中人。这位具有多方面天赋和秀外慧中的女子，对大诗人歌德怀有深深的景仰和倾慕，在他面前表现得十分地温柔和谦卑。而对于年纪刚刚三十的如鲜花盛开的她，本来就渴望爱情的歌德自然也不会无动于衷。尽管相处和接触的时间不长，两人的心弦便开始发出轻柔微妙的震颤与应和，只不过都还秘而不宣，谁也没有任何表露。可是等到第二年春天，当歌德动身再度去故乡及周围地区旅游时，他已如奔赴自己心上人的热恋者一般的激动。还在途中，他便写了一些献给玛丽安娜的诗，而且也为她取了一个美丽的阿拉伯名字，叫作苏莱卡。

韦勒美尔在离法兰克福不远的格尔白缪勒乡下有一处环境优美的别墅。在这儿，我们的哈台姆和苏莱卡朝夕相处了四个星期。两人再也按捺不住内心的激动，于是互诉衷肠，而且都以诗的形式。请听——

哈台姆唱道：

不是机遇造就了盗贼，
它本身就是最大的窃贼；
我心中的爱情残存无多，
它却将它们全部盗窃。
它把窃得的爱情送给你，

我的生活失去了全部意义；
如今我已然一贫如洗，
能否活下去全得看你。

然而，在你的明眸中，
我已感到对我的怜悯，
在你温暖的怀抱里；
我已享受着新的生命。

苏莱卡应道：
你的爱使我幸福无比，
叫我怎么能诅咒机遇；
就算它曾经将你偷窃，
这样的小偷令我欣喜！

哪里还用得着偷窃啊？
你倾心我是自由选择；
我倒是十分乐于相信 ——
是我自己将你的心盗窃。

你自愿交付我的一切
将带给你美好的偿报，
我乐于献出我的安宁，
我的生命，请拿去！
说什么已经一贫如洗！

爱情不使我俩更富裕？
能将你搂在我的怀中，
什么幸福能与此相比！

如此一唱一和，两人的诗弦便应和着心弦，激烈地、长久地共振起来。男女之间的热烈爱情原本最容易激发起诗兴和灵感，因而在人类的抒情诗宝库中以爱情诗为最多，古今中外皆如此。何况我们的诗人哈台姆和才女苏莱卡还相互激励，相互启发，甚至相互竞争，两人因而更是诗兴大发，一发不可收拾。在那宝贵而难得的四个星期时间里，他俩可以说完全沉湎和陶醉在了一种由爱情的享受和诗歌的创作结合而成的绝妙境界中，可随之而来则是痛苦万分的离别。

1815 年 9 月，玛丽安娜又匆匆赶到风光明媚的古城海德堡，与逗留在那儿的歌德重叙旧情。但是，由于她年前已正式嫁给韦勒美尔，而歌德的妻子克莉斯蒂娜也还健在，两人便不得不在相约永远将爱情牢记心中的情况下，最后忍痛分了手。其间的种种酸甜苦辣的况味，诸如相聚的幸福、相思的痛苦、重逢的欢乐，以及最后分别的感伤、绝望等，通通都化作了一首一首富于真情实感的、优美动人的抒情诗。它们总共五十余首 —— 全收在了《苏莱卡之书》中。十分有趣的是，歌德把玛丽安娜写的诗也当作自己的诗一样对待，有的原封未动，有的只略加修改便收了进去，但是都未作说明。直到歌德死后三十多年的 1869 年，才有研究者以确凿的材料，证实了玛丽安娜是《苏莱卡之书》的共同作者，像其中著名的《致东风》《致西风》等婉丽的佳作，都出自这位被埋没了的女诗人笔下，证明即使论诗才她也足以匹配歌德。[1]《苏莱卡之书》产生的前前后后，在世界诗歌史上不啻一段美妙悦耳的插曲，一则意味深长的逸话。

《苏莱卡之书》中杰作比比皆是，堪称世界爱情诗中的瑰宝。然而由于翻译介绍不够，它与整个《西东合集》在我国鲜为人知。限于篇幅，只能再介绍两首最主要的。

重逢

竟然可能！明星中的明星啊，
我又将你紧抱在胸前！
那远离你的长夜啊，真是
无底的深渊，无尽的苦难！
是的，你甜蜜而又可爱，
是我分享欢乐的伙伴；
想起昔日分离的痛苦，
现实也令我心惊胆战。

当世界还处于最深的深渊，
还偎在上帝的永恒的怀抱，
他便带着崇高的创造之乐，
安排混沌初开的第一个钟点。
他说出了那个字：变——！
于是响起了痛苦的呻吟，

① 甚至有学者（如当代著名歌德研究家可尔夫）认为，歌德对她的诗的修改有些甚至是弄巧成拙。

随后便气势磅礴，雷霆万钧，
宇宙闯进了现实的中间。

光明慢慢地扩展开来，
黑暗畏葸地离开它身边，
元素也立刻开始分解，
向着四面八方逃散。
迅速地，在野蛮荒凉的
梦中，各自向广远伸展，
在无垠的空间凝固僵化，
没有渴慕，喑然哑然！

一片荒凉，一派死寂，
上帝第一次感到孤单！
于是他创造了朝霞，
让朝霞怜悯他的寂寞；
它撕开那无边的混浊，
天空呈现出五色斑斓，
那一开始各奔东西的
又聚在一起，相爱相恋。

于是，那相依相属的
便急不可待地相互找寻；
感情和目光一齐转向
那无穷无尽的生命。

攫取也罢，掠夺也罢，
只要能够把握和保持！
安拉勿需再创造世界，
世界的创造者是我们。

就这样，驾着朝霞的羽翼，
我飞到了你的唇边，
繁星之夜用千重封印
巩固我们的美满良缘。
我俩在世上将成为
同甘苦共患难的典范，
我们不会又一次分离，
纵令上帝第二次说：变——！

这是一首内涵丰富深刻的诗。它把男女之间的爱情，把爱人之间的离合悲欢，放在世界形成和万物产生的大背景和大框架中，从宇宙观的原则高度，来加以考察和阐释。诗中表现了一种近似新柏拉图主义的宇宙形成的观点，即认为光明与黑暗的一分一合两次行动，是世界和万物产生的原因。诗里所谓的元素在西方的传统观念中指土、水、气、火。所有这些加在一起，很容易让人想起我国古代用来解释宇宙人生的阴阳五行之说。正像我们用阴代表女性，用阳代表男性，相信阴阳的和谐结合便形成太极，达到幸福圆满一样，歌德的诗中也以光明与黑暗来代表男和女，认为他们本来就是"相依相属的"一体——在此我又想到不便再引的《银杏》那首诗，歌德在诗中以实为一体的二裂银杏叶象征情侣，一当他们"又聚在一起，相爱相恋”，就创造了美好的世界。因此，诗中说“世界的创造者是我们”，是热烈而真诚的相爱的人，而不是上帝或者安拉！

真不知道中外古今，还有没有一首诗能以如此崇高的思想，如此恢宏的气势，来赞颂男女之间的爱情，来抒写恋人之间的离合悲欢！

在诗中，爱情的象征是五彩斑斓的朝霞。这又使我们想起诗人早年创作的《五月歌》和晚年从事的色彩学研究。在《五月歌》里，他也以“明艳如朝霞”歌唱爱情。晚年的色彩学研究使他相信，色彩是由明与暗即阳与阴的结合产生的，所以，《重逢》中的朝霞作为爱情的象征更加意味深长，更加符合诗中所包含的思想逻辑，而不再如《五月歌》中一样仅仅是艺术表现范畴内的联想或者比喻。

悬挂在天边的明艳、斑斓的朝霞确实十分美丽。它令人产生希望、遐想和憧憬。然而，对于已年满六十六岁的老诗人来说，它可望而不可即。在海德堡，我们的哈台姆和苏莱卡仅仅只享受一周重逢的欢乐，随之而来的离别却更加难堪、痛苦。所以，诗中最后一节的情景仅仅是歌德的幻想或理想。这个理想，他自己虽然不能再实现，却仍然满怀信心和深情地抒写了出来，是因为他相信和希望人类能够实现。而且，他这样做也真的将自己与玛丽安娜永远地结合在了一起，只不过这是一种形而上的、超现实的结合，一种诗的和心灵的结合；这种心灵的结合，才是巩固的和美满的，堪作世人的典范。

《重逢》的产生尽管有歌德个人经历感受的契机，但却具有远远超出个人情感的涵盖着宇宙人生的意义。这样的诗，毫不夸张地说，恐怕只有老年歌德才能写得出来。这是一位伟大的哲人写的伟大的爱情诗。我们姑且称它为爱情哲理诗。

在结束本文之前，笔者怎么也忍不住还要介绍一下《苏莱卡之书》中的最后一首诗，同时恐怕也是最美的一首情诗，并且以它和《重逢》为例，来分析整个《西东合集》独特而精湛的艺术手法——

任随你千姿百态，藏形隐身，
最最可爱的，我立即认识你；
任随你蒙上那魔术的纱巾，
无所不在的，我立即认识你。

看青葱的扁柏蓬勃生长，
最窈窕美好的，我立即认识你；
看河渠里清澈涟漪荡漾，
最妩媚动人的，我定能认识你。

当喷泉的水花欢跳向上，
最善嬉戏的，我多高兴认识你；
当云朵的形象变幻无常，
最丰富多彩的，我在此认识你。

看鲜花撒满如茵的草原，
灿如繁星的，多美啊我认识你；
看藤蔓千条伸臂向四野，
啊，拥抱一切的，于是我认识你。

当朝霞开始在山顶燃烧，

愉悦众生的，我立刻认识你；
于是，晴空笼罩着大地，
最开阔心胸的，我随即呼吸你。

我内外感官的一切认识，
最启迪心智的，我获得通过你；
我用一百个圣名呼唤安拉，
每个圣名都回响着一个名字，为了你。

哈台姆——歌德用了世间一切最美妙、最可爱、最神圣的事物，来赞美“你”，赞美他的爱人。对于诗人来说，爱情就是他信仰的宗教，爱人就是他崇拜和热爱的安拉、上帝。诗中以严整而包含变化的格律，一而再再而三地重复怎么怎么你，使我们读着自然产生一个印象，“你”就是诗人的一切，“你”占据了诗人整个的头脑、心胸；日里夜里，醒里梦里，他都思念“你”、看见“你”。在歌德所写的所有爱情诗中，这应该说是色彩最绚丽、感情最深挚然而表现又非常含蓄的一首。全篇不见一句我多么爱你、多么崇拜你这样的表白，却将钟爱与倾慕之情抒发得淋漓尽致！这首诗像《重逢》一样，也只有老年歌德才写得出来。它们连同《西东合集》中另外一系列杰作，都可算世界爱情诗中的精华、绝唱。

除去前文已指出的阿拉伯东方的异国色彩和神秘气氛以外，以《重逢》和上面这首诗为范例，我们还可以归纳出《西东合集》的以下几点艺术特征：

1. 阿拉伯式的近乎狂热的激情。这激情在诗中时如喷发的火山，时如飞泻的瀑布，时如汹涌的狂潮，激荡和震撼着读者的心弦，引起他们的共鸣。这激情往往蕴含着宗教的虔诚和哲理的深沉，于是获得一种不可抗拒的神秘魔力，也赋予了《西东合集》一种特殊的魅力。

2. 与上一点紧密联系着内容的本质特征相适应，是使用的语言和其他表现手段极尽夸张和渲染之能事。诸如最后一首引诗中之“最……”和“最最……”，以及《重逢》里用世界的创造过程来比附男女两性相爱与离合悲欢，都十分典型。

3. 语言的形象性和大量地使用比喻以及东、西方的典故。尤其是比喻，更可谓奇特新颖，五彩缤纷，巧喻、妙喻乃至险喻层出不穷，使不少成功的篇章于抒情之中更添一层机趣和智慧的光辉。上面的最后一首引诗，整个艺术构思都建立在隐喻之上，妙就妙在通篇没有一个“像”“似”“如”甚或“是”字。

4. 最后，十分重要但却极易被忽视的一点，是整个诗集明朗、欢快的近乎戏谑的基调。是的，歌德乔装改扮成阿拉伯商人和诗人，戴上缠头骑上骆驼，这本身便有做戏的性质。他与苏莱卡谈情说爱，也是明知不能成为现实而假戏真做，以至于弄假成真，既享受到了欢乐，也经历了痛苦。与上面讲的“激情”“夸张”相结合，这又使诗集中的不少篇什带了幽默和调侃的味道。当然，在戏谑、幽默的背后并不缺少严肃的现实和深刻的思想，正如舞台上杰出的喜剧表演。问题是老年歌德以他高超卓越的艺术手腕，把这两种看似矛盾的因素糅合在一起，成功地创造了《西东合集》这一不朽杰作。

无论就内容或形式，笔者都无法在短短两篇文字里将《西东合集》谈深、谈透。德国另一位伟大诗人海涅曾对它有一段精彩评论，兹摘引于后，以为本文结束：

书中充满了鲜艳夺目的短诗，坚实有力的格言，包含着东方的思想方式、感情方式。全书香气馥郁，情绪火热，犹如一座东方的后宫，到处是浓妆艳抹、柔情脉脉的嫔妃、宫娥，灵眸漆黑、纤臂如雪。读者会感到浑身战栗、心动神摇……有时候读者还仿佛四肢伸展，舒舒服服地躺在一张波斯地毯上，从一把长颈水烟袋里吸着土耳其的黄色烟草。一个女黑奴手执一把色彩斑斓的孔雀毛扇给他打扇，一个俊俏的小厮递上一杯真正的摩卡咖啡：歌德在此把最令人心荡神迷的人生享乐变成诗句，这些诗句是那样的欢快轻柔、那样的飘忽空灵，不由使人感到惊讶，德国语言竟能写出这样的诗句……这本书魅力实在无法形容，它是西方向东方发出的问候。这里面颇有些奇花异葩，肉感般红的玫瑰花，像精赤雪白的少女酥胸一样的绣球花，诙谐有趣的金鱼草，像修长的人的指头一样的紫色毛地黄，扭曲错结的番红花，悄悄地躲在百花丛中的是娴雅沉静的德国紫罗兰。这个问候的意思是：西方已经厌倦了它那僵冷枯瘦的唯灵主义，又到东方健康的肉体世界去恢复元气……歌德写下了《西东合集》，仿佛他和精神一起投入了唯感主义的怀抱。①

这就难怪，歌德的《西东合集》对德国和欧洲诗坛，都产生了深远影响。

---

① 引自张玉书译：《论浪漫派》，人民文学出版社，1979年，第58页。

潘多拉与缪斯

——关于《爱欲三部曲》

读完前面八篇赏析，大概谁都能体会到歌德的诗歌创作是何等的丰富多彩。不过，以题材而论，仍要以爱情诗的数量最多，而且也最动人、最出色。这是因为，歌德在他漫长的一生中，经历过无数次的恋爱，爱情的悲欢离合和酸甜苦辣，他都有过切身、充分和深刻的体验。故而，歌德的爱情诗，从最早的《塞森海姆之歌》到晚年的《爱欲三部曲》，都写得情真意切，感人肺腑，绝非古往今来充斥诗坛的那些虚情假意、无病呻吟的作品可与之同日而语。歌德在 1823 年 9 月 18 日对艾克曼说："我所有的诗都是即兴诗，都受到了现实的激发，在现实中获得了坚实的基础。"对于歌德抒情诗的上述特点，诗人的这段话可以讲是一个很好的注脚。

然而，本文要谈的重点，却是使歌德爱情诗更加耐人寻味和出类拔萃的另外一个特征，即丰富的思想内涵和深刻的哲理性。

例子可谓俯拾即是，而越是后期的作品，随着诗人体验的加深，思想的成熟，这一特征也越发显著。但是，为说明其一贯性和普遍性，在谈《爱欲三部曲》之前，我们先回过头去看看歌德青年时代写的两节短诗——

青年男子谁不渴望这么爱，
姑娘你谁不渴望这么被爱，
这是我们最神圣的情感啊，
为何竟有惨痛迸涌出来？

亲爱的读者，你哭他，你爱他，
你要拯救他被玷污的声名，
看，他的灵魂在泉下示意你：
做个堂堂男子，别步我后尘。

此乃歌德的书信体长篇小说《少年维特的烦恼》于1775年出第二版时的题诗。诗中的“这么爱”和“这么被爱”，确切地说就是像小说主人公维特和绿蒂一样地爱和被爱，既真诚又热烈又执着地爱。鉴于小说问世后引发了“维特热”这一时代病，以致有不少人模仿主人公轻生自杀，歌德感到有必要以题诗来表明自己的观点。在第一节诗中，他以正视现实的态度，揭示了人生的一大悲剧之源、一大矛盾。那就是人人都渴望爱，爱情是神圣的；然而，正是这神圣的爱情却会酿成悲剧，带来不幸。古往今来，人类经历的大大小小的爱情悲剧层出不穷，无以数计；敏感多恋、对爱情热烈追求的诗人自己所遭遇的不幸，所经历的痛苦，也可谓多矣。

问题在于，该如何对待这人生难免的矛盾和不幸呢？正视它是重要的，只有正视才能获得清醒的认识。但仅仅正视和认识还不够，还必须克服矛盾和消除不幸。要做到这些，都需要勇气。因此，在第二节诗中，年轻的歌德对问题作了简单明确的回答："做个堂堂男子"。

诗总共才八行，却探讨了千万年来就存在着的人生大问题，思想虽说并非深刻，却内涵丰富，一针见血，难怪在20世纪的二三十年代，它经郭沫若译成中文后，在我国为争取婚姻恋爱自由而斗争的青年中广为流传。"青年男子谁个不善钟情？妙龄女人谁个不善怀春？这是人性中至洁至纯；为什么从此中有惨痛飞迸？"① 这一句句诗由血气方刚的胸中涌流出来，于彼时彼地汇成了一声声反对封建礼教的呐喊、抗议。

写成《少年维特的烦恼》，作了一次他所谓"诗的忏悔"，歌德从痛不欲生的不幸境地中解脱出来；但是，在往后的生活中，他仍不断地追求爱情，虽然也有过甜蜜幸福的时光，可失望与哀痛却更经常、更多。他继《少年维特的烦恼》之后写成的许多作品，不论是剧本《克拉维歌》和《斯苔拉》，还是小说《亲和力》，还是诗歌《西东合集》和《爱欲三部曲》，都反映了歌德本人的体验和思想，都是无望与不幸的爱情的产物。

既然失望多于满足，痛苦多于欢乐，那么干吗还要去追求爱呢？对于这个问题，在前面已经评析过的《幸福的渴望》和《重逢》等许多诗中，歌德已作过深入的哲理性思考；而他的长篇小说《亲和力》，更给了一个既明确又带有神秘色彩的答复：爱情是由各人身上存在的所谓"亲和力"决定的，不以人的意志为转移，因而爱就是

---

① 引自《沫若译诗集》，人民文学出版社，1956年。

命运。①

1823年，歌德在忍受和战胜维特式的精神危机整整五十年之后，他再一次 —— 所幸也是最后一次 —— 受到了“命运”的捉弄。这一年的夏天，在风光如画的疗养胜地玛丽温泉，歌德碰见了他原已认识的莱维佐夫母女。其时女儿乌尔莉克年方十九，刚长成一个秀丽温柔的少女。这可爱的少女对年已七十有四的老诗人怀着像对父辈乃至祖父般的爱慕，与他十分亲近。不想这却唤起了歌德心中的爱欲，使它如我国某位作家讲的“像老房子失火”一般地熊熊燃烧起来，简直无法挽救。以至整个夏天，老诗人都神魂颠倒地追随在两位女士身后，临了儿甚至托朋友代他公开向乌尔莉克求婚。结果当然不但未能如愿，反而遭到了世人的嘲笑，亲属的白眼。

9月5日，歌德痛苦地离开了自己真诚热爱的少女，从玛丽温泉返回魏玛。旅途中，整整有一周之久，他魂不守舍，沉默不语；对于他，同坐在一辆马车中的两位随从仿佛不再存在。他眼前只看见自己与乌尔莉克相聚和离别的种种场景，脑子里只翻腾着他一生在波涛汹涌的爱河中沉浮的桩桩往事。这一次的恋爱，给予他的已不再是烦恼和痛苦，而是沉痛乃至惨痛；他感到的不只是失望，而是完全地绝望和断念。

在痛苦之中，世人默然无声，
神给我力量，让我倾诉苦情。

在歌德的诗剧《塔索》中，被视为“变得成熟了的维特”的主

---

① 详见《〈亲和力〉——“含义无穷的艺术杰作”》。

人公有这么两句自白，它们确乎可以作为一次次忍受失恋之苦的诗人的自我写照。在颠簸的马车里，老歌德痛未定而思痛，而述说，于是便产生了著名的《玛丽温泉哀歌》。

《玛丽温泉哀歌》里有最美好的回忆，最热烈的恋慕，最凄惨的离别，最沉痛的怨诉。一回到魏玛，他就将自己关在房中，花了整整三天时间来亲手誊清这首长诗。抄诗的纸是精选的，字体也大而讲究。抄好后他又自行装订成册，并且秘不示人，不论对自己信赖的秘书还是亲属，就好像保护一件圣物似的。直到一个多月后的10月27日，老诗人才叫来艾克曼，郑重地向他朗诵这首震撼人心的哀歌。此时，“整个房间都充满着庄严肃穆的气氛……”歌德多么珍视它，可想而知。

当代研究歌德的权威学者 H. A. 可尔夫认为，这首哀歌“也许是歌德写的最优美、最杰出、最感人的一首诗”。根据它诞生的前后情况，奥地利著名小说家茨威格成功创作一篇传奇，题名就叫《玛丽温泉哀歌》，对处于命运转折关头的老歌德的形象和内心，作了细腻的描绘和准确的刻画，读来同样十分感人。

《玛丽温泉哀歌》构成了《爱欲三部曲》的主体和核心，本身也堪称世界诗苑里的一朵奇葩，只可惜长达一三八行，此处无法抄引。在它产生的前后，歌德还写过一首《抚慰》和一首《致维特》，内容都有联系，因此在1827年被他编起来，成为《爱欲三部曲》这个整体。让我们读一读被颠倒作了第一篇的《致维特》，并分节作一些分析——

万人哀悼的亡灵啊，你又一次
勇敢地来到这人世，

在撒满鲜花的草地上遇见我，
全不惧怕我的注视。
你像活着，在清晨，当朝露
覆盖田野，令我们心旷神怡，
在傍晚，一天的辛劳过去了，
夕阳的余晖令我们心醉神迷。
我被选中留下，你被选中离去，
你先走了 —— 却也损失无几。

1824 年 3 月末，为纪念《少年维特的烦恼》问世五十周年，歌德应莱比锡书商魏冈特之约替即将印行的纪念版作序。此事勾起了他对往事的回忆，仿佛早已死去的可怜的维特复活了，又来到了他的面前。这节诗最堪玩味的是最后两句：维特死了，得到了万人的哀悼，且保持了青春的形象；相比之下，歌德又经历了许多爱的痛苦，眼下已垂垂老矣，所以慨叹先走了的“却也损失无几”。

这与五十年前的“做个堂堂男子，别步我后尘”反差强烈，说明老诗人的心情十分沉痛。何以故？不只因为歌德现在确实老了，主要还因为他对半年以前那次令他完全绝望的爱情仍然记忆犹新。

人生似乎安排得十分美好：
白昼多么喜人，夜晚多么威严！
我们置身于天国般的欢乐中，
尚未曾享受壮丽的太阳，
心中已产生迷乱的追求，
对环境和自身感到不满；

没有什么能相互成全补充，
内心充满光明，外界一片黑暗，
外界的光明却被浑浊的日光遮掩，
幸福常被忽视——哪怕迫在眼前。

如今我们总算明白了！
女性的魅力牢牢地抓住了我们：
年轻人，快活一如健康的儿童，
青春焕发一如春天自身，
惊讶欣喜，不知谁使他这么幸运？
环顾四周，只觉世界属于他个人。
迫不及待，他要奔向远方，
城垣和宫堡都不能将他拘禁；
像群鸟盘旋在高高的林梢，
他也飘飘然，围绕着爱人飞行，
他情愿离开天空，到下界寻找
忠诚的目光，让它将他紧紧吸引。

这两节诗回顾歌德充满着不满与追求的一生，写出了爱情的巨大魅力以及人对爱情的执着追求，为了获得忠诚的爱情，他不惜牺牲天国中的欢乐。然而结果将怎样呢？

可惜警觉得先是太早，后又太迟，
他很快感到飞行受阻，缧绁缠身。
重逢令人高兴，离别令人伤情，

再次重逢令人感到格外幸福，
多少年的相思转瞬得到报偿——
然而阴险地分别，已窥视着我们。

这节诗不仅仅是写歌德自己与乌尔莉克的离合悲欢，而且指出了人生的一大缺陷和矛盾，与我国古代词人的“人有悲欢离合，月有阴晴圆缺，此事古难全”的感慨是一个意思。既然如此，人能不能干脆别追求爱，拒绝相逢的幸福呢？不能啊。

朋友，你满怀深情，莞尔一笑：
一次悲惨的离别使你遐迩闻名；
我们痛惜你那不幸的遭遇，
你留我们独自将苦乐承担。
我们重又感到莫名的渴慕，
再一次堕入了爱河的迷津；
反复地忍受着痛苦的煎熬，
终将一别——分别等于死亡！
为了躲避分别带来的死亡，
诗人开始吟唱，嗓音多么感人！
深陷在痛苦中，自怨自艾，
愿神给他力量，述说他的苦情。

除非像维特那样悲惨地死去，人活着总得将苦乐承担，总会产生爱的渴慕，终将忍受与爱人的离别，而离别就等于死亡。我们中国人也认为生离死别是可悲可哀之事；全人类在这个问题上的感情应该说是相通的，而老歌德则将它明白而深刻地表达了出来。之所以如此，是因为写此诗时，七十五岁的老诗人不仅已忍受了与妻子克里斯蒂娜的死别，与自己年轻时的一个个恋人的死别，还有他的爱友席勒以及许多同时代的作家也大多去世了；而且，半年前他又不得不忍痛与乌尔莉克分手。这次分手，在他犹如最后地告别青春，告别爱情，告别生活的欢乐，以他的敏感、多情和热爱生活，该是感到何等地悲惨和痛苦啊。《致维特》一诗，对人的生离死别之情作了高度哲理性的概括，是伤别题材的世界抒情诗中的一件杰作。

有没有什么战胜痛苦的办法呢？老诗人回答有，那就是将自己的苦情述说出来，使它成为诗句，成为作品。在歌德漫长的一生中，这个办法累试不爽；靠着它，靠着这种所谓“诗的忏悔”，他承受住了人生特别是爱情的巨大苦乐，战胜了生活中的一次次磨难，克服了心灵上的无数次危机和伤痛。没有它，世界文学史上就不会有《少年维特的烦恼》等一系列杰作，甚至也不会有大文豪、大诗人歌德。歌德称他的全部作品乃是“一篇巨大的自白”，确有道理。他在经受了最后一次也是最惨痛的一次离别之后，同样靠着尽情地倾吐心声、专注地进行创作的办法，来战胜痛苦与孤独，勇敢而坚强地走完他人生的旅程。

《爱欲三部曲》的第三首题名《抚慰》，不长，故全译全引——

情欲带来痛苦！——谁来抚慰
这损失惨重的、窘迫的心房？
现在何处呢，匆匆逝去的韶光？
徒劳啊，你为自己挑选了绝色美女！

如今你精神抑郁，行事迷茫；
那庄严的世界，已从意识中消亡！
蓦地，音乐驾着天使的翅膀飞来，
亿万种乐音在空中交织、回荡，
深深地渗进了人的灵魂，
让永恒的美在他的全身溢洋：
眼睛已湿润，憧憬在增长，
音乐与眼泪同样是神的犒赏。

宽慰的心儿于是战栗地感到
它还活着，还在跳动，渴望跳动；
真诚地感激这丰厚的赏赐，
它乐意将自己奉献，一改初衷。
它感受到了—— 愿永远永远！——
双重的幸福，在音乐和爱之中。

这首诗1823年8月作于玛丽温泉，比《哀歌》和《致维特》都早；但出于内容的考虑，歌德却将它摆在了最后。于是，在1827年编辑在一起出版的《爱欲三部曲》中，《致维特》为序曲，提出了全诗的主要思想，定好了全曲的基调；《哀歌》作为主体和展开部分，将思想情感作了充分而激烈的倾吐、抒发，使全曲的情绪达到了震撼人心的高潮；《抚慰》恰似尾声，虽然还有感情震颤的余波，但已趋于平缓。

需要说明，这第三首题为《抚慰》的诗原系为波兰女钢琴家希玛诺夫斯卡而作。她曾以她的音乐给了老诗人心灵上的抚慰，使他忘却爱的伤痛，不再沉湎于伤别、伤逝的苦闷中，而是重新与生活和解、亲近，鼓起生活的勇气，增长爱的憧憬，于音乐和爱之中感受到了“双重的幸福”。作为尾声，《抚慰》重复了序曲《致维特》的主题，将以诗歌战胜痛苦的思想作了发挥和扩展，因为在艺术的大家庭里，音乐与诗歌乃是同胞姊妹，在古希腊的传说中同属缪斯女神掌管。

不能请读者吟诵、品赏三部曲的主乐章《哀歌》，终是一大遗憾。权引其二十三节中的最后一节，以窥其思想内涵的一斑：

适才我还是诸神宠爱的骄子，
如今却已将宇宙和自我失去；
神们试探我，赐我美女潘多拉，
她带来珍宝，可灾祸更多些；
他们逼我去亲她多赐的嘴唇，
然后使我们离散，置我于死地。

潘多拉系希腊神话中火神用黏土捏成的美女。爱神赐给她魅力，神使赫尔美斯赐给她口才和谋略，宙斯却给了她一只装满灾祸的小盒子。在歌德的诗中，潘多拉就是爱情的化身。由神、命运或人的天性所决定，“我”不能不去追求她；但她给“我”的，不只是珍宝，还有灾祸，而且会置“我”于绝境。谁来救“我”，诗歌、音乐、艺术，或者说女神缪斯。这，便是《爱欲三部曲》所蕴含的丰富哲理的集中概括。

如果说，《悲歌》直接倾诉诗人对乌尔莉克的恋慕和失恋的痛苦，主要写的是“我”的话，那么，在其后产生的《致维特》中，

"我"变成了"我们"或泛指的"人"，绝非偶然。这意味着，歌德不只要用三部曲总结自己多恋的一生，而且还想为自古以来既赐福于人类又祸害人类的爱欲作出一个解释，为人生的这一大矛盾寻求一个答案。

为爱情所苦恼的朋友，请听从历尽情海劫波的伟大诗人和哲人劝告："做个堂堂男子"，在艺术、在创造性的劳动和事业中寻求抚慰，获取新的生活的勇气吧！

在艺术风格方面，《爱欲三部曲》与《西东合集》迥然不同，失去了色彩的明朗欢快和语言的幽默诙谐，一切都变得严肃、深沉乃至晦涩、朦胧。这固然首先是作品的思想内容使然，但与诗人的年龄和生理、心理状态的变化，恐怕也不无关系。《爱欲三部曲》标志着，歌德已真正进入老境。从此，他成了一个严肃、沉默而富于睿智的老人。除了在孤独中偶尔因回忆过去而有所感触，他对生活已无热烈追求。他要做的事仅仅还有一件，就是完成对人生和宇宙的思索，并将思索所得写进《浮士德》和《威廉·迈斯特的漫游时代》等伟大作品中，遗留给后世。

“暮色徐徐下沉……”

——关于《中德四季晨昏杂咏》

有人认为它是歌德晚年抒情诗创作的重要成果，有人视它为那部只写到阿拉伯的“西方作者的东方诗集”——《西东合集》的补充，有人称它作歌德在写完长篇小说《威廉·迈斯特的漫游时代》之后和开始巨著《浮士德》第二部之前的一个“调剂和喘息”……诸如此类的看法，都并非没有道理。然而，组诗《中德四季晨昏杂咏》之所以为人注目，之所以引起世界各国研究者的巨大兴趣，主要还因为它是歌德多年来孜孜不倦地学习中国文化的一个可观的成果；同时，在组诗中，还反映出了中国文学给予歌德的启迪和影响，反映出了歌德对于中国精神的理解、共鸣和接受。

以德国的歌德研究家W. 比德尔曼开其端，① 一百多年来，已有

① 见 Woldmar Freiherr von Biedermann：“Goethe—Forschungen”，Neue Folge，Leipzig 1886。

不知多少学者对组诗一首一首乃至逐字逐句地进行了仔细的分析和研究，希望寻找出其中的中国因素。这种做法，对于西方人来说实为必要，对于我们中国读者却显得多余；因为，只要认真地读一读组诗的译文，我们每个人都会有切身的感受，都能在稍加思考之后作出自己的判断。归纳起来，这感受和判断大致就是“似曾相识”几个字。也就是说，《中德四季晨昏杂咏》的中国味道是相当浓的。笔者不打算以过于细致的分析破坏读者亲口品尝之乐，只想先交代一下组诗产生的时间、环境和契机，以利读者更好地理解和欣赏。

组诗包含长短抒情诗和格言诗十四首，大部分都写成于 1827 年的五六月间。当时歌德已届七十八岁高龄。他在终于完成长篇小说《威廉・迈斯特的漫游时代》的艰辛创作之后，丢开在魏玛城中的琐务，于 5 月 12 日来到他坐落在伊尔姆河畔的花园别居中小憩。

时值春光明媚，远离尘嚣的园子里一派蓬勃生机，诗人不禁心旷神怡，流连忘返，便在那里住了下来，一直到二十多天后的 6 月 8 日才回到魏玛城里的住宅。① 晨昏月夕，花鸟草木，美好大自然的神奇变化激起了歌德的联想，引发了他的诗思。或即景生情，或托物言志，或借景抒怀，一首一首情真意切的诗歌便从老诗人的心中涌泉般地流了出来。

在上面交代的组诗产生的时间和环境两个方面中，更加重要的是时间。因为对歌德与中国的关系而言，1827 年是至关重要的一年。在这一年，他重读了《好逑传》，并在与艾克曼的谈话中对中国文学

---

① 歌德在 5 月 24 日写给朋友泽尔特的信中说：“告诉你，亲爱的朋友，我礼拜六，5 月 12 日完全是身不由己地来到了我下边的花园里，唯一的想法就是在这儿散散心，谁知此地春光美丽无比，我感到惬意极了，不想留也就留了下来，直到今天耶稣升天节还待在这儿。近些日子我一直在写作。我希望其他人也和我一样生活愉快。”

发表了很好的见解；①他重新读了《花笺记》后边的《百美新咏》里的一些诗，而且不仅是读，还将其中的四首诗译成了德文。② 所有这一切，值得注意的是都发生在歌德写《中德四季晨昏杂咏》之前的两三个月内。《玉娇梨》和《花笺记》的男女主人公在庭园中和花前月下的邂逅、相爱，以及白大人、吴翰林、苏御史等“日日陶情诗酒”的场面和情景，于他都还历历在目；《梅妃》《开元官人》等七绝五律，以及诗体小说《花笺记》和另外两本小说中的大量序诗、引诗的韵律和音调，都还回响在他耳畔。因此，歌德在开始写组诗时，可以说是刻意在模仿中国诗歌的格调，以表现中国的精神和情趣。正因此，组诗的题名一直都叫《中国的四季》；直到后来经过修改补充，在 1830 年正式发表时，才更名为《中德四季晨昏杂咏》。这一更改大概表明，歌德已意识到诗中还包含着他本人的思想情感和经历体验，也就是说渗进了不少德国的成分，再不能仅仅称作“中国的”了。

那么，在这十四首中国格调的抒情诗中，又隐晦曲折地反映出了德国大诗人歌德的哪些经历和思想情感呢？

我想，主要有以下三个方面——

第一，歌德于 1775 年应邀到魏玛，辅佐年轻的卡尔·奥古斯特公爵，历任公爵的枢密顾问、首相、大臣、剧院总监，备尝政务辛劳和人事的烦扰，但是于国于民并无大补。歌德在写组诗之时，可以说对魏玛宫中的政事和酬酢都已极为厌倦。组诗的第一首和第十

① 参见朱光潜译：《歌德谈话录》，第 112 页。

② 这四首诗为《薛瑶英》《梅妃》《冯小怜》和《开元官人》。前两首为七绝，第三首为五绝，第四首为五律。歌德系根据托姆斯（P. P. Twoms）的英译文转译，虽不够忠实，却富于韵味。

二、十三首，都表现了他这种疲于为政和向往宁静、向往自然的情怀。

第二，歌德一生多恋，晚年依然如此。1823 年，歌德在卡尔温泉和玛丽温泉又爱上乌尔莉克·封·莱维佐夫。此时诗人已经七十四岁，乌尔莉克却年方十九，这样的爱情除去相思之苦以外当然不会有任何结果。面对着满园春色、盛开的百花、成双的孔雀，老诗人不禁又心旌动摇，思念自己曾经恋慕过的女子。组诗的第二、第三、第六、第七首，似都隐隐流露着这样的情感。

第三，到了晚年，歌德的抒情诗也如他的代表作《浮士德》一样，常常对人生、宇宙的大问题进行思考，因而充满了哲理和智慧，如组诗的第十和十一首，就是很好的例子，这是一个方面。另一方面，年已七十八岁的老诗人在思考人生之时，不免也产生迟暮和孤独的慨叹：好友席勒、赫尔德以及狂飙突进时期乃至古典时期的其他许多同代的作家俱已谢世，唯他一人硕果仅存。组诗的第九首，就可以说是歌德的自况。但是歌德并不消沉，因为他认识到了“世间还有常存的永恒不变的法则”，所以在“匆匆离去之前”，应该抓紧时间，“于此时此地发挥才干”。正是本着这样的认识，歌德在写成组诗后不久，又集中精力去从事自己的“主要工作”：写《浮士德》第二部。

了解了歌德写作《中德四季晨昏杂咏》的时间、环境和种种契机之后，就请读一读组诗的译文。在进行翻译的时候，笔者参考了冯至老师在 20 世纪 30 年代的旧译和钱春绮先生的译本。

中德四季晨昏杂咏

一

疲于为政，倦于效命，
试问，我等为官之人，①
怎能辜负大好春光，
滞留在这北国帝京？②
怎能不赴绿野之中，
怎能不临清流之滨，
把酒开怀，提笔赋诗，
一首一首，一樽一樽。③

二

白如百合，洁似银烛，
形同晓星，纤茎微曲，
蕊头镶着红红的边儿，
燃烧着一腔的爱慕。

早早开放的水仙花
在园中已成行成排。
好心的人儿也许知晓，
它们列队等待谁来。

① “为官之人”的原文为 Mandarin。此词专用于清朝的官员，通常译为“满大人”。

② “北国帝京”原文为 Norden（北方、北国），一般研究者认为指北京，也有人认为指处于歌德作诗的花园北边的魏玛宫廷。

③ 原文为 schale（碗、盏）。

三

羊群离开了草地，
唯剩下一片青绿。
可很快会百花盛开，
眼前又天堂般美丽。
撩开轻雾般的纱幕，
希望已展露端倪：
云破日出艳阳天，
我俩又得遂心意。

四

孔雀虽说叫声刺耳，
却还有辉煌的毛羽，
因此我不讨厌它的啼叫，
印度鹅可不能同日而语，
它们样子丑叫声也难听，
叫我简直没法容忍。

五

迎着落日的万道金光，
炫耀你情爱的辉煌吧，
勇敢地送去你的秋波，
展开你斑斓的尾屏吧。
在蓝天如盖的小园中，
在繁花似锦的绿野里，

何处能见到一对情侣，
它就视之为绝世珍奇。①

六

杜鹃一如夜莺，
欲把春光留住，
怎奈夏已催春离去，
用遍野的荨麻蓟草。
就连我的那株树
如今也枝繁叶茂，
我不能含情脉脉
再把美人儿偷瞩。
彩瓦、窗棂、廊柱
都已被浓荫遮住；
可无论向何处窥望，
仍见我东方乐土。②

七

你美丽胜过最美的白昼，
有谁还能责备我
不能将她忘怀，更何况
在这宜人的野外。

---

① “它”指落日。在这首赞颂爱情的诗中，成双的孔雀成为情侣的象征。小说《花笺记》便有“孔雀双双游月下”的诗句。
② 东方是太阳升起的地方。在欧洲文学中，情人常被比作太阳。

同是在一座花园中，
她向我走来，给我眷爱；
一切还历历在目，萦绕
于心，我只为她而存在。

八

暮色徐徐下沉，
景物俱已远遁。
长庚星最早升起，
光辉柔美晶莹！
万象摇曳无定，
夜雾冉冉上升，
一池静谧湖水，
映出深沉黑影。

此时在那东方，
该有朗朗月光。
秀发也似柳丝，
嬉欢在清溪上。
柳荫随风摆动，
月影轻盈跳荡。
透过人的眼帘，
凉意沁人心田。①

① 此诗上半阕写的是眼前的实景，下半阕写的是歌德想象中的中国月夜。

九

已过了蔷薇开放的季节，
始知道珍爱蔷薇的蓓蕾；
枝头还怒放着迟花一朵，
弥补这花的世界的欠缺。

十

世人公认你美艳绝伦，
把你奉为花国的女皇；
众口一词，不容抗辩，
一个造化神奇的表现！
可是你并非虚有其表，
你融汇了外观和信念。
然而不倦的探索定会找到
“何以”与“如何”的
法则和答案。

十一

我害怕那无谓的空谈，
喋喋不休，实在讨厌，
须知世事如烟，转瞬即逝，
哪怕一切刚刚还在眼前；
我因而堕入了
灰线织成的忧愁之网。——
放心吧！世界还有

常存的法则永恒不变，
循着它，蔷薇与百合
开花繁衍。

十二

我沉溺于古时的梦想，
与花相亲，代替娇娘，
与树倾谈，代替贤哲；
倘使这还不值得称赏，
那就招来众多的僮仆，
让他们静静侍立一旁，
在绿野里将我等侍候，
捧来画笔、丹青和酒浆。

十三

为何破坏我宁静之乐？
还是请让我自斟自酌；
与人交游可以获得教益，
孤身独处一样诗兴蓬勃。

十四

“好！在我们匆匆离去之前，
请问还有何金玉良言？”——
克制你对远方和未来的渴慕，
于此时此地发挥你的才干。

读完《中德四季晨昏杂咏》。我想可以将它受中国文学和文化思想的影响归纳为以下几个方面 ——

首先，十分明显的是在艺术形式上，所有十四首诗都简短严整，而且多为八句一首、四句一阕；使用的语言也都异常精练、简约，极其耐人咀嚼和寻味。这些，使人想起我国的古典诗歌，尤其想起律诗和绝句。在此我们不能排除一种可能，即歌德是有意识地模仿他阅读和翻译过的《百美新咏》中的那些诗的格律。读过《浮士德》和《西东合集》的读者都知道，歌德这位大诗人是十分乐于和善于向别的民族学习的。在《中德四季晨昏杂咏》中，歌德的同一优点得到了充分的表现。

其次，同样非常引人注目的是，这些诗格调恬淡、明朗、清新。“没有飞腾动荡的诗兴”，感情的抒发含蓄、委婉，常常采用比兴的手法，寄情于风、月、花、鸟，“没有强烈的情欲”。这些诗的情调、意境，使人想起歌德在读《好逑传》后所想象的中国风情，①想起《花笺记》和《玉娇梨》里的不少描写，其中的好几首（如第一首和第六首）真分辨不出写的是小说中的场面，还是诗人自身的经历、感受。至于第八首“暮色徐徐下沉……”，中外学者都一致认为是最富中国味儿的一首。尤其是它的下半阕，更像一幅传统中国绘画的水墨晚景图，疏淡清雅，寓静于动，人的心境与大自然的景物变化做到了融合一致，相互映照。

在思想和情趣方面，组诗的中国因素也是不少的：第一、第十二首的“陶情诗酒”“寄兴林泉”；第十、第十一、第十三和十四等几首中，也隐隐闪烁着中国的智慧 —— 歌德相信世间存在永恒的法

---

① 参见朱光潜译：《歌德谈话录》，人民文学出版社，1978 年，第 112 页。

则即"道"，主张现世的有为哲学。尽管我们不能妄下结论，说他这是受了早年读过的孔孟经典以及杜哈德（Du Halde）的《中国详志》等书籍的影响，但却至少可以讲，歌德的思想与中国的精神有许多契合与共鸣。

最后，歌德还特意使用了一些中国词语，如 Mandarin（满大人）和 schaale（碗、盏）等，让诗中出现了不少中国特有的或从中国传去的事物，如孔雀、垂柳之类，也加强了组诗的中国色彩。

当然，综观全诗，中国因素和德国因素是自然而紧密地融溶在一起的。正因此，歌德的《中德四季晨昏杂咏》才不失为德语古典诗歌的佳作，才被视为中德文化交流的一个美好象征。

“智慧的最后结论”

——关于歌德晚年的抒情诗

当一个人走近生命的尽头，眼看着自己垂垂老去之时，他除了抓紧时间完成未完成的事业，奋力地劳作，还会经常地、情不自禁地对往事进行总结和回忆。普通人如此，诗人兼哲人的歌德亦然。在玛丽温泉经历了最后一次失恋的痛苦之后，他不得不承认自己确实老了，于是对人生的享乐完全断念，开始了一个老人的寂寥生活。从此，代替他青年和壮年时代的朋友、情人和妻子，能给他安慰的就只剩下工作和对往事的追怀。

与常人不同的只是，这两者于诗人歌德而言往往是结合在一起的，前面分析过的不少诗，《致维特》也好，《中德四季晨昏杂咏》的某些章节也好，都系感怀故人旧事之作。这儿再介绍一首题为《在夜半》的诗，它虽然早在1818年便已写成，却格外为诗人所喜爱，并交给友人泽尔特谱了曲。后来，歌德经常吟诵它，吟诵时总是充满了感慨——

当我还是个小小的男孩，
夜里不情愿走过教堂的花园，
去到父亲做牧师的房子，
看满天的星儿美丽地眨着眼；
在夜半。

当我在人生之路上走完一程，
又身不由己地奔向爱人，
看群星与北斗在头顶上争辉，
我来而复去，幸福销魂；
在夜半。

到头来是明亮而皎洁的满月
照进了我这幽暗的心灵，
我于是回顾往昔，瞻望前程，
联翩思绪萦绕在我胸襟；
在夜半。

这首诗以虚拟的主人公在同一时辰即夜半月下的不同经验和心境，来概括了人的一生，即幼年、中青年和老年，而实际表现的却是正在进入老境的歌德自身的情感。他也和常人一样，或者说尤有过之，在那夜深人静、月照窗棂而难以入梦之时，便会回首往昔，瞻望前程，禁不住生出人生短暂、逝者难追的叹息，因而心情幽暗。能给他以安慰的，唯有皎洁的明月而已。这首富于民歌风的小诗的表现手法，类似歌德年轻时写的那首《野玫瑰》，而意境情调却令人想起我国唐宋时代的一些月夜诗。后面这点，即诗人都易于对月伤怀，望月忆旧，大概也表明人类尽管有种族之分，散居世界各地，其感情和心理反应却大同小异。

在歌德晚年的抒情诗中，写月夜和晚景的不在少数，这于老诗人的处境和心情似乎也十分自然。下面我们再读一首《给升起的满月》——

你就要离开我了吗？
适才还与我如此亲近！
浓云遮暗了你的身影，
如今你已完全消隐。

你该感到我多么忧伤，
探头望我，像颗小星！
向我表明还有爱我者，
那远在天边的心上人。

升起吧，明亮而又皎洁！
循着你的轨道吐放光辉！
我的心儿哟痛苦地狂跳，
这夜啊，令人幸福陶醉。

这首诗写成于1828年8月25日，当时歌德即将年满七十九岁。面对着天空中时现时隐的满月，老诗人不禁回忆起十三年前他在海德堡与自己钟爱的女子玛丽安娜·韦勒美尔幸福相聚和痛苦分别的情景。① 他俩相约在别后每当月圆之时，都要“相互问候”，与我国诗人的“但愿人长久，千里共婵娟”是一个意思。在《西东合集》有一首《月圆之夜》，抒写了“苏莱卡”玛丽安娜思念“哈台姆”歌德的情怀。眼下这首《给上升的满月》，反过来倾诉着“哈台姆”对“苏莱卡”的倾慕和惦念。纵使她已经远在天边，音信杳然，但只要想到这个与自己心心相印的人儿的存在，诗人心中的忧伤便减轻了几分，于痛苦狂跳之中又感到幸福陶醉。一个多情善感而年近迟暮的人，他在回忆美好的往事时心情不正是这么复杂而矛盾的么？

在表现手法上，这首诗也把月比拟作人，以月起兴，由月及人。歌德望着升起在天边的月亮，就想起了远在天边的心上人，想起了他俩的誓言。可以说，这亲近过他又离了他但仍依依不舍地探头望他的圆月，就是那多才多情的美丽的玛丽安娜·韦勒美尔的化身。这首诗虽然很短，语言也明白质朴，写的更是人之常情，但却十分耐人寻味。之所以如此，固然主要归功于藏在诗后的“哈台姆”与“苏莱卡”的动人故事，然而表现手法的高超，也不能不说是重要原因。

诗人歌德一生多恋，但恋爱并不构成他生活的全部，他还有另外的理想和追求。同样，在晚年的抒情诗中，他也不仅仅追忆爱的幸福和痛苦，还全面地回顾和总结自己的生活，对人生作深邃的哲理思考。

为此，他在辞世之前三年的 1829 年年初，便写下了他的《遗嘱》——

① 参见本书所收《共振，心弦和着诗弦》。

任何存在都不会化作乌有！
万有中活动着永恒的精神，
你要于存在中把握住幸运！
存在永恒不灭：须知法则
能将生命的宝藏维护贮存，
宇宙因而装点得美丽喜人。

真理早已被世人发现，
它联合了高贵的心灵；
快掌握那古老的真理！
为它，要感谢那位智者，
他给太阳的姊妹指出轨道，
让它们永远围绕太阳运行。

如今你又立刻反躬自省：
于身内会发现一个中心，
对此没有贤者存在怀疑。
任何法则都不会消遁：
独立的良知一如太阳，
给道德的白昼带来光明。

然后要信赖你的感官，
只要理智能保持清醒，
就不会惑于假意虚情。
你将兴致蓬勃，目明神清，

沉着而又机智地，在世界
欣欣向荣的沃野上行进。

有节制地享受富足与幸福，
让理性时时刻刻伴你同行，
生命它就会真正乐享生命。
于是逝去的将长久存在，
未来的预先已生机充盈，
一瞬间也会变成为永恒。

要是你终于获得了成功，
一种感觉将贯注你全身：
唯有带来收获才算真实——
你要如此检验一切世情，
世事只遵循自己的规律，
你要亲近那少数的精英。

古往今来，哲学家和诗人
都静静地，随心所欲地，
创造自己心爱的作品，
你同样获得最高的恩赐：
作高贵的人们的先知，
乃是最值得企慕的使命。

开宗明义，这首诗肯定了存在的永恒性和法则（规律）的重要性，表明了诗人在宇宙观和认识论方面的基本立场。接着他又以哥白尼发现了日心说为例，说明真理之可以被发现、认识和掌握。依此推之，在人身体内也存在一个作为中心的太阳，那就是独立不倚的良知：人的思想、行事和道德生活，都要围绕良知的太阳运行，才不会失去光明。

再往后，在诗的第四、第五节，更进一步地阐明了理智和理性在实际生活中的指导作用，揭示了它们使人目明神清，使生命真正充实和化一瞬为永恒的神奇力量。但是，检验世情或者说真理的依据却并非理性，而是“收获”，也即实践的成败。

到此为止，《遗嘱》可以说很好地发挥了歌德的哲学思想，那就是一种以理性主义为指导的富于辩证精神的唯物主义。他既肯定存在永恒，又肯定法则（精神）长存；既重视理性，又重视“收获”（实践）。在19世纪初期，在马克思主义的科学的辩证唯物主义诞生之前，歌德的哲学思想应该说相当先进。因此，在诗的最后一节他作为哲学家和诗人满怀自豪，以“高贵的人们的先知”自居，我们也不能不心悦诚服地表示同意。

与上述最后这点相联系，诗中也反映了歌德思想上的一个弱点，那就是轻视民众。他长期生活在魏玛的贵族圈中，渐渐地从狂飙突进时期的亲近“自然的人”（例如儿童和纯朴的农民），蜕变为了“亲近那少数的精英”。因此，他不是乐于做广大人民群众的先知，而只是“做高贵的人们的先知”。歌德世界观的这个弱点，在他后半生相当明显，不只表现在待人接物中，也表现在不少作品里，《遗嘱》仅是其中之一。

《遗嘱》是歌德写的最后一首诗，确实可以看作诗人对自己一生的总结，看作他对后世所做的交代。与他早期乃至中后期的抒情诗包括哲理诗相比，它富于严肃而深沉的思考，却缺少激荡的诗情，有比较明显的理念化和说教性。诗中有那么多的“你要…… ”“你要……”，读起来，我们仿佛就看见以“先知”自命的白发苍苍的老诗人站在高高的奥林匹斯山上，对世人进行着指点和规劝。

尽管提前留下了“遗嘱”，老诗人并未坐等升天之日的到来。他一如既往地，或者说更加潜心地在完成自己“主要的事业”，即创作《浮士德》的第二部。《遗嘱》是他的最后一首诗，但并不标志着他诗歌之泉的枯竭：《浮士德》不只是一部诗剧，而且其中无数的片段、独白与合唱，事实上都可以看作优秀的抒情诗。作为例子，先读一首著名的《守塔人之歌》——

生来为了观看，
瞭望是我使命，
矢志驻守高塔，
世界令我欣幸。
我遥望那远方，
我俯瞰这近景，
上有月亮星辰，
下有林莽鹿群。
我看大千世界，
永远欣欣向荣，
就像我爱世界，
我也爱我本人。
幸福的双眸啊，
你们所见一切，

尽管变化万千，
莫不美妙绝伦！

诗出自《浮士德》第二部《深夜》一场。它歌颂宇宙，礼赞生命，洋溢着肯定现世、热爱人生的乐观精神。同前引《遗嘱》一样，它也宣示了诗人的宇宙观和人生观，也表现了歌者作为“先知”——高瞻远瞩的守塔人也是某种意义上的先知 —— 的自豪感；但是，却不存在理念化的问题，而是将哲理自然地、含蓄地融进诗情画意之中，深藏在文学语言的后边。正因此，它才能一方面明白如话，言简意赅；另一方面又意蕴丰富，耐人寻味，成为歌德晚年哲理抒情诗中的一首杰作。

《浮士德》是歌德以六十年的时间完成的一部旷世不朽的巨著，是他乃至无数前人的智慧结晶。人们公认它是欧洲自文艺复兴以来三百年历史的总结；而我以为，歌德通过《浮士德》这部诗剧，也对自己一生的经历、思考和追求，作出了总结。剧中的主人公浮士德，从一定意义上讲就是歌德自身。这个问题相当复杂，有兴趣的读者可参阅本文集中有关《浮士德》的论文。此处只引老博士临终前的最后一段独白，它可以被认为也是老诗人歌德的“遗嘱”，或者他自己所谓“智慧的最后结论”——

我为千万人开拓疆土，
虽不安全，却可以勤劳自由地居住。
绿色的田野结满果实；
人和畜在新垦地上都感到幸福，
勇敢而奋发的民众垒起高丘，

移居者得到它有力的保护。
任外边狂潮汹涌，冲击岸壁，
里面仍是一片人间乐土；
一当潮水噬岸，冲入堤防，
人们便群策群力将缺口堵住。
是啊，我已完全沉湎于这个理想，
它是智慧的最后结论：
只有每天去争取自由和生存的人，
才配享受自由和生存。
于是少年、壮年和老年人，
不惧风险，在这里度过有为的年辰。
我愿看见这样熙熙攘攘的一群
在自由的土地上生活着自由的人民。
对眼前的一瞬我便可以说：
你真美啊，请停一停！
于是，我有生之年的痕迹
不会泯灭，将世世代代长存。
我怀着对崇高的幸福的预感，
现在已享受那至神至圣的一瞬。

“为千万人开拓疆土”，让“自由的土地上生活着自由的人民”——这是一个何等崇高而美好的理想！它从欧洲传统的人道主义土壤中萌生出来，成长在绚丽而虚幻的空想社会主义的日影下。在19世纪初，还很难设想它将怎样实现，还只是一个“预感”。因而，诗人是让老博士在双目失明后误将死灵为他掘墓当作民众筑坝的情况下，作了如上独白。这表明，歌德知道，他在诗中描绘的只是人类的未来前景。他也知道，为了实现这美好前景，人们只有群策群力，每日每时地去争取和斗争，因为“只有每天去争取自由和生存的人，才配享受自由和生存”！

浮士德老博士的最后独白，应该讲才是歌德的真正遗嘱，才是这位人类光明未来的伟大歌者谢幕前最高亢、最辉煌的咏叹。它将诗人一贯奉行的乐观的现世主义，提高到了积极能动的有为哲学的高度；将他对个性解放的追求，扩展为了为人类争取自由和生存的努力奋斗。

这样讲，希望不要引起误解，以为笔者已将浮士德——歌德当作了人类解放的斗士乃至社会主义者。不，浮士德仍然是以自我为中心，仍然自视为民众的主宰和救世主，而非民众的一分子抑或先锋。这，不仅注定了他的理想从根本上讲仍未改变资产阶级人道主义的性质，而且和《遗嘱》一样，也暴露了他世界观中轻视群众的一大弱点。

可是，尽管如此，浮士德——歌德所怀抱的理想依然崇高而美好，依然散发着千古不灭的灿烂光辉。

艺术风格上，浮士德这段独白也融哲理于诗情画意之中，只是调子更加沉雄豪放，情感更加激越热烈。读着它，浮士德老博士那高大魁梧的形象仿佛屹立在我们眼前，而在他面对着的远方，正展现出千百万人齐心合力地移山填海，建造人间乐土的壮丽动人的情景。

集歌德一生追求、思考和创造天才之大成的《浮士德》，思想博大深刻，艺术炉火纯青。它之完成，意味着歌德已经给自己的生命作了一个总结。他不久便与世长辞。我们的《歌德抒情诗咀华》本来也可以就此打住，但是为了使读者对这位世界文学史上最伟大的诗人的面貌有一个全面和清晰的认识，后边还有一篇简要的概论，作为尾声和总结。

诗人歌德：前无古人　后乏来者

歌德一身兼为文学家和思想家，即使在自然科学领域内，也取得了同时代人无法忽视的成就，对于文学创作更表现出多方面的天赋和才能，因此常被人将其与文艺复兴时期博学多才的“巨人”相提并论，但他仍当之无愧地被我们视为一位大文豪。大文豪歌德首先是一位杰出的诗人，特别是抒情诗人，虽然他的《浮士德》和《少年维特的烦恼》等作品，不论过去或现在都更加为人熟知，都在文学史上占据着更加显要的地位。

在长达七十余年的创作生涯中，歌德不仅写下了各种题材和体裁的长短诗歌二千五百多篇，其中有大量可以进入世界诗歌宝库的明珠、瑰宝，而且他的整个创作都为诗所渗透。例如《浮士德》本身便是一部诗剧，《少年维特的烦恼》更被公认为以散文和书信形式写成的抒情诗。歌德曾将自己一生的事业比成一座金字塔。在这巍峨宏大的金字塔的塔尖上，放着一个花环；这花环，按照法国大作家罗曼·罗兰的说法，就是用歌德自己的抒情诗编成的。对于诗人歌德来说，这个评价可谓中肯而又崇高。

从纵横两个方向上放开眼界来加以考察，歌德作为诗人可谓出类拔萃、异常伟大。德国的或者说德语的诗歌创作，是由于他才发展到空前的高峰，才真正受到了世界的重视。与他同时代的欧洲各国诗人，没有几个取得了可以与他比肩的成就，难怪英国大诗人拜伦要尊他为“欧洲诗坛的君王”，并以能与他交换作品为荣。难怪海涅要视他为统治世界文坛的三巨头之一的抒情诗巨擘，与作为小说巨擘的塞万提斯和戏剧巨擘的莎士比亚并立。设若有谁能为世界古今杰出的诗人按成就和影响排出一个顺序来，那么，即使作一个比较保守的估计，在前五位里也绝对不会没有歌德。

也就是说，歌德的诗歌创作不仅在德国，而且在整个欧洲乃至全世界都产生了巨大影响。以思想之深刻博大 —— 请读一读他的《普罗米修斯》《神性》《重逢》和《幸福的渴望》，以题材之丰富广泛 ——请注意他的诗反映了人生的方方面面，以情感之自然真挚 ——请品味一下《五月歌》《漫游者的夜歌》《迷娘曲》和《玛丽温泉哀歌》，以风格之多彩多姿 —— 请比较一下他早年的牧歌体、民歌体、颂歌以及独创的短诗和后来的哀歌体、十四行诗、阿拉伯风的《西东合集》以及中国情调浓郁的《中德四季晨昏杂咏》，还有作品数量之多，创作时间之长，我真想说，像歌德这样的诗人，真可谓前无古人，后乏来者。

这儿需要说明一下，歌德除去本文集评析的抒情诗，还创作了大量的格言诗、叙事谣曲（Ballade）和《赫尔曼与多萝特亚》等两部叙事长诗或曰史诗（Epos），以诗体写成的戏剧如《浮士德》《塔索》等更是成功而富有影响。歌德可以讲几乎使用了诗歌的所有样式体裁。在这一点上，世界文学史上恐怕也很难有谁可与他相比。

进入 20 世纪以来，歌德的诗歌先后经过马君武、苏曼殊、王光祈、郭沫若、冯至、梁宗岱、张威廉、钱春绮等前辈的译介，①逐渐在我国流传开来，并且受到了广大读者的喜爱和重视。郭沫若、梁宗岱和冯至等前辈先后将他与我们的屈原、李白、杜甫相提并论，足以证明即使在欧洲以外更广大的世界上，即使在他逝世一个多世纪之后，歌德仍然受到极少有人能与之相比的崇敬。

那么，是什么条件造就了伟大的诗人歌德？他的出现是偶然吗？

为回答这些问题而合眼思考，不禁渐渐坠入了遐思。我仿佛流连于一座花园，那么广大辽阔，那么生机勃勃，好似世界各地的名花异卉都在这儿争妍斗艳，满园姹紫嫣红，芳香扑鼻；繁花丛中固然也这儿那儿长着几棵杂草 —— 如那些为了魏玛宫廷应酬而作的应景诗，那些反映出老年歌德思想偏于保守的警句、格言，却无损整个花园的美丽和神奇，倒使它显得更加真实和自然。须知，培植这座诗歌大花园的歌德也是人，不是神……

就像自然界的花园需要种子、土壤、养料和阳光，歌德诗歌的大花园也少不了它们。

生活，就好比一座取不尽、用不竭的种子仓库。歌德享年八十三岁，自称高寿对他是一个大便利，其人生阅历之丰富、体验之深刻，都非那些才华横溢却英年早逝的诗人可比。翻开一部世界诗歌

---

① 如前文《南国之恋》所述，约在 1902 年或 1903 年，马君武第一个用文言文翻译了歌德的抒情诗《米丽容歌》（今译《迷娘曲》）。前此包括笔者在内的一些著述和歌德诗选中，都根据《南社刊丛 · 马君武诗稿》的排字错误以讹传讹，把“容”字误为了“客”，特借此机会慎重更正。

史，面对海涅、拜伦、普希金、里尔克等早逝的天才，我们会发出多少的感叹，心生几多的惋惜！

歌德一生几乎没有停止过诗歌创作。把自己的思想情感用艺术化的、凝练的诗的语言和形式表现出来，从孩提时代开始，就已成为他生存的一大需要。在七十多年的漫长文学生涯中，歌德的诗歌之泉几乎从未干涸、枯竭，而是自自然然地涌溢、流淌，虽然有时也会出现滞塞和中断的危机，但危机终究会被克服，迎来一个又一个新的生机盎然、流水欢歌的春天。

尤其让人惊叹的是，常常在写信和创作小说、剧本的过程中，歌德的诗泉会突然喷涌而出，使正在写的散文一下提高为了诗——他赠给封·施泰因夫人的许多诗和著名的颂歌《普罗米修斯》，都是这样产生的。1823 年 9 月 18 日，歌德对他的秘书艾克曼讲："我全部的诗都是即兴诗，它们被现实所激发，在现实中获得坚实的基础。我瞧不起空中楼阁的诗。"这段话很好地道出了歌德的生活与诗歌创作的关系。事实上，歌德的诗歌几乎没有哪一首不是反映着他的一段生活经历；反过来，他的所有重要生活经历又无不在诗中得到了凝聚和升华。

歌德人生阅历之丰富，实非常人可比。他出身市民，后来却封了贵族；他既是诗人、作家，又担当着魏玛宫廷的多种要职；他一生热衷于科学研究和试验，还酷爱漫游和旅行，至于在文艺作品里神游，在幻想遐思中徜徉，更是自小养成的习惯。所有这些，都在歌德的诗歌中得到表现，使他诗的内容题材变得来异常丰富。特别是他一生多恋，从十七岁至七十四岁，先后倾心于十多位女性，而每一次恋爱，都使他给后世留下一大批动人的情诗，其中实在不乏传世的杰作和精品，如脍炙人口的《塞森海姆之歌》《罗马哀歌》

《西东合集》和《爱欲三部曲》，等等。

讲到此我忍不住再引一首叫作《书》的短诗，因为它产生于诗人对男女爱情丰富而深刻的体验，可以看作是他对自己个人乃至对整个人类爱情生活的总结：

众多书中最奇妙的书，
是那爱情之书；
我曾专心致志将它阅读：
欢乐的篇章不多，
却有整章整章的痛苦。
离别自成一节；
重逢，唉，断简残牍！
一卷一卷的苦闷，
再加上没完没了的长注。
呵，—— 你终于
找到了解脱之路；
谁来解那解不开的结？
相爱者，当他们重聚在一处。

是的，我的老师冯至先生说得对，一部按产生的时间顺序编排的歌德诗选，也就是一部歌德的生活史或者说他的一部诗传。

歌德不仅长寿和阅历丰富，他的诗歌也不局限于对自己的经历作记录和整理。他还如此热爱生活，对爱、对美、对光明、对事业的追求还如此执着；从这些执着的追求中，又产生出许多的成功与失败、欢乐与痛苦。这些，都在歌德心里引发了理性的思考，同时化作诗的感兴，催出诗的萌芽。也就是说，对歌德这样一位内心充满爱的追求者，生活的种子仓库才会慷慨地敞开大门，任其拣选、索取。难怪，歌德对艾克曼说：

> 世界是那样广阔丰富，生活是那样丰富多彩，你不会缺乏作诗的动因。但是写出来的必须全是应景即兴的诗，也就是说，现实生活必须提供诗的机缘，又提供诗的材料。一个特殊具体的情景通过诗人的处理，就变成带有普遍性和诗意的东西。我的全部诗都是应景即兴的诗……①

这段话，道出了歌德创作遵循的一个重要美学原则，是他入世的人生观在美学思想中的折射，表明他是生活宝库的自觉而积极的发掘者。正因此，歌德以他七十多年的生命写成的数以千计的诗歌，加在一起便构成了一个纷繁复杂、五光十色的大千世界：宇宙的恢宏深邃、自然的仁慈博大、时代的风雷雨电、人生的幸福痛苦，还有爱情的离合悲欢，通通得到了表现。正因此，歌德的成功之作才那么情真意切，自然感人，内涵深沉、丰厚。

敏锐的天性、良好的教养和悠久的民族文化传统，是歌德诗歌大花园肥沃的土壤。

歌德出生于富裕的市民家庭，从小受到爱好文艺的父母的熏陶，加之资质聪明、生性敏感，八岁时便为向外祖父母祝贺新年而作了

① 引自艾克曼辑，朱光潜译：《歌德谈话录》，人民文学出版社，1978 年，第 6 页。

第一首长二十多行的诗。稍长，他已从父亲的丰富藏书中读到了前辈诗人们的作品，尤其喜爱中世纪的工匠诗人汉斯·萨克斯和其时正风靡德国的抒情诗人克洛卜斯托克。十六岁时他到莱比锡大学学法律，受洛可可风影响，写下了不少绮靡轻佻的爱情诗，但同时也接触到了温克尔曼和莱辛的美学理论和诗歌理论。1770 年他到地处德法边境的斯特拉斯堡继续学习，这是歌德一生发展的第一个重要转折点。在这儿，他不仅受到来自国境另一边的自由思想之风的吹拂，感到神清气爽，而且有幸结识了赫尔德。在赫尔德的引导下，歌德不仅认识了荷马、品达、莪相，读了他们的史诗、颂歌和哀歌，而且开始搜集民歌民谣，从而在古代和民间两个方面找到了诗歌清澈纯净、永不枯竭的源头。

德国的近代文化、文学和诗歌，一般地讲是建立在古日耳曼、希腊罗马和希伯来这三大传统文化之上的。从小熟读《圣经》的歌德，随着年龄的增长，特别是经过在莱比锡和斯特拉斯堡的生活和学习，全面地接近和继承了传统，便使诗的花朵在肥沃的土壤里健康而茂盛地开放起来。音韵优美、自然而富民歌风的《塞森海姆之歌》和《丽莉之歌》，节奏有力、气势雄壮的《普罗米修斯》等颂歌，还有色调典雅、绚丽、浑厚的《罗马哀歌》等，都是歌德学习传统文化的重要成果。

纵观德国的民族文化，迄于近代，明显地以哲学、音乐、诗歌见长；而仔细观察，我们又会发现三者在各种文化表现形式中相互影响、相互融合、相互渗透。拿诗歌来说，便常常以哲理为底蕴或灵魂，以音乐——以富于音乐美的语言为外形或羽翼。特别是丰富深刻的哲理内蕴，更是德语诗歌传统的一个重要特点。

在歌德的诗歌创作中，这个特点也表现得格外充分。不但他咏叹宇宙、人生的诗如《致驭者克洛诺斯》《漫游者的夜歌》《神性》《水上精灵歌》《无常中的永恒》《遗嘱》和《守塔人之歌》等，有着深邃的哲理；爱情诗如《二裂银杏叶》《重逢》和《致维特》亦然。就说《重逢》吧，它把歌德与情人玛丽安娜之间的离合悲欢，把男女之间的爱情，放在世界形成和万物产生的大背景和大框架中，从宇宙观的高度来加以观察和阐释，认为正像光明与黑暗的一分一合产生了世界与万物，原本便“相依相属”的男女一旦“双聚在一起，相爱相恋”，也创造了幸福与欢乐，创造了美好的世界。因此诗中说，“世界的创造者是我们”，是热烈而真诚相爱的人，而非上帝或者安拉。世界上恐怕再没有一首诗，能把男女之爱写得如此崇高神圣，如此气势恢宏，如此哲理深刻、丰富。还有那首《幸福的渴望》，也生动形象、言简意赅地讲明了“死与变”的深刻人生哲理。例子不胜枚举。

从这个意义上讲，诗人歌德也是个善于哲学思辨的地道德国人，在自己的诗歌创作中很好地继承和发扬了德国民族文化的传统。而诗人加哲人，文学家加思想家，这正是歌德在世界诗坛上出类拔萃，成为“诗国的哲人”，一句话，是歌德之为歌德的本质特征。

歌德不仅很好地继承了传统，还乐于和善于借鉴、学习，还善于创造和创新。借鉴和学习，为他抒情诗的大花园摄取了充足而多样的养料，使它开出千姿百态的花朵，长满奇葩异卉。创造和创新，则不只使歌德诗苑中的品种更加丰富多彩，而且赋予了它们永远蓬勃、鲜活的生命力和无穷无尽的生机。

在歌德之前，德语诗歌的创作无论内容或形式，可以说都相当的贫乏，在世界诗坛上几乎没有什么地位。除了向自然、清新的民歌学习，年轻的歌德能从本民族的前辈诗人如汉斯·萨克斯和克洛卜斯托克那儿继承的东西，事实上是不多的。因此，向外国诗人学习，就显得更加重要。不用讲歌德怎样从古希腊罗马文化中学习颂歌体（Ode）和哀歌体（Elegie），从意大利文化中学习十四行诗（Sonette），从英国文化中学习叙事谣曲（Ballade）等，这对于欧美的诗人来说也许算不了什么。我们只需看一看他是如何热诚而成功地向处于其他文化圈中的阿拉伯和中国学习的吧。

在歌德的全部诗歌中，《西东合集》（1814—1815）可以算得上是最辉煌和引人注目的一部，无论从质或者量方面，它都达到了空前绝后的高峰。这样一部杰作，正是他向 14 世纪的波斯诗人哈菲兹（Hafis）学习的收获。在《西东合集》中，歌德不仅让哈菲兹做他东方之旅的精神向导，与他比赛作诗，而且自己也变成了一个阿拉伯商人和歌者。整部诗集不仅富有阿拉伯情调、气氛、风格，而且充满着东方的哲理、智慧。

再如我们比较熟悉的组诗《中德四季晨昏杂咏》（1827），它也是歌德有意识地学习中国诗歌的结果。歌德曾长时间地关注中国文化和文学，特别是在 1814 年前后读了大量中国的作品和有关中国的书籍。在上述组诗产生之前不久，他又读了《好逑传》《玉娇梨》《花笺记》等我国明代小说以及诗歌《百美新咏》。在组诗中，歌德不仅学习、模仿中国古诗的格调与意境，而且自己也变成了一个陶情诗酒、寄身林泉的中国士大夫。等等这些，都说明歌德的胸怀是多么博大，思想是多么开明，多么善于从其他民族汲取、引进有益于自己的东西。向世界其他民族的优秀文化传统学习，则不仅仅丰富了歌德诗歌的形式和内容，而且自自然然地表现出最伟大的德国诗人对别的民族及其文化的尊重，同时使他的诗中常常洋溢着胸怀博大宽广的人道精神和人类意识。后面这一点也即博大宽广的人道精神和人类意识，似乎可以说就是歌德的诗歌能超越时代和国界，在全世界流传，为全人类珍视的根本原因。正是基于此，他的《普罗米修斯》和《神性》等作品才超越时空和文化的界限，影响了包括笔者在内的一代代人——

我坐在这儿塑造人，
按照我的模样；
塑造一个像我的族类：
去受苦，去哭泣，
去享受，去欢乐，
可是不尊敬你——
和我一样！
……
——《普罗米修斯》

愿人类高贵、善良，
乐于助人！
……
——《神性》

只有每天去争取自由和生存的人，
才配享受自由和生存。
……
——《浮士德》

诸如这样洋溢着人道精神的诗句真可谓掷地有声，也就难怪会在不同民族、不同时代的广大读者心中引起强烈共鸣。

当然，歌德之能成为歌德，不只因为他善于继承、借鉴、学习，更重要的是他还善于和勇于在继承、借鉴的基础上，永不满足地探索，大胆地创造和创新。原有的诗体、格律他通通都要尝试一下，但又从不满足和局限于任何一种体裁和格律。这样，他的笔下就产生出德语诗歌的上百种新的格律样式，以至“令人担心他七十年的诗歌创作几乎穷尽了德语语言和诗歌格律的一切变化和可能；正像他从前辈那儿继承到的东西很少一样，他的后继者也没给德语诗歌的表现形式增加多少新意”。

在艺术形式的丰富多彩这一点上，歌德同样可以讲是超群出众，无论古今都很少有人可以比拟。

尽管歌德诗歌的思想内容和艺术形式不断地发展变化、创造革新，尽管他的创作力有时旺盛、有时衰退，但其精神、资质始终如一，总能让人感受、体会到歌德诗歌的一些本质特点。凭借这些特点，歌德的诗歌创作构成一个整体，构成一个阳光灿烂的世界，而他的每一首哪怕再短的诗，也像一滴水一样反映着七色的阳光和整个世界。然而，要给这些特点以明确的界定和描摹，又几乎不可能；不但不可能，而且常常还会弄巧成拙，顾此失彼，造成对歌德诗歌的损害。因为诗人歌德太博大，太复杂，太深邃。

为证明此言不虚，我们只需再回味一下他那首被后世无数的诗人誉为千古绝唱的《漫游者之歌》。这首诗短短八行，译成汉语不过四十个字，所蕴含的思想、情感却超过了万语千言，在世界诗歌史上，那真是位居“一切的峰顶”。

我把时代的影响放在最后来讲，是因为我认为它格外重要。对歌德的诗歌大花园而言，时代的影响就犹如花木生长和兴旺所不可缺少的雨露和阳光。歌德生活在一个急剧动荡的时代。他虽然身处鄙陋落后的德国，狭小湫隘的魏玛，却亲历了法国大革命、拿破仑战争、日耳曼民族的神圣罗马帝国瓦解、美国独立，以及建造第一台火车头和动工开凿巴拿马运河等一系列历史事件，时刻关心着自然科学的进步和发展。拿歌德自己的话来说，这对他是一个极大的便利。还不止此。歌德生活的时代，本身应该说就是一个十分有利于诗歌，特别是抒情诗发展的时代。

16 至 18 世纪，欧洲经受了文艺复兴、宗教改革、启蒙运动的洗礼，人们的肉体和精神已在很大程度上摆脱了神的束缚。待到歌德于 1770 年前后登上文坛，正值狂飙突进运动在德国兴起。这个文学运动是上述反封建的思想解放运动的继续和发展，在要求人性的发扬方面走得更远。它崇尚天才，皈依自然，高唱“个性解放”“感情自由”，反对一切束缚人的制度、规章、教条和它所谓干枯的理性。对于德国诗歌特别是抒情诗的勃兴来说，狂飙突进的时代气氛可谓一个十分难得的条件。正是在“个性解放”“感情自由”的呐喊声中，在“天才”时代的阳光照耀下，很快成为这个运动初期的旗手和主将的青年歌德才自然地放开喉咙，尽情歌唱：唱出了《五月歌》，唱出了《伽尼墨德斯》，唱出了《普罗米修斯》等激烈奔放、气势磅礴的人性和自然的赞歌。

继狂飙突进运动而兴起的欧洲浪漫主义运动，“重主观而轻客观，贵想象而贱理智，诉诸心而不诉诸脑，强调神秘而不强调常识，既反对新古典主义的清规戒律，也反对后来兴起的现实主义的直白”。①这样的思想倾向，应该说是“个性解放”和“感性自由”的主张的扩展和深化，同样适宜于以情感为生命的诗歌特别是抒情诗的蓬勃生长。事实上，在浪漫主义风靡欧洲大约一百年间，便涌现了拜伦、雪莱、雨果、贝朗瑞以及海涅、裴多菲等杰出的诗人；而在以前和以后，在新古典主义和现实主义抑或自然主义时期，称雄文坛的则更多地是戏剧家和小说家。歌德虽与德国本身的浪漫派格格不入，但思想和创作都深受时代风尚的影响。不说他那天上地下、神奔鬼突、任想象自由驰骋和充满神秘气氛的《浮士德》，就讲他中后期的主要抒情诗《罗马哀歌》《西东合集》和《爱欲三部曲》吧，也无不闪射着奇异的浪漫主义的精神光彩。

歌德生性聪颖，敏感好学，具有强烈的事业心和创新精神，本身可称是一位个性鲜明突出的“天才”。但是，很难设想，在一个感情受到窒息、个性受到禁锢、天才受到压抑的时代 —— 不管窒息、禁锢和压抑它们的是宗教，还是道德礼仪规范，是“干枯的理智”，还是畸形发展的物质文明和机器 —— 歌德的诗歌之泉仍然能涌流得如此地激越，如此地欢畅，他诗歌的百花园能如此地美不胜收、欣欣向荣！

这是一幅世界图景，
人们说它美妙绝伦：
它简直就是座杀人场，
也像间单身汉的卧房，

① 刘半九：《德国的浪漫派和海涅的〈论浪漫派〉》，人民文学出版社，1979 年。

它几乎像一家歌剧院，
像学生们在纵酒欢宴，
它近似于诗人的头脑，
像珍贵的古玩很稀少，
它还像已作废的钞票，
样子看上去绝顶美好。
（朋友，请忍住别笑！）①
每当诗人提起笔写诗，
总受到某个动机驱使，
天下英雄包括亚历山大，
也受欲望驱使你讨我伐。
因此我哪儿也签上大名，
不乐意将来默默无闻。

这首歌德十六岁时写的富于调侃意味的短诗，不仅道出了他对诗歌的看法，本身也表现了他作为诗人的天才。我们这儿引用它，则意欲说明歌德其后六十多年的诗歌创作，确实堪称包罗万象的“世界图景”——不只是他年轻时片面地理解的那些东西，而且真正地“精妙绝伦”；因此，一如其所愿，歌德作为诗人的名字也就流芳千古、永垂不朽。

综上所述，丰富的人生阅历和体验，良好的文化教养和久远的诗歌传统，积极而富有成效的学习、借鉴和不断创造、大胆创新、崇尚个性、放纵感情和思想解放的时代，再加上本人的秉性、气质

---

① 口号中引用的是古罗马诗人贺拉斯的拉丁文诗句。

与才华，多种主客观有利因素幸运地聚合在一起，为德国、为欧洲、为人类造就出了歌德这样一位杰出的诗人。遗憾的是，这样幸运的遇合在世界文学史上实不多见，百年不遇，于是歌德也就只能像高高站在奥林匹斯山上的宙斯一样，成为一位孤独者。他不但在精神和形式两个方面集欧洲古典诗歌特别是抒情诗之大成，而且标新立异，唱出了自己的音调，并融会进了东方的和音。不用与平庸之辈进行比较，就说产生于歌德前后的杰出诗人克洛卜斯托克、席勒、海涅乃至拜伦、雪莱吧，他们在丰富与深刻方面都还与歌德或多或少地存在差距。正因此，我又想重复本文开头说过的话：绝代大文豪歌德首先是一位杰出的诗人；诗人歌德——前无古人，后乏来者。

诗人不喜欢沉默，
乐于将自身示人。
毁或誉随它去吧！
谁忏悔愿用散文；
在诗神静静的林苑，
我们常吐露心声。

迷雾也罢，追求也罢，
痛苦也罢，生存也罢，
在诗里仅鲜花一束；
老迈就如同青春，
失误就如同德行，
在诗里全找到归宿。

在这首题名为《致亲爱的读者》的短诗中，[①]诗人歌德现身说法，告诉我们他为什么成为诗人，他整个的一生又何以与诗歌密不可分，以及他如何在诗里找到自己的精神和归宿。用这样一首诗来结束本文，应该说挺合适。

① 此诗作于 1799 年，第二年作为他《诗歌集》的序诗公之于世。

第三辑

《浮士德》面面观

说不完的《浮士德》

德国大文豪歌德的诗剧《浮士德》，是一部旷世不朽的巨著和杰作。它在问世后的近两个世纪里，先在德国继而在欧洲乃至全世界，引起了越来越多的重视，不仅一再地被翻译成世界各国的其他文字（有的国家的译本还不止一种），而且研究它的著作、论文也成千累万，汗牛充栋。① 人们不断地从不同的角度，在不同的时代和文化背景中，带着不同的审美眼光对《浮士德》进行观察；而这部杰作呢，就如同一块硕大的水晶体，随角度、背景和审美眼光的变化而变化，永远闪射着美丽迷人的异彩。正如研究《红楼梦》有“红学”，研究莎士比亚有“莎学”，在世界范围内研究《浮士德》也已形成文学领域里的一个独立学科，被称为“浮学”。

像《浮士德》这样长久地保持着巨大生命力和吸引力的经典作

---

① 参见 *Hauptwerke der deutschen Literatur*，verlegt bei Kindler，S. 182—184。

品，在德语文学中真是绝无仅有，在世界文学中也屈指可数。它是马克思“最喜爱的”一部德语文学著作，被他读得烂熟。马克思早年写过一部命运悲剧《兰尼姆》（未完成），其主人公贝尔蒂尼就被认为是“《浮士德》里的（魔鬼）靡非斯托·裴勒司苍白无力但可辨认出来的翻版”。①他在自己的论著里还经常引用《浮士德》，或者巧妙地借用书中形象，或者创造性地发挥书中的思想。他特别欣赏靡非斯托冷峻尖刻的嘲讽，曾让这个魔鬼现身说法，帮助揭示金钱、货币“带来邪恶堕落”和“助长异化现象”的资本主义的社会现实。②列宁同样非常喜欢《浮士德》。他流亡国外时只带了两本文学书籍，其中一本就是歌德的伟大诗剧。他在西伯利亚的流放地也经常读它。除去革命导师，统治阶级的代表人物如统一德国的“铁血宰相”俾斯麦，也推崇《浮士德》到了无以复加的地步，称他为德国人“世俗的《圣经》”③，说只要“带着它，一个人即使终生独居在孤岛上，也不愁缺少精神寄托……”

诚然，对于歌德的《浮士德》，近两百年来并非只有推崇和赞美。特别是在歌德逝世后不久的19世纪上、中叶，特别是对诗剧的第二部，批评和贬斥真不算少。甚至有些原本十分景仰老诗人的年轻一代作家如赫勃尔、默里克、凯勒以及海涅等，也不完全理解这部巨著，也加入了批评者的行列。但是，时代的前进，研究的深入，渐渐消除了这些人的误解和反动势力（如德国的纳粹“理论家”）的

---

① 柏威拉尔著，梅绍武等译：《马克思和世界文学》，三联书店，1982年，第23页。

② 柏威拉尔著，梅绍武等译：《马克思和世界文学》，三联书店，1982年，第104—106页。

③ 海涅在《论浪漫派》中也有类似说法。见（中译本）人民文学出版社，第55页。

曲解，使《浮士德》这座深深埋藏在地下的宝藏，终于为越来越多的人所认识和珍视。

《浮士德》对于后世作家们的影响，更非同一般。海涅、拜伦、普希金和屠格涅夫等著名诗人、作家，都写过类似题材或主题思想的诗剧；平庸之辈的仿作更不计其数。到了 20 世纪，在《浮士德》启迪下写成的作品仍不断出现，其中最著名的为托马斯·曼的长篇小说代表作《浮士德博士》(1949)，卢那察尔斯基的《浮士德与城》(1918)，高尔基未完成的长篇小说《克里姆·萨姆金的一生》(1927—1937) 以及法国杰出诗人瓦莱里的戏剧片断《我的浮士德》(1940)，等等。在中国，一提起《浮士德》，人们自然会想起文学巨匠郭沫若，因为他不仅是这部世界名著的中文版译者，而且其本身的诗歌和戏剧创作也深受《浮士德》的影响。①

诗剧《浮士德》分上下两部，共计 12111 行，篇幅虽不算小，但毕竟有限。相比之下，它的魅力和影响力，却几乎无限、无穷。何以会如此？原因在哪里？

原因首先在作品本身无比丰富、异常深邃、复杂而又多层面的思想内涵。是的，它是如此地丰富、深邃、复杂而又多层面，以至不同时代和不同民族的读者，人人都可以从中发现一些新的东西，以至一代一代的研究者，对它总是说不完，道不尽。

罗马帝国的基督教思想家奥古斯丁（354—430）在其所著《基督教教义》一书中，曾引用下面这首中世纪广为传诵的小诗，来说

① 关于欧洲文学受《浮士德》影响的详情，可参阅董问樵著《浮士德研究》，复旦大学出版社，1987 年，第 148—162 页。

明、归纳《圣经》诠释工作的繁难和艰辛——

字面意义多明了，
寓言意义细分晓，
道德意义辨善恶，
神秘意义藏奥妙。

这个古老的四重意义说，今天仍受到西方现代阐释学的重视，对我们阅读、理解和欣赏一些内涵丰富、深邃的文学作品，也确实不乏启迪、指导作用。试想堪称经典的文学巨著，哪部不是多义的呢?

然而，要想诠释“世俗的《圣经》”《浮士德》，仅有奥古斯丁的四种意义说似乎已经不够，它有着更多更深的含义。

《浮士德》给我们讲述一个“异人”，一个永远不安于现状、永远自强不息的德国男子的故事。他的一生痛苦曲折，但却敢作敢为，豪迈悲壮。

《浮士德》让我们跟随主人公的足迹，时而人间，时而地府，时而天国，时而从现实回到往古，再从往古又返归现实，并面向未来，一路上经历和目睹了无数或黑暗凄惨，或壮丽恢宏，或神奔鬼突，或圣洁和谐的场面和境界。人生世象尽在眼前，七情六欲了解于心。《浮士德》真可谓是一面人生的宝鉴，反映着善与恶、美与丑、光明与黑暗之间形形色色的没完没了的斗争。

人们常讲《浮士德》是对西欧自文艺复兴以来的三百年历史的总结，或者更确切地说，是“对西欧启蒙运动的发生、发展和终结，在德国的民族形式中加以艺术概括，并根据 19 世纪初期资本主义的发展，展望人类社会的将来”。[①] 一句话，《浮士德》不仅仅是某个德国男子的故事，而是西欧一个漫长而重要的历史时代的缩影。

《浮士德》是歌德的主要代表作，第一部问世于 1808 年，第二部问世于 1832 年，为完成它前后总共花了六十年的时间。歌德说过，他一生的创作只是“一部巨大的自白的一个个片段”，《浮士德》无疑是这些“片段”中最典型和最重要的一个。它不仅折射着歌德一生的主要经历，也是诗人兼哲人的他对社会、人生和宇宙的大问题长期思考的结晶。这后一点更加重要，《浮士德》因此成了一部富于哲理的智慧之书。书中到处都是意味深长的警句，光彩照人的思想。从整体上看，它回答了哲学所关心的几乎所有重大问题，诸如宇宙的形成、万物的起源、认识的性质、人生的意义，乃至人类发展的未来，等等。

《浮士德》与歌德本身的生活经历和思想发展关系密切，但作品的主人公并不等于作者，而是一种资本主义上升时期的新人的典型。所谓“浮士德精神”，也可以说是一种新的文化精神的体现。普希金曾将《浮士德》誉为一部“现代生活的《伊利亚特》”，郭沫若曾称《浮士德》是一部“时代精神的发展史”[②]，都强调出了歌德的诗剧在西欧思想文化史上一度所具有的现实意义和现代意义。

不用全部，仅仅上述的几个方面乃至其中的某一个方面，就足以使《浮士德》的思想内涵异乎寻常地丰富、复杂、深邃。也就难怪，诠释、研究《浮士德》，会形成一门专门的学问，世界各国的学者对书中的问题，诸如什么是“浮士德精神”等，会仁者见仁，智

---

① 董问樵：《浮士德研究》，第 34 页。

② 见郭沫若《浮士德简论》，收入人民文学出版社 1978 年版郭译《浮士德》第一部。

者见智，不断作出富有新意的解释。至于一个多世纪以来各国文学中出现的大量以浮士德的故事为题材的剧本、小说和诗歌，实质上同样是作家们企图作出自己新的解释的尝试。

使《浮士德》成为不朽杰作的不仅仅是内容，它独特的艺术形式同样起了重要作用。换句话说，赋予《浮士德》无穷魅力的另一个因素，是诗剧独特的艺术形式。它同样丰富多彩，复杂多变，而且与思想内涵有着水乳交融一般不可分割的联系。可是正由于它独特、丰富而又复杂，在好些方面就还可能不合我们的欣赏习惯，同样会增加阅读和接受的困难。这儿只粗略地说一说《浮士德》的艺术特点。

首先，《浮士德》是一部诗剧，同时具有戏剧和诗歌的特点。故事情节和人物的思想、情感和个性，主要用对话、独白以及西欧传统戏剧的合唱来表现；而所有的对话、独白和作用很多的合唱，又都以诗体写成，都像诗歌一般地凝练、含蓄和富于暗示性。在这部巨著中，诗体和格律可谓多种多样，并且随着人物、场景、时代的变化而相应改变，语言就显得格外丰富多彩。以体裁分，《浮士德》中既有古希腊无韵的自由体颂歌和哀歌，又有古希腊悲剧的三音格诗，既有北欧古典的长短格无韵诗，又有浪漫主义的短行诗乃至德国民歌，诸如此类，不胜枚举。至于内容，则或赞颂，或抒情，或叙事，或喻理，或讽刺，或调侃，无所不备，应有尽有，简直令人目不暇接。如此林林总总，变化有致，整个看来与我国的古典戏曲倒有颇多相似之处，只是质地完全不同罢了。

其次，《浮士德》既是“欧洲自文艺复兴以来三百年历史的总结”（时间的跨度极大，从德国中世纪即将结束的 16 世纪，一直延续到 19 世纪初的资本主义原始积累和自由竞争时期，所应涵盖的历史事件和故事内容非常之多，一部作品不管多么大的篇幅，都无法如编年史似的将它们一一述及），所以，诗剧的剧情极富跳跃性，其间的省略和空白，都需要读者用想象，或者更确切地说用自己原有的历史和文学知识来加以弥补，因此就不像读一般消遣性的通俗小说那样愉快轻松，但却更堪玩味和咀嚼，读者会体会到更多的参与、探索、发现和驰骋想象力、思考力的乐趣。

最后也最重要的是，《浮士德》内容深邃、复杂和多层面，既生动而具体地反映出德国的社会和政治现实，如对格利琴的悲惨遭遇的描写，对德国宫廷生活的揭露，又充满天马行空似的大胆而奇异的幻想，如写浮士德寻找古希腊的美女海伦，与她结合和生子等；而且在这些事态世象背后，还隐藏着丰富的精神内容和深刻的哲学寓意。所以，诗剧使用的艺术手法与此相适应，也不可能单纯和统一。总体上讲，《浮士德》的确如作者自称的那样是一部悲剧，但不少场次又是喜剧、闹剧、寓言剧，等等。

人们常讲，《浮士德》在艺术手法上是现实主义与浪漫主义相结合的典范。这是对的，但还不够。笔者认为，还必须大大地强调歌德对于象征这一艺术手段普遍、大胆和天才的运用。

《浮士德》全剧终了时有一首总结性的《神秘的和歌》——

一切无常世象，
无非是个比方；
人生欠缺遗憾，
在此得到补偿；
无可名状境界，

在此成为现实；
跟随永恒女性，
我等向上、向上。

“无非是个比方”，比方就是比喻，起着象征的作用。这首“和歌”乍听起来确实神秘，实际上却揭示了诗剧在艺术审美方面的主要奥秘：浮士德的整个故事，无非是个比方或者说象征罢了。而深刻的比方和象征，通常都带有无可名状、难以言喻和朦胧的性质。这就更加丰富了诗剧的“寓言意义”和“神秘意义”。像上引和歌中的“永恒的女性”究竟象征什么的问题，就很难作出完全明确的、肯定的解答。这样的问题，在《浮士德》中可谓比比皆是，无可回避。

是的，《浮士德》的最重要的艺术特点，是大量地使用象征、典故和比喻。这些象征、典故和比喻，还不局限于一词一语，一时一事，不仅仅涉及人物原型、故事模式、文学意象或某一个局部的思想母题，而是贯穿全书，几乎无所不在。甚至可以讲，整部诗剧，诗剧主人公浮士德博士的整个故事，都是建构在象征、典故和比喻之上。拿人物来说，不只天主、靡非斯托、海伦、欧福良、悭吝、忧愁等虚拟形象是象征，浮士德、瓦格纳、格利琴以及皇帝宫中和战场上实存的各色人等同样如此。

众所周知，凡是文学作品中的象征、典故或比喻，无不包藏着深厚的民族文化积淀。诗人歌德身为德国人，他的民族文化是欧洲文化的一部分，其来源主要有三个：一是日耳曼民族固有的文化；二是以《圣经》为主要载体的希伯来基督教文化；三是经过意大利文艺复兴得以发扬光大的古希腊罗马文化。在这一大前提下，《浮士德》中的象征、典故和比喻，同样都植根于这三种对我们来说是异质的文化中间。它们要么取自德国的民间故事或传说，如浮士德博士的故事和魔男魔女在瓦普几斯之夜的传说；要么取自基督教的信仰及其经典，如诗剧开场时至关重要的两次赌赛就与《圣经·旧约·约伯记》的两次赌赛有着渊源；要么取自希腊罗马传说，例子更比比皆是、不胜枚举。

对于我们中国的读者来说，欣赏接受《浮士德》这部巨著的困难，恐怕主要也在理解把握书中层出不穷的象征、典故和比喻。

诗剧《浮士德》既有曲折、多变和动人的情节，又富于文化底蕴和哲理思辨，因此不能视作一般揭示社会矛盾的戏剧——虽然它也揭示了若干突出的社会矛盾。从总体上看，《浮士德》可以说是一部以诗体写成的、带有悲剧色彩的象征剧或者寓意剧，是一部诗的哲学或者说哲学的诗。

内容和形式两个方面的丰富、复杂、独特，使《浮士德》成了世界文苑中的一枝珍贵的奇葩，成了屈指可数的几部吸引一代又一代研究者的杰作。但与此同时，对于广大读者，它也差不多成为一部难解的“天书”。对普通的欧洲人和德国人已经是如此，对生活在另一个文化背景中的中国人更是。诗剧的第一部有一个凄美动人的爱情故事作为情节核心，倒还容易阅读和理解；第二部则大不一样，不只一般人读不下去，连郭沫若这样思想敏锐的诗人和学者也是如此：他在1920年前后只能欣赏和翻译《浮士德》第一部，然后又过去了二十六年，待到他的阅历、见识大大丰富了，思想更加成熟了，才自认为能理解第二部的深刻含义，才下决心将它翻译出来。对于这种现象，歌德自己作了如下解释：

> 第一部几乎纯粹是主观的。一切都产生于较狭隘的、更热情的个人，这种人的半蒙昧状态，也许能讨人们喜爱。但第二部里几乎完全没有主观的成分，所呈现的是一个更高尚、更宽广、更明朗、更冷静的世界；谁要不曾奋斗求索过，有了些人生阅历，谁对它就会一筹莫展。

但尽管如此，我们不应半途而废，置《浮士德》的第二部于不顾，虽然对于中国读者来说，要真正读懂它是难上加难。这就要求我们在开始阅读前作充分的思想准备，有进入深山探索的地质工作者一般的正确态度。

现代阐释学（hermeneutik）告诉我们，对一部作品的理解的程度，主要决定于阅读者本身的“先结构”，即所谓“先见”“先知”“先有”等。拿通俗的语言来讲，就是决定于读者本身已有的文化修养、人生阅历以及阅读欣赏的训练。读者的“先结构”离作者越近，阅读理解的障碍就越少。这儿所说的理解，自然是广义的、多方面的，审美鉴赏也是一个重要方面。至于我们的“先结构”，离生活在18、19世纪的德国大诗人和大思想家歌德是遥远的。要想阅读欣赏他的毕生心血凝聚成的宏伟巨著《浮士德》，我们别无他法，唯有尽量完善自身的“先结构”。具体地讲，我们必须对诗剧中所涉及的时代、社会、民族、文化传统、宗教信仰乃至神话传说等，尽可能增加了解。

再者，要想读懂并且欣赏《浮士德》这部内涵无比丰富的“智慧之书”，除了有严肃认真的态度和一定的知识准备，还必须方法得当。最重要的，应该遵照先易后难、由表及里这一循序渐进的原则，首先弄清楚《浮士德》的“字面意义”即它的具体故事内容，然后再深入考虑其他方面。当然，这儿所说的易也是相对而言，用诗剧形式写成的《浮士德》的“字面意义”与其说多么明了，倒不如讲仍然颇为费解。下面先给诗剧的结构、内容勾勒出一个轮廓，以方便读者找到深入堂奥的路径门道。

《浮士德》的故事内容并非全部出自诗人歌德的创造。早在16世纪以前，德国就已流传着许多关于浮士德博士以及与他类似的奇人异士的传说。这些传说不仅被搜集整理成民间故事书大量出版，编成了木偶戏四处上演，还引起歌德之前的一些杰出作家的注意。例如英国剧作家马洛（Christpher Marlowe）和德国启蒙思想家和作家莱辛（Gotthold Ephraim Lessing）等，都曾写过以浮士德博士的传说为素材的剧本。歌德儿时就在市集上看过演浮士德离奇经历的木偶戏，稍长又在父亲的藏书中读到这个民间故事，对那位非凡的博士留下了极其深刻的印象。还不满二十岁，歌德已决心改写浮士德的故事，并开始构思和安排情节；但他最后完成这件工作时已是八十二岁高龄。歌德把写诗剧《浮士德》视为自己的“主要事业”，为之倾注了全部心血。

民间传说中的浮士德也实有其人。在16世纪或更早一点的德国，确曾出现过一位浮士德博士。据传他是个很有能耐的炼金术士，为了获取知识、权力和享受，竟然写血书将自己的灵魂抵押给魔鬼，最后果真被魔鬼抓进了地狱。在普通老百姓眼中，浮士德博士实在是个既神秘又可怕，却极富吸引力的人物，所以关于他的民间传说才经久不衰。只不过真正发现他的巨大意义和精神光彩的，是莱辛、歌德等一些本身就思想先进和具有反叛精神的作家。因为，16世纪，尽管欧洲大陆上空已映照着意大利文艺复兴的曙光，马丁·路德已发动了影响全欧的宗教改革，但是这些资产阶级的思想解放运动，仍未能动摇德国顽固而强大的封建统治，社会仍处在中世纪的黑暗蒙昧状态中。在当时的德国，敢于以非常手段追求财富、知识、权力和享受的浮士德，真算得上是一位思想先进的离经叛道者。具体地讲，他所从事的炼金术，不是一种为获取财富而进行的原始科学实验么？他将灵魂出卖给魔鬼，不是对宗教这一封建统治支柱的背叛和亵渎么？至于他的冒险精神和义无反顾的勇气，更堪为创业初期的资产阶级的榜样。

也正因此，对于德国新兴资产阶级的伟大思想家和诗人歌德，传说中的浮士德产生了巨大魅力。但是另一方面，他对这个人物暧昧神秘的形象特别是最后下地狱的悲惨结局，却非常之不满，所以决心加以改写。经过他的充实和提高，故事也更加动人，更加富有深义。事实是，歌德的《浮士德》不仅集前人之大成，而且在思想内涵和艺术形式两个方面，都有许多新的创造。

《浮士德》分为两部，第一部共计二十四场，分场不分幕；第二部则为五幕十七场。在第一部的剧情正式展开之前，我们还读到一段《献词》和两个序幕。《献词》大约作于1797年歌德正式开始写《浮士德》第一部时。他当时四十八岁，想到自己的“主要事业”屡作屡辍、完成无日，故旧挚友如赫尔德等多已谢世，不禁感慨系之；《献词》可以说是作者下决心继续写《浮士德》的抒怀和自励。

《献词》之后紧接着《舞台上的序幕》，也是歌德开始写第一部时加上去的，与剧情本身完全没有关系。实际上，作者只是让三个登场人物即剧场经理、剧作家和丑角，各自表明自己的戏剧观。有的研究者认为剧作家就是作者歌德的代言人，在我看来并不正确。

因为，三者的观点各有偏颇：经理只重视上座率和票房价值，丑角只重视演出的娱悦作用，他们都主张尽量投观众之所好，其他则不加考虑；剧作家则刚好相反，强调的是表现自己的内心，希望的是作品流芳后世，对眼前的现实和观众不屑一顾，颇有点“艺术至上”和“为艺术而艺术”的味道。我以为，歌德写这个序幕只是让观众或读者在进入诗剧主人公浮士德的奇异世界之前，先看看作者所处的那个时代的实际社会风貌，体验体验在一个典型的德国露天剧场中的特殊气氛。实际上，那儿本身就演出着一场人生话剧。只要细加品味，这《舞台上的序幕》也并不枯燥。

至于下一个序幕即《天庭中的序幕》，就重要得多了。人称它为全部诗剧的总纲，说得一点不错，它对故事或曰情节本身的的确确起到了引导和框限的作用，并与全剧的结尾遥相呼应，是整个故事不可或缺的重要部分。它的中心内容是天上的主宰（天主）与魔鬼靡非斯托之间的一场争论和赌赛，争论的对象则为我们故事的主人公浮士德。他被他们视作世人的代表：魔鬼认为他野心勃勃，好高骛远，永不知足，不会有好下场；天主则相信浮士德在努力追求时即便难免有迷误，即便会暂时坠入魔道，但终将走上正途。两者的看法大相径庭，于是便打赌，由靡非斯托去引诱浮士德，看看他是否会放弃自己高尚的追求，弃善从恶，成为魔鬼的俘虏。天主之所以这样做，是因为他觉得有一个魔鬼在身旁作祟，反倒能刺激和推动贪图安逸的世人不懈努力，起到相反相成的作用。

接着诗剧正式开场：对知识的追求已感厌倦和失望的老博士以灵魂和魔鬼靡非斯托打赌，然后在魔鬼的帮助下回返青春，遨游“小世界”和“大世界”，先后经历了对男女之爱，对宫廷中的权势财富，以及对以古希腊艺术为代表的美的追求和享受，结果均未能获得心灵的满足。最后，在围海造田这一征服自然和替大众谋福利的事业中，百岁高龄且双目失明的主人公终于找到了“智慧的最后结论”，对眼前的一瞬说出魔鬼一直期待他说的那句决定赌赛胜负的话，“你真美啊，请停一停!”然后心满意足地倒下死了。然而他的灵魂，并没有如约定的那样被靡非斯托抓进地狱，而是由天使们护送着上了天堂，因为“对于爱人之人，爱能指引道路”，因为“他永远奋发向上”。于是，被称作悲剧的《浮士德》，有了一个光明、乐观的结尾。

就其故事内容，我们可以把《浮士德》简单地归纳为：一出悲剧，两个赌赛，五种追求。我们在上边说了，浮士德博士被天主和魔鬼看作是世人或者说人类的代表，事实上歌德也是这么看的，我们同样不妨这么看。以此为出发点，我们可以进一步认为，浮士德博士的五种追求（加上他在与魔鬼打赌前对知识的追求），象征着人生一个个不同的境界；而其中最有意义和最崇高的追求和境界，即为投身于替大众谋幸福的事业。悲剧主人公获救升天的乐观结尾，象征着天主也即作者歌德对于人类光明未来的预见。《浮士德》的重大思想意义和超越时代和国界的魅力，正在于这积极向上的、富于人类精神的人生追求，正在于这高瞻远瞩和富有现实意义的对于人类未来的预见。

说不完的《浮士德》！在我们就它的一些重要方面进行比较细致深入的探讨之前，这篇肤浅的短文权当个引子。

历史沧桑的艺术缩影

——《浮士德》的时代精神

为了读懂《浮士德》这部巨著，哪怕仅仅是明了“字面意义”，我们也需要下一番功夫才行，因为诗剧的情节太曲折复杂，场面太光怪陆离，所产生和反映的时代离我们也太遥远了。为此，还可以先将剧中主人公的经历作一番整理和归纳。

提纲挈领，我们可以把浮士德博士的故事归结为：一生追求，五幕悲剧。那就是知识的追求或曰知识的悲剧，享乐的追求或曰爱情的悲剧，权势的追求或曰从政的悲剧，美的追求或曰寻美的悲剧，事业的追求或曰事业的悲剧。

读者不难看出，这儿的“五幕”并非来自《浮士德》这部大悲剧的原场次划分，而是指其一生发展与追求的五个阶段。对于歌德所生活的那个时代的人来说，它们无疑具有相当的典型意义。笔者讲的故事，也就有意识地相应分成了五节。

第一幕：知识的悲剧

黑沉沉的夜色笼罩着舞台，呈现在我们面前的是一间典型的中世纪的书斋。白发苍苍的浮士德老博士自怨自艾、烦恼齐天乃至于痛不欲生，因为他尽管一生苦苦钻研，掌握了当时大学里的四大学科即神学、法学、哲学、医学，却仍然对宇宙的奥秘不甚了了，对人生的意义蒙昧于心。他说，他为了寻找光明却堕入了深重的黑暗，为追求真理却陷进了可悲的迷惘。这时候的浮士德，不正是中世纪结束前后一个渴望摆脱蒙昧、获取真知的知识分子典型么？他的烦恼痛苦，不正是文艺复兴乃至于启蒙运动初期，处于新旧之交的尴尬境地的先知先觉者的烦恼痛苦么？

是的，浮士德老博士是自己时代即欧洲从中世纪向近代过渡的文艺复兴时期的一位先知先觉者，是科学文化尚未完全摆脱中世纪的迷信羁绊时的一位学者和科学家的典型。他的不幸和悲哀在于，他为追求光明和真理选择了错误的手段，走上了歧路，堕入了魔道，结果所获得的自然只能是迷惘和黑暗。他迷信炼金术和符箓，将自己长年累月地关闭在书斋和实验室或者倒不如说丹房中，脱离实际、脱离生活、脱离民众，结果也就被生活所抛弃从而失去继续生活的乐趣和勇气，也就不为民众所理解而被视为奇人异士乃至邪教徒和妖人。在世界的科学发展史上，浮士德老博士这样的奇人真是不少，例如我国东晋时编著《抱朴子》的葛洪，似乎也可算在此列。

不过，浮士德老博士有许多不同和优越于一般的中世纪老学究或炼金术士之处。其中最重要的两点就是歌德在《天庭中的序幕》中借魔鬼和上帝之口，从反面和正面指出的：

1. “他野心勃勃、好高骛远、永不知足”；

2. “他在努力追求时难免有迷误，即便暂时会堕入魔道，终将走上正途”。

这就是说，浮士德既有锲而不舍、永远向上、永不知足的追求真理的精神，又有一颗正直、高尚的心。正因此，他才不满足于已取得的博士、学者、导师的头衔名望，才不因挫折失败而却步，才能从痛苦和绝望中挺起腰板、昂起头颅。为了认识人生的真义，体察那短暂的至美至善的一瞬，他不怕用鲜血与魔鬼签约，为换得靡非斯托的帮助而以自己的灵魂作为抵押和赌注！

作为一个力图冲出中世纪的知识迷雾的先知先觉者，作为一个献身科学和真理的知识分子，浮士德此举真表现了我不入地狱谁入地狱的大无畏献身精神，令人赞叹和尊敬。也许，正是因为有这样一个惊世骇俗的举动，浮士德才成其为浮士德，他的故事才能由民间传说演变为大众喜闻乐见的木偶戏，而被众多的诗人作家所改编、改写，最后被歌德写进他的伟大诗剧而永世流传吧。

但是，为了追求真理之光而信赖和委身于魔鬼，为了冲出中世纪知识的迷雾而走一条带有中世纪迷信色彩的道路，又不能不说是一种矛盾和悲哀。正因为如此，浮士德在走出书斋之前的整个故事，才被称作知识的悲剧。在这个悲剧中，也艺术而典型地反映了时代的矛盾和悲哀。欧洲的文艺复兴明明是新兴资产阶级发动的向前看的运动，却不得不穿起古装，掉回头去寻找楷模典范。明白了这点，浮士德的举动似乎又不那么大惊小怪，他的悲剧又并不多么可悲。

第二幕：爱情的悲剧

欧洲文艺复兴的一个重要任务，在于把人从神的绝对统治下解放出来，砸碎套在人身上的禁欲主义的枷锁，恢复人的本性。在欧洲文艺复兴的发祥地意大利，人们以欢乐在人间的口号代替了在天国获得永生、在来世享受幸福的宗教信条，渐渐地使纵酒欢歌、谈情说爱从被容忍而变成时尚。这不仅激发了市民阶级生活的乐趣、创业的勇气和积极性，还推动文学艺术的大发展。一种新的文化精神，一种新的世界观和人生观，开始弥漫欧洲，并统治它至今达数百年之久。

魔鬼靡非斯托自然是个深谙世道时尚、人心人性的家伙，在诱使老博士浮士德离开书斋进入小世界以后，他首先以酒色之类的享乐来诳他，以为这样就可以让浮士德说出那句决定他们赌赛输赢的话。然而，狡猾的魔鬼犯了两个错误：一是他把抱负高远的浮士德博士当成了一般的平庸市民；二是他把北方的德国等同于南方的意大利。

德国尽管也在 16 世纪进行了宗教改革，在 17—18 世纪出现了受文艺复兴影响的人文主义思潮以及启蒙运动思潮，但是以教会和贵族阶级为支撑的封建统治仍十分强大，市民阶级则极其软弱无力。几百年来的进步运动都半途而废，有的甚至造成了相反的结果，如宗教改革引起三十年战争造成国家分裂、社会倒退，便是一例。外来的健康的东西常常不是被扼杀，也会变了质。甚至到了年轻的歌德写作《浮士德》第一部初稿的 18 世纪 70 年代，整个社会情况和风习与中世纪相比较，也没有本质的不同。

魔鬼带领老博士光顾的奥厄尔巴赫酒店，便具有浓厚的德国色彩。这儿缺少意大利市民的欢快，却多出一份德国容克的鄙俗、粗野，让人一见便想起莱比锡那些常常酗酒斗殴的恶名远播的大学生团体。这样的地方，这样的享乐，不用说只会令老博士厌恶和回避。

但老博士没有回避异性的美色。不独没有回避，还深深地被它吸引，以至在魔鬼帮助下返老还童去追求它。这样，他便邂逅了美丽单纯的少女格利琴，便经历了第二个悲剧——爱情的悲剧。这样的悲剧于彼时彼地相当典型；于歌德塑造的浮士德，有它的必然性。

从《浮士德》剧中的一些细节描写可以看出，当时教会对一般市民心灵乃至肉体的控制还多么强有力，社会的伦理道德标准还多么陈腐，小市民的习气又何等盛行。这几个东西结合起来，便扼杀了自由的符合人性的爱情，造成了纯洁善良的格利琴的悲剧。说这样惨绝人寰的大悲剧相当典型，是它在歌德生活的德国确实累累发生，不少的年轻女子因此惨死在了火刑堆上。面对着这一严重的社会问题，与青年歌德同为狂飙突进运动干将的作家瓦格纳写出了影响很大的剧本《杀婴女》（1776）。处理同一题材的“格利琴的悲剧”，更加震撼人心。

说与格利琴的爱情不能使浮士德满足，相反只能造成他的悲剧，除去上述社会原因外，还有他主观的因素。这位博士先生心性高卓、善良诚恳。他不能像靡非斯托那样把男女之爱仅仅看作是感官享乐和肉欲，不能像魔鬼与邻女那样把谈情说爱当成为填补空虚的逢场作戏，不能容忍把爱情降低为送了礼物就“银货两讫”的交易或买卖。因此，他对格利琴爱得真诚。对格利琴的不幸深感内疚和痛苦。他在淫乱喧嚣的瓦普几斯之夜仍念念不忘他的爱人，他在格利琴精神失常之后还冒险去狱中救她，他在不得不抛下她时悔恨、痛苦得昏死过去，都表明爱情在浮士德心中是严肃而神圣的。格利琴的不幸——还有浮士德本身的痛苦——是时代和社会造成的，人性对爱的渴求本来无可厚非。基于此，某些论者对浮士德“自我主义”的谴责似乎过分苛刻。基于此，我认为说浮士德的第二次追求为“感官享乐的追求”，称他的悲剧为“感官享乐的悲剧”也有失允当。浮士德经历的，是一场真正的爱情悲剧。在与格利琴相爱的过程中，因为有一个魔鬼的阴影步步跟着他们，头上又悬着教会禁条和道德舆论的利剑，欢娱的时光短暂得几乎等于没有，结下的苦果却大得难以下咽。可是，在痛苦的熬煎中，浮士德对人生加深了认识，灵魂得到升华，作好了从充满小市民气的“小世界”进入“大世界”的准备。

浮士德与格利琴的爱情悲剧对 17 至 18 世纪德国社会的黑暗作了十分有力的揭露和控诉，是诗剧里最富于现实主义感染力的一个悲情片段。它和歌德差不多同时写成的《少年维特的烦恼》一样，堪称整个德国文学中爱情文学的绝唱。

第三幕：从政的悲剧

这一幕的德国特色和时代气氛，比之前一幕还有过之。从靡非斯托带领浮士德进入的那个乌烟瘴气的皇宫，谁都一眼能看出那是三十年战争后分裂成三百多个德意志小邦的典型：为君者糊涂懵懂，不理政事；为臣者愚蠢无能，祸国殃民；小丑术士之流备受宠信；大主教兼任宰相，左右朝政。结果是民不聊生，内讧不断，奸人横行，骑士沦为强盗，商旅胆战心惊，再加上诸侯拥兵自重，贡赋和税收断了来源，国库已空虚到借高利贷撑持门面的地步。可是，就在这样的危急情势下，群臣们还不忘享乐游戏，各种排场仍竭尽豪华骄奢之能事。这可悲可笑的一切，毫不夸张地说，恰恰就是18世纪德国的政治现实。浮士德被靡非斯托带领到这样一个宫廷来从政，充其量只能是参加一场化装游行似的闹剧而已。而且，在他们到达后宫里所进行的活动，所发生的种种意外，都是受着魔鬼操纵。

能把浮士德的这一经历称作事业的悲剧吗？我看不能。因为在彼时彼地，与那样一些昏聩的人们在一起，为他们的骄奢淫逸效犬马之劳，根本谈不上是什么事业。靡非斯托引诱浮士德来宫中，显然是希望他沉迷于权势和富贵荣华。至于浮士德，进入宫廷——从原著看——并没有什么明确的指导思想，充其量只是他的人生追求中的一个尝试，或者在很大程度上只是填补格利琴的悲剧给他造成的心灵空虚。所以，对他为宫廷效力的这一段叫人失望的经历，我认为还是就事论事地称之为从政的悲剧为好。他真正的事业的追求和事业的悲剧，将出现在全剧结束时并构成他一生追求的高潮。

这么讲，并不含有丝毫贬低从政这一幕在全剧中和浮士德一生中重要性的意思。对诗剧而言，它不仅是内容和结构两方面一个不可或缺的组成部分，而且最集中、最直接、最深刻地反映了德国的政治现实，揭露了德国的种种社会弊病；《浮士德》这部剧作的其他部分，离德国的现实就不这么近。就浮士德而言，从政这一幕是他认识社会、人生的一个必不可少的阶段，正是为了满足皇帝的享乐，他才被逼着去冥界的群母之国取回宝鼎；正是出于对乌烟瘴气的宫廷、对政治现实的失望，他才更加着迷于那由宝鼎的香烟幻化成的古代幽灵——古希腊倾国倾城的美女海伦，从而导致他那新的、更加高远的追求。

在浮士德从政的悲剧中有一些重要的情节，富于近代意味的情节，说明时代已经向前推移，主人公已不像第一、二幕那样生活在中世纪结束前后或16—17世纪。矿山的开掘、纸币的大量发行、银号钱庄（现代银行的雏形）的兴旺发达，以及在化装游行队伍中人们对财神普路图斯即金钱化身的狂热崇拜，都表明资本主义的威力已经侵入封建统治的大本营。事实是，随着英国特别是毗邻的法国爆发资产阶级革命并取得胜利，在封建势力十分顽固和强大的德国，资本主义萌芽也开始蓬勃生长。可是，资本主义的财神爷不仅会给人们带来欢笑和富足，还会造成争斗与罪恶，甚至引起一场大火灾。当然，资产阶级的革命之火将不会像剧中似的只烧掉皇帝的胡须和游行布景，令上上下下一场虚惊，而是要烧毁封建主义的整个腐朽建筑和黑暗堡垒。这个差异，说明浮士德的从政悲剧毕竟是以德国为主要舞台的；在德国，许多政治运动都虎头蛇尾，形同游戏；在德国，资产阶级就这么软弱，政治现实就这么可笑、可悲！

第四幕：寻美的悲剧

这一幕一般也称作“海伦的悲剧”，包括原剧第二部的第二、第三幕，内容十分丰富，但中心情节主要讲的是浮士德寻觅并与海伦结合的漫长而艰难的过程。和这过程相比，他俩在世外仙境中幸福相处的时光实在短暂得如同一场春梦，随着他俩结合的产物欧福良像彗星般殒逝，海伦消失了，浮士德寻美之梦也破灭了，留给他的又只是失望和悲哀。

歌德完成“海伦的悲剧”的时间已是19世纪初的1826年。在此之前，欧洲已经历法国大革命等一系列重大事变，德国——当时还包括奥地利——却依然如旧，在战败拿破仑之后的复辟年代又成为封建反动势力的一个顽固堡垒，广大知识分子对现实的失望和悲哀心情不言而喻。他们逃避现实，向往古代，把对实际事物的追求变成形而上的追求，以虚无缥缈的梦幻代替真实的生活。歌德、席勒曾提倡过美的教育，幻想建立一个美的王国；东方的阿拉伯和中国都充当过歌德逃避现实的避难所；19世纪初出现的德国浪漫派，更把目光转向了中世纪，做起了恢复古日耳曼传统的美梦。“海伦的悲剧”就是在这样的大背景中产生的，它那对于我们来说离奇怪诞的情节，寓意地表现了德国知识分子的精神向往。

歌德不是浪漫派，他那健康的心中容不下黑暗的中世纪。古希腊罗马文化和意大利文艺复兴是欧洲文化的重要根源；比起阿拉伯和中国来，古希腊对他无疑更亲近。海伦是古希腊美的化身，浮士德不畏艰险地追寻她，与她结合，表现了北方的德意志心灵渴望南方温暖明亮的阳光，渴望将古希腊的健康精神引入它病体中的梦想。对于以德意志骑士面目出现的浮士德，我看不一定像某些论者似的说他是德国浪漫派的代表，而以视他为一般德意志精神的化身为好。

至于德意志骑士浮士德与古希腊美女结合所生的儿子欧福良，这手握金琴、永远腾跃、热情奔放、自由不羁的美少年，却真像个浪漫主义诗人。大多数研究者认为，歌德创造这个形象并为他的殒逝而唱挽歌，意在纪念为希腊的独立献出年轻生命的英国天才诗人拜伦。对这一几乎已成定论的看法，笔者转述一下只是要加强总的论点，即《浮士德》中即使最离奇的故事、最古老的传说，也与产生它的时代和社会现实有着密切的联系。再者，欧福良的缺少生命力和遽然殒逝，我以为也形象地表明让德意志精神与古希腊精神相结合是个非现实的幻梦，到往古寻找理想、寻找美只会是个悲剧，只会落得一场空。当然，在经历寻美的悲剧后，浮士德在精神上又得到进一步提升，等他再回到现实世界时，眼光将更加开阔，心志将更加高远。

第五幕： 事业的悲剧

如果说，在上面那如梦如幻、充满往古情调的一幕中，仅仅通过为19世纪“最伟大的天才诗人”（歌德语）拜伦树立一面纪念碑而加强了现实性和现代性的话，那么在第五幕里，更加明显、有力的例证可谓比比皆是，说明《浮士德》不仅集中地反映了时代的或影响深远或带有本质特征的重大事件，而且已敏锐地、高瞻远瞩地在思考着整个人类的未来。

我们不能说这一幕里未曾正面描写的伪帝就是在革命胜利后自己也当起皇帝来的拿破仑。但是，从那一场持久而激烈、几乎就推倒了原来皇帝的宝座的大战中，我们似乎可以看见曾席卷欧洲、危及整个封建统治的拿破仑战争的影子。不然，歌德似乎也就用不着将战争本身渲染得那么淋漓尽致，花费那么多的笔墨，而仅仅作为浮士德获得赏封土地的过渡情节，几笔带过即可。

至于浮士德率领民众征服自然、变沧海为桑田的奇迹，则反映了荷兰成功地围海造地和美洲开掘巴拿马运河的大胆构思；靡非斯托作为船长的言语和行为，则深刻而生动地揭示了随着航运业大发展而兴旺起来的资本主义自由贸易的本质——这些分析，可以说已为学术界公认，不用笔者多讲。值得一提的是，歌德在资本主义发展的鼎盛时期即19世纪20至30年代，已经既看到它创造的奇迹，也看到它引起的苦难；既感到鼓舞、喜悦，也深觉惶惑、忧虑。也正因此，已经功成名就的浮士德才让忧愁吹瞎了眼睛。

伟大的浮士德，永不安于现状、永远心向高远的浮士德，他眼睛瞎了，现实已从他眼前消失。可他头脑里思考着人类的未来，心中更加光明。他所构想出的“自由的土地上生活着自由的人民”的美好蓝图，尽管带有乌托邦的幻想性质，却预示着人类的发展前景，十分难能可贵。

可是，尽管如此，正如浮士德整个征服自然、为大众造福的事业都以为封建皇帝效力为前提，都有造成苦难的阴暗的一面，他心中关于人类的光明蓝图也产生于一个错觉。他把靡非斯托指挥死灵为年已百岁的他掘墓的声音，当成了民众围海造地的劳动的声音，并因而高兴得忘乎所以，对眼前的一瞬说出了“你真美啊，请停一停!”这句生死攸关的话，事实是，他眼前的一瞬既不可喜，也不美好。所以我们说，浮士德对事业的追求仍然以悲剧告终。当然，与前边的四幕悲剧完全不同，这事业的悲剧并不令人伤感、失望，却是异常悲壮的，能给人以鼓舞，使人对人生充满希望，对未来产生美好的遐想。

通过对《浮士德》故事内容的概括总结，我们具体而扼要地分析了伟大诗剧产生的历史背景，指出了它与时代的紧密联系。它那杰出的主人公的一生追求和五幕悲剧，分别反映的正是欧洲从文艺复兴至资本主义蓬勃发展和空想社会主义诞生时期，也即从 16 世纪至 19 世纪上半叶这三百年间各个历史阶段的时代追求、时代痛苦，以及时代悲剧。当然，文学作品不是历史教科书，它让我们看见的只能是历史沧桑的艺术缩影，它所表现的只能是时代的精神，而不会是历史和时代的本身和全部。

《浮士德》在缩影历史沧桑、表现时代精神方面，堪称世界文学宝库中登峰造极之作，能与它相提并论的世界名著仅只有荷马的史诗、但丁的《神曲》和曹雪芹的《红楼梦》等屈指可数的几部而已。恩格斯曾经把但丁称作“中世纪的最后一位诗人，同时又是新时代的最初一位诗人”。①我以为，歌德在富于时代代表性方面是不逊色于但丁的；他那公认为“欧洲三百年历史总结”的伟大诗剧《浮士德》，也许已使他当得起欧洲从近代到现代这个过渡时期最杰出的诗人的称号。

① 恩格斯：《共产党宣言·意大利文版序言》，《马克思恩格斯选集》第一卷，第 249 页。

贫瘠的土地　天才的硕果

——《浮士德》诞生始末

在前文我们将《浮士德》的内容概括为了五幕悲剧，一世追求，并沿用前人的话，称它为西欧自文艺复兴以来三百年历史沧桑的艺术缩影。但是，这部巨著毕竟孕育在德国的土壤中，诞生于歌德的笔下，又不会不带有鲜明的民族特性和作家的个性。可以认为，《浮士德》整个所表现的是理想与现实的冲突，是 18 世纪至 19 世纪西欧新兴资产阶级的理想与德国的鄙陋现实的冲突。歌德笔下的浮士德，也不同于在前和在后的任何浮士德，而是一个打上了作家本身精神烙印的德国男子。

在歌德创作《浮士德》的 18 世纪末 19 世纪初，与德国邻近的尼德兰、英国和法国已相继取得资产阶级革命的胜利，从而开创了一个新的世界。德国尽管也受到一次次外来革命的洪流冲击，但由于本身的封建势力根深蒂固、市民阶级格外软弱和缺乏行动力，整个社会状况仍然可悲之极：

……这是一堆正在腐朽和解体的讨厌的东西。没有一个人感到舒服。国内的手工业者和企业主遭到双重的苦难——政府的搜刮，商业的不景气。贵族和王公们都感到，尽管他们榨尽了臣民的膏血，他们的收入还是弥补不了他们日益庞大的支出。一切都很糟糕，不满情绪笼罩了全国。没有教育，没有影响群众意识的工具，没有出版自由，没有社会舆论，甚至连比较大宗的对外贸易也没有，除了卑鄙和自私什么也没有；一种卑鄙的、奴颜婢膝的、可怜的商人习气渗透了全体人民。一切都烂透了，动摇了，眼看就要坍塌了，简直没有一线好转的希望，因为这个民族连清除已经死亡的制度的腐烂尸骸的力量都没有……①

恩格斯对18世纪末处于封建割据下四分五裂的德国的描绘，真是全面而深刻。面对着这一“简直没有一线好转希望”的现实，最感失望乃至绝望的无疑是可称作民族的先知先觉者的知识分子。自16世纪的意大利文艺复兴以来，他们经受过一次次新思想的洗礼，心中怀抱着人道、理性和自由、平等的理想。仰望着邻近的天穹中升起资产阶级革命的杲杲丽日，他们越发感到自己身处黑暗之中，既无法容忍，又毫无出路。在这种情况下，他们只能逃向无限广阔和自由的精神世界，到那里去尽情追求光明和理想。于是，就出现了恩格斯在同一文章中紧接着指出的情况：

……只有在我国的文学中才能看出美好的未来。这个

① 恩格斯：《德国现状》，《马克思恩格斯全集》第2卷，第663页。

时代在政治和社会方面是可耻的，但是在德国文学方面却是伟大的。1750 年左右，德国所有的伟大思想家 —— 诗人歌德和席勒、哲学家康德和费希特诞生了；过了不到二十年，最近的一个伟大的德国形而上学家黑格尔诞生了……

恩格斯所描绘的德国状况，在它统一之前的 19 世纪上半叶并无多大变化。他所揭示的社会现实与精神创造看似矛盾实则相反相成的现象，并非偶然的和个别的，也不局限于十八十九世纪的德国文学，而是具有相当的普遍性和规律性。正是在“烂透了，动摇了，眼看就要坍塌了”的德国，康德、黑格尔们建构了耸立千秋的哲学体系的大厦，正是在万马齐喑的黑暗里，贝多芬们创造了一个辉煌灿烂的音响世界；而与此同时，生活在局促湫隘的魏玛小宫廷中的歌德，也纵目古今，放眼世界，神驰未来，像一个脚踏山岳头顶蓝天的巨人似的，唱出了他的理想之歌、追求之歌、未来之歌。这些歌中最悠长、最雄壮、最美妙的一首，便是《浮士德》。

基于以上分析，我们说歌德的这部伟大悲剧，乃是理想与现实之间的矛盾冲突无法调和的产物。德国的鄙陋现实，乃是它生长、发育的土壤，与欧洲三百年历史演进的大背景这个生态气候一样不可或缺。意大利、荷兰、法兰西不可能产生悲壮深沉的《浮士德》；16 世纪的英国作家马洛尽管在早得多的时候已用了相同的题材，但他的浮士德远非歌德笔下的那位德国奇男子。正如饥饿的灵魂能尤比生动地想象出美味佳肴，越是严寒的北国圣诞节的灯饰越发火红明亮，《浮士德》这颗鄙陋现实生长出的精神之果，也格外硕大、丰美。

世界上的事物是极其复杂的，产生《浮士德》这样一部巨著的根源和条件绝不会例外。以上所讲的时代历史大背景和德国的现实状况，只是问题的两个方面而已。我们在研究和欣赏《浮士德》的时候，常常会情不自禁地问，曾经准备写和已经写了浮士德这同一题材的作家非常多，为什么偏偏是歌德完成了其中最伟大的、旷世不朽的一部呢?

仅仅以时代和社会条件，已回答不了这个问题。因为在与歌德同时代的德国作家中，就有包括莱辛和克林格尔等杰出之士在内的不少人写过以浮士德博士为主人公的剧本和小说。显而易见，歌德之写成功《浮士德》，还有他本身的许多别人不具备或者不完全具备的条件和原因。探索一下这些更加直接具体的原因，不仅可以帮助我们认识作家，理解作品，而且还能让我们窥见它形成、产生和成功的奥妙，领会出一些个文艺创作的规律或原理。

歌德被革命导师恩格斯称为“伟大的思想家”和“天才诗人”。除去时代的大前提之外，使歌德成为天才诗人的一个重要条件，恐怕还有他得天独厚的家庭环境和所受的教养。

1794 年 8 月 28 日，歌德出生在美因河畔的法兰克福城。在这座相当繁华但仍保持着森严的等级制和种种封建陋习的“帝国自由市”，诗人的父亲卡斯帕·歌德是位非常富有的市民。他年轻时上过大学，获得了博士学位，并曾游历法国、意大利和荷兰等国。可是，尽管广有家财、学识渊博，他身为一个普通市民，仍受着城里占支配地位的贵族社会的蔑视，想以不领薪俸为条件在市政当局谋取一官半职而不可得，一气之下才花钱直接从帝国皇帝处买了个皇家顾问的空头衔。① 然而从此他也被迫赋闲在家。以收藏书画和用意大利

---

① 关于“皇家顾问”（Kaiserlicher Rat 或 Ratsherr）这一德语头衔在我国的误译以及歌德的出身影响，请参阅拙文《他不是“法兰克福市议员的儿子”——对恩格斯关于歌德评价的一点质疑》。

文写游记消磨时日，养成了孤傲、抑郁的性格。后来他与该市家境清寒的市长的长女结了婚。他的妻子是位富有教养的女性，非常会讲故事……

对于歌德之成为天才诗人，对于他之能写成功《浮士德》这样的巨著，他的家庭出身和环境至少有以下三点直接或间接的影响：

首先，富有的家庭保证了歌德不曾有过温饱之虞，使他能早早开始和长期安心文学创作，在经济上对封建贵族保持相对独立的地位。这一点，在仅仅以写作还不能维持生存的时代和国度里，可以说是非常重要的。熟悉德国文学史的都了解，与歌德同时代的大作家几乎都受过贫穷的煎熬，无法充分施展自己的才能，实现自己的抱负。他们要么像莱辛、赫尔德似的被迫为统治阶级所役使，要么像席勒、棱茨似的早早夭亡，哪能如歌德一样以数十年的时间、精力和心力去完成一部《浮士德》呢？

其次，学识渊博、怀才不遇的父亲把实现抱负的希望寄托在儿子身上，对诗人进行了异乎寻常的严格教育和精心培养。幼小的歌德学习和掌握了多种外语，练习过钢琴和绘画，养成了读书作文的习惯，八岁写出第一首诗，十岁已从父亲丰富的藏书中阅读到《伊索寓言》、荷马史诗、《一千零一夜》以及维吉尔、奥维德和笛福等的作品，使他不仅早早地陶冶于欧洲以及东方的文化传统之中，而且也受到资产阶级新思想的熏染。十六岁时，歌德便被送进大学学习，中途虽因病辍学，却终于在五年后结束学业。

对于歌德来讲，上大学并获得博士学位本身也许并不重要，但他在莱比锡和斯特拉斯堡两地的经历和交游，却对日后天才诗人的成长和崭露头角产生了决定性的影响。正是在吹拂着来自法国的自由、平等、博爱之风的斯特拉斯堡，他结识了堪称他年轻时的导师的理论家赫尔德。也在这个时期，歌德开始了创作《浮士德》的最初尝试，不过他之接触到浮士德博士的故事并留下深刻印象的时间，却还要早得多。四岁那年过圣诞节，外祖母就送给他一套浮士德戏剧的木偶，稍大一点，他又在家里读了讲浮士德奇异经历的民间故事书，在故乡的市集广场上看过有关浮士德的悲喜剧演出。

最后，歌德的家庭出身和社会地位，特别是他被迫赋闲在家而变得性情孤傲、愤世嫉俗的父亲，还培养了他市民阶级的阶级意识和对封建等级制度的不满，造就了他富于反抗精神和自由不羁的个性。六岁时，他听人讲起里斯本发生了城毁人亡的大地震，便对上帝是否真的仁慈提出疑问。稍长，他与城里的下层青年交往，代人编造情书和情诗，险些卷入讼事。在莱比锡念大学，他不仅厌恶陈腐的教学方式和内容，临壁题诗讽刺权威教授，受到校方申斥，而且过着放浪形骸的生活，搞坏了身体。在家养病期间，他钻研炼金术和神秘主义哲学，读《教会和异教徒史》。病愈后到斯特拉斯堡复学，在准备博士论文时竟声言耶稣并非基督教教义的开创者，引得全校哗然，他因此几乎失去答辩的权利……

歌德这从小养成的自由不羁和离经叛道的性格，不仅使他二十来岁便写出《铁手骑士葛慈· 封·伯利欣根》(1773)、《少年维特的烦恼》(1774) 和《普罗米修斯》(1774) 等一系列富于反抗精神的作品，震动了德国乃至欧洲文坛，成为狂飙突进这一资产阶级思想解放运动的旗手和急先锋，而且使他对浮士德这个奇人异士和与魔鬼为伍者产生了同情心和亲近感，仿佛在他俩之间存在着“亲和力”似的。因此毫不奇怪，他在完成上述作品之后，紧接着便写成了《浮士德》初稿。从此，浮士德的形象使他魂牵梦萦六十载，就像他在二十多年后的1797年重新开始续写《浮士德》所作的《献词》中描写和慨叹的那样。越接近晚年，《浮士德》的创作越被他视作了毕生的“主要事业”。

简言之，在使歌德成为新兴资产阶级的“天才诗人”这一特定意义上，他的家庭出身和环境真正是得天独厚。是它，为歌德完成《浮士德》创作这一非同一般的艰巨事业，奠定了物质条件、文化素养和精神性格等几个缺一不可的基础。

当然，仅仅在家庭影响和教育的基础上，还长不出精神的参天大树，结不出天才的丰美果实。歌德之能成为《浮士德》这一划时代杰作的作者，还有一些足令世世代代的文艺家们艳羡不已的独特际遇。这儿仅举两个方面的例子。从这些例子中，我们也许能悟出一点产生大作家、大作品和繁荣文艺的道理。

在那个“政治和社会方面是可耻的”“文学方面却是伟大的”时代里，德意志精神文化的天幕上真可谓群星璀璨，交相辉映。歌德虽然是其中最亮的北斗星，却没有少得到其他大大小小的星斗发射出来的光和热。一生中与他有交往和思想情感交流的思想家、文学家、艺术家数不胜数，克洛卜斯托克、赫尔德、席勒、威廉·洪堡和亚历山大·洪堡兄弟以及贝多芬等，只是其中的几位佼佼者。他们相互砥砺、相互帮助，虽然在那个时代，还根本没有“协会”“学会”“笔会”等来提供便利。要把歌德与文坛友人的幸遇和逸事写出来，差不多可成为一部很有意义的专著。歌德在创作《浮士德》的数十年中，从朋友那儿得到的启迪鼓励和具体帮助真是难以数计。正因此，在《献词》中，他要对友人们表示感激和怀念之情；在逝世前总结一生时，他要坦率、真诚而感人地称自己为“集体性人物”，说“我们全都要从前辈和同辈学习到一些东西”“我不应把我的作品全归功于自己的智慧，还应归功于我以外向我提供素材的成千上万的事情和人物”。① 天才的诗人歌德，恰恰十分善于向前辈和同辈包括古代和其他民族学习，十分善于择友和交友。

在歌德的众多朋友里，值得特别提到的是席勒。他们两人的深厚友谊，堪称世界文学史上的一段佳话，堪作“文人相敬、同行相亲”的一大楷模，细细道来恐怕比我们的伯牙和钟子期的故事还要感人。从1794年两人订交至1805年席勒逝世的整整十年中，这两个原本在身世、气质和精神倾向方面多有差异的人中龙凤相互勉励、相互支持、友好竞赛，不只迎来了各自创作大丰收的金秋季节，而且为整个德国文学造成了史无前例的光辉灿烂的古典时期，把两人共同生活的小小的魏玛城变成了德国乃至欧洲独一无二的文化圣地。对于歌德之写成功《浮士德》来说，席勒所提供的助力莫其大焉。从1794年开始，席勒始终关注着歌德完成的第一部初稿和一些片断的《浮士德》的写作。就这个问题，他俩交换的书信就有数十封之多，更别提两人在一起的交谈和讨论了。一开始，歌德承认自己缺少再把停滞了十多年的写作捡起来的勇气，说“将来如果能有什么帮助我把工作做完的话，那显然就是您的参与了”（1794年12月2日致席勒的信）。席勒呢，不仅一再热情鼓励歌德，而且赞扬《浮士德》的片段为“肢体不全的赫拉克勒斯”②，说它充满了天才和力量。

正是席勒，终于使歌德在1797年下决心续写《浮士德》，而且席勒也确确实实地积极“参与”了。大至制订全剧的提纲，小至修改细节和文句，诗剧的创作都同样耗费着忠诚的朋友席勒的心血。歌德对于席勒的建议和意见，常有“不谋而合”之感，非常乐于

---

① 艾克曼著，朱光潜译：《歌德谈话录》，人民文学出版社，1978年，第250页。

② 意即未完成的巨著。赫拉克勒斯系希腊神话中的大力神。

接受。

然而，歌德在席勒眼中是个易于受情绪支配的人，令席勒担心他什么时候会中断写作，功亏一篑。席勒因此曾多次私下与歌德的出版商通信，希望找出办法来予以促进。结果歌德还是时辍时作，直至席勒逝世。当听到比自己年轻十岁的挚友遽然离去的消息，歌德失声痛哭，悲恸自己“失去了生命的另一半”。1806 年的早春，在席勒的周年祭日即将到来时，他终于完成了《浮士德》第一部付印前的最后修改，不啻是对亡友做了最有意义的纪念。

从那以后，《浮士德》的写作又中断了差不多整整二十个年头，直到 1825 年早春才重新开始。其间，歌德自然积累了续写第二部必须的人生阅历和经验，但不能动笔恐怕也有缺少鼓励和督促的原因。1824 年歌德整理出版与亡友席勒的通信集，这件事很可能提醒了他必须加紧完成自己的“主要事业”。但是，歌德能重新开始《浮士德》的写作，并在随后的六年中孜孜不倦地一气将它完成，更大程度上应归功于前一年来到他身边的一个年轻人约翰·艾克曼。

艾克曼聪敏好学，时年三十一岁，是大诗人歌德的热烈崇拜者。无论年纪、地位或是学识，他都不可能像席勒那样与歌德并肩而立，成为大诗人的亲密朋友。但是他却成了歌德晚年最知心的学生和得力助手。在推动《浮士德》的写作方面，作用和功绩比席勒犹有过之。他不仅仅是笔录和誊写巨著原稿的秘书，而且是寂寞深思的老诗人不可多得的耐心听众和交谈对手。在与这位聪明又有心的年轻学者的交谈中，歌德受到的启发该是不少的。①难怪诗人自己也说，

① 在艾克曼记录、整理的《歌德谈话录》中，有关《浮士德》的重要段落比比皆是。

艾克曼是他“继续写《浮士德》的一个重要原因”。

除去席勒、艾克曼以及本文无法再详细介绍的威廉·洪堡等文坛友好，命运还使歌德幸遇了萨克森魏玛的公爵卡尔·奥古斯特。这位微不足道的小小公国的统治者，颇有点孟尝君的风度。毫不夸张地讲，歌德要没有他和他一家近六十年的款待，要不是 1775 年以后几乎一直生活在魏玛，生活在当时世间少有的既宁静又极富文化气氛的地方，他恐怕也很难成为《浮士德》的天才作者。

伟大的诗剧《浮士德》偏偏由歌德写成，还有一个至少与他本人的出身和际遇同等重要的原因，那就是他体魄和精神健朗，享有当时一般人很少达到的高寿。

在视时间为财富的歌德来说，八十三年的岁月实在太宝贵、太难得。它不仅给诗人以完成巨著的余暇（歌德写《浮士德》前后整整六十载，在英年早逝的无论多伟大的天才都不可设想），而且，让他有了无比丰富的阅历和深刻的人生体验。歌德在世的 18 世纪下半叶和 19 世纪上半叶，正是欧洲历史风云变幻，新兴思潮汹涌激荡和震撼世界的大事件接踵发生的年代。歌德晚年曾明确地表示：“我出生的时代对我是个大便利。当时发生了一系列震撼世界的大事，我活得很长，看到这类大事一直在接二连三地发生。对于七年战争、美国脱离英国独立、法国革命、整个拿破仑时代、拿破仑的覆灭以及后来的一些事件，我都是一个活着的见证人。因此我所得到的经验教训和看法，是现在出生的人不可能得到的，他们只能从书本上学习那些世界大事，而那些书又是他们无法懂得的。”①

“不可能得到”和“无法懂得”的，自然不只是后生小辈。歌德

① 《歌德谈话录》第 30 页。

在八十多年的漫长生涯中所经历的重大事件，也远非他列举的那些。丰富多彩的阅历和人生体验，加上敏锐的目光和深刻的思想，使天才的诗人歌德能够高高伫立在精神的峰顶，纵目古今，放眼世界，展望未来，写出《浮士德》这样一部缩影历史沧桑并且预示人类前景的不朽杰作。1831 年 7 月 22 日，即将年满八十二岁的歌德终于续写完了《浮士德》的第二部，并在一个月之后将手稿加印封存起来，决定待他去世之后再行发表。自此，老诗人才真正无所思虑地安度他所剩无多的余生。在他看来，“主要的事业”既已完成，今后的岁月只是老天额外的“无偿赠品”，工作不工作都无所谓了。他在辞世前五天的 1832 年 3 月 17 日口授了一封长信给挚友威廉·洪堡，回答后者关于《浮士德》创作阶段的询问。在信中，他回顾自己惨淡经营、呕心沥血六十载的情景，表达了他对好友们的感激之情，并对不在生前出版诗剧的第二部作了解释。他称自己写成《浮士德》为办了一件“严肃认真的傻事”，担心在当前这“荒唐而又纷乱”的时代，他“在这项奇异的工作上付出的诚实的、多年如一日的努力将得不到好报”。①这就说明，伟大的歌德自己也知道，他的《浮士德》是一部不同凡响的“奇书”。

事实上，在诗人逝世后一年作为他遗著第一卷出版的《浮士德》第二部，的确未立即引起足够的重视。但随着时间的推移，研究的深入，全世界越来越多的人带着发现了瑰宝似的惊喜目光，不断地披览着这部辉煌巨著，将它视之为大文豪、大思想家歌德留给人类的一件无比珍贵的精神财富。

《浮士德》的诞生，本身就是一篇富有情趣和启发意义的故事。

---

① 彼得·伯尔纳：《歌德》，人民文学出版社，1986 年，第 135—136 页。

诸多不利 —— 或者只是看起来不利 —— 和有利的条件百年不遇地碰巧凑合在一起，造就了天才诗人歌德，产生了旷世奇书《浮士德》：在德意志社会现实的贫瘠土壤里，一颗天才的种子凭借着格外旺盛的生命力，再得到有利的天时、精心的维护、充足的养料，便绽开了美丽绝伦的奇葩，结出了丰硕无比的果实。

术士·哲人·人类的杰出代表

——浮士德形象考辨

在插叙了《浮士德》的生活条件和创作经过之后，我们再回到探讨这部伟大诗剧的内涵上来。应该讲，从笔者对剧情的讲述和随后的概括中，已显露出了作品第二层的意义即道德意义，或者如我们习惯于讲的批判意义。简言之，主人公的五幕悲剧便是五重批判或五个否定：一批判、否定中世纪脱离现实的僵死知识，二批判、否定封建社会特别是教会对人性的扼杀，三批判、否定德国封建朝廷的腐败，四批判、否定对于往昔和美的不切实际的幻想和追求，五批判、否定资本主义原始积累的野蛮残酷。当然，批判否定的同时，也颂扬和肯定了主人公永不满足和勇敢追求的精神，颂扬和肯定了他临终前对人生意义在于为大众造福的认识和理想。

至此，我们可以说对《浮士德》这部巨著已有了一个粗线条的概观性的了解，一个总体性的外在的把握。接下来，我们还必须对重要的细部作进一步的观察和剖析，以便深入到作品的思想内涵的里层和底蕴中去。

在笔者看来，《浮士德》这部气势异常宏大、场面空前壮阔、背景无比深远的大悲剧，它最引人注目的细部就是那些活动在剧中的人物。

《浮士德》里的人物实在是林林总总，形形色色，应有尽有。

就现实的人物而言，高贵的有皇帝、宰相、将军、主教，低贱的有贩夫、走卒、工匠、乞丐、农夫，不高不低不贵不贱的有学者、神父、商贾、地主以及众多市民，等等。

就虚拟的人物而言，神圣的有上帝、圣母、天使和在天国中享受极乐的男女老少；邪恶的有恶灵、女巫和瓦普几斯之夜的男魔女魔；既不神圣也不邪恶的则有更多来自民间传说的山精水怪，有从古希腊复活再生的格莱弗以及斯芬克斯等半人半妖的奇禽异兽，有地灵、人造人以及忧愁四姊妹，等等。

现实和虚拟的两大类人物加起来数以百计，形象和特性更可称千奇百怪。在世界文学之林中，能像《浮士德》似的在深远的背景和壮阔的场面上活现如此多彩多姿的人物的作品，恐怕只有荷马的史诗、但丁的《神曲》以及我国的《西游记》《封神演义》等为数不多的几部而已。

在如此众多的人物中，我们当然只能着重考察和分析它的几位主人公，即贯穿全剧的浮士德博士和靡非斯托，在剧中的某一幕起决定作用的人物如格利琴和海伦，以及同样在剧中多次出现并与浮士德形成鲜明对照的瓦格纳，等等。包括靡非斯托和海伦在内，应该说这主要都是些现实人物，虽然有的戴着魔鬼的面具，有的罩着神话的面纱。事实上，也正因他们是现实中存在的，也正因为他们是人，他们才比虚拟的精怪和天神更复杂，更值得我们去分析理解。

首先在读者面前亮相的，自然是浮士德博士。

在历史上，浮士德确有其人。关于他的生平有种种不同的传说，比较可靠的是：他本名乔治或者约翰·浮士德，1480年前后出生在德国中部符腾堡州一个叫克尼特林根的小城。他生性聪明，好动脑子，年轻时也可能在大学里学习过医学、神学等，后来成了一名浪迹江湖的医生、占卜人、星象家、魔术师和炼金术士。他四处招摇撞骗，自称得到魔鬼的帮助，能够显示种种奇迹，直至在1540年做炼金术实验时不慎被炸死。在近代自然科学刚刚诞生、关于鬼神的迷信仍然统治着广大民众头脑的中世纪末期，人们对浮士德这样的奇人异士无疑是既畏惧又好奇。正因此，自称为博士的浮士德死后，关于他的故事不胫而走，广为流传，而且其他一些与他类似的人的事迹还被张冠李戴，附会到了他的身上，使他的形象越来越生动、鲜明，使他的故事越来越离奇、精彩。也就是说，在德国确实有过浮士德，而且不止一个。

浮士德的故事在德国渐渐地变得家喻户晓，十多年后便开始出现一些记录口头传说而成的手抄本。这些手抄本最初用的是拉丁文，后来又有了德文本，在符腾堡和爱尔福特等地的大学圈子里流传。这种情况，既从一个侧面反映出德国宗教改革时期思想的活跃，同时也预示着社会人心的动荡和不安定。

紧接着，1587年在莱茵河畔的法兰克福，便正式出版了一本以浮士德为主人公的民间故事书，题名为《大名鼎鼎的魔术师和术士约翰·浮士德博士的故事》。故事书的出版者名叫施皮斯。他还从宗教改革派的立场出发，从封面到前言再到正文，时时处处都加进一些对与魔鬼为伍的主人公的谴责，对故事书读者的劝诫。就这样他仍心有余悸，因此又在《致笃信基督的读者的前言》之前，加上一篇给两位有权有势的亲密友人的长长献词，以保证此书问世后不会招来麻烦，真可谓煞费苦心。①

施皮斯编写的浮士德故事迅速流传开来，1587年刚出版就有了英译本，紧跟着又有了法文和其他文字的译本。英译本被与莎士比亚同时代的剧作家克里斯托弗·马洛发现了。他将一段一段松散的故事精炼、加工，写成了一出扣人心弦的悲剧。剧中的主要情节虽说与故事书差别不大，但主人公浮士德博士不再是一个与魔鬼为伍的罪孽深重的狂徒和骗子，而是一位勇敢无畏的追求者：追求认识宇宙和权力。可以看出马洛笔下的浮士德是一个欧洲文艺复兴时期博学多能、心性高卓的“巨人”。

和马洛一样，后一个多世纪包括莱辛在内的许许多多有眼光的浮士德题材处理者，都能透过神秘荒诞的雾幕，清除从当时的正统教会和道德伦理立场出发泼在浮士德这个人物身上的污泥浊水，发现他身上隐隐散发出来的精神光彩。从口头传说到民间故事书再到马洛的剧本，都有一个既体现浮士德的非凡性格，也最吸引不同层次读者的关键情节，即是主人公与魔鬼签约。因为这样做本身，就意味着向宗教和神权，向社会和传统，向个人自身存在的保守和狭隘发起挑战。这样做本身，就表现了那个时代一般人不敢想象的非凡的勇气。至于浮士德将灵魂抵押给魔鬼换来了什么，下场如何，都是次要的了。

---

① 在约翰·施皮斯印行该书的第二年，蒂宾根有两个大学生用韵文新诗编了浮士德的故事，出版后立刻遭到了查禁。

歌德笔下的浮士德，应该讲自然也是从两百多年来始终活跃在民间，始终游荡在欧洲各地的那个同名怪人脱胎而成的。他在创作诗剧之前，如上文所述，已读过施皮斯的浮士德故事书，看过将马洛的悲剧反转移植过来的通俗木偶戏。特别是从前者，他确实受到不少启发，择取了一些情节。但是，他的浮士德又大大地超越故事书中的浮士德，两者几乎不可同日而语。为说明这个问题，有必要具体介绍一下施皮斯笔下的浮士德其人其事。

《大名鼎鼎的魔术师和术士约翰·浮士德博士的故事》正文不过一百多页，译成中文大约七八万字，与歌德的诗剧相比，篇幅就很小。主人公浮士德出生在魏玛附近罗德地方的一个农民家庭，自幼为一位住在维滕贝格的富有的堂兄收养，成了没有后嗣的堂兄的家业继承人。年轻的浮士德生性聪明，堂兄送他进当地的大学学习神学，他轻而易举便获得了硕士学位。

然而这家伙“长了个糟糕、荒唐而又自以为是的脑袋”，不愿当什么神学家和上帝的仆人，而成了一名占星术士、算术学者，并自称医学博士，干起了江湖郎中的营生来。他还擅长巫术，一天深夜在森林中念咒作法，招来了以修士模样出现的魔鬼靡非斯托，约魔鬼第二天午夜十二点去自己家里。靡非斯托勉勉强强同意了，但过了两夜才来赴约，因为他事先还需得到魔王的允许。经过了两三次讨价还价的会谈，他们终于用血签订了协议：魔鬼答应满足浮士德的一切欲望；浮士德则放弃基督教的信仰，并在二十四年后任随魔鬼将自己的肉体和灵魂掳去。

接下来，浮士德便在魔鬼的帮助下，干了一件件令世人震惊并被认为是亵渎神圣教会的事：他动了男女之念，魔鬼便将淫魔变成美女来满足他的情欲；他获得了飞行的本领，于是遍游欧、亚、非各国，到处用魔法为所欲为；在德意志皇帝卡尔五世面前，他让亚历山大大帝及其妻子显了灵；他喜欢与人恶作剧，让骑士头上长出鹿角，叫贪婪的犹太高利贷者自己锯掉自己的脚，使十二个大学生相互斗殴；他还经常与魔鬼讨论地狱和天堂的问题，并亲自上天入地了解实际情况，等等。

在与魔鬼签约后的第二十二年，浮士德发现了一处宝藏，满足了对财富的渴望。第二年，他招来古希腊美女海伦与他同居，生了儿子欧福良，但不久儿子夭折，母亲也随之消逝。与魔鬼的契约行将期满，悔恨不已的浮士德博士立了一份遗嘱，让他的仆人瓦格纳做自己的继承者。满期的那天晚上，浮士德泪流满面地向学生们告了别。半夜里，从他房中传出巨大的喧嚣声和撕心裂肺的呼救声。第二天，人们发现他房里的墙壁上血迹斑斑，浮士德的眼珠和几颗牙齿被抠出来了，尸体被扔在了屋外的粪堆上。

按照当时通行的新教信条，编者施皮斯确实经常不忘对浮士德的“恶行”进行批判，并且在最后让他受到了应得的惩罚，以警诫世人。但与此同时，他又把浮士德的故事讲得有声有色，并且稍不注意就流露出赞叹之情，比如说“堕落”的主人公“像雄鹰一样展翅高飞，欲知天高地广”等，使浮士德这个人物引起了民众的极大兴趣，受到无数有识之士喜爱。

我们的读者只要把上述故事书的内容和歌德的《浮士德》粗略地作一番比较，便可看出两者之间明显的渊源关系以及巨大的本质差异。与故事书相比，诗剧的内容显著地增加了，有了多得多的条理性、现实性，特别是哲理内涵。尤其在主人公浮士德博士身上，我们发现了质的变化。

简言之，故事书中的浮士德是个离经叛道者，是知识、权力、财富和世间享乐的追求者——这样的追求在文艺复兴时期当然是进步的，需要有巨大的勇气。术士、异人浮士德身上最重要的品格，正是他主动与魔鬼打交道的不惜一切代价的大无畏精神。但与此同时，他的性格中却有粗鄙和玩世不恭的成分，行动也常常表现出恶作剧的盲目性，像是真的让魔鬼附了体，成了妖人和魔法师。

歌德笔下的浮士德呢，却始终是严肃、高尚的思想者，始终不曾满足世间能获得的一切享受和荣华富贵，一生不懈追求的是形而上的真美的一瞬，是富于哲理性的人生真谛。从本质上讲，歌德的浮士德已从某一时代的离经叛道者，发展成一位超越时代的、对人的存在和宇宙成因等种种根本问题孜孜以求索解的伟大哲人。

对于歌德塑造的浮士德博士这个人物，近两百年来真可谓莫衷一是，众说纷纭！

海涅在1832年写的《论浪漫派》中指出："德国人民本身就是那位知识丰富的浮士德博士，就是那位理想主义者……"

尼采从嘲弄浮士德的地灵口中借去"超人"这个词语，创立他的"超人哲学"，在他眼中浮士德博士自然便是个"超人"。

《西方的没落》（1932）的作者施本格勒则以为，浮士德的形象象征着整整一个文化时代——当然指的是资本主义时代；浮士德可以说是"现代欧洲人"——也就是说资产者的典型。

还有学者以纯人性论的观点来看问题，干脆称浮士德为"地道的人"，为最完美的人性的理想化身。反过来也有人从"左"的立场出发，把他斥为没有心肝的罪犯、冒险家和大地主、大资产者。

托马斯·曼和当代著名歌德研究家特龙茨等，则非常强调浮士德形象的两重性。

卢卡契等运用马克思主义观点的评论家，认为浮士德是整个人类的代表，称歌德的《浮士德》为“人类发展的缩影”。

如此等等，不一而足，不胜枚举！①众多往往反映一个侧面但却不无道理的分析，说明歌德笔下的浮士德形象的确有着巨大的魅力，说明他的精神品格的确丰富多彩，复杂而又充满矛盾。

浮士德这位诗剧主人公，在我们看来，一方面应该说他确是歌德所谓的“集体性人物”；因为，他的形象和精神品格，乃是从民间传说到民间故事书，从民间故事书到马洛的悲剧再到市集木偶戏，经过两百多年的发展演变，才最后在歌德笔下成熟的。但是另一方面，我们又不能不承认，他仍然是诗人歌德天才的创造；因为经过歌德之手，浮士德这个人物不但形象和精神都极大地丰富了，有了质的变化，而且还深深打上了诗人自身经历、性格和精神的烙印。

基于这两方面的观察，再结合其在作品中的具体实际，笔者认为完全可以不拘一说，对浮士德这个世界文学中独特而伟大的形象作多层次的分析和认识：

第一个层次，浮士德在很大程度上可以被视作歌德自己的化身，也就是说浮士德即歌德。

歌德曾经说过，他的所有作品“仅只是一部巨大的自白的一个个片段”，又承认自己常常进行所谓“诗的忏悔”。他前前后后花了六十年才写成的《浮士德》，无疑是诗人总结自己一生的最长、最重要、最全面和最深刻的“自白”和“忏悔”。诗人虽然不像浮士德似的活了整整一百岁，但却同样地有过一次又一次的追求，体验了一个又一个的悲剧。具体地讲，诗剧第一部中的浮士德，体现了狂飙

---

① 董问樵：《〈浮士德〉研究》，复旦大学出版社，1987年，第163—177页。

突进的精神，是青年时代的歌德；第二部中的浮士德，体现了古典主义和浪漫主义的精神，是到了魏玛以后的半个多世纪里不断变化发展的歌德。诗剧中的其他人物，特别是靡非斯托和格利琴，也是作者依据自己生活中的原型和所闻所见，再加工创造甚至完全创造出来的，与民间传说或故事中的人物已不可同日而语。

至于诗剧那看来曲折离奇的情节，除去改编民间故事书的成分之外，简直可以称作歌德漫长生涯的一面镜子：在诗剧开始时老博士对僵死的知识的诅咒和随后靡非斯托对大学课程的讽刺中，我们分明可以听出莱比锡的大学生歌德的声音。1768 年 8 月至 1770 年 3 月，歌德在家养病一年多，不仅接触到神秘主义哲学，认真研读过《教会和异教徒的故事》和《魔法与犹太神秘哲学和接神论大全》之类的书，而且也像浮士德博士一样进行过炼丹的实验，也曾经是个幻想能接神引鬼的异教徒和“魔法师”。在感人至深、催人泪下的格利琴的悲剧里，不但有狂飙突进运动主将歌德对以教会为代表的封建伦理道德的呵斥，有维特式的对扼杀“人性中最神圣激情”的封建社会的抗议，而且还有负心的情郎歌德的自责和“忏悔”。①

诗剧第二部亦复如此：歌德在魏玛从政，也为使年轻懵懂的小公国国君开心而干过许多无聊的事，例如组织化装舞会、排演戏剧等；也为改善公国的财政状况而出谋献策，主持矿山的开采，到后来也随公爵亲临反拿破仑战争的前线，虽然他本人是这位“伪帝”的景仰者。1786 年夏天，厌倦了政务的歌德逃到向往已久的意大利，在古希腊罗马和文艺复兴的纯美氛围中获得了新生；1794 年与席勒

① 歌德在斯特拉斯堡上学时与乡村牧师之女弗里德莉克热恋，随后却不辞而别，抛弃了她，造成了她终身的不幸。在不止一部作品里，歌德都进行了“忏悔”。

订交后，两人共同致力于美的王国的寻觅和营建，这些逃避现实的对古典美的浪漫追求，通通为如梦似幻、虚无缥缈的海伦悲剧的实际生活基础。诗剧最后一幕里的那位胸怀全人类的目光远大的老博士，可以讲正是阅尽了人世沧桑，为人类的现实和未来进行了苦心孤诣的思考，虽未找到有把握的答案却对光明前景充满着信心的老诗人和老哲人歌德的化身。

歌德笔下的浮士德这个人物变得无比地丰满、高卓，主要原因就在于历史上的浮士德与现实中的歌德自然地、艺术地融合为了一体。这是成功塑造人物的诀窍之一。生活是文艺创作的源泉这个真理，在人类屈指可数的伟大杰作《浮士德》中同样得到了验证。

第二个层次，浮士德是一位德国男子，或者说得更加具体，是一位德国哲人。

浮士德即德国人的观点，最早来自比歌德晚生一点的革命诗人海涅。他举出了浮士德以下特点来证实自己的提法：浮士德博士“知识丰富”，是位“理想主义者”，“他凭借精神最后理解到精神的不足，因而要求物质的享受，恢复肉体的权利”，等等。①海涅早在1832年便提出此观点。其时《浮士德》第二部尚未出版，因此他还不可能将自己的这一洞见阐发得十分透彻和全面。

浮士德这个人物诞生在德国的土地上，经受了宗教改革以后两三百年德国历史的凄风冷雨的吹打冲刷，最后成型在“最伟大的德国人”歌德笔下，因而身上自然集中了德意志民族的一些最本质的特性。我们只要认真审视一下原著中的这位主人公，便可以发现——

① 董问樵：《〈浮士德〉研究》，复旦大学出版社，1987年，第163—177页。

他尽管内心极不平静，尽管浑身热血沸腾，外表却总是严肃而深沉。全剧自始至终，我们几乎不见他有兴高采烈的时候，他似乎根本不会笑。他似乎总是在深思，总是在捉摸着事物的本义，即使是他在热恋中本该沉浸于欢乐幸福的时候，即使是他在主持化装游行本该得意忘形的时候，即使是他在统领千军万马本该颐指气使、在与海伦结合本该陶醉于美的享受的时候。是啊，甚至面对着征服大自然的宏伟业绩，他仍在思考，仍然忧心忡忡，以致瞎了眼睛。生长在北方阴郁的天空下的德意志民族，与南方的意大利人和法国人的一个显著性格差异，就是严肃深沉，富有思想，长于思辨。浮士德不正是这么一个严肃深沉的思想者的典型么？

浮士德身上的另一个本质特征，是德国民族一直引以为自豪的“gruendlichkeit”，即遇事一丝不苟的认真彻底的精神。正是凭着这种精神，思想者浮士德才能锲而不舍，穷根究底，上下求索，敢于与魔鬼、地狱打交道，甘冒离经叛道之大不韪。历来人们——包括歌德自己——都视自强不息地永远追求理想为浮士德的最重要品格，在诗剧里也确实是他得救升天的原因。在我看来，正是德意志民族的特性“gruendlichkeit”，为浮士德这最重要的品格提供了“遗传基因”；它经过培养发育，便成为自强不息地永远追求理想的浮士德精神。

一个彻底的、一丝不苟的思想者，面对着宇宙、人生和社会，面对着现实与未来、时间与空间、存在与虚无，总会发出无数的疑问，总会为求得这些疑问的解答而冥思苦想。实践验证，这样的人大多会成为哲学家，或者富于哲学思维的大科学家和大政治家。

古往今来，德意志民族产生的影响整个世界的哲学家、科学家、政治家多不胜举。在诗剧反映的历史环境中，浮士德可以说是一身

兼为三者 —— 像歌德本人一样 —— 而本质上却主要仍然是位哲人。读者们请想一想，他的一生是不是始终都在探索自身存在的意义，探索宇宙万象的成因，探索人类未来的前景呢？浮士德的的确确是一位德国哲人，是一位体现了德意志民族某些优秀品格的佼佼者。

19 世纪末至 20 世纪上半叶，随着德国的统一和军国主义化，一些具有民族主义和帝国主义倾向的学者也曾拿浮士德身上的德国人特性大做文章，把他英雄化和超人化，以证明德意志民族的优越，说浮士德的非凡之处在于“具有占有外界事物和不断扩张的意志”，以此作为侵略扩张的理论基础和精神支柱。这些当然是对歌德笔下的德国伟丈夫的滥用和歪曲。不过，在世界文学的人物画廊中，浮士德这个独一无二的、民族色彩鲜明的形象，并未因此失去他原有的光辉。

第三个层次，浮士德是现代西方精神文化的象征，是新兴资产阶级的理想化身。

这个源于施本格勒的提法，本身应该说是不错的，虽然他抹杀了文化和人物的阶级性质，称前者为所谓“德意志文化”，后者为所谓“现代欧洲人”。他把浮士德精神特征归纳为“积极的、奋斗的、克服的”，应该说也颇为准确。在西欧走出黑暗中世纪之后的三百年，新兴的资产阶级正是凭着这样的精神，“在历史上曾经起过非常重要革命的作用”“创造了完全不同于埃及金字塔、罗马水道和哥特式教堂的奇迹”“开拓了世界市场”，一百年中所造成的生产力“比过去一切时代创造的全部生产力还要多，还要大……”①

德意志民族尽管有自己的文化传统，却与西欧其他民族同样处

① 马克思、恩格斯：《共产党宣言》，人民出版社，1964 年，第 26—28 页。

于古希腊罗马文化和希伯来文化持久而强大的影响之下；浮士德尽管成型于歌德笔下，产生和成长的过程却恰恰包括西欧资本主义萌芽和壮大的时代。由于这两大原因，浮士德就不仅体现了德意志精神文化，也并非什么“永恒的德国人”。反过来，近几百年西欧各国同样出现过许多“浮士德式的人物”，文学家们不断反复地以这样的人物为主人公，就证明了他的超民族性。而在处于别的文化圈和社会形态的国家，中国也好，印度也好，都没有产生或很难发现浮士德一样的人物，又证明了他的特定文化属性和阶级属性。

我特别强调浮士德乃是新兴资产阶级的理想化身。因为，歌德在充分展示他“积极的、奋斗的、克服的”精神光彩的同时，还将资产阶级初期的人道主义理想保留了下来，而把冷酷无情、没有良心、寡廉鲜耻等资产阶级的丑恶，尽可能转移到诗剧中的另一个人物—— 魔鬼靡非斯托的身上。正因此，浮士德身上就有远比普通资产者更多的人性光彩，才能真诚地爱格利琴，为自己造成她的不幸痛悔不已；才能认识到他通过靡非斯托在围海造田时所行的种种不义，以致内疚、忧愁得瞎了双眼；才能在年满百岁之后还“为千万人开拓疆土”，在明亮的心中为人类的未来描绘“自由的土地上生活着自由的人民”这么一幅美景。理想化的资产者已经超越了普通资产者，浮士德由此又上升到下述层次。

第四个层次，他是杰出的人的典型，或如卢卡契所说的，是“人类发展的缩影”。

宏观地纵览人类发展的历史，浮士德曲折坎坷、上下求索、充满失望和痛苦的一生，的确可以称作是一个象征或者缩影。我们在前面谈《浮士德》的时代精神时已详细分析过，诗剧主人公如何从中世纪挣扎出来，经历了封建社会而进入资本主义时代，并在最后出于对眼前现实的不满而产生了对未来的空想社会主义似的预言和希冀。浮士德的的确确如卢卡契等人所说，几乎经历了 —— 包括在思想上经历了现代人类发展的所有发展阶段。

笔者有一个独创的看法，即认为还可以微观地把浮士德视为人类杰出个体的代表，把他的一生和五个追求、五幕悲剧，视为人的生命存在的五个阶段或者五种境界。

具体地讲，前三个阶段每个平凡的人都是要经历的：从牙牙学语，便开始求知；成年以后，便有男女之爱；再进一步，就要报效国家，服务社会，从事某种作为生存基础甚或博取荣华富贵的职业。一般人至此便心满意足了。杰出人物却还要上升到后两个更高的境界：他一是要追求精神上的美的享受，与美结合以实现精神的充实，人格的完善；二是要突破一己的小我，把目光射向全社会、全人类、全宇宙，要突破眼前和现在，预见和关心人类的前途和未来。

基于以上分析，我们说并非人人都是浮士德，但人人身上都有一些浮士德的因子，都可以努力做一个浮士德。这就是歌德笔下的人物对于我们的现实意义。这就是他可以使不同民族不同层次的读者产生亲近感的原因。

歌德笔下的浮士德，他产生的原因和过程十分复杂，他具有的象征意义和现实意义异常丰富，因此几百年来吸引着一代一代学者去考证、研究、分析。这篇小文远远未能穷尽浮士德的方方面面，读者诸君大可深入细致地研读诗剧原著，提出自己独到的看法。

“否定的精灵”和“恶”的化身

——《浮士德》人物考辨之一

除去诗剧的同名主人公浮士德，另外一个也贯穿全篇、影响全局的重要人物就是魔鬼靡非斯托。在歌德笔下，他的形象异常的鲜明生动，而且同样闪射着深刻而丰富的精神光彩，是诗剧《浮士德》获得巨大成功，在同一题材的众多作品中独领风骚的一个重要原因。我认为，靡非斯托堪称天下第一魔，在世界文学宝库中，没有另外哪个魔鬼的形象能和他媲“美”；我认为，没有靡非斯托在剧中令人叫绝的精彩表演，歌德的《浮士德》便成不了出类拔萃的世界名著和杰作。

在施皮斯 1587 年出版的民间故事书里，已经存在一个魔鬼，名字叫靡非斯托非勒斯。不过，他出现时的形象还是一个修士，行事也缺少积极主动性，浮士德一再招他来，提出要与他签约，他都先去请示了鬼王卢齐弗才敢同意。总之，从表到里，民间故事书中的魔鬼靡非斯托比起歌德诗剧中他那位同名兄弟来，实在差劲儿得很，是个地地道道的配角。

冯至老师1943年初在昆明西南联大作题为《〈浮士德〉里的魔》的讲演，第一次在中国对靡非斯托的意义和作用进行了全面、深入的观察和研究。①他指出，靡非斯托非勒斯这个名字在希腊文里让人联想到靡非斯托非尔（Mephiztophel），意即“破坏者”或“说谎者”。他说，“《浮士德》里的魔从外表看来，是根据基督教的传统，附加上些北欧的传说”，《圣经》里的魔鬼“能诱惑天使和人，能试探人，控告人，惩罚人；又能引人犯罪，使人成为他的仆人”，因此又被称作“试探者”或“诱惑者”。

以上这些字源考察和民间传说、宗教传说，让我们看见了西方观念里的魔鬼的种种品格和面貌特征。可以讲，所有这些品格和特征，都体现在了《浮士德》的魔鬼身上，然而又远远不是他的外表和内涵的全部。正如冯至老师指出，靡非斯托主要“是歌德自己的创造”。

事实上，这个魔鬼形象的思想意义和审美价值，都既独特又异常丰富。这么讲，是因他的形象和性格大大超出了我们对于一个魔鬼的想象。他既像是魔，又像是人；他身上既充满着魔性，又鲜明地表现出许多人性的特点；他既是一个血肉丰满、富于变化的形象，又是某种始终一贯的理念或精神原则的象征；他无可否认地代表着消极的力量，却又经常起着积极的作用。

先说他的外形，那真叫不拘一格，随机应变。他先后是黑色卷毛狗、漫游学士、容克贵族、宫廷小丑、老丑八怪福奇亚斯、海盗船长和工地上的监工，等等。但他的基本形象或者说本来面目，无

① 冯至：《冯至学术精华录》，北京师范学院出版社，1988年，第292—312页。

论在诗剧中还是舞台上，仍然是一个人，一个嘴脸并不像我们想象的魔鬼似的狰狞可怖，但却十分阴险狡猾、时时带着冷笑的老于世故的中年男子。除去身上散发着地狱里带来的硫黄味儿，有一条腿是马蹄子因而有点瘸以外，他的那副尊容，人世间原本也很常见。

至于靡非斯托的性格，则突出地表现出冷酷无情、阴险狡诈、玩世不恭、尖酸刻薄、世故圆滑、淫邪贪婪，等等。同样地，他不具有一般人想象中的恶魔那种挖人心、吸人血的赤裸裸的凶残，他的恶劣品性，倒全都是我们人类身上存在着的。也可以讲，他虽然并未表现出人类的所有恶德，却集中突出了其中的主要特点，代表了人类恶的一面。因此，他在诗剧开始的“书斋”一场向浮士德作自我介绍的时候便简单干脆地讲，他的本质便是一个“恶”字。

进一步认真阅读原著，观察靡非斯托这个人物我们便可发现，他上述种种恶的表现并非彼此孤立，互相不相关，而是紧密联系，互为因果，互为表里。例如他那自以为是深谙世态人心的玩世不恭，决定了他待人行事的冷酷无情、尖酸刻薄和世故圆滑。而且，这些恶的表现，在不少时候还会产生好的作用，引出好结果，正如他向浮士德作自我介绍时所说的：“我是那类力量中的一种，它常常想要作恶，结果却行了善。”而这，正是靡非斯托这个人物在诗剧中的主要作用和意义。他时时处处都想破坏浮士德的努力向上和追求，引他走上邪路，结果却刺激和推动了他不息地努力追求，不达到自己的目的绝不罢休。我们不可以把靡非斯托简单地、概念化地看成一般的恶魔或恶势力。他的性质要复杂得多，意义和作用也不仅是当作陪衬的配角或反面人物而已。

正因此，我们有必要结合具体的剧情，看一看魔鬼靡非斯托种种恶的表现，以及它们所造成的正反两方面的结果。

首先，我们考察那最能表现他本质或者说他的魔性的大恶，也就是他对人世的任何痛苦和不幸都无动于衷、冷眼旁观甚至加以嘲弄的冷漠和冷酷。格利琴被他和浮士德害得家破人亡、身陷囹圄、精神失常，眼看就要被处决。面对着这一惨绝人寰的悲剧，他只以满不在乎的口吻冷酷地说了一句："她并非头一个。"显示出他与悔恨交加、痛不欲生的浮士德的本质区别：他实在是一个毫无心肝、毫无人性的魔鬼。

又如诗剧第五幕浮士德命令他去说服一对老夫妇迁居，他竟干脆来一个杀人放火、斩草除根，冷酷无情到了没有一点人味。

然而，正是他这样的大恶、极恶的行径，强有力地震撼和刺激了浮士德，使他完成了发展中两个至关重要的转变。前者使他于悲痛中脱胎换骨，离开"小世界"进入"大世界"；后者使他因为"忧愁"而失明，于现实世界一片黑暗之时进入了更加光明的内心世界。在浮士德漫长的追求旅途中，它们称得上两次质的飞跃。

对于魔鬼靡非斯托，玩世不恭是一个很能展示他个性特征，使他区别于其他坏人乃至恶魔的"穷凶极恶"。这种恶，在他与格利琴的邻妇逢场作戏地调情时，在他冒充老博士戏弄虚心求教的年轻学子时，在他变作弄臣、操纵皇帝宫廷内的化装游行、制造一场大火灾的虚惊时，是的，甚至就在他与上帝的赌赛中，都表现了出来。这种恶渗入了他的骨髓，渗入了他对宇宙、人生和社会的看法，使他成为一个不辨是非、怀疑和否定一切价值的虚无主义者，一个上帝所说的"否定的精灵"。

作为否定的精灵和虚无主义者，靡非斯托冷酷无情地造成了许多的不幸和破坏，是酿制浮士德悲剧的重要因素或者说酵母。但与此同时，这个洞达世情的机灵鬼又极善于将自己的玩世不恭和虚无主义，轻轻松松地表现在说笑调侃和冷嘲热讽中，给浮士德的悲剧染上一些个喜剧色彩。而且，他几乎是讽刺嘲笑一切。如冯至先生所说：“他嘲笑教会，嘲笑三位一体，嘲笑宫廷里的幸臣，嘲笑纸币，嘲笑女人的作伪，嘲笑地质学中的火成论者，嘲笑模仿，嘲笑浪漫派的诗，嘲笑当时流行的骑士小说…… ”①

在第一部他与年轻学子对话时尽情地嘲笑大学的课程和学习方法，与前边老博士对学问和传授学问的失望诅咒正好呼应配合。他在奥厄尔巴赫地窖酒店唱的那支讥讽宫廷的《跳蚤之歌》，真是妙趣横生，入木三分。这样，便产生了马克思、恩格斯十分赞赏的“靡非斯托式的辛辣讽刺”。马克思早年写过一个题名为《奥兰尼姆》的悲剧，主人公贝尔蒂尼据认为就是“靡非斯托非斯勒苍白无力、但仍可辨认出来的翻版”。②马克思还在自己的理论著作中引用靡非斯托的话，例如用魔鬼在《书斋》之二对浮士德作的金钱万能的生动解释，来说明财富的异化和导致邪恶等。

客观地看，靡非斯托的调侃、讥笑、嘲讽，也构成了对于鄙陋的社会现实程度不等的批判（作者歌德无疑有此意图），虽然他主观上是冷眼旁观、幸灾乐祸，站在魔鬼邪恶的立场上来看社会现实中的邪恶；可是也正因为如此，他的嘲讽就格外辛辣，他的批判就切中要害，产生了以毒攻毒似的奇妙功效。

此外还有一个在靡非斯托身上表现得十分突出的恶德，就是寡廉鲜耻的放荡淫邪。这可以讲也是魔鬼的本性之一。基于此，他不

---

① 冯至：《冯至学术精华录》，北京师范学院出版社，1988 年，第 292—312 页。
② 柏拉威尔著，梅绍武等译：《马克思和世界文学》，北京三联书店，1982 年，第 23 页、第 104—117 页。

懂什么是爱，什么是情，不理解浮士德为何那么执着于自己的格利琴，对她的悲惨遭遇深感内疚，他只知道发泄和满足淫欲。在第一部的瓦普几斯之夜，靡非斯托做了淫邪无耻的充分表演。甚至在诗剧结尾天使们来拯救浮士德的灵魂，他的魔鬼图谋眼看要彻底失败的紧急关头，靡非斯托竟然还觊觎天使的美色，大动淫念，结果让天上掉下来的玫瑰花变成的爱的火焰烧得遍体鳞伤、焦头烂额。他临下场前自嘲道：

> 下流的淫欲，荒唐的调情，害得老奸巨猾的魔鬼丢了魂。精明世故的恶魔竟然干这种幼稚痴傻的勾当，他到头来吃亏倒霉，实在是因为太愚蠢。

歌德这样写靡非斯托的下场，笔者着重指出这个魔鬼身上淫邪的恶德，不是没有道理。因为在诗剧中，与淫邪相对应的纯真的爱，被赋予了超乎寻常的重要意义。只要细读一下诗剧的结尾，我们便知道爱在浮士德的得救过程中起了多大作用：因为他是“爱人者”，所以天使们 ——爱的使者—— 才从天而降来保护他，接着引导他上升的也是爱，在天堂里迎接他的更是赎罪女子格利琴 —— 他青年时代的爱人。诗剧的结尾简直可称为一曲爱的赞歌。这儿的爱是那样真诚、温暖、纯洁、神圣，它已不仅仅局限于男女之爱，而是扩大成了对千百万人乃至全人类的博大无私的“泛爱”。

浮士德到了暮年正是一个胸怀着博爱的崇高的人。而那淫邪的靡非斯托，却被泛爱或者说博爱之火烧灼、逼退。这说明爱与淫邪有本质的差别，是划分人与魔的重要依据。魔鬼靡非斯托的淫荡无耻，不仅充分展示了他的丑恶本性，也很好地反衬和烘托出主人公浮士德的善和美。

作为恶的化身的魔鬼靡非斯托，他身上的恶德当然还不止上面列举的冷酷无情、玩世不恭和淫邪无耻这三点，但是仅仅通过对这三点的分析，我们已看出这个人物形象身上的多重思想意义和巨大审美价值。在保留西欧文学中魔鬼传统的试探者、诱惑者、破坏者这些职能的同时，他又兼为主人公浮士德的激励者，社会现实的批判者，美与善的对立面和陪衬。从审美的角度看，这个人物身上真是异彩纷呈，为主人公浮士德的形象乃至整个诗剧增色不少。而这异彩、这美，正好产生于“恶”，产生于对“恶”的深刻认识和揭示。在揭示“恶”这一点上，《浮士德》同样是一部不可多得的天才杰作。

世界各国的《浮士德》研究者，历来都很重视靡非斯托这个人物，对他的判断也和对浮士德一样地众说纷纭、莫衷一是。①其中一些较为具体而易把握的说法，如称他是“恶”的化身、否定的精灵、虚无主义者而又兼有积极作用等，上文已结合剧情并以一个“恶”字为着眼点，作了粗浅的解说。下面让我们再结合这个人物产生于歌德笔下的生活基础，介绍和分析另外几种同样具体而有意义的说法，以加深和扩展我们对靡非斯托这个于全局来说举足轻重的角色的理解。

① 董问樵：《浮士德研究》，第178—188页。

一、 靡非斯托即歌德

1827 年 5 月 3 日，歌德在与艾克曼谈话时非常赞赏法国作家安培（J. J. Ampere）对他作品的评论，说道："关于《浮士德》，他说得也很妙，他指出不仅主角浮士德的阴郁的、无厌的企图，就连那恶魔的鄙夷态度和辛辣讽刺，都代表着我自己性格的组成部分。"①歌德这样讲，实际上就承认了自己与这个魔鬼的血肉关系。

但是，在魔鬼靡非斯托身上，恐怕不仅仅具有歌德本人也有的"鄙夷态度和辛辣讽刺"。恩格斯在批判卡尔·格律恩的《从人的观点评论歌德》一书时，称歌德"有时是叛逆的、爱嘲讽的、鄙视世界的天才"，说明上述两种性格也是值得肯定的天才的表现。著名的歌德传记作家艾米尔·路德维希却认为，歌德与魔鬼靡非斯托的关系要深刻得多、全面得多。他把自己著的《歌德 —— 一个人的历史》的第一卷题名为《天才与魔鬼》，以表明歌德本身就是一个魔性十足的人物。在这一卷名为《魔鬼》的第四章，路德维希写道：

> ……没有哪个歌德塑造的形象就是歌德本人。他总是把自己体现在两个相互对立的、有时甚至是女性的形象身上 —— 为什么这位感受能力主要倾向于抒情和叙事的诗人会趋向戏剧，而且没能完全摆脱它，最深刻的原因也许就在于此。在他内心矛盾特别尖锐的青年时代，他因此也更

---

① 见朱光潜译《歌德谈话录》，人民文学出版社，1978 年，第 139 页。Emil Ludwig：*Goethe—Geschiehte eines Menschen*，Paul Zsolnay Verlag 1931，S. 107—108。

多地使用戏剧的对白……然而，只是到了《浮士德》里，歌德的这种两重性才淋漓尽致地表现了出来……浮士德和靡非斯托这两个人物充满魔性，但只有他俩在一起，才足以充分表现歌德的魔性。他俩之间的对话，正是沸腾在歌德内心的对话。

也就是说，并非靡非斯托身上的某一两种表现存在于歌德本人的性格中；而是和浮士德一样，他整个儿地就代表着歌德的一个方面或者说两重性中的一种。

我们前面讲过靡非斯托的大恶是冷酷无情。我以为，这个恶同样存在于歌德的性格中；他通过塑造和谴责这个魔鬼，也对自己年轻时的冷酷无情作了“诗的忏悔”。最充分表现靡非斯托冷酷无情的，是格利琴的悲剧。不少研究家都指出，格利琴这个深得马克思在内的广大读者同情和喜爱的女主人公，她的名字来自歌德少年时代的第一位女友；她的故事系歌德对当时不断发生的社会悲剧的艺术加工；可是在她的身上，诗人却表现了对被自己无情抛弃的年轻纯洁的恋人弗里德莉克深深的愧疚。因此，靡非斯托和浮士德关于是抛弃或者营救在狱中忍受煎熬的格利琴的对话，也正是曾经“沸腾在歌德内心的对话”。

在说“浮士德即歌德”时，我们主要举出诗人的实际经历作依据，比较容易把握。在作出靡非斯托也是歌德的判断时，却只能依靠心理、性格的分析，理解起来就难一些了，但也并非完全虚无缥缈，无从把握。通过浮士德与靡非斯托这两个形象的塑造，诗人完成了对自己人格深刻而全面的剖析。

二、 靡非斯托是 Damon 和歌德周围一些带 Damon 色彩的人的化身

在歌德时代及其前后，欧洲民间盛行一种传说：一些天才人物常常有 Damon 陪伴，并且是在自己 Damon 的帮助下完成了常人不能完成的业绩，取得了超凡的成就。上面歌德的传记作者说到魔鬼时，用的就是 Damon 这个字。歌德晚年对 Damon 及有关现象也一再提及，并认为拿破仑、拉斐尔、莫扎特、莎士比亚等都是有 Damon 帮助的天才。稍晚于歌德的海涅在其小说《佛罗伦萨之夜》中，也将意大利天才小提琴家帕格尼尼有 Damon 附体的传说，写得十分生动。但是严格讲来，Damon 这个字不应译为魔鬼或者恶魔，而应译为精灵。靡非斯托应该说就是一个塑造得十分成功的精灵，虽然他体现的性格、思想还更多。歌德本人基于对字义的不同解释，否定过靡非斯托带有精灵的色彩。① 因为对于浮士德完成他非凡的业绩和追求，靡非斯托的确起了不可缺少的积极作用。

歌德在青年时代见过一些人，他们虽然不像歌德和上面列举的拿破仑等似的具有非凡的天才，但也极端地聪明并在身上或多或少带有 Damon 的色彩。他们本性善良、高洁，洞达世情，却愤世嫉俗、玩世不恭，惯于对人恶作剧和调侃、嘲讽。在歌德看来，他 1765 年在莱比锡结识的伯里施，1770 年在斯特拉斯堡结识的赫尔德，1772 年在达姆施塔特结识的默尔克，都是带有 Damon 色彩的靡非斯托式的人物。他们都比歌德年长，都阅历丰富、才智超群、愤

① 冯至：《冯至学术精华录》，北京师范学院出版社，1988 年，第 235 页。

世嫉俗。从他们那儿，年轻的歌德虽然没有少受奚落、讥嘲之苦，却得到了对他一生的发展来说至关重要的启迪、激励和帮助。其中，因为患眼疾而性情孤僻、怪异的赫尔德，更称得上是他的导师和诤友。

对于这几位友人，歌德终生心怀感激、念念不忘，在晚年写的自传和与艾克曼谈话时常常提到他们，多次从积极的意义上指出他们身上的靡非斯托的特点。这也再一次证明，靡非斯托已不是传统意义、通常所说的魔鬼或者恶魔，而是带有 Damon 色彩的人。靡非斯托的玩世不恭、冷嘲热讽，恐怕更多地来自他们，而非歌德自身。

三、 靡非斯托也是德国人

这种说法不来自《浮士德》的研究家和学者，而来自德国现代作家克劳斯·曼（1606—1949）的一部小说。克劳斯·曼是作家托马斯·曼的长子。他那部小说的名称便叫《靡非斯托》（1936）。写的是一个饰演靡非斯托的演员赫夫根，在纳粹统治时期靠投机取巧、见风使舵、出卖灵魂而飞黄腾达的故事。① 为了登上和保住柏林帝国剧院经理的宝座，赫夫根使尽了狡猾、卑鄙的两面三刀伎俩。在克劳斯·曼看来，赫夫根本人就是一个现代的靡非斯托。不仅如此，作者还让帝国总理 —— 一个胖子将军，在现实生活中的纳粹头子戈林 —— 在谈到靡非斯托时说：

---

① 此书在我国有不止一种译本。据认为，作者借靡非斯托这个形象讽刺揭露的具体对象，就是他以演《浮士德》中的魔鬼而留名德国戏剧史的姐夫演员某某某。获得奥斯卡金像奖的同名电影在我国演出时，扮演靡非斯托的著名演员勃朗道埃尔机锋四出的台词一再激起我国观众的哄堂大笑和阵阵掌声。

……这是一个非常好的年轻人！我们每个人不都向他学到了一点东西吗？我指的是：在每个正直的德国人身上，不也有一些靡非斯托的特征吗？如果我们只有浮士德的思想意识，那么我们将会走向何方？那样做正符合我们敌人的愿望！不，不能那样！靡非斯托，这也是一位德意志英雄。只不过，这一点不能向人们明说而已……

真是精彩之论，虽然“正直”啊、“英雄”啊之类的赞词，只表明了纳粹头子和魔鬼之间臭味相投。事实确乎是，在希特勒、戈林等德国纳粹头子乃至更早的军国主义者身上，靡非斯托对浮士德占了上风；他的冷酷无情、阴险狡诈和好恶作剧，都以战争、侵略、集中营的形式可怕地表现出来，给人类造成了大灾大难。

我们不是常常对“德意志民族之谜”困惑不解吗？不是不明白，为什么同一个民族既养育出了歌德、贝多芬、马克思、爱因斯坦等立于人类文明顶峰之上的伟人，又产生了希特勒和戈林似的大魔王和众小鬼呢？这个谜最简单答案就是：整个德意志民族身上，也像在恩格斯所称“最伟大的德国人”歌德身上一样，都既存在着浮士德的禀性，也潜藏着靡非斯托的特点；区别只在于是前者占上风，或是后者占上风罢了。这在不同的人和不同的时代，都曾有过泾渭分明乃至悬殊天壤的表现。因此，浮士德是德国人，靡非斯托亦然。

又何止德国人身上有两重性呢？世界上的任何民族乃至任何个人都是如此。

四、 靡非斯托是人类恶德的象征

靡非斯托的种种恶劣品性当然不只是德国人才有。其他任何民族在他们尚未进入理想的共产主义社会，道德还未完善到白璧无瑕时，都必然会不同程度地表现出靡非斯托的某些特征，都会产生出自己的魔鬼。靡非斯托不是自称他的本质是一个“恶”字吗？人除非没降生在世界上，或者降生了也只生活在与世隔绝的真空中，否则便不会完全没有“恶”。在这个意义上，我们每个人也有自己的靡非斯托，都能从歌德在《浮士德》中揭示的人魔关系上看见自身的影子，获得有益的启迪。我们身上的魔鬼或者说“恶”并不可怕，只要我们认识了他，像浮士德似的不让他牵着鼻子走而是反过来控制和役使他，让他激励自己去追求、去奋斗。须知，在一定的条件下，不正是“恶”在起着推动社会发展和历史前进的作用吗？没有原始积累的贪婪、残酷，就没有资本主义的高度物质文明和精神文明。没有靡非斯托的引诱、推动，也就没有浮士德的一步步更新自我，升入“灵境”。

当然，在说靡非斯托是人类恶德的象征时，我们是不能完全漠视其身上的特定的阶级性的；这种阶级性，在他充当围海造田的监工时表现得特别清楚。它也就是产生《浮士德》的特定时代必然在他身上打下的烙印。

对于靡非斯托这个艺术形象，各国的研究者还有其他种种解说，有的说法相当玄虚。本文列举的只是较为实在的几种。由于靡非斯托首先是作为主人公浮士德的对立面而存在的，在观察和分析他时最好也联系着浮士德的存在。通过五幕悲剧和一世追求，浮士德的形象变得越来越高大完美。在这个过程中，靡非斯托的恶魔嘴脸同样得到了充分显示，同样在变化和发展，只不过是沿着一个相反的方向罢了。随着浮士德的追求越来越自觉和纯洁，魔鬼便渐渐失去左右他的能力，相反只能受他的左右了。

靡非斯托这个人物体现的思想意义和美学价值太丰富，太繁杂。笔者对他的一个基本看法是：他虽然被称作魔鬼，有着怪异的外表和行径，实际上仍然是一个特定的时代和社会造就的人，是人身上必然存在的“恶”的艺术再现。

最后有必要补充一点：靡非斯托这个魔鬼作为一个艺术形象，除了有基督教信仰的雏形，有民间故事书的样板，有现实生活中的原型以外，还在欧洲文学的传统里找得到他的先驱。不用多举例子，就说英国诗人弥尔顿的伟大史诗《失乐园》中的魔鬼撒旦，在同样具有突出鲜明而又充满矛盾的性格这点上，就可以充当其小兄弟靡非斯托的师傅，虽然产生于歌德笔下的这位老兄青出于蓝，具有了更多的哲理内涵、象征意义和现代意义。可以讲，西方文学较之于中国文学的一大特点和长处，正在于对不同名目的魔鬼成功而妙趣横生的塑造，不断花样翻新的塑造，不管他们是叫撒旦还是靡非斯托，不管他们产生于英国、意大利还是德国。

瓦格纳、格利琴与海伦

——《浮士德》人物考辨之二

除去主人公浮士德和魔鬼靡非斯托，诗剧中值得研究的人物和艺术形象还非常多。这里只是再谈一谈瓦格纳、格利琴和海伦。

瓦格纳通常被视为一个用于与主人公浮士德作对比的学究和书呆子的典型，一个仅仅具有陪衬意义的次要人物。其实，这个人物并不简单，因为他不但同样富于时代的典型性和独立的审美价值，而且也有着自身的形成和演变的历史。

在施皮斯 1587 年出版的《大名鼎鼎的魔术师和术士约翰·浮士德博士的故事》中，已经存在瓦格纳这个形象。他是魔术师和炼金术士浮士德的徒弟和助手，并且按浮士德临死前立的遗嘱，成了他的衣钵继承人。这样，又引出了另一部堪称浮士德故事续篇的民间故事书的诞生。

此书出版于 1593 年，比有关浮士德的故事书仅晚六年。写的是克里斯多夫·瓦格纳步老师后尘所完成的种种奇行异事，内容可以讲跟浮士德的故事书大同小异。例如，瓦纳格也同样有一个魔鬼做搭档，不同的只是这个魔鬼名叫奥厄尔汉，第一次露面时是只猢狲。总的看来，在民间故事中，瓦格纳和浮士德完全是同一类人，或者说，前者仅只是后者的翻版而已。

歌德对瓦格纳作了改造、加工，使他发展成了有异于奇人异士和离经叛道者浮士德的另一类人，即歌德在 1800 年手书的创作提纲中说的“清醒而冷静地追求”的学者典型。对于欧洲脱离中世纪进入启蒙时代的知识阶层来说，瓦格纳不像浮士德那样是一位先知先觉者和超人，不是个天才，不像浮士德似的拥有超人的热情、毅力、憧憬和苦闷，但却更富于代表性和典型意义。根据这一差异，说瓦格纳在诗剧中起着与主人公浮士德进行对比并充当其陪衬的作用，也不是完全没有道理。

但是，有差异也就有相同，而这一相同之处应该讲更加重要，更能体现瓦格纳其人的本质。那就是他和浮士德一样，以毕生的精力真诚地、执着地、潜心专注地追求着知识和真理。不同的只是，他走着一条传统的、现实的、循规蹈矩的道路，因而所取得的认识也比较狭窄。然而，道路和成就不同，并不改变瓦格纳也是一个渴望认识世界的求索者的本质。德国启蒙运动的思想家莱辛说得好：“使一个人变得可贵的不是这个人掌握了的或者自以为掌握了的真理，而是他为追求真理而作出的真诚的努力。”①

莱辛的这句话，应该说不只适合于评价浮士德，对瓦格纳也是一样。由此，我们便指出了这位学究身上常常被研究者忽视的一面，

① 此话见于莱辛 1778 年的一次答辩，转引自汉堡版《歌德选择》第三卷第 467 页。

即富于启蒙运动时期的时代精神这值得肯定的一面。至于那种视瓦格纳为“世界观反动的资产阶级意识形态的代表”的论断，就更是走了教条主义的极端，完全没看见伟大的歌德塑造的这个次要人物也同样具有两重性。①

瓦格纳不是一个贯穿全剧的人物，在诗剧里仅仅短暂地出现过两三次，但又并非可有可无，而是对浮士德的发展起了至关重要的作用。

他第一次出现在第一部中《夜》的一场，是一个迷恋羊皮古书、脱离实际和谨小慎微的书呆子。但即使这时候，他也已具有“虽然知道很多，却渴望知道一切”的精神。紧接着，是他陪着浮士德去到了城外庆祝复活节的民众中。而正是这次郊游，使老博士恢复了生趣，邂逅了魔鬼，为在“小世界”和“大世界”的遨游作好了准备。瓦格纳的第三次出现，是在第二部第二幕的《中世纪风格的实验室》一场，这时他可以说已是一位成就非凡的学者。他用化学的方法，在烧瓶中造出了一个叫霍蒙苦鲁斯的富有智慧的小人儿。这除了真实反映出 16 世纪以后的两三百年欧洲科学界某些人的大胆幻想（按照基督教的教义，以人工的方法造人是亵渎神灵的），不是还让我们联想到当代科学所创造的一些奇迹，诸如试管婴儿、仿生技术、人工智能、生物工程和克隆繁殖等吗？

从第一部到第二部，瓦格纳这个学者的形象有了非常大的发展，可以说已经不那么循规蹈矩、谨小慎微和迷恋书本，已成为当时从事自然科学研究的一位先驱，具有了某些正面典型的意义，虽然他

---

① 上述偏颇之论出自民主德国的硕尔茨教授，请参阅董问樵《〈浮士德〉研究》第 192 页。

与心比天高的雄鹰浮士德仍然相距甚远，虽然他仍然不能突破自然科学学者狭隘的生活圈子。

再说，也多亏瓦格纳制造的小人儿的引导，浮士德才实现了回到往古的寻美之行，经历了自己人生追求的一个重要阶段。

总而言之，诗剧《浮士德》中的瓦格纳固然是一个次要人物，固然更多地只起着与主人公浮士德作对比的陪衬作用，但本身仍具有其复杂性和发展演变的历史，仍具有不可替代的作用和独立存在价值，作为他那个时代为数不多的“清醒而冷静地追求”对于自然和世界的认识的学者典型。

对剧情的发展来说，格利琴（即玛格莉特）比瓦格纳显然更加重要。应该讲她不是一个次要人物，而是《浮士德》第一部的主人公之一。浮士德的人生悲剧的第二幕即“爱情的悲剧”，完全是围绕着她而演出的，可以称之为“格利琴悲剧”。就整部《浮士德》而言，她的不幸遭遇无疑最富于悲剧性，最具现实主义震撼人心和催人泪下的力量。反之，《浮士德》的其他一些部分，如主人公的从政和寻美，却更多地带着闹剧、梦幻剧和寓言剧的性质，要么逗人发笑，要么引人遐想，但不能激起读者和观众心中的悲悯之情。格利琴这个人物的存在和成功塑造，对于悲剧的《浮士德》来说，意义和作用格外重大。

在有关浮士德的民间故事书中，并无格利琴这个富于悲剧色彩的雏形和样板，尽管在他将自己的灵魂抵押给魔鬼后的第十九和二十年，浮士德也放纵情欲，从欧洲各国挑选了七个妖艳的女子和她们胡搞。

纯洁、善良、美丽的格利琴的原型来自现实生活中，产生在歌德的笔下，是 18 世纪德国，不，是所有封建桎梏下为真诚的爱情而遭受身心摧残和不幸的年轻女性的化身。这样的女子，在诗剧《浮士德》中除去格利琴还有一个（见《水井旁》一场），在现实生活中，在不同的时代和国度，她们更是数不胜数。年轻的歌德曾经深深为当时德国所谓“杀婴女”的悲惨遭遇所震撼，所以还在 1768 至 1775 年完成的《浮士德》初稿中，就怀着巨大的同情塑造了格利琴这个形象。而且不只是同情，他通过她和浮士德的恋爱和不幸遭遇，还隐约而深沉地表达了对自己在斯特拉斯堡抛弃的痴情少女弗里德莉克的愧疚。正因此，在诗剧《浮士德》形形色色的众多人物中，少女格利琴的形象最真实生动，最血肉丰满，最富有人情味。

为成功地塑造格利琴这个人物，歌德在创造格利琴的形象时至少做到了以下三点：

首先，对于浮士德一见钟情的这位美丽少女，歌德在突出她的善良、单纯、重情等优点的同时，并未忽略其性格的另一面，即幼稚、轻信、盲从、迷信以及其他缺点。不过，格利琴毕竟只是个生活在 18 世纪德国的小市民姑娘，有这些缺点不足为怪，不会因此减少读者和观众对她的喜爱和同情，相反倒增加了这个艺术形象的说服力和立体感。马克思在回答女儿的提问时就说过，格利琴是他最喜欢的“女英雄”（Heldin 一词在此译作“女主人公”更恰当）。可以认为，马克思喜欢的也是真实而完整的格利琴，即连同她身上的那些难免的、可以原谅的缺点，特别是她的“轻信”。

与前面讲过的浮士德、靡非斯托乃至瓦格纳都不一样，为了全面地、立体地塑造格利琴这个人物，揭示她性格的优点和缺点，诗人没有在纵向上写她的发展变化，而着重于横向地对她一段时间的思想行为作细腻的描绘。这样就在读者面前出现了一个活生生的德国小市民少女，她那么地单纯、善良，那么软弱和缺少主见，那么任随人和神摆布，真是既可爱、可怜，又可悲、可叹。

恩格斯在1888年致英国女作家玛·哈克奈斯的信中说："现实主义的意思是，除细节的真实外，还要真实地再现典型环境中的典型人物。"①在此之前半个世纪去世的歌德，当然不可能读到恩格斯的这一著名论断，何况他的"格利琴悲剧"成稿时间还要早得多。可是，天才的诗人对女主人公的生活环境的描绘，对她周围的人、事和氛围的描绘，对18世纪的德国小市民社会来讲都再典型不过。为证明此言不虚，我们只要想想格利琴的家庭境况，想想那个虚伪贪财的牧师，想想水井旁的多嘴小丽丝所讲的一席话，想想那叫人压抑得几乎透不过气来的大教堂中的可怖气氛就够了。正是这样的环境，造就了格利琴这个典型的市民少女，使得她与浮士德之间的爱情合乎逻辑的只能是一出悲剧。"真实地再现典型环境中的典型人物"，正是格利琴这位女主人公塑造得格外成功、格外感人的第二个原因。

再次，在塑造格利琴这个形象时，歌德特别注意了对她的心理描写，揭示了她在初恋过程中复杂的心理变化。通过她在闺房中和在"悲伤的圣母像"前的独白，通过她神不守舍地坐在房中唱的那些凄婉动人的歌子，通过她在教堂中和牢狱里异乎寻常的感受和表现，伟大的诗人向我们展示了年轻而单纯的格利琴变化复杂的心境：她惊异，她欣喜，她憧憬，她焦虑，她矛盾，她恐惧，她自责，她内疚，她精神错乱、痛不欲生，等等，无不刻画得惟妙惟肖、令人叹服。因此也就难怪，她会被公认为歌德作品里乃至整个德语文学

① 见《马克思、恩格斯、列宁、斯大林论文艺》，人民文学出版社，1983年，第135页。

中塑造得最成功的女性形象，会成为德国人民家喻户晓的“女英雄”，两百多年来一直活在大小舞台上（包括市集上的民间木偶戏舞台），活在人们的心里。不，不只在德国，咱们中国同样有无数玛格莉特的同情者和倾慕者，比如诗人郭沫若和翻译家傅雷。①

与诗剧的另外两位主人公浮士德和靡非斯托相比，格利琴有一个显著的不同，也就是她完全生活在狭隘的“小世界”里，是个纯现实的人物。而且，作为一个涉世不深的少女，她从外表到内心都异常地明净、单纯，仿佛让人一眼便能看透。通过天才诗人细致入微的描绘、刻画，她便实实在在地站在我们面前。她便是她，那个在18世纪的德国受苦受难地生活着的市民少女。在她身上，我们没法像在浮士德和靡非斯托身上那样，发现过多的象征意义和深刻哲理，分出过多的层次。她是所谓的“这一个”，就是“这一个”，只是“这一个”。然而也正因此，她在诗剧中虽然只是“一幕”的主角，却给人留下了异常突出的、难以磨灭的印象。也正因此，她便成了那一类在封建压迫下为爱情牺牲、殉难的年轻女性的典型。这意味着，格利琴这个形象尽管单纯，她的典型意义和审美价值仍然异常巨大。

关于格利琴，我们还得说说她在诗剧中两次非现实的出现。

第一次她戴着铁链脚镣，面色苍白地、艰难地行走在瓦普几斯之夜群魔乱舞的布罗肯峰上。这虽然多半只是对她问心有愧和牵肠挂肚的恋人浮士德的幻觉，却颇具象征意义，使得她那在黑暗势力包围压迫下受苦受难的女性形象更为鲜明、更加突出。

① 在《三叶集》中，记录有年轻的郭沫若和田汉痛哭流涕地诵读“格利琴悲剧”的详情。傅雷用以称呼夫人朱梅馥的昵称，就是格利琴的大名玛格莉特。

第二次，也是更加重要的一次，格利琴出现在全剧结束时的天堂中，成了带领浮士德的灵魂飞向光明圣母的赎罪女子，成了引导“我们”向上的“永恒的女性”的代表。这里所谓的“我们”，是否意味着人类？这关于“永恒的女性”的思想，是否表现了歌德乐观、向上的人生观和世界观，表现了他对女性的崇拜？诸如此类的问题，都值得我们细加探讨。特别是这个结尾，它不只加大了全剧的“寓言意义”和“神秘意义”，仅就格利琴的形象塑造而言，作用也非同小可。在此，歌德转而采取浪漫主义和象征性的手法，将单纯、善良提高为了圣洁、仁爱，使受苦的女子格利琴变成为美丽而伟大的女性化身。在这个意义上，纵观她在全剧中的地位和作用，格利琴这个形象又可以说并不单纯。

与生活在“小世界”里的市民少女格利琴形成鲜明对比的，是诗剧《浮士德》中的另一个女性形象海伦。她在第二部的第一幕已经出现，只不过当时还只是由一团烟雾幻化出的虚无缥缈的影子，一经浮士德触摸便烟消云散。

可到了第三幕，她却已变成可以与浮士德结合并养育儿子的“实体”，成了这一幕的女主角。人们常常干脆称这一幕为“海伦的悲剧”。

众所周知，海伦原本是希腊神话中的一个无与伦比的美女，是天神宙斯变作天鹅与斯巴达王后丽达交媾所生的女儿。公元前八九世纪由盲诗人荷马记录整理而流传千古的史诗《伊利亚特》，讲的就是由她之被劫而引发的希腊人与特洛伊人之间争战十年的故事。简言之，海伦原本是一个产生于三千多年前的神话传说中的虚拟形象。不过，作为倾国倾城的美女代表，海伦在西方世界可谓家喻户晓、老少皆知，在随后的漫长岁月中又成了无数文艺作品描绘的对象，成了人们心目中女性美的理想化身。

冯至先生写过一篇内容丰富深刻的《海伦娜悲剧分析》，其中谈到了海伦的形象在16世纪以后的演变和歌德对她的理解及处理：

……在16世纪最早记载浮士德传说的民间故事书(1587)里，在英国剧作家马娄的《浮士德博士的悲剧》(1592—1593)里，在17、18世纪流传下来的私人日记和上演浮士德戏剧的说明书里，在歌德童年时看到的浮士德傀儡戏里，海伦娜都作为妖媚迷人的女子出现。这是可以理解的，根据中世纪基督教的观点，像古希腊传说中海伦娜那样的女人，迷惑过不少英雄人物，酿成持续十年之久的特洛伊战争，自然要被看作是打扮成美女的妖魔。为了满足浮士德官能享乐的需要，魔鬼靡非斯托非勒斯使海伦娜来到浮士德的书斋，与浮士德结婚，而且大都在浮士德"罪孽"深重、灵魂即将被魔鬼攫走的前夕。歌德在早年本来也打算把海伦娜写成一个淫荡的妇女，作为第一部天真纯朴、惨死狱中的葛泪欣（格利琴）的对立面。后来歌德在1786年去意大利旅行，亲眼看到古代的文物，并在艺术史家温克曼的影响下，对希腊罗马的古典艺术产生了热烈的爱好和崇敬。这种爱好和崇敬成为歌德与席勒交往时期(1794—1805)即德国文学古典时期的特点之一。海伦娜在歌德的计划里发生了根本性的变化，她再也不是浮士德传说中的荡妇，而是美的化身。①

① 引自《冯至学术精华录》，北京师范学院出版社，1988年，第333页。

在歌德的伟大诗剧里，海伦既不再是希腊神话里那个神人共生的绝代美女，也不再是中世纪基督教眼中的淫荡妖妇，而确乎成了“美的化身”，成了歌德以及与他同时代无数文人、学者都向往热爱的希腊罗马古典文艺的象征。这一来，海伦这个人物就带有形而上的理念性、象征性和抽象性。她不像格利琴是实实在在的“这一个”。她的形象和心性都无法具体把握，因此也无法作正面的、直接的描绘。正因为如此，天才诗人反倒显示了非凡而高超的艺术手法：他用浮士德对她的痴迷追求，用宫中男女对她的评头品足，用合唱队对她的热诚赞颂，用守塔人林奎斯因眩目于她的姿容而失职以至于险些丧命的情节，多层次多视角地烘托、映衬，从而表现出了她的难以言表的“美”，不但令我们获得十分强烈的“美”的感受，甚至也被“美”所倾倒和震惊。

尽管如此，诗剧中海伦的形象仍然是缥缥缈缈，难于把握，因为她实在只是一种象征，只代表一种理念，而非现实中的一个有血有肉的人物。浮士德与她的结合，只象征地表现出歌德等处于黑暗、丑陋现实中的德国文人对于美好往昔的追怀和梦想罢了。因此也就毫不奇怪，歌德在“海伦的悲剧”这两幕单独印行时曾加上一个副标题：《古典的—— 浪漫的梦幻剧，〈浮士德〉插曲》。①

不过，海伦的形象尽管具有理念性、梦幻性和虚无缥缈的特点，我们还是不能决然地将她划入诗剧的虚拟人物中，如地灵、群母、人造人霍蒙苦鲁斯以及彭涅渥斯河和布罗肯山上众多的妖魔精怪一类。因为她毕竟是人，毕竟有人的思想、感情，有人的快乐、苦恼和不幸；虽然她不是“这一个”，而是一种类型的化身，她的形象和

① 详见《冯至学术精华录》，北京师范学院出版社，1988 年，第 336 页。

思想情感都具更大的代表性，因而也不易把握。歌德的挚友席勒给了她一个可谓贴切的定性，称她是“一切陷入迷惘的美的形象的象征”。①

席勒所用“形象”（Gestalt）这个词意即人物，他所谓的“美丽的形象”实际上指的就是美丽的女性。在西方，女性也称作“美的性”或“美的族类”（das schoene Geschlecht），因为在以男性为中心的社会看来，似乎她们的特点、价值和力量通通都在于她们形象和容貌的美。至于她们中的佼佼者，那些个天生丽质的绝色美人，就不但受到人们的倾慕和崇拜，而且成为男性们追逐和争夺的对象，从而酿成许许多多的悲剧和不幸。这些不幸小如格利琴的家破人亡，大至国与国的争战和城邦的覆灭，常常都归罪于无辜者，即处在受支配地位的女性身上。尤其是那些被认为具有倾国倾城美色的女人，那些个所谓的“红颜祸水”，像是受着宿命支配似的，更是逃不脱做替罪羊的不幸结局。

在《荷马史诗》中，绝色美女海伦就被写成了特洛伊战争的直接起因，写成了导致无数英雄——强有力的男性丧生的大不幸的肇始者。自那以后，千百年来人们头脑中和文艺作品里就思考一个问题：美到底是好还是坏，是善还是恶，是幸还是不幸？歌德的《浮士德》也探讨了这个问题。他一方面让基督教的魔鬼靡非斯托、让丑的化身福奇亚斯对海伦大加贬抑，说什么美与德行不能携手同行，美与幸福不能长期并存等；另一方面，又让合唱队对海伦大加赞颂，并以海伦赦免守塔人、对儿子满怀慈爱等的仁德表现，实际上驳斥

① 见席勒1800年9月13日致歌德的信，引自汉堡版《歌德选集》，第3卷，第430页。

了魔鬼对于美女海伦的贬抑，给了美是善是恶的问题一个肯定的回答。

然而，美到底是幸还是不幸呢？

对这个问题，歌德在《浮士德》中的回答却是否定的，所以才有了“海伦的悲剧”也即“美的悲剧”或曰“寻美的悲剧”。

这儿的美当然特指女性的美。这儿的悲剧，如前所述应该讲主要由男性为中心的社会造成，但是作为它主角的女性也不能说全然没有责任。不过，责任并非在女性天生的丽质本身，而在于她们常常对自己的美，对这美的价值、力量和带给她们的命运缺少自觉的认识，从而“陷入了迷惘”，丧失了独立行动和掌握自己命运的能力。魔鬼所谓美与幸福不能长期共存，以及我们俗话说的“红颜女子多薄命”，都不过表明因为这种美而陷入迷惘的女性大量存在；《浮士德》中的海伦，正是她们的象征或者说典型。

可不是吗？海伦的“迷惘”在剧中表现得非常充分：她身为替罪羊而不觉无辜，她身为冯至老师所谓“无罪之罪的承担者”而自认有罪；面对着跪在跟前请求惩罚的守塔人，她只是自叹受命运摆布，因此一而再再而三地引起了男人们的纷争，给世界带来骚动和劫难。正是利用她这种负罪心理，魔鬼和丑的化身乘虚而入，使之轻信了他的谎话，任随他摆布，和浮士德一起再次主演了一出“美的悲剧”。天才诗人歌德对于海伦这个艺术形象塑造的独到之处，在于摒弃了对其姿容的直接描绘，着力于深刻地揭示她的内心。席勒则画龙点睛地将她的内心特征归结为“迷惘”两个字。从她特有的内心和精神倾向来看，《浮士德》中的海伦确实可算古今中外一切因为美而遭致不幸和诟病却缺少自觉和应付能力的女性的象征，确实可算这一类女性的典型代表。

再进一步，我们甚至不妨说海伦还象征和代表着整个女性；因为作为“美的性”或“美的族类”，她们在以男性为中心的社会中，在真正争得平等和解放以前，所承担的命运和所具有的心理状态，只是表现形式和程度上的大同小异而已。

与诗剧最重要的主人公浮士德和靡非斯托一样，瓦格纳、格利琴和海伦三个人物所包含的意义也是复杂和多层次的。同样“横看成岭侧成峰”，虽然他们只出现于诗剧的局部，只起着帮助浮士德经历其全人生、完成他一次次的追求的配角作用，但他们分属不同的类型，歌德塑造他们的手法也各不相同，都表现了大诗人的高超手腕和匠心。在德语文学乃至整个世界文学的人物谱中，这几个人物都同样会占据一席之地，因为他们确实是富有代表性和典型意义的艺术形象。

在《浮士德》里，还有一些比瓦格纳等更加次要和出现得更少的人物，如瓦格纳的学生和格利琴的邻妇玛尔塔等。歌德对他们着笔很少，却仍刻画得入木三分。拿玛尔塔来说吧，这个庸俗、虚伪、愚蠢的小市民妇女，她绝妙地反衬出格利琴的善良、纯朴、真诚，有着不可忽视和不可取代的作用。此外诗剧里还有一些神秘的形象，一些象征性的、虚拟的形象，如像地灵、群母和人造人霍蒙苦鲁斯等，它们的意义更为研究者们长期争论而莫衷一是，更丰富和加深了诗剧作为一部“奇书”和杰作不可缺少的“寓言意义”和“神秘意义”。

我们不愿把《浮士德》的“细部”即人物的观察搞得太琐碎和玄虚，对过分神秘和不太重要的人物只好暂存不论。但在紧接着分析《浮士德》的哲学内涵的篇章中，我们却仍不免与他们再相遇。

宇宙和人生　预言和寓言

——试析《浮士德》的哲学内涵（上）

恩格斯在《英国状况》一文中指出，只有熟悉德国民族发展的另一个方面即哲学方面的人，才能真正理解诗人歌德的伟大，并且说："歌德只是直接地——在那种意义上当然是'预言式地'——陈述的事物，在德国现代哲学中都得了发展和论证。"①

恩格斯的这段话明白地告诉我们，歌德不只是伟大的诗人和作家，也是伟大的思想家和哲人，只不过他陈述事物的方式并非一般哲学家通常使用的逻辑推理和思辨，而用了文学家的形象思维，仰仗的是作品中的艺术形象和情节，也即恩格斯所谓"直接地""预言式地"罢了。

反过来，我们甚至也不妨讲，歌德正因为是伟大的哲人和伟大的思想家，才成为真正伟大的诗人和作家，才成为世界文学史上光

① 见《马克思恩格斯全集》，第一卷第652页。

照古今的巨星。纵观德国文学乃至世界文学的全部历史，能像歌德似的称得上伟大思想家的确乎没有几人。

对诗人歌德作如是观，我们自然地会想起他的《浮士德》，想起这部凝结着他毕生心血和智慧的代表作。不，岂止想起。应该讲歌德之为歌德，歌德之称得上伟大的哲人和思想家，正是因为他写成了《浮士德》这部旷世不朽的巨著。

歌德没有写过任何专门的哲学著作，更未试图建立自己的体系，对此他甚至可以说抱有反感；然而，在《浮士德》中，他却探讨和回答了德国古典哲学所涉及的种种问题。正是丰富而深刻的哲学内涵，构成了《浮士德》宽大厚实的思想意义基础，叫人说不完道不尽。也就难怪，黑格尔干脆称它为一部“绝对哲学悲剧”。①

我们呢，为了加深对《浮士德》的认识和理解，就非常有必要从哲学的角度分析分析这部杰作，有必要揭示出隐藏在它变幻莫测的场面情节和多姿多彩的人物形象背后的哲学意义。

一

“全部哲学，特别是近代哲学的重大的基本问题，是思维和存在的关系问题。”②在诗剧《浮士德》中，歌德对这个问题做了形象生动且直截了当的回答。

在全剧开始即《天堂里的序幕》里，诗人便对大自然唱了一曲庄严的颂歌：“宇宙恢宏无际，世界光明灿烂，日月星辰、风雨雷

---

① 见黑格尔《美学》，第 3 卷下册第 310 页。
② 见《马克思恩格斯选集》，第 4 卷第 219 页。

霆、海洋潮汐，各自按照永恒的轨道和法则而运动，而存在。”这样一个壮丽无比的宇宙和自然界，尽管对于天使和魔鬼都“神秘莫能明”，但确定无疑的已是一个实体，一个物质存在。余下的问题仅仅是“开辟”宇宙的造化之力究竟存在于何处，世界的本原究竟是什么：是精神和意识呢，还是物质？是造物主上帝呢，还是永远运动变化着的自然本身？

对这个问题，诗剧主人公老博士浮士德也苦苦思索，力求解答。在第一部的《书斋》一场，他冥思苦想，重新翻译《圣经》中的《约翰福音》，刚翻第一句便犯了嘀咕：

我写上了：“泰初有言！”
笔已停住，没法继续向前。
对“言”字不可估计过高，
我得将别的翻译方式寻找，
如果我真得到神灵的启示。
我又写上：“泰初有意！”
仔细考虑好这第一行，
下笔绝不能过分匆忙！
难道万物能创化于“意”？
看来该译作：“泰初有力！”
然而就在我写下“力”字，
已有什么提醒我欠合适。
神助我也！心中豁然开朗，

“泰初有为!”我欣然写上。①

浮士德老博士哪里是在做“翻译”!他完全是在独立思考,力求索解宇宙形成之初造化天地万物的本原究竟是什么问题。在《圣经·新约》的希伯来原文中,“泰初有道”的道字为Logos,按照基督教教义可解释为“神的理性”“创世的原则”和“上帝的肉身”即耶稣;马丁·路德把Logos译作das Wort(言),浮士德一开始也用了同一译法;中文通行本的《圣经》则将Logos译成了道。可是,无论怎么译,浮士德否认“泰初有Logos”,等于否定了它是造化天地万物的本原,否定了基督教关于上帝是造物主的说法。因为《约翰福音》明明白白写道:“泰初有道(Logos),道与上帝同在,道就是上帝。这道泰初与上帝同在。万物是藉着他造的。凡被造的,没有一样不是借着他造的……”②

浮士德不仅以否定“泰初有道”否定了上帝造物的说法,而且也不认为能造化天地万物的是属于精神范畴的“意”和难于界定和捉摸的“力”,他的最后结论叫作“为”。“为”的德文原文为die Tat。这个词于人可以理解为行动、行为和实践;于生物可理解为生存或进化;于自然界包括社会可理解为运动和发展等。对于宇宙万物之形成、产生,这个“为”字在浮士德看来再重要不过。由此,便宣示了一种无神论的、强调自然界本身的运动、进化、发展的宇宙观。

可是,在万物伊始的泰初,任何进化、发展仍然必须有个基础,

---

① 见杨武能译《浮士德》,安徽文艺出版社,1998年,第63页。
② 《圣经·新约全书》,香港圣经公会,1983年,第125页。

有个依托；任何生物和非生物仍然必需有个本原。这本原是基督教所谓上帝的意志吗？是唯心哲学的精神或意识吗？是老庄哲学的“无”或“空”吗？这个问题，我们在诗剧第二部第二幕的《爱琴海的岩湾》一场，得到了明确的解答。

瓦格纳造的小人霍蒙苦鲁斯为了追求生命的实体，同时引导浮士德寻找古希腊美女海伦，在途中邂逅了两位古希腊的自然哲学家阿那克萨果拉斯和泰勒斯。他俩对宇宙的成因和万物的本原问题争论了两千年，一个坚持火成论，一个坚持水成论。在《浮士德》中，水成论者泰勒斯取得了最后的胜利。只听他无比兴奋地唱道：

万岁！万岁！万万岁！
美和真渗透我的全身，
我感觉无限快慰——
万物都起源于水！
万物都靠水维系！
海洋，请永远统治！
你如不使云雾翻滚，
你如不使溪水丰盈，
你如不让河流延伸，
你如不让大江奔腾，
山野田原会是啥情形？
是你啊，使生命之树常青。

回　声　（四周一同应和）

是你啊，孕育新鲜的生命！①

水是万物之源，一切都生成于水。姑勿论这个答案是否完全符合科学的真理，但它肯定了世界本原的物质性。从这一点讲，这个答案就是正确的、唯物主义的。

关于宇宙和生命的成因、思维与存在的关系、精神与物质的关系等自然哲学方面的问题，在诗剧《浮士德》中还有另外一些艺术形象和情节，从不同的角度做了陈述和阐明。例如在第一部刚开始的《夜》一场，老博士浮士德怀着对“无限的自然”，对这“一切生命的源泉”“天地之根本”的热切渴慕，用符箓召唤来了地灵。可当这硕大无朋、面目可怖的、自然的实体存在面前时，久居书斋的老博士却退缩了，战栗了，渺小得如同一条蛆虫。此时，地灵在嘲笑浮士德之余，兀自唱起了对于永远运动、永远新鲜、永远生生不息的大自然的颂歌：

生命的狂潮，
行动的激浪，
我上下沉浮，
我来而复往！
生生又死死，
永恒的海洋，
经纬相交织，
火热的生长，

① 引自《圣经·新约全书》，香港圣经公会，1983年，第125页。

傍着时光飞转的纺车，

我织造神性生之云裳。①

地灵现形的情节和这一曲颂歌，也“预言式地”或者说寓言式地表明了一种带有唯物主义和进化论倾向的自然哲学和宇宙观。在这种宇宙观中，至关重要的基本概念是“无限的自然”“生命的源泉”“天地之根本”“生命的狂潮”“生生复死死”“行动的风暴”“时间的机杼”，等等；反之，却没有“精神”“意识”“理性”之类非自然实际存在的地位。

再如瓦格纳关在书斋内凭智慧和人工造出的小人儿霍蒙苦鲁斯，他由于只是一个精神产物，所以就只能待在玻璃瓶里与世隔绝，必须去寻找生命的实体，然后才可变成真正的人。为此，他接受前文说过的水成论自然哲学家泰勒斯和善变的海神普洛丢斯的指点、引导，在撞碎玻璃瓶后变成火苗儿融汇进“生命之源”—— 大海，接受爱神的化育，并且经历“千万种形式的变化”直到成人。这些情节，于揭示《浮士德》包含的宇宙观和自然哲学同样十分重要。对此，冯至老师早在 20 世纪 40 年代就做过详细而精辟的论述，有兴趣的读者不妨找来细细阅读。②

诗剧《浮士德》所表现的上述带有唯物主义和进化论倾向的宇宙观，无疑就是诗人歌德自身的自然哲学思想的反映。他青年时代深受荷兰哲学家斯宾诺莎和德国哲学家哈曼、赫尔德的影响，成了一个泛神论者和自然神论者，在诗歌和小说《少年维特的烦恼》中

---

① 见杨武能译《浮士德》，安徽文艺出版社，1998 年，第 499 页。

② 见冯至：《论歌德》，上海文艺出版社，1986 年；冯至：《冯至学术精华录》，北京师范学院出版社，1988 年。

都对“无限的自然”做过近乎狂热的颂赞。还有，在《浮士德》第一部的《玛尔特的花园》一场里，那段主人公谈宗教、信仰和上帝的话，也把歌德的泛神论倾向表现得十分明显。而之后歌德的宗教观在其生活经历过程中又逐渐有成为无神论的倾向。歌德于二十六岁到魏玛，通过主持公国的矿务而接触到地质学，进而逐渐对自然科学的研究产生了浓厚兴趣。他长年亲手采集矿物和动植物标本，一次一次地做颜色学和光学实验。他提出的生物蜕变论（die Lehre der Metamorphose），使他成了达尔文之前的进化论先驱。因此，也就难怪《浮士德》有那样的自然哲学观，也就难怪恩格斯在《英国现状》中强调歌德的哲人一面时，要直呼他为“无神论者”。

二

除去自然哲学和宇宙观，《浮士德》对哲学的认识论和人生观问题同样地，不，应该说是更加着重和更加深入地进行了探讨。

这部悲剧篇幅巨大，内容庞杂，头绪纷繁，幻想、现实、神话、历史交结在一起，主人公在魔鬼靡非斯托帮助下时而上天，时而入地，故事情节可谓光怪陆离，场面变化叫人眼花缭乱，目不暇接，思想含义似乎难于捉摸。其实呢，有一条贯穿全剧的红线，抓住它即可提纲挈领。这就是主人公浮士德对宇宙奥秘和人生意义的探索，对真理的追求。他的探索和追求能不能成功？宇宙是可知还是不可知？人生有没有意义？诗剧的主要矛盾冲突，就是围绕着这些认识论和人生观的哲学问题展开的。

开宗明义，还在《天堂里的序幕》里，这些问题便直接、干脆地提了出来：自称“否定的精灵”的魔鬼作为不可知论和虚无主义的代言者，他一出场就认定理性对于人只不过是“天光的虚影”，全然没有用处，反而会使人更加愚蠢和痛苦，人还是浑浑噩噩地活着为好。天主则完全相反，认为“人在追求时难免迷误”，但“即使盲目冲动仍会意识到该走的正路”，只要借助“绵延不绝的思维”，就可以把缥缈摇摆的现象世界把握住。于是，就这个带根本性的认识论方面的分歧，魔鬼和天主打了赌；而诗剧主人公便作为人类的一个代表或者典型，充当了他们赌赛的验证工具和实施对象。

紧接着，魔鬼便上门找浮士德博士，诱使他和自己签约。我们不必在此重述这份独特的契约的众所周知的内容，只想讲它又是一次赌赛，而且跟上一次赌赛紧密相关。不过它的内容更加具体，性质已演变为了对人生观的追寻：浮士德相信自己永远不会满足于人世间的享受而放弃追求、无所作为、苟且偷安，哪怕只是短暂的一瞬；魔鬼怀着对人类根深蒂固的轻蔑和怀疑，认为人之所求不过声色犬马、荣华权势而已，浮士德这个他心目中狂妄的傻瓜同样不会例外，因此毫不怀疑老博士最终会说出“你真美啊，请停一停！”这句话，沦为他的奴隶。也就是说他们赌的是，一个积极有为、永远追求、自强不息的人生观与一个消极混世、耽于享乐、得过且过的人生观，到底孰对孰错、孰优孰劣。

就剧情而言，第一次赌赛的结果取决于第二次赌赛的胜负；就思想意义而言，诗剧可以说是将哲学中的认识论和人生观这两个问题的探讨，紧密结合在了一起。这是因为，主人公浮士德是一个知识分子，是一个哲人；他的“有为”，他的人生意义和价值，本身就在于认识宇宙和人生，就在于追求真理。

浮士德的人生观是积极的、向上的，他信奉的是有为哲学。他作为一个人的可贵之处，他之所以被天主称作“好人”、被魔鬼视为

“傻瓜”，就在于他把自己这种人生哲学坚持始终，推向极致。

不是吗，诗剧一开始歌德就借魔鬼之口，说出他是一个“野心勃勃”“好高骛远”“妄想摘取天上最美丽的星辰”的不知足的家伙。紧接着，他在重译《圣经》时竟然亵渎神圣，离经叛道，以“为”字代替与上帝同义的 Logos“道”字，表明他把行动、行为看得高于一切。在经历了半生的追求、四幕悲剧之后，他仍不满足，仍不灰心，仍梦想着“要在地球上大干一番，完成惊天动地的业绩”，并坚持认为：“名声毫无价值，事业重于一切!”经历了一世奋斗和追求，受尽了痛苦磨难，浮士德了解了人生，认识了“小世界”和“大世界”，认识了自然和宇宙，终于得出“智慧的最后结论”，那就是“只有每天去争取自由和生存的人，才配享受自由和生存”。

剧终，年已百岁的主人公在为群众造福的事业中找到了人生的意义，情不自禁地对眼前的一瞬说出了：“你真美啊，请停一停!”这句决定命运的话。但是，他的灵魂并未如当初约定的那样让魔鬼掳去，而是被天使拯救上了天堂。在天使们的合唱中，我们知道了浮士德获救的原因：

我们能将他搭救，
他永远奋发向上。

浮士德得救了，胜利了！诗剧的这一结尾，明白无误地对上述的两个重大哲学问题做出了回答。这个回答，同时也是对诗剧开始时魔鬼与天主的赌赛做了裁判，其结果是否定理性、蔑视人类和人生的魔鬼 —— 不可知论和虚无主义的化身 —— 输了，而肯定人类对真理的追求、相信“神之子”—— 人一定能创造自己的幸福的上帝获得了胜利。

总而言之，诗剧《浮士德》宣示的是一种源于对人类存在的肯定，源于积极乐观的、本体论的有为哲学。

这样一种本体论的人生哲学，在歌德身上可以说根深蒂固、由来已久，贯穿于他一生的思想、行动和创作。例如他青年时代的《神性》和《普罗米修斯》等作品，就把这样的哲学思想表现得充分、强烈而震撼人心。人和积极有为的人生，在这些早期的作品中便受到了狂热的讴歌和赞颂。

三

在诗剧《浮士德》里，还丰富而深刻地蕴含着分析和认识事物的辩证思维，尽管它们不是借助抽象的概念和逻辑思辨阐释出来，而是运用艺术形象和情节“象征地”“寓意地”进行表现。之所以能如此，恐怕与德国古典哲学高度发展的辩证法有关。康德以他的“星云假说”，把运动、变化、发展的观点引进了自然界；黑格尔以“凡是现实的都是合理的，凡是合理的都是现实的”这个命题，把辩证思维运用到了人类社会。同样地，在歌德的《浮士德》里，无论人、社会还是自然，都全处于不断的运动、变化和发展中；而所有这些运动、发展和变化的原因，又都在于事物本身所固有的矛盾。

以人为例，主人公浮士德便自谓胸中存在着“两个心灵”，“一个总想和另一个分离；一个沉溺爱欲，执着尘世，另一个拼命脱离凡尘，向崇高的灵境飞升”—— 这便是他的内在矛盾。同时，他这种不断向上的“心灵”或者说“精神”，必然受着客观环境的束缚而总是不得满足，这又形成了他与外界社会的矛盾。加之“天主”鉴于人的精神易于弛靡怠惰，贪图绝对的安逸，又造出魔鬼来激发他的努力，于是在浮士德博士身边就有了一个对立面靡非斯托。

正是在上述错综复杂的内外矛盾推动下，诗剧主人公走完了漫长曲折的人生旅程，一个一个地克服矛盾、超越旧我，一次一次地战胜毁灭、获得新生，终于达到了“崇高的灵的境界”。可以认为，除去最后的光明结局尚属未来的理想以外，浮士德的生活道路确实是人类发展历史的一段缩影。可以讲，没有矛盾和通过斗争对矛盾的克服，人类和浮士德一样，都得不到发展、进步。

在诗剧《浮士德》里，辩证地看待事物的精神在靡非斯托身上体现得尤为生动、尤其深刻。他自称“否定的精灵”，明白地供认自己的本质便是一个“恶”字。但是，辩证地看，这否定和“恶”并不等于绝对的消极和坏。恩格斯曾经指出：“在黑格尔那里，恶是历史发展的动力借以表现出来的形式。这里有双重的意思，一方面，每一种新的进步都必然表现为对某一种神圣事物的亵渎，表现为对陈旧的、日渐衰亡的、但为习惯所崇奉的秩序的叛逆；另一方面，自从阶级对立产生以来，正是人的恶劣的情欲——贪欲和权势欲成了历史发展的杠杆……”①

歌德对恶的认识与黑格尔可算不谋而合、异曲同工。在《浮士德》的两位主人公浮士德和靡非斯托身上，都有恩格斯指出的恶的表现，不同之处在于程度和侧重、在于本质的差异。真正集中了恶的品性的，是靡非斯托；通过他，恶的作用和意义被充分地展现在我们面前。

魔鬼靡非斯托正是以“人的恶劣情欲”，以一般人贪恋的酒、

---

① 《马克思恩格斯选集》，第4卷第233页。

色、财、权等为诱饵，力图使浮士德上当受骗、苟且偷安、不思进取；可结果呢，反倒刺激了他不断上进，促使他一步步超越自己，认识了人生的真正意义。拿魔鬼自己的话来说，他就是那种“永远想作恶结果却总是创造了善的力量的一部分”。作为浮士德的对立面，他明显地起了相反相成的作用。没有他便没有浮士德，正如没有恶便无所谓善。他与浮士德如影随形，浮士德本人身上也有他的影子，就是那个“沉溺爱欲，执着尘世”的拖后腿的心灵。所以，在他俩身上，恶与善并非截然分开，而是彼此渗透、彼此影响。

作为恶的化身，魔鬼靡非斯托在剧中的确起到了“杠杆”的作用，积极而至关重要的作用。离了他，老学究浮士德一筹莫展，寸步难行，多半只能困死在书斋里；靠着他，浮士德才进入了“小世界”和“大世界”，完成了自己的人生使命，找到了“智慧的最后结论”，升入了“灵的境界”。

再者，魔鬼作为“恶”的化身和“否定的精灵”，也确如恩格斯说的对各个时期陈旧的、日渐衰亡的“神圣事物”进行了肆无忌惮的“亵渎”。这便是革命导师们大为称道的“靡非斯托非勒斯的辛辣的嘲笑”。

您看，他嘲笑教会的伪善，嘲笑宫廷的腐败，嘲笑大学里的迂腐教条，嘲笑浪漫派死气沉沉的诗歌……他还对资本主义社会金钱的巨大魔力和罪恶，对所谓自由贸易之与战争和海上掠夺实为“三位一体”，进行了无情的揭露和深刻的讽刺。例子真叫不胜枚举。这里仅摘取富于哲理的两个 ——

在诗剧第二部第一幕，他当着皇帝的面，把道貌岸然的大主教兼宰相大肆奚落了一番：

听这番高论，先生实在很有学问！
凡摸不着的，您便以为远在天边，
凡抓不住的，您便根本不予承认，
凡算不出的，您便否认真实确凿，
凡没称过的，您便相信分量为零，
凡非您铸的，那金币便不值分文。

在这里，靡非斯托活画出了一个主观唯心主义者的嘴脸，真正是愚蠢而顽固，可笑而又可厌！

再听他在第一部的《书斋》一幕，貌似给年轻学子答疑解惑，实则狠狠地嘲笑了名为逻辑的形而上学：

光阴似箭喽，时间真得抓紧，
想节约时间，唯有有条不紊。
亲爱的朋友，因此我劝你
首先选修逻辑学。在课堂，
你的精神将受严格的培训，
恰像穿上西班牙的长筒靴，①
一旦将来上了思维的跑道，
就不会东倒西歪，昏昏沉沉，
就不会胡跑乱跳，闯鬼迷路，
而是迈起步来更稳重、谨慎。
随后还要对你反复训练，

① 此处的西班牙皮靴是一种刑具的俗名。

养成你按部就班的习惯，
比如吃喝这种一下就成的事，
也必须来它个一！二！三！
须知思维工场如像纺织厂，
出好的产品得有能干工匠；
要脚一踩就牵动万千纱线，
梭子来而复往，急如飞燕，
棉纱悄悄流动着，流动着，
万千经纬交织只在一转眼。
哲学家随后登上讲堂，
向你证明必须这个样：
假设甲如此，乙如此，
那么丙和丁只能如此；
假如甲不存在，乙不存在，
丙和丁也就永远不会存在。
……

值得一提的是，“恶”的化身靡非斯托还经常成为一些深刻哲理的昭示者，例如马克思、恩格斯和列宁都引用过的“理论都是灰色的，生活的金树长青”这句名言，便出自他这个魔鬼之口。今天，它也常出现在我们的文章里。细想起来，这同样符合辩证法。

在伟大的诗剧《浮士德》中，的确处处闪耀着辩证思维的光辉；而靡非斯托这个形象，更是充分表现了歌德本身以及整个时代的智慧的代表。

“浮士德精神”与西方近、现代文明

——试析《浮士德》的哲学内涵（下）

从本文上篇概略、粗浅的分析可以看出，《浮士德》这部巨著蕴含的哲学思想可谓包罗万象、博大精深。这样丰富深刻的哲学内涵，当然不是从天上掉下来的，也绝非一个孤立的存在，正如天才诗人歌德和他的不朽杰作《浮士德》，也不会自动地、无因地，产生在18世纪的德意志这块贫瘠的土地上一样。起决定性作用的，应该讲还是时代的大气候和德国周围的大环境。因为，在特定的紧相依傍的地理条件下，在同样的文化历史传统中，欧洲各国联系密切、频繁，相互影响强烈、迅速，地处欧洲中心地带的德意志帝国，不但毗邻着瑞士、荷兰、英国、法国等先后领导思想潮流的国家，而且一度还把文明古国意大利包括在版图之内，因而说得上是四通八达、人文荟萃、各种思潮的流传汇聚之地。从这个着眼点看，《浮士德》就不仅仅属于德国，而是属于整个欧洲，不然，它也就不可能成为“欧洲三百年历史的总结”。《浮士德》所蕴含的哲理、所表现的精神，即所谓的“浮士德精神”，也非纯粹的德意志精神，而是整个欧洲文化和哲学传统的延续，是意大利文艺复兴以来三百年的欧洲精神的凝聚和结晶。

为了尝试着阐明这个相当宏大的论题，且容笔者也来个“摸着石头过河”，一步一步地小心前行。

一

我借以支撑自己论点的头一块“大石头”，就是《浮士德》的具体思想内容，就是作为它主要哲学内涵的世界观和人生观，即人们所津津乐道的“浮士德精神”。

“浮士德精神”为什么是块“大石头”，为什么如此重要？

如前所述，诗人歌德之所以能兼为哲人和思想家，是因为他在自己的作品里，深刻地探讨和回答了一系列有关宇宙、人生的重大哲学问题。但是仅仅指出这点，似乎还不能完全说明歌德作为思想家何以格外伟大，出类拔萃。事实上，歌德之为歌德，本是文学家的他作为思想家之特别受到世人重视和景仰，而且这种景仰历久不衰，应该说还有一个更加重要的、带决定意义的理由，就是他在其伟大的诗剧里，将自己的主要思想浓缩、凝聚成了一个闪闪发光的巨大“宝石”——“浮士德精神”。

近两个世纪以来，人们只要一提起歌德，自然会想到“浮士德精神”；一提起“浮士德精神”，自然会想到大文豪兼大思想家歌德。可以说，鲜明而突出的“浮士德精神”的创立，乃是哲人歌德的主要建树；可以说，正是因为凝聚着这种精神，《浮士德》这部诗剧才在众多同一题材的作品中脱颖而出，独树一帜，在世界文学史上占据着难以被其他作品取代的地位。

“浮士德精神”既然如此重要，它的具体内容究竟是什么呢？

这个问题，一直受到歌德研究者乃至普通读者的关注。国外对此问题的回答可谓异彩纷呈，人言人殊，我们的答案几十年来却似乎有些简单，往往仍然重复辜鸿铭老先生半个多世纪前的用语和提法，称“浮士德精神”即为“自强不息”的精神，云云。如今，无疑已有必要对它做进一步的展开和阐述。

为此，窃以为首先得走出一个误区，即不能希望对一个形而上的、复杂的人文精神取向，也跟对自然科学现象似的下个言简意赅的定义，甚或列出一个什么等于什么的简单公式来。须知，“浮士德精神”就是诗剧主人公以其一生的奋斗、失败、再奋斗所体现出来的全部人生态度和精神追求，绝非干巴巴的一则公式、一个定义、一句教条所能概括和涵盖。

“浮士德精神”，照我看具有十分丰富的、多方面的内容。小而论之，它涉及个人的立身行事、荣辱观念、理想追求；大而论之，它涉及对社会、对人类、对宇宙的认识和态度。积极乐观，奋发进取，自强不息；永远向上，永不自满自足，不断精益求精；勇于探索真理，不畏艰险，不怕牺牲，上下求索，九死不悔；热爱生活，心系大众，“敢把天下的苦乐承担”，“宏己救人”（郭沫若语）；以奋斗为乐，为拯济人类而大胆改造自然，征服自然；高瞻远瞩，永远乐观地面向未来。所有这些，不都体现在诗剧的主人公身上，不都可以称作“浮士德精神”吗？

刚刚与靡非斯托签完打赌的契约，浮士德面对这个只知道以声色犬马之娱诱惑世人的魔鬼，如此展示了自己的抱负和理想：

真正的男子汉只能是
不断活动，不断拼搏。
……
听着，这儿讲的并非什么享乐，
而是要陶醉于最痛苦的体验，
还有由爱生恨，由厌倦转活跃。
我胸中对知识的饥渴业已治愈，
不会再对任何的痛苦关闭封锁。
整个人类注定要承受的一切，
我都渴望在灵魂深处体验感觉，
用我的精神去攫取至高、至深，
在我的心上堆积全人类的苦乐，
把我的自我扩展为人类的自我，
哪怕最后也同样失败、沦落。

老博士的这段自白，应该讲就是何谓“浮士德精神”的权威解释。

他这样的精神，在《浮士德》产生的年代，在欧洲的启蒙运动时期，在新兴资产阶级登上历史舞台并逐渐成为主角的 17、18 世纪，正体现着一种新的文化精神，一种新的人生态度，一种不断拼搏、进取，永远追求“至高、至深”，在“把我的自我扩展为人类的自我”的道路上无所畏惧的积极进步的人生观和世界观。

阐明了“浮士德精神”是什么以后，有必要明确地指出，这新的文化精神和新的人生态度，这种新的、进步积极的人生观和世界观，正如本篇一开始说《浮士德》不是一个偶然产生的、孤立的存在一样，也并非无源之水，无本之木，而是一棵有着三百年树龄的参天大树。这棵树深深地扎根在欧洲的历史里，扎根在它的文化传统中，只是在歌德的笔下，在诗剧《浮士德》里，它变得来特别的枝繁叶茂，高大挺拔罢了。它本是文艺复兴以后逐渐成长、壮大起来的欧洲新兴资产阶级所具有的精神，本是随着资产阶级的成长、壮大而提高和弘扬了的人文主义和启蒙运动精神，也即迄于19世纪初叶整个新兴资产阶级的积极人生态度和先进世界观。这种人生态度和世界观，在歌德的《浮士德》中，只是“预言式”地、集中地、鲜明突出地，体现和汇集在了诗剧的主人公身上罢了。

具体讲，意大利文艺复兴时期的人文主义肯定人生，确立了人对于神独立不羁的地位和价值，尊重自然和自然的人性，承认了人的欲望——包括对艺术美和异性美的喜好、追求——的正当合理性，使人性获得了解放。

歌德的浮士德则更进一大步。他不只肯定人生，而是要体验、感受、享有人生的方方面面，他说“整个人类注定要承受的一切，/我都渴望在灵魂深处体验感觉”，甚至包括人生的痛苦，而且永远不知餍足。在神的面前岂止独立不羁，他甚至像歌德的颂歌《普罗米修斯》的主人公一样敢于藐视神，与神平起平坐，甚而至于亵渎神，不但肆意篡改《圣经》，而且与魔鬼结盟。他不但拼命追求美，而且从往昔和彼岸招来美的化身海伦，与她结婚生子。在他身上，我们看见的不只是人性的解放，而是人性的极度张扬，人身上各种潜能的充分发挥。他不只是尊重自然，亲近自然，而且勇敢地投身于自然的改造。更加难能可贵的是，他身上显示出的资产阶级人道主义精神已开始升华，企图扩展一己的小我为全人类的大我，以实现从追求个人的自我完成到为大众造福……

法国、英国的启蒙思潮视理性高于一切，尊重知识，主张返归自然，倡言自由、平等、博爱，同时却贬抑人的情感。

浮士德呢不只博学深思，而且是个富有批判精神的思想者，所以能摆脱书本教条的束缚，冲破中世纪僵死的知识的迷雾，为认识人生的真谛而断然逃出牢笼似的书斋，投身现实生活，全身心地去“小世界”和“大世界”中闯荡、体验，经历了人间的种种失败和成功，亲身感受了人类的喜怒哀乐，并以围海造田的宏大工程“为千万人开拓疆土”，身体力行地努力实现着自由、平等、博爱的理想，最后终于在临死前获得了“智慧的最后结论”。

人们不厌其烦地说，《浮士德》是“欧洲自文艺复兴以来三百年历史的总结”，但却难以具体阐明“浮士德精神”的内涵，并理清它的文化历史渊源，指出它乃是“总结”的核心内容——这不能不讲是我们过去对《浮士德》研究和理解的一个缺陷。

同样，如果我们只重视对过去的“总结”，只注意挖掘“浮士德精神”的文化历史根源，而忽视了它在后世的承袭、对未来的影响，也有失偏颇。须知，回顾、总结固然重要，前瞻却更加具有现实意义。事实上，前述那种体现在“浮士德精神”里的资产阶级世界观和人生观，在后世不但得到了继承、发展，而且影响既大又广。是的，“浮士德精神”直到今天仍然活着，特别是在资本主义的西方世界，但又不局限于西方的资本主义世界。可以讲，整个西方现代文明，都或多或少、或直接或间接、或正面或反面，受到了它的渗透和侵袭。须知，“浮士德精神”在歌德时代作为一种新的文化精神和新的人生态度，原本就具有强大而持久的生命力，原本就是面向着未来的。它不但曾是文艺复兴以后逐渐成长、壮大起来的欧洲新兴资产阶级赖以安身立命的精神支柱，正是依靠着它，资产阶级才能战胜消极保守、代表着业已过时的世界观的封建势力，建立起自己的经济和政治统治，创造出了《共产党宣言》中列举的种种人间奇迹；而且，“浮士德精神”还代表随后欧洲文明的发展方向，因而也影响着后来的整个西方资本主义世界。所以，它长久地得到西方世界人们的认同，以至被誉为“世俗的《圣经》”。

似乎可以断言：在地球上资产阶级和资本主义制度彻底消亡以前，“浮士德精神”便不会泯灭。甚至在那以后，它也未必完全会消失。因为，“浮士德精神”的某些组成部分原本具有普遍的、永恒的价值，如自强不息的积极人生态度，就并非资产阶级所专有；“宏己救人”①的理想，更已超出资产阶级世界观的范畴，人人都可以和应该努力学习和发扬。而后面这点，正是革命导师马克思、列宁也特别喜爱《浮士德》的原因，正是这部杰作在资本主义世界以外也广为流传、影响深远的原因。

二

说“浮士德精神”影响了后来的整个资本主义的西方世界，渗透到了全部的西方现代文明之中，此话听来似乎有些夸大，似乎难以自全其说。但是，只要认真仔细地做一番考虑、分析，它又并非不可理解。为此，我们首先必须明确：所谓影响，可以是正反两个方面的，可以是直接的和间接的；所谓渗透，则多半隐晦而曲折，必须细加清理和辨识。就这个问题，无疑可以写一部厚厚的专著。

① 郭沫若以此语概括浮士德造福大众的理想。见其《题〈浮士德〉第一部新版》。

笔者没有这样的精力和功力，只能抛砖引玉，提出一些粗浅的看法或者说甚至只是感觉；深入的探讨、论证，就留给我们还会出现的新一代歌德研究者吧。

一个半世纪以来，工业革命和政治革命成功后的西方资产阶级，他们并未“躺上软床”，而是仍然一个劲儿地创造财富，积累财富，没有一天停止，没有一刻餍足。他们并且不断改进创造财富的手段，革新技术，优化管理，进行科学实验和发明创造。他们进而征服自然，改造自然，不但使地球的面貌日新月异，而且开始探索和开发宇宙，比起浮士德的上天入地、围海造田来，实在尤有过之。他们无止境地追求生活的享受，可谓竭尽舒适、豪华、奢靡之能事，浮士德博士的那些享受——不管是金钱、权力和美色的拥有，还是事业的成功——与他们相比真是小巫见大巫。《浮士德》中那些看似神奇的事物，例如魔女“巫厨”中能窥见裸体美女的“宝镜”和使人恢复青春的汤药之类，在他们老早已变成生活中的现实和掌中的玩物……

所有这些列举的人间奇迹，当然有其产生的经济基础、物质技术条件和社会前提，但是，就上层建筑而言，上述以“浮士德精神”为代表的永远积极进取的人生态度，不是仍然对其产生起了举足轻重的作用么？何况，经济基础和物质技术条件乃至制度前提，也同样是人的创造，同样是某种人生态度的产物。

当然，随着时间的推移，欧洲资产阶级和资本主义的发展，“浮士德精神”的影响和作用发生了变化。有意无意地，它某些部分被夸大和绝对化了，某些部分被忽视、阉割或者曲解，以致产生出消极和反面的影响。到了 19、20 世纪之交，随着资本主义发展进入晚期，以我为中心、自视为超人、利己唯我、声色犬马、纵欲无度、贪得无厌、为达到目的不择手段、殖民掠夺、无度地利用自然资源、破坏生态环境——这些资本主义社会的弊病和资产阶级的恶行，也同样隐隐约约地投影出被夸大、扭曲和滥用了的“浮士德精神”来。

这种现象，不只可以用“真理跨前一步即成为谬误”进行解释，而且也反映出资产阶级世界观本身所固有的矛盾和缺陷。浮士德不是自谓“我的胸中，唉！藏着两个灵魂，一个要与另一个各奔西东”吗？“浮士德精神”也和世间的万事万物一样具有两面性，它在后世继续发挥积极作用的同时，也产生某些消极影响，应该讲并不奇怪。

对于西方近现代文明的特征和根源问题，解答很是不少。例如，德国近代著名思想家和宗教社会学的创立者马克斯·韦伯（Max Weber，1864—1920）一生研究西方近代文化和近代人的特性和产生的原因，研究西方资本主义的起源，他的答案为根本原因系所谓“资本主义精神”。在他的名著《基督教新教伦理与资本主义精神》中，他又把这“资本主义精神”本身的根源归之于基督教新教，特别是新教中的加尔文教派所奉行“前定论”（Pr. destination）教义。该教派的教徒坚信自己的尘世祸福尚在生前已被上帝决定了，他们作为被上帝挑中了注定享受其恩宠的所谓“选民”，在世上只能以努力进取，证实上帝的挑选正确，既以此荣耀上帝，同时也承受、体验上帝的恩宠。因此，资本家们的克勤克俭，兢兢业业地经商办工厂，聚敛财富、发展事业，都超越了功利的考虑，而仅仅出自于对永恒的天国之福的追求和希冀。

我们所讲的“浮士德精神”，显然与韦伯源于基督教新教教义的“资本主义精神”南辕北辙，大异其趣。请听在诗剧结尾年已百岁的浮士德面对灰衣女子“忧愁”的一番夫子自道：

我只匆匆奔走在这世上，
任何欢乐都抓紧尝一尝，
不满意的立刻将它抛弃，
抓不住的干脆将它释放。
我只顾追求，只顾实现，
然后又渴望将人生体验，
用巨大心力，先猛冲蛮干，
而今行事却明智、谨严。
对于尘世我已了如指掌，
对于彼岸我不再存希望；
只有傻瓜才会盯着云端，
以为有同类居住在上面！
强者应立住脚，放开眼，
世界对他不会默默无言。
他何须去永恒之境悠游！
凡能认识，便可把握拥有。
他该如此踏上人生旅途，
任鬼魅出没而我行我素，
于行进中寻找痛苦、幸福，
他呀，没有一瞬感到满足！

在这段概括地描绘和总结他一生行事和思想、对“浮士德精神”加了一个很好注脚的自白中，老博士明确宣示的是一种无神论的、现实而积极的人生观。他认为“只有傻瓜才会盯着云端”，“强者”应立足现世，无须寄希望于彼岸，去所谓的“永恒之境”寻求幸福。

我国当代新儒家的代表人物梁漱溟先生，在他著名的《东西文化及其哲学》里，把人类的处世态度和人生观概括为了三个类型：一是西方的，遇到问题都正视它，努力解决它，积极进取，不达目的绝不罢休；二是中国的，遇到问题不求解决，得过且过，自满知足；三是印度的，根本无视问题的存在，消极出世，唯望来生之福。

对梁漱溟大师的东西文化分类和分析定性，早有学者提出异议，它是否完全准确，是否能涵盖人类丰富多彩的文化类型，不是本文要讨论的问题。①我这儿引述此观点，就像上面提到韦伯有关“资本主义精神”和西方文化的理论一样，只是想提供一个从侧面来观察“浮士德精神”及其与西方文化的关系的参照。同时我也想说，梁漱溟先生的上述分类和分析，似乎还更加地切合以“浮士德精神”为代表的西方处世哲学和人生观的实际。

三

“浮士德精神”尽管植根滋生在西方资本主义世界的文化历史中，发育成长在其兴盛发达的近代和现代，但是它所代表的积极进取的人生态度，并非一直为西方的资产阶级所专有，而是已经成为人类共同的宝贵精神财富。例如东方的日本，在实行“明治维新”之后不久，歌德的《浮士德》已经由著名作家森鸥外译成了日文，“浮士德精神”便也在日本西化即资本主义化的过程中对其产生积极影响。

---

① 关于这个问题，可参见陈弱水：《梁漱溟与〈东西文化及其哲学〉》，以及载罗义俊编著《评新儒家》，第 302—312 页。

19世纪中叶，大清朝闭关锁国的藩篱被外国列强的坚船利炮击碎了，开始了“西学东渐”。继而以“中学为体，西学为用”为纲领的洋务运动，以革新政体为目标的戊戌变法和辛亥革命，都遭到了失败，中国的有识之士这才感到在精神领域革故鼎新的必要性和重要性。德国汉学家魏礼贤一针见血地指出，洋务运动失败的原因就在于主事者们把西方的先进科技错误地当成了“一个随随便便的没有灵魂的东西”（ein beliebiges seeleloses Gebilde）；这所谓“灵魂”，指的显然就是西方的精神，就是西方的人生态度和世界观。① 总结改良和革命失败的教训，陈独秀、胡适等在五四运动中，提出“文学革命”和“文学改良”的主张，大声疾呼“今欲革新政治，势不得不革新盘踞于运用此政治者精神界之文学”，并且将《浮士德》的作者桂特（歌德）列为了中国文化人应当努力学习的榜样。此后不久，歌德的《浮士德》便开始引起重视，对此田汉、宗白华、郭沫若的通信汇编《三叶集》（1920）是一个很好的佐证。又过了两年，张闻天在《东方杂志》连载的长篇论文《哥德的浮士德》中，更详细地对这部杰作的方方面面作了分析，高度地评价它宣扬的“活动主义”即有为哲学，并于结尾时发出一声意味深长的感叹：“唉！保守的，苟安的中国人呵！”

也就是说，在20世纪20年代的新文化运动时期，我们知识分子中的先知先觉者已开始学习“浮士德精神”，企图利用它所代表的积极进取的人生观和世界观，来革新我们失于“保守”“苟安”的精神文化传统，推进社会的进步、发展。而事实上，从此，在我们这

① 见 Richard Wilhelm：*Die chinesische Literatur*，Akademische Verlagsgesellschaft Athenauin，Wildpark-Potsdam 1930，S. 191.

个古老的国度里，“浮士德精神”也确实在不同的时期和不同的人身上，发生了或大或小的影响。例如 1932 年尽管已经是国难当头，为纪念歌德逝世一百周年，北京、上海、广州等地仍举行隆重纪念活动。在沙面的广州俱乐部，连演了两个晚上的《浮士德》诗剧片段；在观看演出的六百多人中有不少的军官和士兵，而在纪念会的请柬上，印着的正是引自《浮士德》中的著名诗句：“只有每天去争取自由与生活权利的人，才配享受自由与生活”。显然，主办者希望用这句体现着“浮士德精神”的名言，激励同胞鼓起为争取和捍卫民族自由和生存权利而战斗的勇气。①

这儿我还要提到十年前一篇刊载在《文学评论》上的长文，以作为“浮士德精神”在我国影响深远的例子。此文题目叫作《刘再复现象批判 —— 兼论中国文化思潮中的浮士德精神》，文中毫不含糊地把从五四时期的陈独秀、胡适、李大钊、鲁迅到当代的刘再复在内的一大批知识分子代表人物，称之为具有浮士德精神和性格的理想主义者。②

四

综全文所述，在《浮士德》中，歌德提出和阐明了一系列堪与同时代的大哲学家媲美的思想，在继承西欧优秀的文化哲学传统的基础上，创造性地塑立起了光照千秋的“浮士德精神”。这实在难能

① 关于《浮士德》和“浮士德精神”在我国的接受情况，还可参阅拙作《歌德与中国》。

② 作者陈彦谷、靳大成，载《文学评论》1988 年第 2 期。笔者引用此文为例只是指出“浮士德精神”在我国产生影响的历史事实，至于对文中的观点，不妨仁者见仁，智者见智。

可贵，然而同样并不偶然，是他出身于市民之家，自幼受到很好的教养和文化熏陶，享有八十三岁的高龄，饱尝人生悲欢苦乐，历经时代风云变幻，目睹科技日新月异，以及他既有天才的头脑又勤于实践、敏于思考的结果。歌德作为新兴资产阶级的精神代表，在他用毕生心血创作的《浮士德》中，为自己理想的人和人生，提供了一个富于启发性的样板。

我们高度评价《浮士德》丰富、深邃的哲学内涵，特别推崇体现在它主人公身上的积极向上的人生观和世界观——“浮士德精神”，但这并不意味着它的哲学思想完美无缺。应该看到，《浮士德》的哲学思想，它所表现的人生观和世界观，仍然属于资产阶级精神文化的范畴，其中特别是它的政治哲学，仍不可避免地存在着多方面的局限性。

例如，诗剧主人公尽管对腐败的封建朝廷并不满意，却仍然去适应它，为它效力，替它解决经济危机出谋划策，以举办化装游行满足它无聊的需求。在封建朝廷的生存受到“伪帝”的威胁时，他甚至效命疆场，打败“伪帝”，为的只是得到一块海边的封地。就在实现他的造福众生的理想时，他更多地像个富有人道主义精神的开明封建主，只是位施恩于民的仁爱贤良的统治者罢了。一句话，他那大方向积极和进步的政治哲学，还有保守、妥协的一面，明显地带着资产阶级人道主义的改良主义性质，离时代所提出的革命要求之间尚存在相当的距离。

这儿我们当然不想跨越时代，奢求诗剧认同无产阶级革命的主张和理想；而仅仅是不满于它对革命——资产阶级革命的态度冷漠。《浮士德》的政治哲学，说穿了也就是歌德的政治哲学。在实际生活中，歌德就像诗剧主人公浮士德一样，也曾效力于封建宫廷，也是个政治上的改良主义者，也对革命（指法国大革命）在行动中和思想感情上都缺少理解和热情。在他的另外一些作品如剧本《市民将军》《激动的人们》，以及《威尼斯警句》的某些篇中，歌德对暴力革命和随之而引起的社会动乱的反感表现得更加明显。

歌德政治哲学的保守性，恐怕主要源于他自己的世界观，主要由于他在自然哲学方面是个进化论者。以进化的观点看待人类社会，只相信渐变和改良，他因而厌恶暴力、混乱和革命。其次，德国资产阶级先天的软弱和缺少革命性，也是造成歌德及其《浮士德》的政治哲学局限的原因。还有，歌德一生几乎都生活在小小的魏玛，已成为魏玛宫廷中的统治阶级的一员，所受的保守乃至反动的政治影响也不容低估。考虑到如此多的不利因素，我们对歌德和《浮士德》政治哲学的上述局限，也许就不感到奇怪了。

然而，瑕不掩瑜，《浮士德》所蕴含的宇宙观和人生观，它的整体精神取向，毫无疑问是积极的、乐观的、进步的。在光芒四射的“浮士德精神”面前，包括上述政治哲学的局限在内的种种不足，可以说微乎其微。

何止“自强不息”！

——“浮士德精神”别解与反思

“自强不息”这四个字，在中国差不多已成了“浮士德精神”的同义语。一百年来，中国的歌德学者乃至文学爱好者几乎都用它，或者与它意义相近的词语和说法，诸如永不满足、奋发向上、不断进取等，来定义、诠释“浮士德精神”，尽管在不同时代和不同人的具体的解说中，可能有这样那样的侧重和差异。

众所周知，“自强不息”出自《易经》。《周易·乾》中载“象曰：‘天行健，君子以自强不息’”。还有后来的《孔子家语·五仪解》也道“笃行信道，自强不息”。也就是讲，“自强不息”一语不论是语源或是语义本身，都反映着儒家哲学精神，带有中国传统思想的醒目印记。

也就难怪，“自强不息”这四个字最早是由中国近代思想史上以保守著称的辜鸿铭老夫子，用来描述和归纳歌德的精神。在 20 世纪初由洋务派掀起的所谓自强运动中，辜鸿铭可称是一位代表人物。

他1901年所著的《张文襄幕府记闻》下卷有关于歌德的一节，不但题名叫《自强不息》，而且还明白无误地把歌德的“自强不息”精神和孔子的“仁”联系在了一起。①

1922年五四新文化运动掀起了高潮。这一年恰逢歌德逝世九十周年，并得到了在今天看来都是超乎寻常的重视和庆祝纪念。在为数不少的纪念文章中，有一篇可能是我国最早详细论述《浮士德》的长文。作者署名闻天即张闻天。他在文中指认所谓“活动主义”为“《浮士德》所包含的根本思想”，实际上推崇的同样是诗剧主人公不断进取、奋发向上的精神；但却拒绝引经据典，没有使用“自强不息”这样的成语或曰圣训。不，恰恰相反，他在文末甚至发出了深长的慨叹：“唉！保守的，苟安的中国人呵！”这不但表明，张闻天在“《浮士德》所包含的根本思想”亦即“浮士德精神”与中国传统人生哲学之间，划了一条鲜明的分界线，还告诉我们他研究和推崇《浮士德》有着十分明确的目的，就是希望用《浮士德》宣扬的“活动主义”，用不断进取和奋发向上的“浮士德精神”，来改造中国保守、苟安的国民性。也就是说，张闻天心目中的“浮士德精神”，仍然无异于我们今天所理解的“自强不息”。②

在20世纪40年代的抗日战争和解放战争中，“自强不息”一语更直接出现在郭沫若的《浮士德》译本里：“凡是自强不息者，到头我辈均能救。”③ 差不多与此同时，冯至老师也“用《易经》里的‘天行健，君子以自强不息’来概括浮士德的一生”。④ 但与把歌德与

① 参见拙作《歌德与中国》，北京三联书店，1991年，第94—96页。
② 参见张闻天《哥德的浮士德》，载1922年8、9月的《东方杂志》。
③ 见郭沫若译《浮士德》第二部，上海新文艺出版社，1952年，第358页。
④ 参见冯至《论歌德》，上海文艺出版社，1986年，第4页。

孔夫子硬拉在一起的辜鸿铭不同，郭沫若和冯至都紧密地联系眼前的现实，希望从以“自强不息”的人生态度为核心的“浮士德精神”里，寻找中华民族为争取自由和解放而斗争的力量。从此，在这两位堪称我国歌德译介和研究的杰出开拓者的影响下，只要谈到《浮士德》和“浮士德精神”，“自强不息”这个成语或与之类似说法总会出现在我们的口里和文章里。

进入改革开放新时期以后，我国《浮士德》的译介和研究工作有了长足进展，然而对“浮士德精神”的解读一仍其旧，“自强不息”这四个字，仍然作为其同义语广泛使用，方便而顺手地使用，约定俗成地使用。在已故著名翻译家董问樵教授 1987 年出版的《浮士德研究》一书中，有专章详论“浮士德精神”，虽将其内涵细分为了“永不满足现状”“不断追求真理”“重视现实与实践”等三个主要方面，认为“三者是不可分割，互相制约的”，但最终的结论仍为：“总括说来，所谓‘浮士德精神’就是不断努力进取的精神，也可以称为自强不息、精进不懈的精神。”①

也就是说，近百年来对“浮士德精神”的诠释，在中国总是与“自强不息”一词联在一起，几乎没有什么变化，差不多已成了老生常谈。

以“自强不息”和类似词语诠释和概括“浮士德精神”，自然在原著中不乏文本依据。择要列举，有歌德自己称为浮士德得救“关键”或“秘诀”② 的两行诗，Wer immer strebend sich bemüht，den

---

① 董问樵：《浮士德研究》，复旦大学出版社，1987 年，第 32—47 页。
② 艾克曼辑录、朱光潜翻译：《歌德谈话录》，人民文学出版社，1978 年，第 244 页。

können wir erlösen（我们能将他搭救，/ 他永远奋发向上）①；有浮士德与魔鬼打赌的条件，即他不能躺在软床上停止奋斗、追求，并对某一个瞬间说出那句表示满足的话，Verweile doch，du bist so schön（你真美啊，请停一停！）②；有浮士德 Nur rastlos betätigt sich der Mann（真正的男子汉只能是 / 不断活动、不断拼搏）的表白③…… 特别是还有他在被“忧愁”吹瞎眼睛前总结自己一生的大段夫子自道：

> 我只匆匆奔走在这世上，
> 任何欢乐都抓紧尝一尝，
> 不满意的立刻将它抛弃，
> 抓不住的干脆将它释放。
> 我只顾追求，只顾实现，
> 然后又渴望将人生体验，
> 用巨大心力，先猛冲蛮干，
> 而今行事却明智、谨严。
> 对于尘世我已了如指掌，
> 对于彼岸我已不存希望；
> 只有傻瓜才会盯着云端，
> 以为有同类居住在上面！
> 强者应立住脚，放开眼，
> 世界对他不会默默无言。

---

① 歌德著，杨武能译：《浮士德》，安徽文艺出版社，1998 年，第 689 页。
② 歌德著，杨武能译：《浮士德》，安徽文艺出版社，1998 年，第 87 页。
③ 歌德著，杨武能译：《浮士德》，安徽文艺出版社，1998 年，第 90 页。

他何须去永恒之境悠游！
凡能认识，便可把握拥有。
他该如此踏上人生旅途；
任鬼魅出没而我行我素，
于行进中寻找痛苦、幸福，
他呀，没有一瞬感到满足！①

如此等等，不一而足，都是以“自强不息”和类似词语概括“浮士德精神”，把“浮士德精神”诠释为一种永不知足、不断奋发和进取的人生态度的有力依据。因此上述对“浮士德精神”的诠释、概括，不是没有道理。不，甚至可以说，在中国特定的社会思想条件下，也只可能这样诠释；能这样诠释，已表明我们的前辈很了不起。

但是，尽管如此，把“自强不息”等同于“浮士德精神”的解读和诠释，由于产生于中国特定的文化、历史和社会语境中，就难免带有浓重的中国色彩和时代色彩。还有，“自强不息”真能作为“浮士德精神”的同义语吗？它和其他一些表现积极进取精神的词语和说法，真已涵盖“浮士德精神”的全部吗？

不，并非这样，尽管用“自强不息”对“浮士德精神”进行解读、诠释和归纳，凸现了它的一个重要方面，而且在一定的历史时期对推动《浮十德》在中国的接受起过促进作用，对中国国民性的改造产生过正面的影响，但却忽视了——有意或无意地忽视了——“浮士德精神”另一个同样重要的方面，在已经进入 21 世纪的今天，

① 歌德著，杨武能译：《浮士德》，安徽文艺出版社，1998 年，第 663 页。

仅以“自强不息”来概括“浮士德精神”便显得有些局限了。

为阐明这一论断，必须首先弄清一个前提，那就是：到底何为“浮士德精神”？

“浮士德精神”，窃以为首先应该分为狭义和广义。①

狭义地讲，“浮士德精神”即指诗剧主人公浮士德以其思想品格和立身行事所表现的精神，用“自强不息”一语来概括也只是差强人意而已，因为还忽略了这位性格复杂的人物另外一些同样重要的品格，诸如他的不惧神鬼，他的自视为神之化身（Ebenbild der Gottheit）的人的自尊，以及他那些如歌德在《神性》一诗中所歌颂的“高贵、善良、乐于助人”等品格，总之，忽视了一个“真正的男子”、一个“善人”和“爱人之人”的品格。这些品格，显而易见，也构成了浮士德这个形象的本质特征；归纳起来，它们即为始终一贯地、越来越强烈地表现在浮士德身上的仁爱精神和人道主义精神。如此等等，又哪里是仅仅用“自强不息”一词所能涵盖的呢？

讲浮士德身上的仁爱精神和人道主义精神，当然同样有足够充分的文本依据：

诗剧开幕不久，浮士德便用符咒召唤地灵，不怕“为此把老命赔上”，并要与蔑视自己的神灵一比高低。②接着在与弟子瓦格纳的对话中，他再次自称“神的化身”，“自以为已超越二品天使”，③充分表现了作为人的自豪和自尊。随后，他不但对侵入自己书斋的魔鬼毫

① 在这个问题上我和董问樵先生意见分歧，他只承认狭义的“浮士德精神”（见《浮士德研究》第33页）。

② 歌德著，杨武能译：《浮士德》，安徽文艺出版社，1998年，第27页。

③ 歌德著，杨武能译：《浮士德》，安徽文艺出版社，1998年，第33页。

无畏惧，还企图囚禁他，最后竟然以自己的灵魂为赌注与他签约结盟，把魔鬼变成了自己的奴仆，而目的只是 ——

> 整个人类注定要承受的一切，
> 我都渴望在灵魂深处体验感觉，
> 用我的精神去攫取至高、至深，
> 在我的心上堆积全人类的苦乐，
> 把我的自我扩展成人类的自我，
> 哪怕最后也同样地失败、沦落。①

请注意浮士德此一自白中的“整个人类”（die ganze Menschheit）这个词组，注意“把我的自我扩展成全人类的自我”这句诗 —— 它们都显示了浮士德自视为人类一分子的自我意识，显现了他那作为人道主义精神重要表现之一的人类意识。

正是因为富有这样的精神和意识，浮士德才那么“高贵、善良、乐于助人”——为了救治在瘟疫猖獗时期濒临死亡的人们，年纪轻轻的他甘冒自己也“被死神逮住”的危险，事后尽管深受他所救助过的人们的敬重、爱戴，他却因为没有真正免除民众的苦难而愧疚、自责；②他一心追求人生的意义和价值，对声色犬马之娱全然不感兴趣，只醉心于追求更高的理想，是个心性高卓的人；他对玛格莉特的爱是那样地真诚和纯洁，为自己给爱人造成了不幸而深为悔恨、痛不欲生，骂自己是“上帝厌恶的坏蛋”，“愿承担她不幸的罪责，

① 歌德著，杨武能译：《浮士德》，安徽文艺出版社，1998 年，第 91 页。
② 歌德著，杨武能译：《浮士德》，安徽文艺出版社，1998 年，第 51—53 页。

随她坠入深渊，走向毁灭”。①

也就是说在对异性的态度上，他与“恶”的化身、淫邪而没有心肝的靡非斯托截然不同，同样表现了善良和高尚的本性；他不恋俗世的荣华富贵，向往和追求高尚、纯净的美，为此而入地上天，而返回往古，这样浪漫的追求和富于寓意的情节虽然可以有很多解释，却都无疑表现了浮士德的卓尔不群和高贵。

最后，为了自己产业的完美，他派魔鬼去动员一对老夫妇迁离家园，不想却伤害了他俩和另外一个无辜者的性命；酿成这样的惨剧虽非他本意，他仍然因而受到良心谴责，以致让“忧愁”吹瞎了眼睛②。这表明他仍保持着人的良知和善良本性。年满百岁的浮士德，尽管已经双目失明，却一心想着“为千万人开拓疆土”，希望看见“在自由的土地立足的自由之民”，他临终前的大段独白所表现的，哪里仅仅是“自强不息”的精神呢?③和前面引的那节诗一样，它再次凸现和强调了诗剧主人公强烈的人类意识，凸现和强调了郭沫若所说“宏己救人”的人道主义理想。

上述这样一些品格和秉性，这样的意识和理想，这样的人道主义精神，难道不和“自强不息”一样，也是“浮士德精神”的一个重要方面么?

广义地讲，“浮士德精神”应该包括歌德通过浮士德这个人物和他的故事所表达的思想精神，亦即《浮士德》这部巨著丰富而深刻的思想内涵和精神。概括地讲，这同样主要是源于意大利文艺复兴的人本主义思想和人道主义精神。这样的思想和精神，始终一贯地

---

① 歌德著，杨武能译：《浮士德》，安徽文艺出版社，1998年，第198页。
② 歌德著，杨武能译：《浮士德》，安徽文艺出版社，1998年，第661—665页。
③ 歌德著，杨武能译：《浮士德》，安徽文艺出版社，1998年，第670—671页。

洋溢在歌德的作品中：《少年维特的烦恼》要求个性即人性的解放和全面发展；《普罗米修斯》表现人的觉醒，人对神的反抗和人的自尊；《神性》讴歌人的高贵、善良和无所不能；《伊菲根尼》颂扬的人道和仁爱的力量；《威廉·迈斯特》探讨高贵、善良人性的养成环境和条件……《浮士德》集所有这些思想和精神之大成，它的故事所表现的思想、精神即广义的“浮士德精神”更是仁爱和人道精神的荟萃与升华，更非“自强不息”一个词所能涵盖。

正因为广义的“浮士德精神”异常丰富、博大，诗剧《浮士德》才被誉为“欧洲自文艺复兴以来三百年历史的总结”和“人类精神的发展史”，其主人公才被视为人类的代表。在这部伟大的杰作中我们确实处处看见一个大写的“人”、理想的人、维兰德所说的“人中之至人”（der menschlichste Mensch）。要想概括这样一个人和通过这个人所表现的精神即“浮士德精神”，唯有使用产生于同样历史、文化和社会语境中的那个意蕴极为丰富和深刻的词即 Hunanismus（人道主义）；所谓“自强不息”，充其量只表现了这个词意蕴的一部分，即人对于自我实现、自我完善的渴望与努力而已。

如此对“浮士德精神”作广义地解说和诠释，同样在《浮士德》中不乏文本依据：

在起着提纲挈领作用的《天堂里的序幕》中，人已被靡非斯托称为“尘世的小神”，虽然认为他们仍有些“怪德性”。天主却对人类充满信心，相信“善良人在追求中纵然迷惘，却终将意识到有一条正途”，而浮士德，正是他所挑选出来的“善良人”的代表。①也就是说，诗剧一开始便对人的价值和秉性做出了立足于人本主义的

① 歌德著，杨武能译：《浮士德》，安徽文艺出版社，1998年，第15、18页。

肯定。

在诗剧即将结束的《埋葬》一场，通过“天使合唱”中反复出现的“爱”“慈爱”“仁爱”等词语和“只对爱人之人，爱能指引道路”这句诗，以及天使用象征“爱”的玫瑰花战胜“恶”的化身靡非斯托从而拯救了“善人”浮士德等一个个细节，都热烈地歌颂了“善”和“爱”，宣扬了人道主义的精神。①

在诗剧结尾与《天堂里的序幕》遥相呼应的《高山深谷》一场，继续出现了“爱的圣地”“爱的核心”“爱的使者”“爱的启示”和“永恒之爱”“炽烈爱火”等词语，真可谓是爱无所不在、无所不能。这个爱，当然不仅仅指具体的男女之爱抑或亲友之爱，也不局限于抽象的天国之爱抑或基督之爱，而同样指人类之爱，即人与人之间的仁爱、博爱和泛爱。在这儿，以仁爱为核心的人道主义精神，真正得到了极大的张扬。②

特别值得一提的是结束全剧的“神秘的合唱”——

一切无常世象，
无非是个比方；
人生欠缺遗憾，
在此得到补偿；
无可名状境界，
在此已成现实；
跟随永恒女性，

① 歌德著，杨武能译：《浮士德》，安徽文艺出版社，1998年，第679、680、682页。

② 歌德著，杨武能译：《浮士德》，安徽文艺出版社，1998年，第685—691页。

我等向上、向上。①

这一小节诗，无疑既是浮士德的一生总结，也是全剧思想和精神的升华。其中最费解、最令人神往的关键词语，是所谓“永恒女性”（das ewige Weibliche）。对它的解释历来众说纷纭、见仁见智，比较一致的看法是它并不特指某个女性，也不仅仅指对女性的爱，抑或带有浓重宗教性质的天国之爱，而是象征由圣母马利亚或者玛格莉特体现的人类赖以生存、繁衍和发展的仁爱精神。这种精神，在女性身上具体表现为善良、温柔、仁慈、宽容、和平、宁静、节制等；它在全剧的末尾唱响，一锤定音似的被定格并提升为了人类奋发向上的指针和引导，不只再次强调了“天使合唱”表达的“只对爱人之人，爱能指引道路”的思想，还余音绕梁似的把对人道主义精神的颂扬推向了广远的极致。

总而言之，由《浮士德》全剧所体现出来的广义的“浮士德精神”，更加明白无误的是博大的人道主义精神。

是啊，“跟随永恒女性，我等向上、向上”；是啊，“只对爱人之人，爱能指引道路”。人类的自强不息、永不自满、奋发有为这些富有男性特征的品格，必需有天主所谓“温柔的爱之藩篱”给予框限、制约、平衡、呵护，必需有“永恒的女性”，有善、有仁爱宽容、有和平宁静给予节制和指引，这样才能得到好的结果，才能不断向上，向上。反之，没有了节制和引导，自强不息就会蜕变为以自我为中心的自我膨胀，就会异化为自私自利的无度追求，就会蜕变为野心

① 歌德著，杨武能译：《浮士德》，安徽文艺出版社，1998 年，第 698 页。

勃勃、欲壑难填，就会为了达到目的不择手段，就会为满足一己的欲望无所不用其极，结果呢，自然只能酿成不幸和灾难。在诗剧中，欧福良的早逝可以说是缺乏节制的追求造成不幸的显著例子；浮士德借居心险恶的靡非斯托之力酿成的灾难和犯下的罪行 —— 为了爱而害死玛格莉特的全家，为了致富而在海上杀人越货，为了得到封地而参与战争滥杀生灵，为了产业完美而烧死无辜的老人 ——，更不能不说是诗剧主人公的“自强不息”和无限追求恶性膨胀，脱离了善和仁爱精神的制约和引导，在“恶”的支持和支配下必然产生的结果。

同样，在欧洲历史上，奋发进取和自强不息精神作为文艺复兴以来新兴资产阶级的人生哲学，有着明显的进步性，曾经起到了推动社会发展的作用。可是进入 19 世纪，不，甚至更早一些，当失去了善和仁爱的引导，当没有了“温柔的爱之藩篱”的框限和呵护，当缺少了宽容、和平、节制，也同样走向了反面，给人类和自然带来了无尽的祸患、巨大的灾难。诸如伴随着资本主义自由竞争出现的掠夺、殖民、贩卖奴隶和世界大战，由无餍足的物质欲望、享乐主义、拜金主义和无节制的征服自然造成的资源枯竭和生态灾难，都是人所共知的例子。特别是近一个多世纪的世界历史进程和眼下人类社会所面临的种种问题，更提供了无数触目惊心的实证，令我们不能不认真思考和反省“浮士德精神”的真正含义，以便回答在今天我们该如何发扬“浮士德精神”这个问题。

在诞生《浮士德》的德国，就笔者所见虽无“浮士德精神”这个术语，却有“浮士德思想”“浮士德人格”和“浮士德似的人”之类说法。近两百年来，不同时期和不同的人对这些类似“浮士德精神”的提法的诠释不像我们一样总是以“自强不息”概之，而是多有变化，有时前后的认识和评价甚至大相径庭。①而对浮士德的积极进取、永不满足，人们早已开始重新审视，笔者近些年就常听见德国朋友用 Ungeduld 和 Übereilung（急躁、操之过急）等词语谈论、评价浮士德其人其事，对他已采取冷静、客观的批判态度，还有研究者认为就是浮士德无节制的追求、进取精神酿成了自己与别人的悲剧，于人类、于自然事实上常常是弊大于利，因此在当今世界已经不值得无保留地提倡和称赞。

是啊，甚至歌德自己，甚至就在《浮士德》中，也已对无节制的追求和不顾一切的“自强不息”，明白无误地表露出了怀疑和保留。这么论断最有说服力的论据，就是主人公一次次追求一次次失败，最后全都成了别人和自身的悲剧。特别值得注意的还有全剧那意味深长而又颇为费解的结尾：

已经失明的浮士德自以为正带领民众完成伟大的事业，努力在开拓能让“自由之民”勤劳、自由生活的疆土，事实上却只有一群僵尸在监工靡非斯托驱赶下为老博士挖掘墓穴，他听见锄镐撞击之声竟幻想成民众在努力修筑堤坝，于是在心满意足地说出那句意味着他打赌失败的话后倒地死了。②对浮士德这个近两百年来众说纷纭、很难讲是可悲抑或可喜的结局，我觉得真是极富寓意和讽刺意味，表现了歌德对浮士德式操之过急和急功近利的追求不说是批判和否定吧，至少也持保留和怀疑态度。

至于作者使浮士德得救和转败为胜，使整部悲剧有一个乐观、光明结尾的种种安排，诸如象征仁爱的玫瑰花瓣，引导浮士德为代

① Theo Buck (hrsg). *Goethe Handbuch*, Verlag J. B. Metzler 1996, Band 2, S. 478—498.

② 歌德著，杨武能译：《浮士德》，安徽文艺出版社，1998 年，第 668—671 页。

表的人类“向上、向上”的“永恒女性”等，则是从正面表达了对浮士德式的人生追求和人类发展方向的肯定态度。

综上所述，不管是由诗剧主人公的品格、行事所体现的狭义的“浮士德精神”，还是由整个诗剧所表现的广义的“浮士德精神”，都不应该仅仅是自强不息和永不自满，而还必须包含另一些内容，一些对物欲横流、竞争残酷、人文精神丧失的当今时代也许更加重要的内容。“浮士德精神”之所以可贵，《浮士德》这部著作之所以不朽，就因为它全面而辩证地展现了主人公“自强不息”和“善”“仁爱”这两个方面的品格。任何一个方面都不可缺少，否则《浮士德》就不再成为至今仍举世推崇的《浮士德》，“浮士德精神”也会早已过时，不再为人们津津乐道，也不会成为一代代学者孜孜不倦地研究的课题。

仅仅以“自强不息”解读、概括“浮士德精神”，在我国如上所述有着时代和社会的原因。前辈们的这个诠释虽失之片面，却在近百年来的不同历史时期发挥了积极、进步的作用，实在功不可没。要全面地诠释“浮士德精神”必须有一个条件，那就是为仁爱和人道主义正名，就是要摘掉长期附着其上的资产阶级意识形态标签。这个条件，在改革开放之前的数十年里，众所周知，是完全不具备的。所以我们的前辈歌德学者，如我一开始说的便“有意或无意地”忽视了“浮士德精神”的一个重要方面，即它丰富深刻的人道主义思想。①今天不仅条件已经具备，需要也更加迫切。对“浮士德精神”

① 董问樵先生1987年问世的《浮士德研究》已谈到诗剧的人道主义内涵，指出它“特别强调‘爱’”，但未深入阐明其多方面的表现和重要性，只说“这是值得进一步分析研究的问题”（第13—14页），原因大概仍是时机不成熟。

予以重新认识，还它以本来面目和全貌，在继续肯定“自强不息”精神的同时也强调其富含的人道主义和仁爱精神，不只对今天的中国人有一定的现实意义，还会加深我们对歌德的整个思想、创作和立身行事的理解，对他在一些重大历史事件和转折关头诸如法国大革命中的消极表现的理解。

初稿于1999年歌德诞生二百五十周年前夕

改定于2002年岁尾冯至十周年忌辰即将到来之际

附记：1978年10月，我有幸考进中国社会科学院研究生院，跟冯至老师学习研究歌德；虽曰“专攻”，实际上对这位大文豪和大思想家的认识十分肤浅，在三年中勉强完成了一篇有关《少年维特的烦恼》的硕士论文，大量的时间都用于搞翻译了。1993年3月，恩师离我而去。想着他老人家的教诲，十年来一直没敢再抛弃歌德，眼下的这篇文字，就是我交给老师的一篇新作业，当然也可看作是对他逝世十周年的纪念。

结语

思想家歌德

导言：思想与思想家

人何以能成为万物之灵长？人靠什么区别于其他生物？

有回答曰：人有语言。其实，依我看，语言只是思想的载体；因此，归根结底，人区别和优越于其他生物靠的是思想。

还有一个回答是：人会制造工具。其实，要制造工具，首先得有需要使用工具以及如何制造工具的想法，俗话说，“不怕做不到，只怕想不到”；因此，归根结底，能制造工具的人之优越于其他生物靠的仍然是思想。

从古至今，是思想的萌生、演变、深化、提高，促进了人类本身从原始到现代的不断进化，推动了人类社会从低级到高级的不断发展。正如人区别和优越于其他生物靠的是思想，人本身也以思想而有高低、善恶和贵贱之分：思想高尚、博大、深刻者多为人类的精英和社会的栋梁；思想平庸、低下、浅薄者则组成碌碌终日的芸芸众生。前者即人类精英和社会栋梁，往往都是以自己卓越、超前的思想推动历史发展的思想者乃至思想家。

世间表现人本身形象的雕塑作品不计其数，但最感动我们、获得全世界最广泛认同的只有一件，那就是罗丹的《思想者》，因为它表现了人的本质，表现了人的伟大和人的痛苦，一句话，表现了我们人类自己。歌德伟大诗剧《浮士德》的主人公老博士浮士德也自始至终是一位思想者，也始终在痛苦思索着带有普遍意义的宇宙和人生的大问题，可以视为是人类的一位杰出代表，因此他的痛苦、他的思索、他的追求获得了超越时空的普遍意义，而诗剧本身也成为世界文学旷世不朽的经典杰作。还有贝多芬的第九交响曲，也一样因为其高贵、博大、深邃的思想而响彻寰宇，万代流传……

不同领域出类拔萃、领袖群伦的人物，都以杰出的成就对人类的发展做出了贡献，都是自己领域的思想家，即部门思想家，如政治领域的政治思想家、文艺领域的文艺思想家、军事领域的军事思想家、科学领域的科学思想家，等等。相对而言，还有一些专门思考宇宙、人生带有普遍和本原意义的问题即宇宙观和世界观问题的思想家，他们便是职业的哲学家。为便于区分，后者即职业思想家或哲学家又称作元哲学家，前者即部门思想家又称作部门哲学家。

“最伟大的德国人” 与 “歌德时代”

古往今来，德意志民族产生了许许多多的哲学家和思想家，因此是举世公认的最善于思索的民族。恩格斯称歌德为“最伟大的德国人”，原因当然不只是因为歌德写过《浮士德》和《少年维特的烦恼》等不朽杰作，开创了德语文学的新纪元，更多原因在于这位文学家有着杰出、非凡、博大而超前的思想，在于他的思想体现了德意志民族的民族特性和民族精神。“最伟大的德国人”这个称号，非伟大的思想家莫属！

恩格斯在《英国状况》一文中指出，只有熟悉德国民族发展的另一个方面即哲学方面的人，才能真正理解诗人歌德的伟大，并且讲：“歌德只是直接地——在那种意义上当然是‘预言式地’——陈述的事物，在德国现代哲学中都得了发展和论证。”①这就是说，歌德不只是伟大的诗人和作家，也是伟大的思想家和哲人，只不过他陈述事物的方式并非一般哲学家通常使用的逻辑推理和思辨，而用了文学家的形象思维，仰仗的是作品中的艺术形象和情节，也即恩格斯所谓“直接地”“预言式地”罢了。

反过来，我们当然也不妨讲，歌德正因为是伟大的哲人和思想家，才成为真正伟大的诗人和作家，才成为世界文学史上光照古今的巨星。纵观德国文学乃至世界文学的全部历史，能像歌德似的既是文学家又称得上伟大思想家者确乎没有几人。须知文学家歌德不仅仅是一位部门哲学家，还是一位元哲学家。尽管歌德没有像康德、黑格尔们似的构建自己的哲学体系，写出一部完整的哲学论著，他却以自己富含哲理的作品乃至言行影响了不止一个时代。特别是由他的一系列作品表现的浮士德精神，更集中体现了整个西方的精神即近代资本主义的精神。

就因为有歌德——当然也包括席勒、贝多芬、康德、黑格尔——等一批德意志民族的思想家和民族精神的代表人物维系着，

① 见《马克思恩格斯全集》，第一卷第652页。

一次次遭受分裂、身处逆境甚至绝境的德国才得以重新统一、重新奋起、重新跻身世界先进国家的行列。即使在第二次世界大战以后两个德国水火不容、你死我活的年代，所有德国人的心目中仍只有一个歌德；歌德曾长期生活、创作和思考的魏玛，仍被视为整个民族的文化圣地；在德国什么都一分为二的情况下，唯歌德协会仍然只有魏玛的一个，仍然保持着统一。也就难怪，当代德国权威的歌德研究家 K. R. 曼德尔科夫要说，歌德“已成为德意志民族同一性的隐蔽中心”①。这一显示了思想和精神强大威力的事实，我们也不妨看作恩格斯称歌德为“最伟大的德国人”的重要注脚。

至于“歌德时代”（Goethezeit）这个流行于 20 世纪的术语和提法，② 系另一位德国权威歌德研究家 H. A. 可尔夫所创造。它大致包括 1770 年至 1830 年这半个多世纪，几乎涵盖了德国文学史和思想文化史上影响深远的狂飙突进运动、古典时期和浪漫主义运动，也即是歌德创作与思维能力最活跃、最旺盛的二十一岁至八十一岁这个时期。可尔夫用近三十年的时间完成了一部多达五卷的巨著《歌德时代的精神》③，为“歌德时代”一说提供了有力的历史依据，构建了坚实的理论基础，阐明了它的丰富内涵和深刻意义。

不过，可尔夫这个“歌德时代”的提法并非完全无所承袭的首创：早在一百年前，同为诗人和思想家的海涅就说过，歌德的逝世标志着“一个艺术时代的终结”；从一定意义上讲，可尔夫是发挥了

---

① K. R. 曼德尔科夫编：《批评家看歌德》，第 1 卷导言，慕尼黑贝克出版社，1975 年。

② Goethezeit 一词已入 Gero von Wilpert 的《文学术语词典》（Sachwörterbuch der Literatur），见 Kröner 出版社，1979 年，第 315 页。

③ H. A. Korff：*Geist der Goethezeit*，4，1925—1952.

海涅的思想，并进行了系统的提高和总结。

还有，恩格斯在《德国状况》一文中，对歌德生活和创作的那个时代所做的精彩、准确的描绘和论述，可以讲也为其定了性，“歌德时代”这个名称已经呼之欲出。我国杰出的美学家朱光潜先生在《歌德谈话录》的译后记里引述恩格斯的有关论述，就频频地、醒目地使用了“歌德时代”这个提法和术语。①

如此用一个人的名字称呼整整一个时代，在世界各国的历史上恐怕都不多见；要有，也多半限于极少数曾经影响时代历史进程的叱咤风云的人物，如像君王或领袖之类。歌德身为文化人却享此殊荣——完全与他曾经担任魏玛大公国的首相一职无关——，这本身便证明了他超凡出众、非同一般的杰出和伟大；而歌德作为进行精神创造的诗人和作家，当然主要是思想的杰出和伟大。

对于这个时代，恩格斯著名的定性是：它“在政治和社会方面是可耻的，但是在德国文学方面却是伟大的”②；德国“这个最屈辱的对外依赖时期，正是文学和哲学领域最辉煌的时期，是以贝多芬为代表的音乐最兴盛的时期”③。此时在德意志思想文化的天幕上，真可谓华光万道、星汉灿烂：哲学家康德、费希特、谢林、黑格尔，文学家莱辛、赫尔德、席勒、荷尔德林、E. T. A. 霍夫曼、海涅，音乐家莫扎特、海顿、贝多芬、舒伯特，自然科学家亚历山大 · 洪堡以及语言学家兼教育家威廉 · 洪堡等，都已在原本幽暗的德意志苍穹冉冉升起，都是围绕在俨如北斗的歌德前后左右的巨星。

---

① 艾克曼辑录，朱光潜译：《歌德谈话录》，人民文学出版社，1978 年，第 269—270 页。

② 恩格斯：《德国状况》，见《马克思恩格斯全集》第 2 卷第 634 页。

③ 《马克思恩格斯论文艺》德文版第 2 卷第 219 页，转引自朱光潜译《歌德谈话录》，人民文学出版社，1978 年，第 270 页。

类似歌德时代这样思想文化昌明、鼎盛的时代，即使在整个人类历史上也不多见。①能成为这样一个时代的中心、全面体现其精神者，显然不会仅只是一位作家或诗人，虽然仅仅作为诗人和作家的歌德已十分伟大，但他还必须有更宽广的精神活动领域和更巨大深远的社会影响，必须是一位视野开阔、头脑敏锐的思想家和文化巨擘。歌德正是这样一位思想家和文化巨擘。

综上所述，歌德之所以被称为“最伟大的德国人”，之所以被视为德意志精神的化身，成为维系民族团结、国家统一的无形纽带，他的名字之所以被用来称呼德国思想文化史上最光辉、灿烂的时代，笔者以为主要因为他是德意志民族一位空前伟大、深刻而且超前的思想家。

歌德思想概说

1. 歌德思想的构成、 核心和载体

考察歌德思想的内涵，审视它的特质，我们首先感到惊讶的是它的无比渊博和丰富。

为了全面、系统地研究和解说歌德的思想，有学者写了一部题名为《歌德思想》的专著。②朱光潜先生在《西方美学史》的德国古典美学部分中，依次介绍了康德、歌德、席勒和黑格尔的美学思想；在论述歌德的一章，便称歌德那多达一百四十三卷的全集乃是“美

---

① 意大利的文艺复兴时代，我国的百家争鸣时代和汉、唐的鼎盛时期，也许可以算作这样的时代。

② 请参阅高中甫著《歌德接受史　1773—1945》，社会科学文献出版社，1993年，第204页。

学思想的一个极丰富和极珍贵的宝库”，“还有待于进一步的发掘”①。其实，歌德待发掘的何止是美学思想，还有涉及面更加广泛和更加丰富多彩的自然哲学、宗教哲学、人生哲学以及社会伦理学，还有其他许许多多方面的精辟思想。也就难怪，年轻的郭沫若要对歌德的“博学而无以成名”发出感慨，说“他有他的哲学，有他的伦理，有他的教育学，他是德国文化上的大支柱，他是近代文艺的先河……”②

前面说过，思想家歌德不只是某一两个领域的部门哲学家，也是一位元哲学家。经过分析，我们发现歌德丰富、博大、深刻的思想有两个核心：一为属于自然哲学范畴的进化论思想，它的形成是歌德长期观察自然和从事多项自然科学研究的结果；一为属于社会哲学范畴的人道主义思想，它的形成不但有赖歌德对社会现实的关注和思考，更源于他对欧洲自文艺复兴以来的人文传统的继承。

进化论和人道主义不但决定了歌德元哲学思想即宇宙观和世界观的性质，也支配着他所有的部门哲学思想：进化论思想明显支配着他的政治哲学和宗教哲学，人道主义思想强烈影响着他的社会政治哲学乃至伦理学和美学思想。

歌德的思想确实异乎寻常的渊博、丰富，笔者以为可将他卷帙浩繁、内容驳杂、多达一百四十三卷的作品③视为其主要载体，并做以下的大致分类：

第一类，文学创作

---

① 朱光潜：《西方美学史》下卷，人民文学出版社，1983年，第410页。
② 田汉、宗白华、郭沫若：《三叶集》，上海书店，1982年，第14页。
③ 歌德作品的版本很多，搜集最全的为1887年至1920年间出齐的所谓魏玛版(Weimarer Ausgabe)，多达143卷。

歌德以作家和诗人名世，表达思想并受到重视的首先自然是文学创作。歌德一生辛勤写作六十余载，诗歌、小说、戏剧、散文、游记、自传等体裁样式全都采用过，作品数量极其惊人。这些作品，特别是他的代表作诗剧《浮士德》，小说《少年维特的烦恼》和《威廉·迈斯特》，以及《普罗米修斯》《神性》《幸福的渴望》等抒情诗，都富含深邃的哲理。单单一部《浮士德》，两个多世纪来便让一代代学者潜心研究、发掘，出版了无数的专著和文章。还有《少年维特的烦恼》这部脍炙人口的小说，我们过去只强调了它的社会批判意义和反封建精神，忽略了另一个重要内容即它丰富的人生哲学和自然哲学。又如《威廉·迈斯特的学习时代》和《威廉·迈斯特的漫游时代》这两部长篇小说，和《浮士德》一样也表现了积极有为的人生观；第二部中那个奇特的“教育省”，更形象地展示了歌德崇尚实践的教育主张和人生理想。在歌德晚年完成的《西东合集》里，像著名的《幸福的渴望》似的哲理诗比比皆是；甚至连一些爱情诗例如那首尚未引起足够注意的《重逢》，其哲理蕴含同样异常深刻、异常丰富。

第二类，自然科学著作

歌德全集中这类著作与文学作品一样数量可观，也包含着丰富、深刻乃至超前的哲学思想，迄今却几乎完全为我们的研究和译介所忽视了。为说明歌德这类著作的重要，只须看一个事实：是歌德在研究动植物生成演进的过程中，率先提出了形变（Metemorphose）和类型（Typus）这两个重要思想，创造了这两个术语，并将形态学或形变论（Morphologie）这个学科名称引进了科学史中。歌德在植物形态学和动物形态学著作里提出和阐发的思想，不仅使他成为19世纪达尔文之前的进化论先驱，还为斯本格勒的《西方的没落》这部20世纪初的文化哲学巨著提供了方法论基础[①]。

除了在植物学和动物学（包括骨骼学和解剖学）上建树卓著外，歌德还研究过数学、地质学、矿物学、光学、化学、颜色学，在相关著作中都不乏有独到、深刻的思想。即使他有的学说本身——如其企图推翻牛顿理论的《颜色学》——经过事实证明并不正确，却并非全无价值，相反仍处处闪烁着思想的光彩和智慧的火花。

歌德一生醉心科学实验和研究，十分看重自己在这方面的作为，认为文学和科学两者同样需要人的创造性，对于历史的发展同样十分重要。1816年至1817年间，为弄清自己的植物形变论著作在学术界的接受情况，他在搜集整理材料时写下了这样一句话："没有任何地方的人愿意承认，科学与文学二者可以结合起来。人们忘记了，科学原本就发展自文学……"[②] 歌德这一独到、深刻的思想，也证明歌德是一位超凡脱俗的文艺美学家兼自然哲学家。

还值得一提的是，文学与科学的相互结合、相互促进，在歌德身上真正得到了实现。一方面，他的不少文学作品直接以自然科学为题材。例如，在论著《颜色学》里穿插了不少诗歌；他有一首哀歌（Elegie）题名就叫《植物的形变》，等等。再如大家熟悉的小说《亲和力》的书名和情节，都是以当时的化学发现为背景构建起来的；不了解这个背景，便很难真正读懂这部小说。特别是《浮士德》的故事，更糅合进了当时有关生命起源和地壳形成的科学论争，自然哲学和宇宙哲学思想更是深刻、丰富到了极点。

歌德研究自然科学不但有多部专著存世，不但影响、促进和渗

---

① 请参阅《歌德接受史》，第205页。

② Bernd Witt（hrsg.）：*Goethe-Handbuch*，Band 4 / 2，S. 781，Verlag J. B. Metzler 1998.

透了他的文学创作，还建立起了自己的自然哲学体系。如前所述这个体系有一个中心，就是他重视实践、变化和发展的进化论思想。

正是在这样的思想基础上，歌德并非关起门来潜心于个人的研究和著述，而是同时积极参与科学和社会实践，尤其关心世界范围内科学技术的进步，在晚年对诸如修建巴拿马运河、多瑙-莱茵运河以及苏伊士运河等世纪工程，都表现出了浓厚的兴趣。

第三类，谈话、书信、格言、警句

除了文学作品和自然科学著作，歌德思想的这第三类载体同样数量可观和重要，其中最著名、影响也最大的是艾克曼辑录编撰的《歌德谈话录》，以及《歌德席勒文学书简》。作为作家，歌德也特别喜欢写作警句、格言、赠词，例如独立成篇的《威尼斯警句》和《格言与反思》，以及在《亲和力》和《漫游时代》中以“日记摘抄”“观感”形式出现的警句等。这一类载体不但同样富含伟大深刻的思想，而且往往还表现得更加地直接、集中和突出、鲜明，可以讲浓缩、结晶着思想家歌德的大量智慧。对于博大浩瀚的歌德思想而言，这第三类载体显得数量较小，看似不怎么起眼，但对我们研究者来说，却与歌德的前两类作品一样不可忽视。

对于歌德著作中的文学作品、自然科学著作和谈话、书信、格言、警句这三类文字，前面只不过挂一漏万地举例作了说明，由此已可看出歌德的思想有多么渊博和丰富。

二、 歌德思想的特质

但是，要称为一位伟大的思想家，光是思想渊博、丰富似乎还不够。仅用上面举的例子，特别是用《普罗米修斯》《神性》《威廉·迈斯特》和《浮士德》等作品所表现和蕴含的思想、精神，已可以说明歌德思想的另外一些特质，即它非同一般的高尚、博大和超前。

不是吗？他上述代表作的主人公几乎无例外地都是胸怀宽广的思想者，都有着思想家的禀赋，同样也经受着思想者的痛苦和磨难。维特的烦恼、浮士德的苦闷，不就是思想者典型的烦恼和苦闷；普罗米修斯的自白、迈斯特的“观感”，不就是发出声音的思想吗？

上述这些作品，都鲜明地表现了歌德一贯视人类为一个不可分割的整体，把人的尊严和广大民众的幸福看得高于一切的人类意识。那个敢于按照自己的模样塑造人，希望人们和他一样“去受苦，去哭泣，去创造，去欢乐”但却不尊敬神灵的普罗米修斯，体现了一种积极进取、自尊自强的人生哲学，不堪做我们人类的榜样吗？《神性》中那个高贵、善良、乐于助人，并且能分是非、辨善恶和治病救命的单数的“人”（der Mensch），显然是思想家歌德头脑中理想的人类，不值得今天现实的人类效仿吗？还有那位为追求人生真谛上天入地、九死不悔、自强不息、立志为千百万人开拓自由幸福疆土的浮士德博士，更堪称胸怀博大的人文主义者的化身，是歌德的“高贵、善良、乐于助人”的人类的典范！

一句话，这些作品和人物所体现的歌德思想，完全当得起高尚、博大这样的赞语。

再看看歌德思想的超前。

和他的自然哲学思想以进化和实践为核心一样，如前所述，歌德的人生哲学和社会理想也有一个核心，那就是欧洲自文艺复兴以来一脉相传的人道主义或人文主义思想。只不过到了歌德这儿，传统的以人为本的思想得到发扬光大，人的含义从个人主义的“小我”扩展为了千百万人的“大我”，扩展为了整个人类。歌德正因为富有高尚、博大的人道精神和鲜明、强烈的人类意识，所以胸怀特别宽广，眼光特别超前，思想往往突破地域、民族、宗教、国家的界限和时代的束缚，所关心的常常是人类和世界共同的问题。正因此，歌德思想也具有世界的普适性，为全人类所认同，并且能冲破时光的阻隔历久常新，具有即使在今天仍富有意义的超前性质。

为说明歌德思想的超前性和现实意义，下面就以他著名的“世界文学”构想做一个个案分析。

“世界文学”构想与“全球化”

由歌德塑造的“世界文学”这个词，具有内涵丰富、深刻、超前等一系列品质，是歌德思想一个典型而集中的体现。我认为它不仅如朱光潜先生指出的那样是歌德文学和美学思想的重要组成部分，也反映了这位大诗人和大思想家积极进取、充满人文主义精神的世界观，乃是他视人类世界为一个整体的人类意识和世界意识的结晶和升华，其高瞻远瞩的超前性尤其值得重视。

还在马克思、恩格斯于《共产党宣言》中提到“一种世界的文学”① 前二十年的 1827 年，“世界文学”（Weltliteratur）一词就已出现在歌德的口中和笔下；在我们中国最为人熟知和称道的，自然是当年 1 月 31 日他与艾克曼的谈话，因为话题是由歌德正在阅读的《好逑传》这部明代小说引起的。②

① 《共产党宣言》写道：“资产阶级，由于开拓了世界市场，使一切国家的生产和消费都成为世界性的了…… 旧的、靠国内产品来满足的需要，被新的、要靠极其遥远的国家和地带的产品来满足的需要所代替了。过去那种地方的和民族的自给自足状态和闭关自守状态，被各民族的各方面的互相往来和各方面的互相依赖所代替了。物质的生产是如此，精神的生产也是如此。各民族的精神产品成了公共的财产。民族的片面性和局限性日益成为不可能，于是由许多民族的文学和地方的文学形成了一种世界的文学。”见《马克思恩格斯选集》1972 年版第 1 卷第 254 页。

② Eckermann：*Gespräche mit Goethe*，Insel Verlag，1981 年，第 1 卷第 210 页。

与艾克曼的谈话，远非歌德论及世界文学这个当时尚属崭新概念的唯一一次，也不是最早或最后的一次。在此之前，在他自己办的《艺术与古代》杂志的第六卷第一期中，歌德就曾写道：“…… 我坚信一种具有普遍意义的世界文学正在形成，而在未来的世界文学中，将为我们德国人保留一个十分光荣的席位……”①随后，在 1827 年 1 月 27 日给友人施特莱克福斯的信中，歌德又写道：“我深信正在形成一种世界文学，深信所有的民族都心向往之，并因此而做着可喜的努力，德国人能够和应该做出最多的贡献，在这个伟大的聚合过程中，他们将会发挥卓越的作用。”②如此等等的事实，说明世界文学这个概念在歌德并非偶然提了出来，而是经过长期、深入的思索，形成了具有丰富内涵的相当系统的思想。③

那么，为什么歌德，或者说恰恰是歌德，首先产生和提出了关于世界文学的伟大思想呢?

客观条件略而不论，只讲歌德个人的主观原因。简言之，因为他有着思想家渊博的学识、宽广的胸怀、超前的眼光；因为他不是站在狭隘的德国人的立场上观察问题，而是胸怀着全人类和全世界。他说过：“作为一个人和一个公民，诗人会爱自己的祖国。然而，他在其中施展诗才和进行创造的祖国，却是善、高尚和美。”他还讲：“广阔的世界，不管它何等辽阔，终究不过是一个扩大了的祖国。” ④所以他格外关注和重视诸如美国独立、法国大革命以及建造第一台

① 引自 *Goethe Werke*，Hamburger Ausgabe 第 12 卷第 362 页。
② 引自 *Goethe Werke*，Hamburger Ausgabe 第 12 卷第 362 页。
③ 不排除在歌德之前使用过“世界文学”这个词，甚或提出过有关的想法；但对其进行反复、系统而深刻的阐述，歌德肯定是第一个。
④ 转引自 P. Boerner：*Johann Wolfang von Goethe*，Rowohlt Verlag，1978 年，第 130 页。

机车这类对整个世界历史进程有积极影响的大事，而对自己国家反对拿破仑的所谓解放战争一点不感兴趣。正因此，歌德虽然生活在分裂落后的德国，困居于小小的魏玛城，目光却能超越德国乃至欧洲的界限，密切关注着全人类的发展进步，并且实际参加因为人类的进步而开始的那个“伟大的聚合过程”—— 由民族的文学和地方的文学形成世界文学的过程。总之，诗人歌德乃是一个以全人类为同胞、以世界为祖国的胸怀博大的人道主义者，一个事实上的世界公民，同时又是一位深深植根于本民族文化传统中的诗人和思想家。这，就是他产生世界文学这一光辉思想的世界观基础，亦即最重要的主观原因。所以，对歌德来讲，产生关于“世界文学”的思想可谓顺理成章、水到渠成。

写到此，我们自然会进一步问，歌德心目中的“世界文学”具体是个什么样子呢？对于这个问题，还是听听歌德自己的回答吧。

1827 年，他在《德国的小说》一文中写道：“既让不同的个人和不同的民族保持自己的特点，同时又坚信只有属于全人类的文学才是真正有价值的文学，这样，就准保能实现真正的普遍容忍。”第二年，在《艺术与古代》杂志第六卷第二期，他又写道：“这些杂志正赢得越来越多的读者，将最有力地促进一种我们希望的具有普遍意义的世界文学的诞生。只是我们得重申一点：这儿讲的世界文学，并不意味着要求各民族的思想变得一致起来，而只是希望他们相互关心，相互理解，即使不能相亲相爱，也至少得学会相互容忍。”到了 1830 年，歌德已八十高龄，关于世界文学的思想仍萦绕在他心中。在为卡莱尔的《席勒生平》一书写的序言里，他又道：“好长时期以来我们就在谈论一种具有普遍意义的世界文学，而且不无道理：须知各民族在那些可怕的战争中受到相互震动以后，又回复到了孤立独处状态，会察觉到自己新认识和吸收了一些陌生的东西，在这儿那儿感到了一些迄今尚不知道的精神需要。由此便产生出睦邻的感情，使他们突破过去的相互隔绝状态，代之以渐渐出现的精神要求，希望也被接纳进那或多或少是自由的精神交流中去。”

歌德对世界文学这个概念的解说，至少包含以下三层意思：

首先，歌德认为“人类取得进步”“世界和人的生活前景更加广阔”，乃是世界文学得以产生的原因；这与《共产党宣言》把世界市场的形成看作出现“世界的文学”的前提，基本一致。

其次，歌德认为世界文学形成的最起码条件和最重要结果，就是实现各民族之间普遍的容忍。为此，各民族应通过包括文学交流在内的精神交流，学会相互了解、相互关心、相互尊重。歌德这种以容忍为基本内容的世界文学思想，是一种热爱人类、热爱和平的真诚情感在文学观中的反映。它发展了歌德与席勒过去提出的以美育改造人性的理想，将启蒙思想家倡导的不同宗教和教派之间的宽容，扩展为了各民族之间的宽容或者说容忍。

再次，歌德坚信，“只有属于全人类的文学才是真正有价值的文学”。也就是说，文学 —— 真正有价值的文学应该为人类服务，被人类所理解和接受。文学的历史证明，这是一个真理。正由于各民族都贡献出了数量不等的这样的作品，世界文学在今天早已成为现实。歌德之所以能写出《浮士德》这样的不朽杰作，之所以能成为各国人民共同景仰的世界文豪，正由于他有着为全人类而写的明确意识。因此，歌德心目中的世界文学的第二个含义，就是它不仅仅属于一个地区、一个民族，而属于全人类和全世界。所以他深信，“诗是人类共同的财富”。

但是与此同时，歌德又讲要“让不同的个人和不同的民族保持自己的特点”，讲世界文学“并不意味着要求各民族思想变得一致”—— 这就是歌德对世界文学解说的第四层意思。作为一位德国作家，歌德不止一次强调“在未来的世界文学中，将为我们德国人保留一个十分光荣的席位”。正因此在创作实践中，他一方面努力吸收其他民族文学的优点，奉行“拿来主义”，但同时却不放弃自己的传统；他创作的《西东合集》也罢，《中德四季晨昏杂咏》也罢，其基调仍然是西方的、德国的、歌德的。他的浮士德，这位人类杰出的代表，仍然是一个德国男子。总而言之，歌德有关世界文学的思想以及实践，都绝无抹杀民族特点和否定历史传统的意思。

整个看来，歌德关于世界文学的思想，既富于博大、积极、进步、乐观的人文精神，也充满深邃、超前的辩证精神。①

歌德在差不多一百八十年前形成的世界文学构想，已有了近乎于文学、文化领域中的“全球化”思维；他就此提出的一系列观点，诸如为迎接“世界文学”时代的到来而力主各民族之间“实现真正的普遍容忍”，认为民族仇恨乃是“文化水平”低下的产物，希望“让不同的个人和不同的民族保持自己的特点”，亦即在正视全球化、强调世界性的同时仍尊重和保持多样性等，不只其超前性质不说自明，而且对我们思考当今引发了诸多困惑和矛盾的所谓“全球化”问题，仍不无一定的参考价值和现实意义。

歌德大胆而超前的思想不胜枚举。在自然科学领域，除了他那曾经引领时代潮流的形变理论，他在《浮士德》中对人造人（Homoculus）的描写更可谓有趣而惊人，不只让我们想到今天的试管婴儿，而且在德国已有学者把它与基因工程和克隆人的论争联系

① 关于歌德的世界文学构想，可进一步参阅本书第 108—119 页。

了起来。[①]至于在社会和家庭伦理方面，小说《亲和力》表现的婚姻、恋爱观，在19世纪初超前到了惊世骇俗的地步，而在今天的西方乃至我们这里却正好时兴。

结语

在人类社会产生的思想家中，歌德无疑占有一个独特而显眼的位置。他思想的卓越、深刻，堪与柏拉图、康德、黑格尔等媲美；他的胸怀博大、高瞻远瞩，却几乎无人可及。古今中外，像歌德似的兼为作家和思想家者屈指可数，甚至可以讲只有一个，正如“奥林匹斯山上的宙斯”（恩格斯语）只有一个。

由此想到百年来我国（包括我本人）的歌德译介和研究，主要还只着眼于歌德的文学创作，忽略了他留给我们的更加丰富、巨大的思想遗产。因此我们仅仅把歌德看成一位作家和诗人而忽略了他是伟大的思想家，这使我们见木不见林，使我们的译介和研究仍停留在作家生平及其作品文本的局部和表面，而没有深入他思想家的本质做总体精神的把握，这不能不说是一个严重的缺陷。在此情况下，比较全面、深入地做思想家歌德这个题目的研究，笔者以为在今天便有了迫切的补课意义。

2003年初稿

2008年改定

① 参见 Manfred Osten：Drahtlose Traumreise，in *Frankfurter Allgemeine Zeitung*（《法兰克福汇报》）30. März 2002，Seite 47。

永远的歌德　永远的伟大

——为纪念恩师冯至而作

1999 年是德国大文豪和大思想家约翰·沃尔夫冈·歌德逝世一百六十周年。① 作为师从冯至先生研究歌德的及门弟子，我自觉应以这位人类文化史上永远为人景仰的巨星为对象，以冯至老师自称最喜欢也对他影响最大的异国诗人为对象，②撰写一篇既含纪念意义又不乏学术价值的文字。然而一百多年来，学者对歌德的方方面面已经谈得很多，好不容易搜索枯肠，我才拟定出题目，试图探讨一两个看似不成问题的问题，那就是：

一、歌德为什么伟大？

二、在即将进入 21 世纪的今天，歌德是否仍然伟大？

---

① 此文原系为纪念冯至老师的八十八寿辰（1993 年 9 月 17 日）而作。不幸的是在他的生日到来之前，老人家已于 2 月 22 日与世长辞。今将此文收入论稿，作为对恩师的纪念。

② 见 1992 年 3 月香港《现代诗报》载冯至先生答该报编辑部主任问。

这两个对于研究和评价歌德具有总体、宏观意义的问题，我们似乎早已了然，可实际并不如此。因而对它们作出明确而具体的解答，就成了本文努力要完成的任务。

跟古今中外的所有歌德研究者和崇仰者一样，我们谁也不怀疑歌德作为欧洲“文艺复兴以来最后的一个世界性的‘通才’”①，在人类文化思想史上做出过极为杰出的贡献，占据了十分崇高的地位。我们也早已习惯把歌德的名字与但丁、莎士比亚并列，与我国的李白、杜甫、曹雪芹并列，视他的代表作《浮士德》等为世界文学宝库中的瑰宝和经典。我们更牢牢记着恩格斯盛赞歌德的话，坚信他是“最伟大的德国人”“最伟大的德国诗人”，是诗歌王国中的“奥林匹斯山上的宙斯”。因此，歌德是否伟大，对我们自然已不成问题。

可是，要问歌德究竟为什么伟大，回答就不会这么干脆、这么简单。

歌德生活和进行创作性劳作的时代和国度，离我们毕竟太遥远；歌德备受推崇的《浮士德》等不朽巨著，又实在不合我们的文学欣赏习惯和审美标准，让不少作家、评论家读起来也感觉勉强。而尤其令人遗憾的是，恩格斯在他那篇写成和发表于 1847 年的论述歌德的著名文章中，又囿于论题，只对歌德身上渺小和庸俗的一面作了相当全面和深刻的分析，却几乎完全没有说明“最伟大的德国诗人”究竟伟大在何处 —— 这一片面性的产生，诚如恩格斯所说，“完全是格律恩先生的罪过”。②

---

① 见绿原《歌德——文学史上的一颗恒星》，载《文汇月刊》1982 年 3 月号。

② 见恩格斯《诗歌和散文中的德国社会主义》第二部分《卡尔·格律恩〈从人的观点论歌德〉》，收《马克思恩格斯全集》第 4 卷。

由于以上三点以及其他更多的原因，我们对于歌德究竟为什么伟大这一问题既缺少现成的权威性答案，又难于或者说懒于通过钻研思考寻求自己的解答，因而在歌德之为歌德，歌德之为“最伟大的德国诗人”和世界大文豪大思想家这一点上，往往只知其然而不知所以然。

上面这个令人感到遗憾的结论，当然只是概而言之。在我们研究歌德的先辈中，尤其是在 20 世纪二三十年代当中国掀起“歌德热”的时候，自然也有不少人苦思冥索、穷根究底，力图弄清歌德伟大的原因。这儿，我只想举杨丙辰为例，其他如宗白华、郭沫若、周辅成等一大批歌德研究者和译介者，就略而不论了。

关于杨丙辰先生，就算在今天的德语研究界知道的人恐怕也已经不多，这是很不应该的。笔者从一些零星的资料中了解到，他在 20 世纪二三十年代任教于北京大学德文系，当过系主任，并且被冯至先生称作自己在北大学习德国文学时的“恩师”。①这就是说，杨丙辰先生是笔者恩师的恩师，无疑是我国正规大学德语和德国文学教学的开山祖师之列。而且，在教学之余，杨先生还从事著译。而且，仅仅以歌德而言，仅仅就笔者所见，他便向自己的同胞贡献出了长篇小说《亲和力》的第一个完整译本（上海商务印书馆，1942）；在 1932 年纪念歌德逝世一百周年前后，他还发表了不少有见地的论文。因此，在开大学德语专业认真研究、译介歌德和德语文学之风这一点上，杨先生也功莫大焉，值得我们这些后辈在追本溯源时很好地

① 参见秋吉久纪夫《诗人冯至访问记》，载《中外诗歌交流与研究》1992 年第 1 期。

缅怀、学习和纪念。

在杨先生论述歌德的文章中，有一篇题名为《歌德何以伟大?》，探讨的正好是笔者眼前这篇文章企图回答的问题。它系“为歌德殁后百年纪念作”，可是“因为一个消息底误会，硬要马上出歌德百年纪念专刊”，被提前于 1931 年发表在北平的《鞭策周刊》第五期里。第二年，经过一点补充，文章又收进宗白华、周辅成编的《歌德之认识》一书。这本书虽说意义重大，富有学术价值，编成后却没有出版商肯接受，只好由宗白华自费出版，于 1933 年交南京钟山书店发行。后来，人们终于认识到它作为中国第一部系统研究外国大作家的论文集的价值，一次又一次地将它再版、重印。①

在《歌德何以伟大?》一文里，杨先生一开始便指出歌德超出“其他伟大德国人”如俾斯麦、康德、黑格尔以及席勒等的至高无上的地位，指出他不仅使全德国而且使全世界“折服崇拜”。紧接着，便提出“他的伟大究竟在哪儿呢?”这个问题。杨先生所以如此，是因为他“不要再犯着我们马虎的老毛病，而随声附和的瞎捧”歌德 —— 这种态度，今天不也值得我们很好学习么?

对于歌德究竟伟大在哪儿的问题，杨先生随后作了十分细致的分析和具体的回答。他阐发与歌德同时代的德国诗人维兰德赞歌德为“人中之至人”（der menschlichste Mensch）这句名言，拿歌德与功业赫赫的“铁血宰相”俾斯麦相比较，与“以他们的哲学奠定近代文化、近代一切理想的基础”的康德、黑格尔相比较；与“富有灿若日月的哲识理想、整个地充满了奋斗向上的精神”的席勒相比较，认为歌德真正的伟大“反而是他极端的、千百兆人们一般的平

① 详见拙作《歌德与中国》，第 119—121 页。

凡”，因而称他是一个“真真正正的人”，一个“十足的血肉的人”，“具有人生应有的一切矛盾，人生应有的一切长处和种种短处”，等等。

杨先生对歌德何以伟大的问题所作的这个总回答，自然深受西方人道主义思想的影响；但他之强调歌德的伟大寓于平凡，强调他是个“十足的血肉的人”，强调他既有长处又有短处，则表现出鲜明的平民精神和民主精神，表现出一定的唯物和辩证思维的倾向，与恩格斯对歌德的评价也不乏相似之点。由此反观杨丙辰先生，我可以不无几分骄傲地说，咱们这位杨老师不愧是一位接受过五四新文化运动洗礼的开明学者。

至于歌德在平凡中如何显示出非凡，显示出“极端的奇特”和“极端的伟大”，以至鼓舞人们，给予人们“无限的对于人生的乐观”，对这进一步的问题杨丙辰先生作了三点具体的回答。他认为，歌德之所以非凡而伟大，是因为：

第一，歌德把人类的一切感情、人生的一切酸甜苦辣都完全彻底地“感觉了，经验了，吟味了”，因而对人生的真相、归宿、价值等大问题，都有了至为明了彻底的观念和认识。

第二，歌德自幼注重养成一种宁静和谐的精神，因此能于人生的种种矛盾面前不倚不偏，保持自身心灵的平衡 —— 杨先生认为这是“歌德一生上所最可珍贵的”精神，歌德之以能由一个极平凡庸常的人物一转而为一个极不平凡庸常的伟大的，“最完全的”，甚至被现代的欧洲人所视为可以代替了耶稣的人物的原因，就全在于此了；还认为，歌德的宁静和谐“很有些合于”我们孔老夫子视为“修养上最高目标”的中庸之道，歌德正是愈近晚年，愈将它发展到了“圆满大成的地步”，才成为高山仰止的伟大人物。

第三，歌德具有人类有史以来罕见的创作天才，并且善于运用它把自己非凡伟大的一生的情感、经历、认识记录下来，从而创作出许许多多的不朽作品，把它们贡献给人类，使所有读这些作品的人都产生共鸣，以为歌德说出了“他们心坎中、肺腑中的话”，因此敬爱他，不再仅仅当他是一个诗人，而是视他为“人类的人”——杨先生称这样的人是“超出一切时间性、一切国际性，而与人类俱终的‘纯人’”，说歌德正因此而必然受到世界各国人民的崇仰、敬重。

杨丙辰先生在六十年前对歌德何以伟大作出的上述三点解释，自然已不能完全为今天的我们所赞同和接受。特别是其中第二点对“宁静和谐”和“中庸”的解释和评价，可以说更与我们的马克思主义观点和认识大相径庭，而且也与歌德的实际不相符合。因为我们知道，狂飙突进时期的歌德的性格和精神绝不“宁静和谐”；而他到魏玛小公国以后对于“宁静和谐”的追求，在我们看来恰恰成了这位“最伟大的德国人”因循保守，与鄙陋的社会现实妥协，成为一个害怕矛盾斗争和厌恶革命的庸俗市民的内在精神根源。再有所谓“纯人”的提法，也表现出西方人道主义思想的局限，因为歌德纵有许多超越自己时代和阶级的卓越崇高之处，却仍然十分“不纯”；在我们马克思主义者看来，世界上自从出现阶级后，就绝不可能再有什么“纯人”存在。

可是，尽管有这些明显地打上时代烙印的缺陷，杨先生对歌德何以伟大这个问题的回答仍不乏真知灼见。例如，他强调歌德努力去完全彻底地感觉、体验、吟味“人类的一切感情，一切酸甜苦辣咸”的入世精神，认为他由此而认识了人生的真谛，从而才创作出许多的不朽作品，为人类做出了贡献，博得了世人的崇敬爱戴。他还指出，歌德的伟大在于他“超出一切时间性，一切国际性（我们现在称作民族性 —— 作者)”，等等。

在分析歌德的伟大、歌德的价值时，杨丙辰先生异于和优于绝大多数只有皮毛之见的人，他坚信造成这伟大和价值的“是歌德一生各方面的生活和经历，其次才能说到他的为世人所珍贵的文艺作品”。杨先生认为，“凡所谓的生活，俱是合形体与精神内外两方面说的”，并且特别重视的是歌德的精神生活，说他的作品都是精神生活各个方面的表现而已。

杨先生抓住了事物的本质，从而避免了人们在译介歌德时常犯的只见作品或者突出作品，不见或轻视作家本人的生活尤其是内在精神的弊病。“他的精神生活的丰富深邃，”杨丙辰先生感叹道，“更是一般地超出常人万万倍，巍巍峨峨地站在人群之上，找不出几个可以置放到他的旁边的其他人物来的”。

歌德之伟大主要在他的精神，这就是半个多世纪以前杨丙辰先生得出的正确结论。

整整过去了半个世纪，1982 年 3 月 22 日，首都北京举行了德国伟大诗人歌德逝世一百五十周年的纪念会。在庄严隆重的气氛中，冯至教授作题为《更多的光》的主题报告。以报告的实际内容而论，可以认为现在是轮到杨丙辰先生的这位杰出弟子来继续回答歌德何以伟大的问题了。

在报告中，冯至先生继承自己老师重视内在精神胜于具体创作成就的价值取向，深刻地揭示和分析了歌德的一系列非凡和伟大的精神表现。在揭示分析的准确、深刻和明晰方面，冯至先生无疑超过自己的老师，做到了青出于蓝而胜于蓝。因为，杨先生只按当时心理学的解说，把人的精神活动能力分作“智力、情感力与意志力”，并据此举出歌德的多才、多产、多恋以及意志坚强和“严以处己”等，来证明他精神的非凡和伟大，这样的分析尚嫌生硬、表皮而未脱西方学者评价歌德的窠臼。冯至先生却未予因袭，而是把分析的立足点提上了影响歌德一生的宇宙观和人生观的哲学高度。

冯至先生把自己的报告题名为《更多的光》，并不仅仅因为这四个字是歌德所谓“最后的遗言”，被世人广为传诵并赋予了象征意义，而是他要以此来概括歌德非凡一生的向往追求，概括他丰富多彩的文艺创作——从早年的《五月歌》到晚年的《幸福的渴望》和《浮士德》——所反复体现出的思想、精神。冯至先生认为，“歌德一生所歌咏的，是要有‘更多的光’；指出歌德的伟大，在于他不但一生追求光明、歌咏光明，而且还为追求光明而与外在的和内在的阴暗进行斗争”。冯至先生说：

> 与外界的阴暗斗争，固然不易，与自身内的阴暗斗争，更为艰难，他认为与自我搏斗是一种可贵的德行。他常用蛇脱皮比喻人到一定时期必须抛弃旧我，获得新生……他也曾用飞蛾赴火比喻人不愿在阴暗处生活，渴望光明，虽焚身于火焰，也在所不惜。①

就这样，在一篇不过四五千言的纪念会报告中，冯先生以深入浅出、明白畅达的语言，鲜明、具体、生动的例证，十分准确地道出了德国大诗人、大思想家的伟大精神的最主要之点。这样一种不

① 冯至：《论歌德》，上海文艺出版社，1986 年，第 182—187 页。

懈地追求“更多的光”并为此而英勇斗争——包括与自我斗争——，而上下求索、九死不悔的精神，也就是世人一提起歌德就津津乐道的“浮士德精神”；只不过很少有人能像歌德研究家冯至那样，把它与对诗人本身的评价自然而紧密地结合起来，并且阐明它正是歌德的主要精神倾向和伟大之所在。

冯至先生自20世纪40年代开始研究歌德，到今天已经半个多世纪，在著述中论及歌德何以伟大者绝不限于《更多的光》一篇。他1986年出版汇集自己有关研究成果的《论歌德》，为此而精心地撰写了《“论歌德”的回顾、说明与补充》一文，放在书前作为“代序”。其实，我们认真读一读便可发现这篇“代序”非同一般的重要价值；因为在很大程度上，它不啻是先生对自己半生研究歌德的总结。它里面有一些文字，把歌德的伟大说得更加具体、更加详细。

冯至先生在“代序”里说，歌德“博学多能，从他狭隘的环境里放眼世界，吸取古代的文化精华和同时代的哲学和科学的新成就，融会贯通，不只给德语国家，而且给全人类做出贡献”，因此称他是当时所谓“世界公民”中最突出和杰出的一个。他说，歌德“气势磅礴，包罗万象，好像咀嚼了全世界文化的英华，敢于向与莱布尼茨同时代的科学泰斗牛顿挑战……钦佩富于反抗精神的拜伦……称赞新建立的美利坚合众国，神游于波斯、阿拉伯的原野，对远方的中国也有一定的理解。他永无厌倦地在精神世界里翱翔，创造出许多名篇巨著，这功绩在人类历史上是不能泯灭的”。

总之，在中国杰出的歌德研究家冯至笔下，那位生活在两个世纪之前的“最伟大的德国人”绝不仅仅是一位大作家、大诗人和自然科学家，更是一位眼观宇宙万物、胸怀全世界和全人类、巍然挺立于天地之间的大哲和精神巨人。

歌德究竟为什么伟大？

主要因为他的精神—— 杨丙辰先生和冯至先生这两代中国歌德研究家的回答是一致的，也完全正确。

歌德的伟大精神表现在何处？

两位前辈的回答不尽一致，冯至先生持论富有新意和创意。

在前辈们潜心研究、周密论证之后，问题的解答已十分透彻详尽；我作为两位先生的隔代弟子和及门弟子，很难再有多少独到见解，但却愿循着先行者的足迹和思路，作一些阐发，讲几点感想。

在进入正题之前，请允许我也作一点“回顾”，讲讲我自己是怎样成为新一代的歌德研究者，怎样走到歌德这位在时间、空间两个方面本来离我都十分遥远的精神巨人身边的。

真正的开始应该讲是二十年前的1978年。那一年，北方的天空升起美丽迷人的希望之星，为了实现青年时代就立下的做一名文学翻译家的志愿，也为了走出仍旧笼罩在自己头上的“黑狗崽子”的阴影，我不要已经获得的讲师头衔，抛下弱妻幼女，带着破釜沉舟的悲壮决心向北方奔去。非常幸运，冯至先生向我伸出了他那温暖的大手……

我忘不了，那一年10月里的一个早晨，在当时破旧、狭窄的社科院内通往外文所办公楼左侧的大路上，我不安地站在一群等待研究生复试的考生中，第一次见到了仰慕已久的冯至先生。他拄着手杖，头戴旧呢干部帽，身着旧呢中山装，面带微笑，迈着沉稳的步子向我们走来，自然随和地和一些原本认识他的考生交谈，谈话中对刚逝去的噩梦不时发出感叹，对正展现在眼前的新的希望迸出阵阵欢笑。稍微有些拘谨的我站在旁边，心里感到几分惊异：大名鼎鼎的诗人和学者冯至先生竟是这么一位蔼然长者！

接下来，在外文所二楼黑乎乎的会议室的里间，我却以轻松的心情接受了气氛本来颇为紧张严肃的口试，原因多半是我对冯先生已有一个和蔼可亲的印象。然而，我不能忘记，我随后是如何忐忑不安地等待着录取通知，或者说更多地是不录取的通知。因为，我当时不但是已届四十岁的大龄考生，而且是拖家带口的外地考生。须知，对于本身也“寄人篱下”的社科院研究生院来说，外地考生就意味着麻烦和负担。可是尽管如此，我仍幸运地从众多的竞争者中被选中了，录取了。而这幸运，我后来才知道是拜冯至先生之赐：外文所一位年轻同事向我透露，在是否录取我的问题上，当时颇有争议，直到冯至先生愤然表示“他真没地方住就住我的办公室”，才解决了“外地考生”的难题。

我忘不了，进研究生院后，如何在冯先生的鼓励感召下，下决心研究歌德；如何在冯先生的指导鞭策下，缓慢地、艰难地在这条今日已显得古老荒凉的长路上前行；如何在难耐的寂寞中经受不住来自各方面的诱惑，不时心烦意乱、左顾右盼，以至于干出一些急功近利之事，而接受我的导师无言无声却又严厉的批评 ……

我最忘不了的是，在我研究生学习的第二年，突然从远在数千里外的家里传来噩耗，我辛苦一生的母亲因操劳过度患脑溢血病故了。我眼含热泪，到冯先生家里请他准我回家奔丧，冯先生用他温暖的大手握着我的手，神态严肃而充满同情，但却只说了一句在我听来沉重得不能再沉重的话：“希望你还回来!”

我如老师希望地回去了，学完后留在了老师身边继续做研究歌德的工作，并且开始入门并取得一点点成绩。这时我的导师又关心起我的两地分居问题来，并委托严宝瑜先生去北京外语学院为我的爱人联系工作，然而未获成功。两年后，由于我原在单位的热情邀请，也因继续留在北京工作的条件太苛酷，我决心走了。

随后，带着歉疚，我去见冯先生。哪知我这位一向严肃寡言的导师却对我说："这些年实在难为了你，叫你忍受了许多Entbehrungen（德语：意为物质、精神、感情等方面的匮乏、困苦）。"言外之意倒有些对我关心帮助不够的自责。

冯至先生平素从不摆出师道尊严的架子，但也绝少有师生之间个人感情的流露，这次一反常态地说出的带个人感情色彩的话深深震动了我，叫我永生难忘。试问，我在导师身边的这五年，不是我过去一生中最奋发有为的五年，最幸福的五年，精神上最富有的五年么？诚然，这五年中我是失去了一些东西，但因为先生的指导、教诲、扶掖而得到的，不是更多更多么？在握着先生温暖的大手告别之时，我不由得心中暗暗立下誓愿：我敬爱的导师啊，我一定在您引领过我的道路上走下去，走下去！

而事实上，在往后的岁月中，尽管远离了我的导师，尽管环境发生了许多变化，我仍坚持研究歌德，仍继续神游于这位"最伟大的德国诗人"的世界中，并且克服困难，写出了《歌德抒情诗咀华》和《歌德与中国》两册小书，完成了一些可以告慰现已去世的恩师乃至恩师的恩师的工作。

回到正题，再说说我自己如何认识歌德的伟大。我上面讲，我通过冯至先生得到了很多很多，这是我发自肺腑的实话，千真万确。因为，这不仅仅指知识的长进、学业的成就，而且还指，或者说更重要的是指眼界心胸的开阔、精神境界的提高。这开阔和提高，对我来说不只由于时代的前进、环境的改变，不只由于有机会向冯至先生和其他众多的师友们学习，在很大程度上也与二十多年如一日地与歌德神交有关。我甚至觉得，冯至先生之为沉静智慧、胸怀博大的哲人型诗人兼学者，恐怕同样得益于他是一位歌德研究家，大半生接近这位精神巨人，洞悉并仰慕他的伟大。古话说，近朱者赤，近墨者黑。我也通过接近冯先生而接近歌德，而逐渐认识自身的渺小、庸俗、卑微，而逐渐增强向上的决心，获得前进的动力。

那么，我心目中的歌德，他究竟为什么伟大，如何伟大呢？

首先我同样要说，歌德伟大在他的思想、在他的精神。这种思想和精神，就是发端于欧洲文艺复兴的人本主义或人道主义，歌德不但全面地继承了它，而且明显地发展了它，使它超越他的时代、他的民族、他的阶级，成为一种更加积极、更加完美的人生观和世界观，成为对于整个世界和人类都有着深远意义和影响的歌德精神即“浮士德精神”。正因此，歌德不是哲学家，却常常被摆在世界最伟大的哲学家和思想家之列，被誉为“现代的苏格拉底”“魏玛的孔夫子”等。①正因此，歌德尽管主要是一个诗人，却不只是一个诗人；尽管毕生主要从事写作，却不是个一般意义的作家。纵观世界文学史和人类思想史，能如歌德似的以自己的思想精神对世界产生深远影响的大文豪真是凤毛麟角，少之又少；绝大多数哪怕是世界级的作家，多是一个时代的记录者、描摹者和批判者，或者一个阶级的代言人而已。正因此，歌德其人其书也就特别难读难解。

歌德的伟大思想和精神，也即一种积极的面向未来的人本主义宇宙观和人生观，都具体而生动地表现在他的创作中，成为贯穿他

---

① 有位同行批评“魏玛的孔夫子”这个比拟性的提法，以为它仅仅出自某个德国教师的文章里，刊登在德中友协不够“学术”的刊物上，算不得“权威”。这位同行似乎不知拿歌德与孔夫子相提并论者大有人在，如辜鸿铭、郭沫若、张君劢、唐君毅，还有杨丙辰和德国汉学家卫礼贤等。

一生主要代表作的红线，而且随着岁月的流逝、时代的进步和歌德本人阅历的增加，在不断地变化和发展。

早在狂飙突进时期的诗歌《普罗米修斯》和小说《少年维特的烦恼》中，他便热烈地讴歌人和人生，坚决要求让人性、包括人的感情等得到充分的尊重和发展，勇敢地向神和神的代表——宗教挑战。十年后，在《神性》《塔索》《伊芙根妮在陶里斯》和《威廉·迈斯特的学习时代》里，歌德的人本主义思想从前边的热烈讴歌、反抗、挑战，发展为冷静的理性思考、论证和探索，从而告诉读者人和人性何以可贵，以及该如何去发展、完善人性。歌德以毕生精力完成的最后杰作《浮士德》以及《威廉·迈斯特的漫游时代》，则集他的人本主义宇宙观和人生观的大成，其中所塑造的已不仅仅是某个个体人，而是集体的人和人类的代表；已不仅仅是歌德时代现实存在的人，而是未来理想的人。

还不止于此，歌德还对这未来理想的人的成长条件和生存环境，作了富于远见卓识的预想和生动有趣的描写。要证明此言不虚，我们再诵读一下老博士浮士德的临终独白，再到威廉·迈斯特的“教育省”里去漫游一番就行了。

在这儿，不能不提一提歌德关于全世界的人都是同类，各国人民应该相互理解、相互容忍的思想；提一提他在这种世界意识和人类意识的主导下，首倡了“世界文学”的主张。

由于以上原因，歌德的伟大世所公认，备受历代不同阶级和思想倾向的代表人物的赞誉——

与歌德同时代的法国批评家托马斯·卡莱尔，在他1832年发表的《歌德之死》中写道：“他的逝世宛如日落。太阳所展示的是万物的实体，这位世界诗人则是万物的精神洞察者和展示者。这个人的活动将影响何等深远啊？只要能相信这样一位诗人的存在，对我们这一代人已经是一种奖赏。”①

十六年后，恩格斯在《英国现状》一文中说：“歌德很不喜欢跟‘神’打交道……这种人性、使艺术摆脱宗教桎梏的这种解放，正是他的伟大之处。在这方面，无论是古人，还是莎士比亚，都不能和他相比。”②

尼采在1886年发表的《人性，过于人性》一文中称“歌德不仅是一个善良和伟大的人，而且也是一种文化 —— 歌德是德国人历史上一个没有后继者的插曲”。③

到了1947年，德国现代存在主义哲学的重要代表卡尔· 雅斯佩尔斯则讲：“歌德不是模仿的榜样，像其他伟大人物一样，他是我们的方向，—— 但是，他远远不只是方向，因为通过他所宣扬的人性，我们变得更纯净，更清澈，爱得更多更深。歌德是人类的一个代表……”④

在我们中国，近半个多世纪来歌德同样受到许多杰出人物的激赏、称赞。归纳起来，所特别强调的都无外乎歌德身上表现得十分突出的人性和人道精神，超越时代和国界的指向未来的人类精神。

为说明歌德的伟大，我们自然还可以举出许许多多的理由，举出他思想精神、立身行事乃至文学创作和科学研究的许许多多方面，但以上所述却是最根本的、最主要的。其他一切都由此衍化出来，都是他这根本精神的具体表现罢了。

---

① 转引自彼得·伯尔内尔《歌德》，波恩 Inter Nationes 出版，1983年，第186页。
② 见《马克思恩格斯全集》，第1卷第652页。
③ 转引自彼得·伯尔内尔《歌德》，波恩 Inter Nationes 出版，1983年，第188页。
④ 卡尔·雅斯佩尔斯：《歌德和我们的未来》，第194页。

谈到歌德的伟大，我们自然也会想到歌德身上渺小和庸俗的一面，想到恩格斯对他所进行的实事求是和富于辩证精神的评价。他那“连歌德也无力战胜德国的鄙俗气；相反，倒是鄙俗气战胜了他”这个论断，准确深刻地揭示了事物的本质，揭示了“最伟大的德国人”渺小和庸俗的社会根源，揭示了它们的时代性。它又使我想起冯至老师在《“论歌德”的回顾、说明与补充》开篇作为题词所引的歌德的话：

最伟大的人物永远通过
一个弱点与他的世纪相联系。
——歌德《格言与感想》

由此，我想似乎可以说，歌德身上庸俗渺小的一面是次要的、时代性的，已随着那个鄙陋的社会成为历史，已随着“庸人”和“小市民”歌德 —— 当然，歌德即使作为一个人，也伟大多于庸俗 —— 肉体的逝去而逝去；而他的伟大作品和包含在这些作品中的伟大思想、精神，却因其自身的超时代性而保存了下来，因其超民族性而为世界各国人民所理解和珍视，并且必将作为人类的共同精神财富而长存下去。

我们中国人因此也一代一代地崇仰歌德，研究歌德，并将继续地崇仰和研究下去。我们在虚心地跨入他的精神世界以后都不能不发出感叹：

啊，永远的歌德！永远的伟大！

1992 年 8 月第一稿
1998 年 12 月改定

附　录

歌德生平和创作年表

1749 年　8 月 28 日出生在美茵河畔法兰克福的一个富裕市民家庭。

1750 年　妹妹科尔涅莉诞生。

1755 年　开始学习德文、拉丁文、法文、数学以及《圣经》。

1759 年　法军占领法兰克福。通过借住他家的一位法国军官接触到法国戏剧。从木偶戏了解了浮士德博士的故事。

1763 年　与酒家女格利琴初恋。

1765 年　9 月赴莱比锡大学学习法律。

1766 年　结识饭店老板的女儿凯特馨·薛恩科普夫，将写给她的情诗结集为《安涅苔》。此为歌德的第一部诗集，但未出版。

1768 年　3 月与凯特馨中断恋爱关系。6 月末重病，不久返回法兰克福养病。

1770 年　3 月康复，赴斯特拉斯堡继续学习。10 月访问塞森海姆的乡村牧师布里翁，与其次女弗里德莉克相爱。结识赫尔德，在他的指导下搜集民歌。

1771 年　创作《塞森海姆之歌》所收抒情诗。8 月获博士学位。与弗里德莉克不辞而别，回故乡开律师事务所。作悲剧《铁手骑士葛慈·封·伯利欣根》。狂飙突进运动开始掀起高潮。

1772 年　5 月至 9 月在韦茨拉尔帝国法院实习，与夏绿蒂·布甫（《少年维特的烦恼》女主人公的主要原型）相爱。

1773 年　《葛慈》出版，开始写《浮士德》初稿。

1774 年　2 月以四周时间完成书信体小说《少年维特的烦恼》，出版后风靡德国乃至欧洲。同时完成悲剧《克拉维歌》。12 月与魏玛公爵第一次见面。

1775 年　4 月与丽莉·薛纳曼订婚。9 月解除婚约。11 月应邀前往魏玛。

1776 年　开始与施泰因夫人相爱。6 月任魏玛公国枢密参事。

1777 年　妹妹科尔涅莉病逝。开始写《威廉·迈斯特的戏剧使命》。

1779 年　2 月开始写诗剧《伊菲根尼在陶里斯》。9 月升任枢密顾问。陪公爵前往瑞士，途中于斯图加特见到军校学生席勒。

1780 年　开始写悲剧《塔索》。

1782 年　5 月 25 日父亲病逝。6 月获贵族称号，升任内阁大臣。

1784 年　发现人的腭间骨，为人类系脊椎动物进化提供了证据。热心研究斯宾诺莎的泛神哲学。

1785 年　完成《威廉·迈斯特的戏剧使命》。

1786 年　旅居意大利。

1787 年　完成诗剧《伊菲根尼在陶里斯》和悲剧《埃格蒙特》。

1788 年　6 月回到魏玛。7 月 12 日在魏玛公园邂逅克莉斯蒂娜·乌尔庇乌斯，不久与她同居。11 月 7 日结识席勒。完成《罗马哀歌》。

1789 年　完成《塔索》。12 月 25 日，儿子奥古斯特出生。法国大革命成功。

1790 年　完成《植物形变论》。作《威尼斯警句》。发表《浮士德片段》。

1791 年　任新落成的魏玛宫廷总监。

1792 年　8 月随公爵出征法国。12 月返回魏玛。

1794 年　开始与席勒合作。

1795 年　与席勒合写《温和的讽刺诗》。

1796 年　完成长篇小说《威廉·迈斯特的学习时代》。开始写叙事长诗《赫尔曼与多萝特亚》。

1797 年　续写《浮士德》。与席勒合作叙事谣曲（Ballade）。

1805 年　席勒逝世。

1806 年　4 月完成《浮士德》第一部。与克莉斯蒂娜举行婚礼。

1807 年　开始写《威廉·迈斯特的漫游时代》。

1808 年　写长篇小说《亲和力》。9 月 13 日母亲去世。10 月两次会见拿破仑，获拿破仑亲授的荣誉勋位勋章。

1809 年　完成《亲和力》。

1811 年　开始写青年时代的自传《诗与真》，完成第一部。

1812 年　7 月 19 日，会见贝多芬于特普利茨。《诗与真》第二部完成。

1814 年　读波斯诗人哈菲兹的诗集。8 月结识玛丽安娜·韦勒美尔，与其相恋，开始作《西东合集》。《诗与真》第三部出版。

1815 年 续作《西东合集》。名义上升任魏玛公国宰相。二十卷本科塔版《歌德作品集》第一、二卷（诗集）问世。

1816 年 《意大利游记》第一部出版。6 月 6 日，妻子病逝。

1817 年 《意大利游记》第二部问世。

1819 年 《西东合集》出版。

1820 年 续作《威廉·迈斯特的漫游时代》。

1821 年 夏天在玛丽温泉结识乌尔莉克·莱维佐夫小姐。

1822 年 6 月重逢乌尔莉克，萌生对她的爱恋。

1823 年 艾克曼访问歌德，任他的私人秘书。7 月至 8 月与乌尔莉克重聚。分手后作《玛丽温泉哀歌》。

1824 年 4 月 19 日，拜伦逝世。

1825 年 开始写《浮士德》第二部。

1827 年 1 月 6 日，施泰因夫人逝世。5 月至 8 月，作《中德四季晨昏杂咏》。

1828 年 奥古斯特公爵逝世。

1829 年 8 月 28 日纪念歌德八十诞辰，魏玛剧院首演《浮士德》第一部。《威廉·迈斯特的漫游时代》完成。

1830 年 10 月 29 日，独子奥古斯特在罗马去世。

1831 年 8 月，完成《浮士德》第二部。

1832 年 3 月 22 日，在魏玛家中与世长辞。

（王荫祺 辑）

参考书目

田汉、宗白华、郭沫若：《三叶集》，上海亚东书局，1920。

陈淡如编：《歌德论》，上海乐华图书公司，1932。

张月超：《歌德评传》，上海，神州国光社，1933。

周辅成、宗白华编：《歌德之认识》，南京钟山书店，1933。

冯至：《歌德论述》，南京正中书局，1948。

高中甫：《德国的伟大诗人 —— 歌德》，北京出版社，1981。

曹让庭、王林：《歌德》，辽宁人民出版社，1982。

冯至：《论歌德》，上海文艺出版社，1986。

董问樵：《〈浮士德〉研究》，上海复旦大学出版社，1987。

杨武能：《歌德与中国》，北京，三联书店，1991。

高中甫：《歌德接受史》，北京，中国社会科学出版社，1993。

勃兰兑斯著，张道真译：《十九世纪文学主流》第一分册，人民文学出版社，1980。

Erich Trunz（Hrsg.）：*Goethe Werke*，dtv Hamburger Ausgabe，1964.

George Lukacs：*Goethe und seine Zeit*，Berlin，1953.

H. A. Korff：*Geist der Goethezeit*，Berlin，1957.

Hans Mayer：*Goethe—Ein Versuch ueber den Erfolg*，Suhrkamp Verlag，1977.

Emil Ludwig：*Goethe*，Paul Zsolnay Verlag 1931.

Peter Boerner：*Johann Wolfgang Goethe*，Bonn，Inter Nationes，1983.

Richard Friedenthal：*Goethe—Sein Leben und seine Zeit*，Deutscher Taschenbuch Verlag，1977.